武则天

李娟 李微微◎编著

国家图书馆出版社

图书在版编目（CIP）数据

武则天/李娟著. —北京：国家图书馆出版社，
2010. 5
ISBN 978 - 7 - 5013 - 4366 - 9

Ⅰ. 武…　Ⅱ. ①李…　Ⅲ. ①武则天（624～705）－
传记　Ⅳ. ①K827 = 42

中国版本图书馆 CIP 数据核字（2010）第 067238 号

书名	武则天
著者	李娟　李微微

出版　国家图书馆出版社（100034 北京市西城区文津街 7 号）
发行　010 - 66139745，66175620，66126153
　　　　66174391（传真），66126156（门市部）
E - mail　cbs@ nlc. gov. cn（投稿）　　btsfxb@ nlcgov. cn（邮购）
Websit　www. nlcpress. com
经销　新华书店
印刷　三河弘翰印务有限公司

开本　710×1000（毫米）　1/16
印张　27
版次　2010 年 5 月第 1 版　2010 年 5 月第 1 次印刷
字数　350 千字

书号　ISBN 978 - 7 - 5013 - 4366 - 9
定价　38. 00 元

前　言

"留白"缘自中国画术语，指的是在画面布局上留下一片空白，给观者一个想象的空间。画上留白，可以给人一种美的意境；而在碑上留白，却可以给人带来一种心灵的震撼。

在我国历史上诸多留白的石碑中，最为著名的两块都与"武"字有关。

一块，由汉武帝刘彻立于泰山极顶。汉武帝在封禅泰山时，于泰山之巅俯视齐鲁大地，惊叹于泰山之雄伟，不禁发出："蔑矣！尽矣！无以加矣！"的感慨。言语无法形容，就只好在碑上留白，最终成了一块无字碑。

另一块，就是武则天立于乾陵的述圣碑。

武则天是我国历史上唯一的女皇帝。她的一生波澜壮阔，可就是这位生前唯我独尊、治国安邦的女皇，陵前的述圣碑上竟然是一片空白。中国的历史陡然在这里打转，而武则天就是这个历史漩涡的中心。

武则天是一个传奇，无论是作为一个女人，还是作为一个帝王。

作为女人，武则天是娇媚典雅、聪慧有谋的。就是这样一个女人，迷倒了富有天下的高宗李治。李治为她神魂颠倒，甚至不顾人伦执意将她册封为皇后。她独霸后宫，自她得宠后，其他嫔妃甚至再未有生育。不过，这个"霸道"的妻子对待丈夫，还是体贴周全的。由于李治体弱多病，武则天一直协助他处理军国大事。三十年间，她显示出了惊人的政治谋略和手段，李治深为其沉稳机智的魅力所动，甚至一度打算逊位于武则天。

登基称帝后，作为帝王的武则天更是充分地显示了她在用人、处事、治国等各个方面杰出的政治才能和帝王气魄。她从参与朝政，登基称帝，再到神龙政变病移上阳宫，前后执政近半个世纪。这段时期上承"贞观之治"，下启"开元盛世"，武则天的历史功绩，昭昭于世。正因为如此，终

唐一世，李家宗室子孙对武则天十分推崇，盛世皇帝李隆基还曾于天宝年间追尊武则天为"则天顺圣皇后"，大诗人李白更是把武则天列为唐朝"七圣"之一。

当然，武则天在掌权期间也有很多过失。如她重用酷吏，鼓励告密，致使朝廷滥刑无度，使不少文臣武将蒙受不白之冤。不过，在正统史学家眼中，武则天最大的过错，还是篡取李唐政权。一个女流之辈，却在男尊女卑的社会里荣登九五，享受全天下男人的顶礼膜拜，这是恪守礼制的儒士们无法容忍的。正因为如此，一部分史学家故意歪曲历史，衍生了许多关于武则天的不实记载。这些真假难辨的"历史"，曾经在很长一段时间里，混淆了我们的视听，让我们无法分辨武则天的真面目。

真的历史与假的传闻交织在一起，使武则天的形象也更加丰富起来。人们可以肆意地选取自己钟爱的"历史"，描绘自己心中的武则天。

对此，武则天似乎早有预见。所以，她在自己的述圣碑上留白，任由人们涂抹评说，由古至今，似乎再没有哪一个帝王如她般惹出了这许多的是非。可是，无论我们怎么描绘武则天，她都是我国历史上的唯一，前无古人，后无来者。仅仅基于这一点，我们就应该承认她的才华和胆识，并要尊重她一手创造出的奇迹……

本书回顾了武则天传奇的一生，选取了她风云变幻一生中的几个侧面，以点带面，以微知著，从多个角度勾勒出这位伟大女人的传奇一生。本书涉及诸多历史故事，在创作的过程中，华博、李娟、华小庚、王帅、徐威、李微微、代芳芳、周亚楠、李蕊、武营、李兴保、周玉进、李岩、邹启明、窦蓓蓓等人共同参与了编写。

目　　录

武则天

第一章　武氏家世

白手起家

北周武帝建德六年（577），中国发生了一件大事和一件小事。

大事是：北周灭北齐，统一北方地区，奠定了四年后隋朝统一的基础。几年后的公元581年，掌权的外戚杨坚篡夺北周政权，受周"禅让"建立隋朝，北周亡，隋朝统一天下。

小事是：在并州文水的农村，武家一个普通的小男孩出生了。家人给他起名叫武士彟。他，就是武则天的父亲，唐朝的开国功臣。

武士彟，字信。少年时，武士彟上私塾，识文断字，但他在读书方面的天分也仅此而已。青年时期，武士彟不甘碌碌无为，但在没有任何机遇的农村，怎样进一步发展呢？

武士彟家既不是书香门第，也不是商贾之家，连有钱的乡绅都比不上，只是各方面都很普通的农民家庭。在这里，大部分人是平实的老百姓，种一辈子田，吃一辈子苦。在这样的家庭里，想要有一番作为的话，只能白手起家，从小本生意做起。

武士彟选择了挑担子去各村卖豆腐，这是一桩不折不扣的小本生意。武士彟头脑灵活，腿脚勤快，豆腐质量也好，生意还不错。卖豆腐是个力气活，终究是个辛苦差事，也发不了大财，等有了少许积蓄之后，武士彟开始转型。隋朝末年，朝廷大兴土木，建造豪华的宫殿，需要大量的木材。武士彟看准时机，和一个叫许文宝的同乡合伙，经营木材生意。靠着自己的努力，生意越做越大，家里积攒了不少钱财，变得富有起来。

然而，经商只是他奋斗的一个过程，成为富商并不是武士彟想要的结果。武士彟有着更大的志向。

自从汉魏以来，社会门第观念甚强。像武士彟这样的属于"庶族"出身，即使赚了不少钱，家资巨万，也难入世族豪门之列，只能归入"寒门"、"寒族"之类。

与此相反，士族是具有政治地位的豪门贵族，他们生而富贵，不需要努力奋斗即可拥有高官厚禄。士族看不起庶族，一般不会与寒门联姻，甚至不屑与寒门往来。

武士彟是个很有抱负的人。他年少时就喜欢研究谋略，每次读书，看到忠臣良将的故事，就会一次次揣摩其中的细节，以做大事、扬名天下为自己的志向。经商只能获得财富，只是他寻找机遇的过程，而不是最终目的。

命运给了武士彟一个绝佳的机会。

青年武士彟所处的年代，正值隋朝末年，由于隋炀帝杨广的残暴统治，天下大乱，群雄并起。武士彟这时经商已小有规模，于是果断弃商从戎，在太原做一名鹰扬府队正，成为一名管理着百十个兵卒的小小军官。

乱世之中，一方面，平民百姓人命如草芥；另一方面，像武士彟这样有抱负、有野心的人才能够有机会施展自己的才华。

武士彟的才能，当然不止一个小小的队正。想要做一番大事，还要有机会才行。幸运的是，武士彟经过考察，正确选择了自己毕生的效忠对象——李渊。李渊给了他展示自己的机会。

李渊，字叔德，陕西人，世袭为唐国公爵位。在隋朝，李渊也算是皇亲国戚，是隋炀帝的姨表兄弟，曾深受隋炀帝的重用。隋大业十一年（615），隋炀帝任命李渊为并州、河东抚慰大使，镇压今山西境内的毋端儿、历山飞等人领导的农民起义，并负责维持社会治安情况。

武士彟欲求建功立业，他判断李渊必成大事，于是主动结交李渊。他频繁邀请李渊到家里，每次都盛宴款待，还慷慨赠送骏马和银两，作为军资。另一方面，李渊初到并州，政局动乱，正需要站稳脚跟，结识当地的豪强。武士彟此时已经是乡间少有的富豪，李渊也有意结纳，于是相谈甚欢。有时，二人讨论起国家大事，武士彟总是有自己独到的见解，李渊更觉得武士彟是个可用之人，二人关系越来越紧密。

到了大业十三年（617）初，李渊升任太原留守，成为太原地区官位最高的人，大权在握。他不忘旧友，委任武士彠为太原留守衙门的行军司铠参军，这是刺史属下的文官，官至正七品。二人之间的关系更深厚了。

当时，各地起义的声势已经遍布全国，李渊肩负镇压起义的任务，这是个几乎不可能完成的任务。李渊为此心中烦闷，眼见隋朝大势将去，想要投入起义的浪潮中，又觉得时机尚不成熟。这些武士彠都看在心里。

有一次，李渊到武士彠家里赴宴，武士彠看四下没有外人，悄悄地对李渊说："我昨晚做了一个梦，与大人有关。"

李渊与武士彠已经是比较熟悉的朋友了，于是和颜悦色地问："什么梦？"

武士彠严肃地说："梦见大人骑苍龙上天而去。"

龙是天子的化身，这话分明是暗示李渊起兵反隋。古人是十分看重梦的，梦被视为现实的预兆。这要是传了出去，可是对朝廷的大不敬。

李渊也严肃起来，马上正色道："你胡说些什么！你我皆为天子之臣，不可妄言，置我于不义之地！"

武士彠连忙低下头请罪："属下胡言乱语，大人恕罪。"接着又语气十分坚定地说了一句似乎不相干的话："将来大人无论做什么事，属下必定誓死相随，赴汤蹈火在所不辞！"

李渊理解武士彠的意思。率军起义的事情他并非没有考虑到，但他认为一定要有耐心，等到时机成熟的那一天才能行动。武士彠的话给了他信心，这是个聪明人，也是个可靠的人。李渊轻轻地拍了拍武士彠的肩膀，淡淡地训斥说道："我知道你对我忠心耿耿，可以后绝对不能做这样的怪梦！"

李渊顿了一下，又似乎自言自语地说："如果将来取得成功，必定和大家同富贵！"

这句平淡的话，听在武士彠的耳朵里，却无异于一声惊雷。八百多年前，正值秦朝末年，陈涉发出"苟富贵，无相忘"的呼声，最后揭竿而起。今天的情况与当时何其相似！武士彠窃喜，在他心里，这是一句诺言，也是一声战斗的宣言，表明李渊已经打定主意要起义。武士彠倍受鼓舞，眼前的李渊决非池中之物，我将毕生追随于他，必成大事！

李渊很快私下为起义做必要的准备。

当时，李渊与次子李世民同在太原，长子李建成和四子李元吉在河东（今山西永济西）。李世民是个很有号召力的人物，李渊常常与李世民商议起义的时机，也会与信任的属下将领等商议招兵买马之事，这其中就有武士彟。

李渊手下的将领刘文静、长孙顺德、刘弘基等人得到命令，已经开始分头召募士兵。这种异常的情形，终于引起了太原副留守王威、高君雅的怀疑，二人正是皇帝派来监视李渊的，他们注意到了李渊的异常举动，认为镇压当地起义，并不需要这样大量地招募士兵。二人是朝廷的官员，自然为隋朝着想，他们扬言要上报朝廷，彻查此事。

武士彟听到风声，赶忙赶到王威、高君雅的处所，好言劝说。当时农民起义声势浩大，各地都没有好的办法，没有足够兵力根本不足以镇压。为了给李渊掩饰，武士彟还拿出了不少财物，结交王威等人。二人拿了武士彟的好处，最后相信了武士彟的话，没有上报，也没有采取什么行动。这为李渊起兵消除了障碍，起义的准备计划秘密地进行。

起兵这一刻很快到来了。

短短几个月，各地农民起义已经如星火燎原之势，各地军阀将领人心浮动，手下将领也屡屡劝说李渊起义，再加上太原附近都在李渊的控制之下，私下的准备已经差不多了。李渊感觉天时、地利、人和，起兵的时机已经成熟，经过与李世民的谋划，遂于大业十三年五月宣布起兵。

当时，各地的起义军汇成三股强大的势力：一支是河南的瓦岗军，一支是河北的窦建德军，一支是江淮地区的杜伏威军。各地起义军风起云涌，给隋王朝以严重打击。朝廷无暇他顾，李渊的势力得以发展，属下的李世民等众将领屡战屡胜，李渊的势力越来越大。

翟让领导的瓦岗军本来势力最大，因起义在瓦岗寨（今河南滑县南）得名。他们把斗争矛头指向隋朝政府和门阀士族，规定不得侵掠百姓，因而得到当地农民的拥护。经过历次战斗，瓦岗军节节胜利，控制了河南大部分地区。不料此时，翟让被李密夺权，惨遭杀害。

李渊趁局势混乱，迅速召回李建成和李元吉，扩充实力。他遣心腹将领刘文静出使突厥，请求突厥的始毕可汗派军协助，同时积极整顿招募来的军队。由于李渊准备充足，兵多将广，监军的官员就算想反对也无能为力。

七月，大军挥师南下。这时候，李密领导的瓦岗军与洛阳的王世充正在纠缠，李渊迅速出击，乘隙进取关中，占据了战略主动。李密后来投降隋朝，随后又投降李渊。李渊不放心这个反复无常的人，将其杀掉。李渊又先后击败河北和江淮的起义军，成为当时实力最为雄厚的军队，无人能够与之抗衡。

在群雄争霸的隋末，轰轰烈烈的李渊起义，结出了丰厚的硕果。公元618年，李渊登基，建国号唐。

"唐"这个国号，本是晋的古名，泛指今山西省的中心地域。传说君主尧号称"陶唐"氏。周朝时在现今湖北省有一小国唐国。李渊在隋朝时继承唐国公；灭隋后，理所当然地建国号为唐，希望能给自己一个好运气。

李渊的年号是"武德"。在武德初期，神州大地还是混乱不已，大小政权林立；武德末年，唐朝已经基本上统一了中国，政权十分稳定了。

武士彟，这个乱世中不安分的人，追随李渊的计划算是押对宝了。李渊成为开国皇帝，武士彟也成为开国功臣。

唐高祖登基后，武士彟辅佐有功，官拜光禄大夫，封太原郡公，成为晋阳起兵的主要功臣之一。唐高祖慷慨地赐予这位旧臣免死牌。免死牌的意义是，即使以后武士彟犯了死罪，也可以免死一次，这是极大的荣誉。武士彟一下子成为唐王朝位高权重的贵族。

这也直接导致一个结果——几年后出生的武则天，有了一个显赫的出身。

天子之相

当武士彟追随高祖，在外征战的时候，他的夫人相里氏仍然带着孩子留在老家。周围邻居的赞扬和羡慕让她欣慰，丈夫的迟迟不归却让她在生活上颇为艰难。某一天，相里氏身染重病，还不得不继续操劳，最后不治身亡。不久，她的一个儿子也死去了。家里只留下武元庆和武元爽两个男孩。

其时，武士彟还在高祖的军队中征战。他听到消息后，忠于职守，没

有回老家。高祖知道此事后，曾下旨表彰武士彟忠心为国的精神。

　　武士彟不仅是高祖的功臣，也是他的老朋友，和高祖、李世民的关系都很好。天下初定，高祖对武士彟的生活也十分关心，甚至开始替他选择续弦。

　　经过慎重挑选，高祖选择了与武士彟年龄相仿的杨氏。她家里是前朝大士族，父亲是前隋宰相、遂宁公杨达，杨氏是正宗的贵族小姐。算起来，杨氏还是秦王李世民妹夫的堂妹妹，武士彟娶了她，也和当今皇帝的宗室攀上了亲戚，武士彟自然是感激不已。

　　李世民的堂妹桂阳公主受命主持婚事，婚礼所花的一切费用完全从国库中提取。这简直是罕见的荣耀，充分体现了高祖对武士彟的看重——当今皇帝提亲做媒，公主主持婚礼，国家花钱操办，还有什么婚礼能够有这样的殊荣呢？

　　二人的婚姻颇为美满，不久就生了一个女儿。武德七年（624），杨氏再次怀孕。两人已经有了一个女儿，武士彟和前妻也已经有了两个男孩，但武士彟认为他们是平庸之辈。在重男轻女的封建社会，武士彟夫妇迫切希望能够再生育一个有贵族血统的男孩。这一次，武士彟格外慎重，他特地请了道士做法、和尚念经，希望能生个聪明、壮实的男孩。结果，他们失望了，这一年出生的，仍然是个女孩儿。对于这个新生命的到来，到底是应该高兴还是应该失望？谁也难以说清。

　　女孩的哭声很响亮，传得很远，好像要向全世界宣告自己的到来。这个女孩还是很漂亮的，脸蛋儿胖乎乎的很可爱，一双美丽的凤眼给人留下深刻的印象，是十足的美人胚子。

　　女孩出生照例是没有名字的。她不管家人如何失望，仍然一天天长大。在后世，她给自己起了一个名字——武曌，她的谥号"则天"，也会一直响彻在中国的历史上。按理说，谥号是不应该用做称呼的，不过，如今的人们已经习惯于称呼她为武则天，我们这里也就以"武则天"代为称呼吧。

　　武士彟的前途仍然一帆风顺。

　　当时的赵郡王李孝恭，是李渊的堂侄；李渊起兵后，他负责经略巴蜀，屡有战功。在著名将领李靖的帮助下，灭萧铣、辅公祏，长江以南均受李孝恭统领，战功之大，仅次于李世民。李孝恭当时任畅州都督，手握江淮、岭南大权，掌控着唐朝在江淮地区的统治根基。高祖担心赵郡王尾大不掉，割据一方，于是派遣自己十分信任的将领武士彟离开中央，去江南重镇扬州任职，担任扬州长史，与李孝恭互相牵制。

不久，宫廷爆发了一场流血事件——玄武门之变。

当初太原起兵，本是李渊与李世民一起谋划的，李渊曾答应事成之后立李世民为太子。唐王朝建立的过程中，李世民讨平群雄，能征善战，智勇兼备，是战功最大的人，功名日盛，成为唐军最重要的领袖。但按照封建的宗法制，李世民不是嫡长子，皇位应由嫡长子李建成继承。

唐高祖即位后，立李建成为太子，李世民只被封为秦王。李建成因此对李世民非常提防，天下平定后，李建成联合李元吉，排挤李世民。

高祖对此犹豫不决，优柔寡断，使朝中政令相互冲突，加速了诸子的兵戎相见。诸王之间早晚有一战，这几乎是无可避免的。

武德九年的这一天，秦王李世民先下手为强，在长安城玄武门杀死太子李建成和齐王李元吉。不久李世民即位，年号贞观。李渊退位，成为太上皇。

这场宫廷政变，对于武士彟来说，是好是坏难以说清。不过，武士彟是最早追随唐军起兵的老功臣，唐太宗也信任他。

贞观元年（627）十二月，时任利州（今四川广元）都督的义安王李孝常谋反，很快被剿灭。但李孝常的残余势力仍然存在，唐太宗想到了武士彟，派他到李孝常的根据地利州，接任都督一职。都督是一个地方的军事长官，可以有效监督地方官员，可见太宗皇帝对武士彟的器重。武士彟上任后，很快稳定了形势，唐太宗十分高兴。

贞观三年（629），在不远的益州，成都人袁天罡已经名扬天下。因为他善于相术，他所预测的事情没有不准确的。连唐太宗也听说了袁天罡的名声，要召见他。袁天罡即将奉太宗圣旨离开成都，去长安朝见皇上，路上要经过利州。这是千载难逢的机会，武士彟当然不会错过。他立刻派遣使者去见袁天罡，恳请他路过利州时到自己府上。袁天罡欣然应允。

这一天到来了，结果是很有戏剧性的。

武士彟热烈欢迎了袁天罡的到来，设宴款待了一番。宾主尽欢之后，武士彟让夫人杨氏出来见客，请求袁天罡为杨氏看相。他最关心的是以后杨氏还能不能生个儿子，这是传宗接代的大事，马虎不得。

没想到，袁天罡刚刚见到从内室出来的杨氏，便吃惊地说："夫人骨相非同凡人，生下的孩子必然大富大贵！"

武士彟听了十分高兴，连忙道谢，随后让前妻所生的儿子武元庆、武元爽出来相见。袁天罡仔细相面后，淡淡地说："将来可以官至三品，官位可达刺史，但也不能算是大富贵。至于将来的命运，还很不好说。"

武士彟很了解自己这两个儿子，对其也有自己的看法，认为他们资质平庸。听到袁天罡这么说，深以为然，觉得对方并非只懂得奉承的江湖术士，而是实话实说。

轮到武则天的姐姐了。袁天罡略一思索，缓缓说道："此女命贵，必能嫁得位高权重的丈夫，只可惜……命对夫不利，将来的结果并不很理想。"事实上，这个女孩就是后来的韩国夫人，这个预言并无差错。

武士彟却沉吟不语，这些话让他有些不快。大女儿年龄虽小，看起来一表人才，俨然一个小美人，武士彟很疼爱她，自然不喜欢听到这样的话。他年轻时追随高祖起义，本来就是个不相信命运安排，只相信自己打拼的人，现在年轻时的豪气又被激发出来了。

下一个轮到次女——也就是武则天了。杨氏怀她时，肚子很大，周围人根据经验，都说这肯定是个男孩。家里也准备了男孩的小衣服。可惜天不遂人愿，生出来却是个女孩。还好这几年来，这个女儿成长得很顺利，活泼健壮，身上自有一股英雄气，穿上男装的话，跟一个男孩差不多。这一次，武士彟特意交代奶妈，让她穿着男孩衣裳，打扮成一个男孩再出来，也顺便试试袁天罡的本事究竟如何。

武则天稚气的大眼睛看着袁天罡，一点儿也不怯场。袁天罡注视着她的脸庞，端详半天，脸上的表情越来越奇怪。良久，他出了一口气，激动地说："这个孩子的面相是不折不扣的贵人之相，而且贵不可言。龙瞳凤颈，这是伏羲之相啊！"

伏羲之相，就是天子之相。女扮男装还能看出伏羲之相来？这让武士彟感觉很意外，一时没有反应过来。

不料袁天罡又遗憾地叹了一口气，说："可惜啊，可惜是个男孩儿。这样的相貌，如果是女子，将来必定是天子，君临天下！"

武士彟大吃一惊。袁天罡并不知道，这恰恰是个女孩。要知道，妄言天子，可是大罪，这话可不是随便说的；再说，女孩怎么可以做帝王？但袁天罡又不像是说笑。

武士彟心中惶恐不安，脸色已经变得苍白，他急忙挥手让周围人都退下，只剩下袁天罡他们二人时，他急急地问："袁大人，你刚才的话，不是戏弄我吧？"

袁天罡严肃地说："武大人，这话当然不是随便说来。小公子毕竟不是女孩，但有这样的相貌，将来也必定是赫赫有名的风云人物。我毕生也相人无数，这样的相貌还从来没有见过，能为贵公子相面，深感荣幸。我在这里真心诚意贺喜大人了。"

袁天罡言语真挚，武士彟心中更加忐忑。袁天罡的一番话，岂不是说这个女儿将来要做女皇帝？这实在太不可思议了，这可是大逆不道，传了出去，武家可是大罪！武士彟这次有些弄巧成拙了，袁天罡在不知情的情况下，预言女儿以后将会当上皇帝。不管信与不信，这绝对不能为外人所知，否则岂不是公然抢夺李姓江山，全家就会有灭顶之灾。

武士彟招待袁天罡住了一晚，临走时又送了贵重的礼物，并率领下属直送到利州城外。回府后，武家人已经在议论关于武则天的惊人之语。武士彟急忙召集家里的所有人，让他们把袁天罡对武则天的评价忘掉，绝对不允许外泄，否则以家法处置！

最后，武士彟还不放心，又严肃地对全家人说："二女儿是女扮男装，袁大人并不知情，所以他的话全然不可相信。但这次袁天罡是奉旨到长安面圣，他的相术皇上已经认可，我们不能说半句不好。总而言之，大家务必记住，昨天的事无论如何不允许传扬出去！"

武士彟真的一点儿也不相信袁天罡的说法吗？恐怕不是。在武士彟的内心里，对自己的这个女儿也有了不一般的关注。

太宗选秀

袁天罡说过，夫人杨氏生下的孩子必然大富大贵。现在的两个都是女儿，即使富贵，出嫁以后终究是别人家的人，顶多是嫁一个富贵人家罢了。袁天罡的意思是不是说，将来一定会再生一个命运大富大贵的儿子呢？杨氏深信不疑。此后不久，杨氏第三次怀孕，生下的仍然是个女儿。

武士彟对夫人生儿子几乎不抱任何希望了。唯一能够安慰他的，是二女儿聪明活泼，长得很漂亮，小小年纪，做事风格却像一个男孩。

袁天罡对二女儿的预言，一直在武士彟心中萦绕，挥之不去。女子成为国家的皇帝，这是从来没有的事情，实在太荒唐了，让人不能相信，武士彟暗暗地想。但是，如果女儿当了皇后，当皇帝需要的时候，协助处理政事，这也是可能的吧，难道这才是袁天罡预言的真实含义？很有可能，这样也可以勉强算是君临天下吧。

从此之后，武士彟把家族未来的热切期望寄托到了二女儿的身上，对这个聪明可爱的女儿格外关心。武士彟本来就是一位野心家，他打定主意，既然二女儿有大贵的命运，一有机会，就要送她入宫。

就这样到了贞观五年（631）末，武士彟改任荆州都督。当时，荆州、并州、益州、扬州四大都督府，具有很高的战略地位，历来被朝廷所重视，一般是皇帝信任的、并且有才能的人才能胜任。

武士彟在荆州打击豪强，发展农业生产，荆州逐渐欣欣向荣起来。在几年的灾荒之后，第二年，这里终于迎来一个大丰收。唐太宗十分赞赏，用"善政"来表扬武士彟。

转眼间，武则天也到了应该读书的年龄。武士彟为她请了一个教书先生，像培养男孩一样来培养她。教书先生很快发现，这个女孩的领悟力很高，远远胜过普通的孩子。武士彟十分欣慰，工作之余，一有时间就和她说话，教育她。夫人杨氏对此很不理解，女孩认识几个字就行了，最重要的还是女红。女孩子家，费这么大力气培养她读书，难道还能指望她将来去考试当官吗？

武士彟不解释，也不理睬。他从心里感觉到，二女儿将来的人生道路是不一般的。武士彟是大都督，他想尽自己能力给这个女儿最好的条件。

这样的幸福生活并没有持续太久。

贞观九年（635）五月，太上皇李渊病死。李渊是武士彟的老领导，二人也是相互知心的朋友。武士彟得到消息，心中悲痛，回想自己一生操劳，逐渐忧郁成疾。唐太宗十分关心，一次次派遣名医细心诊治，但武士彟病情仍然逐渐加重，丝毫不见好转，终于在这一年去世，去追随自己的老友李渊，年五十九岁。

唐太宗十分痛心，下令追封武士彟为礼部尚书一职。武士彟的丧事，命令并州都督李勣主办，把武士彟的灵枢运回并州文水老家安葬，落叶归根，棺木及丧葬费用都由国库支付。

武则天对百般疼爱自己的父亲也有很深的感情。几十年后，武则天宫廷掌权，屡次追封她的祖先。天授元年（690），武则天称帝，追封父亲武士彟为孝明高皇帝，封他在文水的坟墓为昊陵。

只是，现在的武则天，还只是一位美丽的少女，刚满十二岁。她面容清秀，说是国色天香也毫不过分。一双大眼睛，闪动着智慧的光芒。这个美丽的女孩子，继承了父亲的全部性格：顽强，毫不服输；目光远大，眼光独特，善于把握机会；不满足于现状，渴望成功；最重要的是，她雄心勃勃。她的才能，也丝毫不在父亲之下。

未来还不能把握，现实生活仍然得继续下去。女性在家庭里是没有地位的，武士彟死后，嫡子武元庆、武元爽兄弟成了武家的家长。对他们来说，杨氏只是继母，武则天三姐妹也只是杨氏的骨肉，是同父异母的亲人。

正如父亲武士彟生前所判断的那样，元庆、元爽是才能平庸，眼光短浅的人，没有成大事的潜质。在家里，他们对杨氏母女十分冷淡，没有一点儿亲人的感觉。在仕途上，两人限于自己的才能资质，都只能做个小官而已。作为大都督武士彟的孩子，这真是有辱家门。对待外人，两个人只是以拥有父亲传下来的财富为傲，对人待物十分骄傲，更从来不注意结交富贵。

看起来，武家是在慢慢地走下坡路。

出身不同，加上杨氏是继母，导致整个武家族人，对杨氏母女都很轻慢。让人欣慰的是，三个女儿慢慢长大了，都是亭亭玉立，一个比一个漂亮，举止高贵，颇有大家闺秀的风范。尤其是次女，性格坚强，母亲杨氏一直期望她有朝一日可以重振武家名声。或许，一切都是命中注定的，武则天十四岁那年，朝廷宣布大规模选秀。

这次选秀早就已在内侍省的酝酿之中。

贞观十年（636），皇后长孙氏在京师长安大内的立政殿驾崩了。长孙皇后贤德温柔，深得太宗皇帝敬重爱戴。如今爱侣仙逝，太宗皇帝在殿内放声大哭，悲恸不已。此后一年有余，太宗皇帝一直没有另立中宫。

中宫虚位，朝臣以及内侍省不得不管，纷纷建议太宗皇帝另立中宫。

太宗皇帝思虑再三，最终决定立婕妤杨氏为后。杨氏原为太宗之弟齐王李元吉的王妃，玄武门之变，太宗杀了李元吉，杨氏就成了寡妇。杨氏这个人很会讨人喜欢，长孙皇后看她可怜，便把她接到正宫里来住。渐渐的，杨氏讨得了太宗的欢心，便被封为婕妤。如今，朝臣请立中宫，太宗便有了封婕妤杨氏为后的想法。哪知道，这一提议立即遭到魏徵等一干重臣的反对，说是"恐遭天下人耻笑"，太宗只好作罢。

此后，中宫的位置真正空了下来。皇帝不急太监急，后宫的人事问题总得有人出面来解决，内侍省便请求为太宗选秀。按照唐制，皇帝除皇后外，另有四妃九嫔，下面还有九婕妤、四美人、五才人，分别掌管妇学礼仪和祭祀、饮宴、服饰及车驾随行等。可是，太宗皇帝的妃嫔严重不足，如今又是中宫虚位，所以选秀的事情很快就定了下来，内侍省便开始着手大选妃嫔了。

选秀是一件很烦冗的事情。按唐制，宫女从民间女子中挑选；低级妃嫔从官宦之家挑选。这些低级妃嫔不但要侍奉皇帝起居，还要能够胜任一部分管理工作。因此，妃嫔要求有貌、有才、又要有较高的门第出身。

太宗选秀的消息一传出来，民间立即沸腾起来。官宦人家倘若有年轻女子，都巴不得能有幸入宫侍奉皇上。一旦得到皇帝垂青，甚至没为皇帝生下子女，这一辈子的荣华富贵都享之不尽。不过，也有些人家生怕女儿入宫，后宫宫女众多，太宗皇帝又已经年近四十，得到皇帝垂青的机会甚少，简直就是一场赌博。一旦输掉了，女儿就会失去一辈子的青春年华。

为了逃避入宫，京城一些达官贵人忙活起来。如果自己的女儿十三四岁还未出嫁，并且貌美端庄有名声，就连忙抓紧时间为女儿找婆家以逃避进宫。

武家是官宦人家，也很快得知了消息。杨氏不愿意自己的女儿被选入宫，拿女儿的后半辈子冒险。因为杨氏的三个女儿都是颇有名声的美女，万一被被朝廷选中进宫，下半辈子岂不是要与皇宫大院相伴，不等于是守活寡了？要想逃避守活寡的命运，就得赶紧把她们嫁出去才行。

杨氏打定主意，连忙为自己的女儿挑选起女婿来，希望女儿们能够逃避入宫的命运。

被召入宫

武士彟去世后，武家权势已经败落不少。元庆、元爽不懂得处世之道，又不愿操心妹妹的婚事；杨氏虽关心，一个寡妇却也无能为力，所以武家几个女儿的婚姻都不很令人满意。

杨氏的长女，已经许配婆家，夫君名字叫贺兰越石，为越王府法曹，官职不高，人品却还不错。三女儿的年纪还不算大，但母亲担忧选秀的事情，只得草草嫁给了一个小官，夫君名字叫郭素慎。对于这两桩婚事，杨氏颇为惋惜。她对自己的女儿个个都很看重，嫁给卑微的小官，让她觉得可惜了。杨氏暗暗地想，不知是袁大人预测不准，还是夫君去世，自己没有眼光，或者没到富贵的时候？但无论如何，能嫁人总比女儿进宫，生活在冷冰冰的后宫要好。

大女儿和三女儿都服从母亲的意愿，嫁了人。唯独武则天，她心高气傲，母亲提出的几桩婚事，她都死活不同意。杨氏劝她，女孩的命运本来就如浮萍一般，不能太任性。更何况，当时武家二女儿在社会上名气很大。她有貌且有才，又在婚龄期，早在荆州的时候，武都督的妻子杨氏以及二女儿武则天的名气就远及钦州一带。如今，她的美貌在京城已经不是秘密，这样下去，早晚要被选秀的官员知晓。

可惜，武则天任凭母亲说什么都不肯听。

元庆、元爽两位兄弟很赞同妹妹们出嫁。他俩倒没有想到逃避选秀这一层，只是想草草把几个妹妹赶出家门，一了百了。大妹和三妹乖乖出嫁，唯独二妹，无论两个哥哥如何责骂，就是不肯出嫁。元庆、元爽一来劝解，二妹便不卑不亢地回绝，她昂首挺胸道："两位兄长不要强逼妹妹，妹妹纵然要嫁，也要自己挑选夫君，怎能由着你们如此随便地将我嫁了出去？"

武元庆、武元爽听罢气愤不已，再也不愿插手了。杨氏无奈，想不到这个女儿平时最为聪明，遇到大事却如此糊涂。她叹了口气，只得加紧给女儿挑选婆家，一边默默祈求上天，希望女儿能够躲过这一劫难。

一切事与愿违。

武则天

太宗皇帝宣布选秀后不久，便下了一道诏书，点名要前武都督的次女进宫。在当时，选妃嫔一般是由内侍省挑好了请皇帝批准，但皇帝有时也根据传闻自己点名要人。这一次，太宗皇帝就钦点武家次女武则天进宫。不过，太宗会亲自点名点到武则天的头上，还与另外几个人有着密切的关系。

首先就是杨师道与桂阳公主夫妇。

杨师道是武则天母亲杨氏的堂兄，武则天的舅舅，当时任侍中；桂阳公主曾经是武士彟与杨氏婚礼的主持者，两个人都有意与杨氏母女亲近。杨氏母女回京后，就一直带着女儿们住在桂阳公主府上。桂阳公主夫妇十分喜爱这个知书达理，聪明伶俐的外甥女，也有心抬举，便极力向太宗皇帝推荐武则天的才貌，请他收入后宫。

另外一个关键人物，就是杨婕妤。杨婕妤就是前文所提，太宗皇帝欲立为后的女子杨氏。

原来，杨婕妤和武则天还是远房亲戚，论起来还是武则天的表姐。杨婕妤容貌艳丽，善于揣度皇帝的心思。她得知自己无法当皇后，只得长叹一声作罢，安安心心地做起婕妤来。杨氏得知太宗选秀的消息后，很有些担心。太宗选秀，便会有一批容貌秀丽的年轻女子充实后宫，一旦自己年老色衰，便会被皇帝丢在脑后。杨氏不甘被冷落，她必须寻觅一个保护自己的办法，要努力培养一个绝对忠诚于自己的女子做嫔妃。思来想去，杨氏想到了武家的二表妹。表妹进宫，定会主动和自己亲近，只要她能够听命于自己，相互帮扶，境遇总不至太悲惨。

杨氏打定主意，便向太宗进言道："陛下此次选秀入宫，万不可漏掉前都督武士彟的二女儿。"

"前几天师道还和朕提起这个女子，这女子果真如此难得？"太宗皇帝很有些迟疑。

"她是臣妾远房表妹。武家三个女儿个个国色天香，只可惜大女儿和三女儿已经出嫁，唯独二女儿待字闺中。细算起来，臣妾的这个表妹今年刚好十四岁。臣妾出嫁前曾见过一面，那时她年龄尚小，容貌精致，更加才气横溢，若能进宫服侍皇上，定可叫陛下满意。"

"武士彟于先帝有功，朕自然不能亏待武家后人。朕明日即传话给内侍省，宣她入宫。"太宗应允了下来。

几日后，中使便前来武家宣召，要求武都督的二女儿进宫。母亲杨氏听后惊讶得说不出话来。待中使一走，杨氏便放声大哭起来。她深知后宫是个角斗场，此一去不能经常与家人团聚不说，后宫女子争风吃醋，女儿再无法过上舒心的日子。

就在杨氏哭得晕天昏地的同时，武则天却心平气和，在一旁细心地收拾自己的东西。她收拾了几件心爱的衣裳，又挑拣了几本喜爱的书籍，一一捆扎起来，打算一并带入宫中。收拾完一切，她这才静静地坐在母亲身边，拿了块小手帕给母亲擦起眼泪来，她微笑着对杨氏说道："娘，入宫服侍天子怎么就不是一件好事？母亲不要再为女儿悲伤了！"

事到如今，杨氏也只得认命了，说什么都太迟了。杨氏抹了把眼泪对女儿说道："好，进宫便进宫，这也正应了你父亲的遗愿。"

"父亲怎知我会进宫？"

"哎……"杨氏重重地叹了口气。这件事情，她已经隐瞒了十年，家中老小都已经忘记了，唯独她还记得清清楚楚。于是，杨氏把十年前袁天罡为家人相面，预言武则天可当皇上的事情告诉了她。

"娘，女子怎能当皇帝，如此荒唐的鬼话您也相信，实在太荒唐了！"武则天哈哈大笑。的确，女子成为国家皇帝，本就是古今未有之事。所以，武则天并没有把母亲的话放在心里。

"不管这事情是真是假，娘都得将实情告知你，日后也好多加防范。入了宫，处处要以长孙皇后为鉴。长孙皇后贤淑温柔，公正无私，一直为太宗皇帝所敬重，可以说是贤妻良后的典范。你若能处处仿效，定可趋福避祸。"杨氏满心的牵挂，对女儿细细教导。

"女儿记下了。"武则天连忙微笑着安抚母亲。

对于这次入宫，武则天还是满怀希望的。在她很小的时候，父亲就时常在她面前提起当今皇上。她一直认为，当今皇上是个了不起的大英雄，她甚至幻想，有朝一日自己可以骑着大马到京城，在皇上的带领下游赏宫城。如今可以美梦成真，何乐而不为呢？更何况，武家目前前景暗淡，倘若自己进宫获封妃嫔，就会有重振家门的机会。

得知武家次女要进宫，许多平日不登门的亲戚都赶来看热闹。武则天的嫂子们更是亲热之极，对武则天嘘寒问暖。尤其是武元庆的老婆，对这个小姑突然来了兴致，拉着她的手喋喋不休地说起来没完。不仅对小姑，

武
则
天

就连对待婆婆杨氏，竟也多了几许尊重。

很快，武则天进宫的日子就到了。

一大早，宫里就派出了轿子亲自来接，车轿旁站着两个擎着通明集毳凤尾扇的宫女，等着新贵人上轿。武则天的嫂子们围着宫廷的轿子唏嘘不已，看罢连忙又鼻涕一把泪一把地和武则天告别。不过，元庆、元爽两位哥哥仍旧一副冷面孔，他们才不稀罕和一个小宫女拉关系。

武则天心里挂念母亲，几次三番地和杨氏道别，又拉紧姐妹的手一再嘱咐，这才在众人的簇拥下走出门来。到了门口，她仔细地整理了一下身上的衣装，款身上轿。在放下轿帘那一刹那，武则天不禁掉下了眼泪。她清楚，此番将是久别离，再和母亲姐妹见面不知何年何月。

不过，武则天的内心对皇宫充满了渴望。虽然进宫只是一个小小的秀女，但毕竟能有机会侍奉皇上，陪侍在皇帝的身边。事在人为，只要有心，也许就能碰上重振家声的机会。武则天姐妹与母亲杨氏已受尽白眼和冷落，武则天不甘屈服，她一定要借机改变这一切……

第二章　武才人

初识后宫

贞观十一年（637），十四岁的少女武则天辞别母亲，走进了大唐皇朝的宫城。

大唐宫城由太极宫、东宫和掖庭宫三部分组成。太极宫有殿、阁、亭、馆三四十所，其中最为雄伟壮丽的就是居中的正殿太极殿。高祖、太宗都在这里君临天下，成就了一代圣制。

太极殿以北的两仪殿为内朝，是皇上与宗人集议及退接大夫的地方。太宗皇帝常在这里欢宴大臣与贡使，是太极宫内的第二大殿。除太极殿、两仪殿之外，甘露殿是皇帝在内宫读书之处。除此之外，太极宫还有武德殿、昭庆殿、承香殿、立政殿、万福殿、承庆殿、安仁殿、淑景殿等。这里不仅是皇帝日常生活起居的地方，也是部分妃嫔的生活区。

太极宫的东西两侧分别为东宫与掖庭宫。东宫为太子居住之处，西侧的掖庭宫则是宫女居所，同时也是犯官女眷入宫劳动的地方。

武则天入宫后，就住在掖庭宫。掖庭宫虽名为宫，里面并没有宫殿类的建筑。掖庭宫的中部为宫女居住区，往南一点儿是未册封的秀女的住处，往北一点就是犯官女眷的住所。

在公公们的带领下，武则天在掖庭宫与其他秀女们暂住了下来。这些秀女都是出身名门望族或士宦人家，而且都以才、德、色闻名，入宫后一般都会被册封为有名有号的后妃。其中，武则天的美貌是十分出众的。

公公们对秀女们交代了一些事宜，随后便有几个年长的宫女来教授她

们一些宫里的基本规矩。新秀女必须用心阅读长孙皇后撰写的《女则》，以长孙皇后的一言一行为榜样。太监们一再嘱咐，不允许靠近掖庭宫的两道东门，不论是东北方向的嘉猷门，还是东南方向的通明门。原来，经由这两道门都可以达到皇上及妃嫔居住的太极宫，为了保障安全，这两道门有专人看守，入夜后要宵禁，任何人不能擅闯。

对于掖庭宫以东的太极宫，武则天内心里充满了向往。但是，秀女们要离开掖庭宫，就必须要等到册封典礼之后。被册封后，一部分被册封的秀女就会重新分配住处，当然也会有一部分仍旧留在掖庭宫。

与武则天同时入宫的，除了这些秀女，还有很多随例采选的普通宫女，还有因罪没入宫中的犯官女眷等。这些女子身份卑微，所以入宫后只能从普通宫女做起。相比之下，武则天实在算是幸运者。

为了让武则天入宫后有个照应，杨氏在女儿入宫前一再嘱咐，要女儿入宫一定要去拜见那位差点荣升为皇后的杨婕妤。

关于杨婕妤，武则天在母亲那里有所耳闻。这个女人实在不一般，本来是太宗皇帝的弟媳，却主动投怀送抱，成了太宗的嫔妃。可以说，武则天在脑子里，对这个远房的表姐就没有好感。可是，当初进宫毕竟有杨氏推荐，武则天当然得前来拜见，或许表姐还会提携自己一把。

武则天从来都没见过表姐杨氏。由于秀女们行动不便，她只得贿赂了几位公公，这才求得了一次面见杨婕妤的机会。这次相见真是让武则天大吃一惊。杨婕妤面如出水芙蓉，腰似迎风杨柳，而且体态风流，性情柔媚，人都道武则天美貌，可这位杨婕妤比起武则天毫不逊色。入宫几天来，武则天还从未见过如此美艳的女子。如此一来，太宗宁冒天下之大不韪，有意封她为后，也是理所当然。

姐妹相见，免不了一阵寒暄。杨婕妤语气十分亲热，武则天也亲热应付，可心里却很有几分抵触。这一点抵触，被杨婕妤察觉到了。杨婕妤推荐武则天进宫，本是为了加强自己的势力。如今，她却改变了主意。

武则天刚刚十四岁，容貌秀丽，国色天香。可以说，漂亮女人见到另外一个漂亮女子，往往会心生提防之意。更让杨婕妤不能容忍的是，表妹时时处处流露出一种桀骜不驯的神态，这很让杨婕妤不能容忍。杨婕妤虽然没有当上皇后，但一直很受皇上宠爱，再加上叔父杨师道在朝为官，后来还官至宰相，她还有稳固的政治依靠。所以，对于表妹多了几许戒备之心。

就这样，姐妹俩话虽说了不少，却没有一句在点子上。武则天是个聪明人，她知道了杨婕妤的心思，主动告退了。

离开了表姐雍容华贵的寝宫，回到了宫女们居住的掖庭宫，武则天的心里十分落寞。她费劲心机才得以见到杨婕妤，哪知道她会对自己如此冷漠。就在杨婕妤对武则天不冷不热，一心要心眼儿时，另一位表姐燕氏却主动召武则天相见。

燕氏出身名门，是隋朝左武候大将军、上柱国燕荣的孙女儿。她的母亲是隋太尉、观王杨雄的第三女，是武则天母亲的堂姐。

燕氏向来以才华横溢著称，她年幼时，母亲命儿子们读《上林赋》，燕氏看了看文章，随即便背诵出来，是个过目不忘的神童。燕氏十三岁时，就以过目不忘的奇慧而被召入当时还为秦王的李世民府邸。燕氏入府之前，李世民并没有见过她。但是，李世民向来喜欢有才华的女子，所以对她感情颇深，她也为太宗皇帝生下了越王李贞和江王李嚣，在太宗后妃中的地位很高。贞观元年，唐太宗就封她为仅次于皇后的四夫人之一"贤妃"。

燕氏的性情敦厚，她担心年幼的表妹入宫不适，所以很快就把表妹叫到身边来相见。武则天见到贤妃，便要跪下来拜见，燕氏忙上前揽住，拉着表妹的手眼圈就红了。两姐妹絮絮叨叨说了许多贴心话儿，说得武则天潸然泪下。一转眼，入宫已经数天，武则天再坚强，再倔强，也不过是个十四岁的小女孩儿。她当然也会想家，想母亲，想念自己的亲姐妹。

燕氏见状，连忙替表妹擦干了眼泪，故意岔开了话题。

"妹妹，快别哭，听表姐说给你一件奇事。"燕氏说完，走进书房拿出一张纸来，递给了武则天。纸上写着一首诗："鹅，鹅，鹅，曲项向天歌，白毛浮绿水，红掌拨清波。"

武则天看罢有些摸不着头脑。一首小诗清丽脱俗，但也没什么惊奇。燕氏见状连忙解释道："这是我们越国七岁孩子骆宾王写的诗，真可谓是盛世奇才。"

"吴越真是人杰地灵，七岁孩子就能写诗，真是了不得。"武则天一边品读，一边赞赏。当时，武则天并没有想到，就是这个七岁孩子，在几十年后写出了那篇著名的《讨武檄文》，极尽谩骂之能事。这当然是后话。

武
则
天

姐妹两人又闲谈了些诗词歌赋。闲谈中，武则天不禁对这个表姐愈发佩服起来。燕氏的容貌比起杨婕好来实在逊色，但是谈吐和仪态却远远胜过杨婕好，因为燕氏艺文该博，这种深厚的文学内涵是杨婕好所不具备的。可是，太宗皇帝有意立杨婕好为后，虽敬重燕氏，却也不过一直为四妃之一。看来，要想抓住皇上的心，容貌秀丽远比才学出众要重要得多。想到这里，武则天微微一笑。

武则天拜访表姐燕氏，本来是有意请表姐在皇上面前美言几句，想到这里，她立刻打消了这种念头。论起容貌，她在此次入宫的众多女子中是数一数二的，那么太宗宠幸于她，应该也是迟早的事。

就这样，武则天怀着兴奋愉悦的心情告别了表姐。她默默地等待着，等待着太宗宠幸她的那一天。

武则天一等就是一个多月。等待中武则天发现，皇帝后宫人才济济、美女如云，她的入宫就像是一块小石子投入水潭，并没有什么惹人注目的地方。这一个多月来，她只能像其他刚入宫的女子一样，每天早起梳洗打扮，早膳后就到书院里学习礼乐。这样的日子千篇一律，枯燥乏味，她从没有见过皇上，更没有被册封名号。武则天开始担心起来，难道自己余生的日子都要在掖庭宫这样度过？这是她绝对不能接受的，她必须想尽办法改变这种状况。

于是，她再次拜访表姐燕氏。

向燕氏说明来意后，燕氏微微一笑："这话，本不劳妹妹交代，妹妹不言语，我也必定会向皇帝美言。只是，这一个多月来，皇上有了新宠，自然冷落了我们这些相携数年的妃子。姐姐进言，还需要些时日，妹妹无需着急。"

"皇上正在宠幸一位新入宫的秀女？"武则天有些吃惊。她也是秀女，而且容貌数一数二，在她心目中，自己才该是被皇上宠幸的女子才对。

"是一位才貌双全的秀女，刚刚被册封为才人，名叫徐惠。我见过那女子一次，的确堪称佳人。"燕氏不禁夸赞。

就这样，武则天第一次听到了徐惠这个名字，也从表姐嘴里得知了许多徐惠的故事。

徐惠是大臣徐孝德的女儿，比武则天略小，是江南湖州人。徐惠在当时就以才学出名，她生于书香之家，四岁时就开始诵读《论语》、《诗经》

等。她八岁时就已经能出口成诗了，而且辞致十分清丽。她的父亲徐孝德为了考验她，曾让她仿照屈原的《离骚》作一首离骚体诗。这小女孩连眉头都不皱，拿起笔来信手一挥，即刻便写成一首《拟小山篇》：

> 仰幽岩而流眄，抚桂枝以凝思。
>
> 将千龄兮此遇，荃何为兮独往？

八岁的女孩子能做出这样的小诗，实在很了不起。徐惠的名声越来越大，最终也被太宗皇帝召入后宫。

徐惠不仅才华出众，而且性格温柔娇巧、善解人意，入宫后立即就走进了太宗的视野，被太宗皇帝册封为才人。徐惠的风光无限，深深地刺激了武则天。她并不是一个甘于服从命运安排的人。既然自己同样是被皇帝钦点入宫，就必定能够引起皇帝注意。她需要的，不过是一个时机罢了。

立为才人

可以说，徐惠是武则天的情敌。在此后的十几年中，太宗皇帝一直垂青于徐惠，对徐惠宠爱有加。不过，徐惠也算得上是武则天的一位贵人，正是因为徐惠，武则天才有了第一次面见皇上的机会。

那天，徐惠来到掖庭宫。在周围女孩子的议论声中，武则天才知道眼前的那个女孩子就是徐惠。徐惠看起来并不十分美丽，但是瘦削的肩膀与脸颊使她看起来气质非凡。她走路的样子温文尔雅，说起话来也是轻言细语，对每一个她所遇见的人保持微笑。或许是因为徐惠正深受太宗皇帝宠爱，就连掖庭宫中一向蛮横的宦官们对徐惠也是另眼相看。他们不仅对她十分客气，还竭尽巴结、阿谀之能事，尽量为徐惠的生活提供便利。

其实，徐惠和武则天进宫的时间相差不多，但此时的徐惠已经屡受恩宠，而且还搬进了别院。而武则天连皇上的样子还没有见过。武则天并不是一个愿意服输的人，但是她也不得不承认，徐惠的确十分迷人。她知书达理、多才多艺，而且还出自名门。相比之下，武则天虽然也是出自官宦之家，但父亲在做官之前，毕竟只是个以木材生意发达的商人。而商人是被人看不起的。这使武则天在徐惠面前有一种无法抹杀的自卑感，让武则天第一次感受到了命运对她的残酷，一种在掖庭宫抬不起头来的感觉油然

而生。

为了让自己有机会走到皇帝面前，改变目前的状况，武则天决定靠近徐惠。

那时候，徐惠常常前来掖庭宫的内文学馆读书。为了接近徐惠，武则天便常常以请教问题为由接近徐惠。一来二去，两个人就熟悉了。武则天知道徐惠是个宽厚之人，便有意暗示请徐惠提携。于是，一次太宗临幸后，徐惠便向太宗谈起了武家聪慧美丽的二女儿。

武则天本就是被太宗皇帝钦点入宫，经徐惠提起，太宗皇帝自然对她有了几分兴致。没过多久，李世民便下令要在甘露殿召见武则天。

武则天是个聪明的女子，她知道成败在此一举。那天傍晚，她被宫女们伺候着，品尝由皇帝赐的膳食。吃罢饭，她开始香汤沐浴，随后就开始了近一个时辰的梳妆。望着铜镜中的自己，武则天的心雀跃着。那是一个多么美丽的女人！她，就要以如此美貌的容颜迎接当今最英明的君主，她相信，自己必定能够得到皇帝的宠幸，可以离开掖庭宫，在那个繁华的太极宫占有自己的一席之地！

见到武则天时，太宗皇帝果然大吃一惊。眼前的少女俊爽聪惠，一双美丽的大眼睛炯炯有神，没有一点尘间的俗气。女孩儿穿着青色朝服，整个神态像牡丹花瓣半开微展，十分的巧妙招惹。太宗皇帝不停地打量着眼前的女子，微微地笑了起来，不停地赞叹道："美容止，美容止啊！"

美容止就是说，漂亮到这儿就停止了，没有比她更漂亮的了。这话十分合武则天的心意，得意之极，她也小心地抬起头看了看皇上。眼前的皇上虽然已经中年，但仍旧像他梦中的天子一样，身着黄袍，相貌英俊，目光有神。

"你就是已故荆州都督武士彟的女儿？"唐太宗终于发话了。

"奴婢正是。"

"武士彟有功于朕，朕自然也不会亏待功臣之后。你新近入宫，朕就先册封你为才人吧。"

"谢皇上！"武则天妩媚一笑，叩头谢恩。

太宗皇帝望着武则天微笑的样子，不觉心动道："天下竟有如此妩媚动人之女子，朕赐给你一个名字，武媚如何？"

"武媚领旨！"

就这样，武则天平生第一次有了自己的名字——武媚，大家都亲切地称呼她为媚娘。

那天夜里，武则天就留在了甘露殿侍寝。当她退出甘露殿时，已接近午夜子时，由太监背着回到了掖庭宫。回到掖庭宫后，武则天浮想联翩。她没有想到，第一次见到皇上，自己就得到了才人的封号。在后宫中，才人的地位并不显要，位在四妃、九嫔、九婕妤、九美人之下，属中等偏下。但身为才人至少也要享受正五品的待遇，徐惠，那个才貌俱佳的女子，不也就是个才人吗？

想着想着，武则天突然想到了自己的名字"媚"。皇上钦赐"媚"字，足见自己美貌。一个"媚"，恐怕已经不单单是漂亮，而是一种慑人心魂的美丽了。既然自己能够抓住太宗皇帝的心，恐怕应该会比杨婕妤更加讨太宗喜爱。皇后之位她并不敢奢求，她怎敢与长孙皇后媲美？但是，只要有心，不愁升不到比才人更高的地位。

一度春风之后，武则天又数次得到李世民的召幸，侍候皇上。当时，太宗皇帝已年近不惑，可这位明君还是成了武则天热烈倾慕的对象。可惜的是，太宗皇帝姬妾成群，他并不驻足于一处美景对他的诱惑。总之，皇帝召幸武则天的次数越来越少，武则天渐渐地成了一个彻彻底底的宫廷内官——才人。

在唐朝后廷，才人的主要职责就是安排皇帝宴饮、音乐和休息，以及宫中女子蚕丝纺织等。不仅如此，唐代承北朝雄健之风，君王外出游玩，往往有才人骑射随行伴驾。武则天可以说是一个很合格的才人，她有文才，懂音乐，会骑马射箭。可是，拥有着惊人美貌的武则天，又怎么甘心一生做一个小小的才人，得不到君王的宠幸呢？

于此同时，与她同时进宫的徐惠，却备受李世民宠幸。徐惠在相貌上的确比不过武则天，但她通晓琴棋书画，或弹琴，或挥墨，让李世民瞧着样样欣喜，而且非常关心国家大事。所以，没多久，徐惠一天之内连升两级，由五品才人升为正三品婕妤。看着徐惠一路高升，武则天实在是心生艳羡。

这天，武则天前去探望徐惠，远远地就听见了徐惠的笑声。姐妹寒暄后，徐惠给她讲了一件自己刚刚经历的乐事。

原来，太宗皇帝刚刚召见徐惠，可是徐惠因事耽搁。太宗等了很久，

徐惠才姗姗来迟。这下子，太宗大为恼火。徐惠见太宗一脸怒气，连忙挥笔写下了一首诗，递给太宗。太宗看完小诗后，立即忍俊不禁，怒气全消。

"什么诗可以让皇上转怒为喜？"武则天带着几分好奇与艳羡问道。

徐惠并不言语，而是微笑着拿起纸笔，将小诗完整地写了出来，递给了武则天。

朝来临镜台，妆罢暂徘徊。

千金始一笑，一召讵能来。

所谓"朝来临镜台，妆罢暂徘徊"，就是写徐惠一早起来就对镜梳妆，精心打扮，然后等待着皇帝的召幸。可是，她并不知道皇帝是否会召幸自己，所以虽然妆扮已毕，仍旧是徘徊无措。就在这时，皇上派人来召见她，按理说徐惠应该喜上眉梢，欣然应往，可聪明灵巧的徐惠偏偏在这个时候耍了一点小脾气。古人对美人还会千金买一笑，怎么陛下招呼一声我就得立即去？

武则天看完了小诗，嘴里连忙称赞，可心里却很不是滋味。"千金始一笑，一召讵能来？"这两句小诗明明就是在和皇上耍小脾气，如此看来，两个人的关系该有多亲密？这是她武才人无论如何都无法企及的啊！虽然太宗皇帝也召幸过她，但要与徐惠相比，与太宗皇帝的关系简直就是天壤之别。看看徐惠，她的容貌并不出众，怎么她就可以得到太宗皇帝如此宠幸，自己与她相比到底差在哪里？

"媚娘，你我都是太宗的妃嫔，而且你的容貌还在我之上，你可知皇上为何对我如此垂青？"徐惠是个聪明人，她看着陷入沉思的媚娘，自然明白了她的几分心思。

徐惠话一出口，武则天心生佩服。她说的正是自己百思不得其解的问题。她随即低下头，请求徐惠的指点。

"以才事君者久，以色事君者短。这个道理，你我都应该懂得。"徐惠一字一句地回答道。这句话一下子就刺中了武则天的心。

的确，以才事君者久，以色事君者短，尤其对于李世民这样一个明君。他喜爱的是才貌双全又能与自己性情相投的女子。要侍奉这样的皇帝，就更得注重自己的才学修养。虽说武则天自小熟读诗书，在周围女子中出类拔萃，但放在太宗后宫之中，她的那些文才实在算不得什么。

武则天默立良久，轻声告辞而去。

也就是从这以后开始，武则天决心充实自己。她向来是个不甘于寂寞的人，是个不愿意服输的人。她相信，自己一定有能力获得太宗的欢心。

服侍太宗

升为才人后，武则天仍旧住在掖庭宫。这时候，她已经开始掌管宴会、养蚕、休寝等职司，经过这一番锻炼，武则天熟悉了宫中大小事务。为了提高自己的文才修养，武则天还刻苦学习礼乐诗书。日子过得飞快，一转眼武则天进宫就已经一年有余。

那天是个阴雨天，武则天正好不当值，便一个人在宫里散步。身为才人的武则天已经可以随意出入嘉猷门了。走出嘉猷门不远就是千步廊，这里可以算作是皇帝的御花园。千步廊北边有三泓水池，分别为东海池、北海池、南海池，为皇帝及后妃们的泛舟之所。每逢节日庆典，皇帝总会和众妃嫔在这里集会庆贺。池边有一个望云亭，是个赏景的好去处，宫里的妃嫔们都喜欢到这里来。

这天正下着雨，望云亭空无一人。武则天紧了紧胸前的丝绦，把裙子提起一点，以免不小心沾到花草上的雨滴。望云亭的确是个观景的好地方，站在亭子里静静欣赏雨中的御花园，实在是别有一番景致，武则天看得心醉神迷。

就在心驰神往之时，武则天突然想起了王羲之的《兰亭序》。

那一段日子里，太宗皇帝刚刚在辩才和尚那里骗得了王羲之的真迹《兰亭序》。有关《兰亭序》的故事在后宫中传得沸沸扬扬。太宗皇帝向来嗜好书法，凡是能收集到的王羲之的书帖，他都设法弄到手，只可惜独缺《兰亭序》。后来，太宗得知该帖在高僧辩才手中，便请求辩才献宝。哪知道，辩才一口否决，说墨宝已不知所终。太宗哪里肯相信？便派监察御史萧翼前往辩才和尚所在的永欣寺，骗取《兰亭序》。萧翼不负厚望，最终将《兰亭序》骗到手。太宗得到《兰亭序》后非常高兴，立即提升萧翼为员外郎。

看来，太宗皇帝痴迷书法已经到了着魔的程度，否则堂堂天子怎会充

当起骗子的角色？这也就难怪在修撰《晋书》的时候，太宗皇帝曾亲自操刀为王羲之传作论赞，并且四处搜购大王真迹，多达三千六百纸。

想到这里，武则天莞尔一笑。既然太宗皇帝喜欢书法，并且十分欣赏擅长书法之人，自己为何不投其所好？而且，自己自幼练习书法，入宫时已有些功底。主意已定，武则天立即离开望云亭，回到了掖庭宫自己的住处，拿起纸笔就是一阵挥洒。

打从那以后，武则天每天都会抽空练习书法，而且不曾间断。经过几年苦练，武则天的书法水平已经十分不凡。只可惜，由于皇帝好书法，当时满朝文武乃至宫廷女眷都以写得一手好字为荣。所以，武才人的好书法并没有使她在太宗皇帝面前脱颖而出。

这几年间，武则天的马术也有了很大进展。在当时，唐朝后宫中的才人必须要懂得骑马随驾弯弓带刀，武则天为了夺得太宗皇帝的好感，一直勤学苦练。武则天不仅擅骑马，还很会打马球。

马球是唐朝初年十分盛行的一种运动。身为马上皇帝的唐太宗很喜欢这种运动，他经常组织参加这类活动。上行下效，在长安的亲王和将军府中都建了马球场。在长安最大的马球场还数玄武门内的球场了。每逢有比赛，唐太宗总要带领朝臣、亲王、公主、妃子等前来观看。就这样，观看打球的嫔妃与侍女也开始学习打马球，并很快组建了球队。武则天由于马术高超，最终成为其中一队的队长。只要有空她就带着自己的队员们学习骑马，练习马球。

训练几个月后，女子马球队还进行了首次比赛。

比赛那天的场面十分恢宏。第一声锣鼓响之后，在雄壮的军乐声中，四十名骑着高头大马的女子走进了马球场。这些女孩子们脱去了以往的女装，穿上男式艳丽的绸服，脚蹬红色的高筒靴子，和男人一样跨坐在马背上。望着这支威风凛凛、史无前例的娘子军，全场立刻爆发出欢呼声。向天子行礼后，娘子军们立即开始了激烈的比赛。千娇百媚的女孩子们在马球场内厮杀争夺彩球，她们像进入沙场一般勇敢。其中，武才人带领的队伍尤为骁勇善战，最终取得了胜利。

太宗皇帝对武才人的表现十分满意。那以后，只要他出入马场驯马，或者观看马球比赛，都会带着武才人。不过，太宗对武才人的欣赏却仅止于此。他从没有因此迸发出对武则天更多的爱怜之情，更没有因此召幸过武则天。不过，武则天愿意等待，她相信自己的行动总有一天可以打动皇上，让皇上再度宠幸自己。

就是因为这种急切的期盼和渴望，武则天在太宗皇帝面前终于"冒失"了一回。

太宗皇帝十分喜欢宝马良驹，他年轻时东征西讨，常常是一马当先突入敌阵，战马可以说是他出生入死的伙伴。太宗甚至下令，将自己当年征战乘骑过的六匹战马雕刻成石，树立在昭陵北玄武门内，也就是著名的石刻浮雕"昭陵六骏"。不过，在昭陵六骏之外，太宗皇帝还有一匹心爱的宝马，那就是狮子骢。

狮子骢产自西域大宛国，隋朝时由西域国王进献给隋文帝杨坚。这匹宝马脾气暴躁，驭马人难以接近，更谈不上制服。后来，将军裴仁基一手揪住马耳朵，另一只手抠住马眼眶，终于将狮子骢乖乖制服。被驯服后的狮子骢表现出优异的品质，甚至可以"朝发西京，暮及东洛"。

隋末战乱，狮子骢下落不明。李世民即位后，立即下令在全国范围内寻找这匹狮子骢。狮子骢最终被蒲州刺史宇文士寻得，送往京城长安。太宗皇帝见到狮子骢后十分欣喜，只可惜，这时的狮子骢又成了一匹难以驯服的野马，性情十分暴躁。唐太宗喜欢它的骠悍，又苦于它桀骜不驯的烈性，负责驯练它的宦官已有多人受伤。

那天，太宗皇帝又带领众妃嫔前往驯马场，看望他心爱的狮子骢，太宗不禁对身边的妃嫔们道："这么好一匹马，竟要闲置在厩中，真是可惜。诸位爱卿和妃嫔，你们当中有谁能够驾驭它？"

大家面面相觑，无人敢应。就在这时，武则天突然站到太宗面前，躬身道："媚娘可以驾驭。"

唐太宗看了看武才人，微笑着摇了摇头。

武则天见状，一本正经地说道："媚娘并非妄言，只要陛下给媚娘三样东西，媚娘定可叫它服服帖帖。"

"哦？哪三样东西？"太宗满腹疑问。

"第一件为铁鞭，第二件为铁锤，第三件为匕首。"武则天昂首挺胸地回答道。

太宗听罢哈哈大笑道："一听就知道媚娘不懂驯马。驯马，怎么能用铁锤、匕首这些东西？"

"陛下，媚娘驯马就只这三件。媚娘先用铁鞭打它，如它不服，就用铁锤砸它的脑袋，如再不服驯，就用匕首割断它的喉咙！狮子骢为千里马，如果不能为人所驾驭，留它何用！"武则天一字一顿地说道。

听了这番话，场内的人无不愕然地看着眼前的武才人，想不到如此柔媚可人的女人竟如此狠心。

太宗皇帝想了想，点了点头道："媚娘的方法，的确要比裴仁基将军一手撮耳，一手抠目的方法还要壮猛。身为女子，如此有胆略，有气魄，堪称巾帼女杰也！"

唐太宗说完转身离去。

太宗爱马成痴熟知马性，他怎能听任武才人用如此狠毒的方法驯马？所以，太宗皇帝并没有把狮子骢交给武则天驯治，武则天的铁鞭也就没有了用武之地。不过，一个美貌女子能够想出如此残忍的驯马手段，实在有些冷酷。太宗虽开口称赞，可内心里对于武则天更没有了宠幸的欲望。

就这样，经过多年磨炼，武才人虽已才貌俱佳，可作为一个女人，她竟然讨不得太宗的欢心。更何况，宫廷实乃藏龙卧虎之地，在众多女官中实在有比武则天更投合太宗审美情趣的人选。

就在武则天为了获得太宗皇帝宠幸，使出浑身解数时，徐惠却以另外一种形式，紧紧抓住了太宗皇帝的心。原来，自长孙皇后死后，太宗就开始有些颓废，耽于享乐，对女色兴致尤其高。徐惠曾为此上疏劝谏，言辞间有长孙皇后之风。太宗皇帝见到奏章后颇为欣赏，立即把徐惠从三品的徐婕妤，提升为二品的徐充容。此后，虽然徐惠并没有为太宗皇帝生下一男半女，但太宗对她一直宠爱有嘉。就连武则天都看得出来，假若后宫嫔妃中有空缺之位，晋升的一定是徐惠。

对于徐惠的晋升，武则天只能在旁边用艳慕和妒嫉的心情眼巴巴地看着。而自己，入宫多年，却仍旧是个半姬妾半侍女的"才人"。自己内心的这种苦闷，武则天偶尔也会向表姐燕氏倾吐。燕氏可以说是武则天的榜样，她曾经一度认为，自己一定会过上比表姐更加高贵奢华的生活。可如今备遭冷落，武则天也只得在表姐燕氏这里寻求安慰。

燕氏是一个过来人，对于后宫争宠的严酷，她的心里十分清楚。后宫美女如云，其中精通琴棋书画者不在少数。表妹仅仅想凭借一手好字、一身的好武艺博得太宗皇帝的宠幸，简直如白日做梦。更何况，媚娘曾遭宠幸，曾得宠的人一旦失宠，就很难再获取皇上的欢心。燕氏入宫几十年，她亲见着那些失宠的女人，把时间用在浓妆艳抹上，想尽一切办法想要再次获得皇上的喜欢，可是结果都是徒劳。

于是，燕氏建议武则天去御书房伺候文墨。在御书房一定会更苦更累一些，而且伴君如伴虎，一不小心可能就会惹恼了皇上。可是，也只有在御书房，武则天才有接近太宗皇帝的机会。否则，时光易逝，再不把握机会，武则天恐怕只能是明日黄花。

武则天最终接受了燕氏的建议。燕氏的教导，以及自己的亲身经历，使武则天在明争暗斗中懂得如何韬光养晦、如何进退，也学得了许多技压群芳的路数。

武则天学识尚可，而且聪明伶俐，容貌及谈吐都优雅可人，所以太宗皇帝很快就认可了燕氏的举荐，将武才人调入御书房伺候文墨。

武则天为此十分欣喜，庆幸自己终于有了与太宗皇帝相处的机会。

在御书房伺候皇上，实在是个累活儿。在皇上面前，任何人都不准坐下，即使是亲王，除了特别恩准，也不能坐下。作为御前侍女的武才人，当然也得一直站着。身体的疲劳，尤其是脚的疼痛、腿部的浮肿等，让她难以承受。可是，武则天都忍下来了。对武则天而言，御书房的一切都充满着新鲜和刺激，因为在这里她可以见到日思夜想的皇上。

可惜的是，虽然她时常伺候太宗文墨，皇帝却丝毫没有与她亲近的意思。渐渐的，武则天也不再苛求太宗皇帝宠幸自己，反而把更多的精力放在那些皇家公文上了。

御书房是整个大唐的"政治中心"，在这里伺候太宗文墨，使武则天有了更多机会了解国家大事，日渐通晓官场政治和权术。太宗皇帝励精图治、知人善任、从谏如流的明君风度也深深影响着武才人，这为后来武则天参与政治，统领江山奠定了坚实的基础。

太子之争

贞观十七年（643），也就是武则天入宫后的第六年，朝廷中发生了几件大事。正月，谏臣魏徵病逝，魏徵病逝使太宗缺少了一个主心骨，太宗

武则天

皇帝为此十分痛心。三月，齐王李佑叛乱，紧接着太子李承乾被牵扯进来。原来，太子李承乾伙同叔父李元昌和大臣侯君集等人意欲发动政变，迫使太宗退位。

太子谋反案暴露后，整个朝廷及后宫都炸开了锅。

武则天曾经见过太子几次，在她看来，太子李承乾实在不像是会谋反的人。可是，武则天也知道，面对着魏王李泰的步步紧逼，为了保住自己的皇位，再柔弱的人也会下定决心做出反抗的。

太宗皇帝一共有十四个儿子，其中长子常山王李承乾、四子魏王李泰、九子晋王李治都是长孙皇后所生。在当时，正宫皇后的嫡子才有继承王位的资格，所以嫡长子李承乾就成了天经地义的太子。李承乾年幼时十分聪明伶俐，讨人喜欢，武德九年（626）十月，太宗刚刚即位，便将八岁的幼子扶上了太子之位。太宗不在京城时，常常让他代理政事，颇得朝廷大臣的好评，父子之间的关系也十分融洽。

不过，这种融洽的父子关系武则天从不曾得见。因为早在贞观十年，也就是武则天进宫的前一年，太宗皇帝就有了废黜太子的心思。原来，这位成年之后的太子，由于养尊处优，喜好声色，沾染了不少坏习惯。再加上李承乾患上了足疾，不能上朝觐见太宗，太宗不能时常教诫、监督这个儿子，卑劣小人乘虚而入，终于使这个"好声色"的太子走上"侈纵日甚"的浪荡歪道。

对于太子的荒唐，入宫不久的武则天就听说了一二事。

据说，李承乾十分喜欢突厥人。他常常说突厥语、穿突厥衣服。为了让自己的生活更加接近突厥人，他还要求侍从把头发梳成小辫，身穿羊皮，到草地上牧羊。一天，李承乾一时兴起，要求侍从和自己玩"假死"的游戏。于是，李承乾假装自己是死掉的突厥可汗，像死人一样躺在草地上。侍从们见状连忙放声大哭，然后跃身上马，环绕着"可汗"的"尸体"奔走。按照突厥的风俗，可汗死后，侍从必须用刀子割破自己的脸，以示祭奠。李承乾的侍从不敢怠慢，也只好对自己狠下心来，割破脸皮，一个个鲜血直流。

望着自己忠心的手下，李承乾心花怒放。他对侍从们大放厥词道："有朝一日我当了皇帝，一定要率数万骑兵，去金城以西打猎，并要投靠阿史那部的酋长阿史那思摩，甘愿做他手下的一名突厥将军！"

事情很快就传到了太宗皇帝的耳朵里。自己的儿子身为大唐王朝储君，竟然要在得天下之后去做突厥酋长的部下，这令太宗皇帝怒不可遏。可是，太子不能轻易更换，太宗皇帝便决定再给太子物色一名老师。当时，于志宁已经担任太子老师多年，太宗皇帝便派以直谏闻名朝野的中书侍郎杜正伦协助辅佐太子。可惜的是，李承乾与老师之间的关系剑拔弩张，甚至曾偷偷派人暗中刺杀两位老师，所幸并未伤及其性命。

后来，李承乾越发嚣张放肆，喜欢上了一个名叫称心的太常乐童。这个小男孩十多岁，容貌秀丽，而且能歌善舞，李承乾和他同吃同睡，闹得满城风雨。太宗皇帝得知后，立即下令杀掉了称心。李承乾不思悔改，反而因此更加憎恶太宗，公然与父亲对抗。

就这样，父子之间隔阂日深。

相比之下，魏王李泰却处处合太宗心意。皇四子李泰比李承乾小一岁，相貌英俊，聪明好学，端肃多才。虽然，每次太宗外出都让李承乾监国，却总要把李泰带在身边。李泰才华出众，太宗皇帝常常和李泰讨论问题。随着李承乾越发嚣张，离心离德，太宗皇帝终于有了废黜李承乾，另立李泰的想法。

贞观十年（636）的正月，太宗皇帝重新分封子弟十七人为王，其中魏王李泰被封为相州都督。二月，除五人因年幼暂不赴任外，其余子弟均离京赴任，可唯独李泰被太宗皇帝留在了京城，另外派人代行相州都督职权。太宗把李泰留在身边，显然就有废立太子的用意。

太宗的这一举动使李承乾有了危机感。李承乾清楚，自己已经失宠，太子的地位岌岌可危。无计可施之际，李承乾终于决定采取极端措施。

贞观十六年（642），李承乾暗中联络叔父李元昌和大臣侯君集等人，阴谋发动政变。第二年四月初一，太子还未实施谋反，就因为齐王李佑谋反案东窗事发，遭到牵连。太宗皇帝当即下诏罢黜太子李承乾，贬作平民，囚禁于右领军。

李承乾被废，李泰可真是幸灾乐祸。他知道，按长幼排序，也该轮到他做太子了，更何况父皇一直对他宠爱有加呢！就在这种心态的作用下，李泰也开始恃宠骄横、目中无人起来。不过，一些朝廷重臣并没有拥立李泰的想法，尤以长孙无忌和谏议大夫褚遂良反对最为激烈，他们主张立皇九子晋王李治。

李治时年十六岁，向来以仁孝闻名。不过，太宗皇帝一直没有立李治为太子的决心，因为李治的性格十分懦弱。性格如此懦弱之人，并不适合做皇帝。就在太宗皇帝犹豫之时，李承乾突然求见。

李承乾入狱后，很担心四弟李泰成为太子。李泰雄心勃勃，一旦登基为帝，必定会将自己这个废太子斩草除根。为此，他请求面见皇上。很快，这对父子就在太宗皇帝的御书房见面了。

李承乾痛哭流涕，请求太宗皇帝宽恕，太宗皇帝并不为之所动。李承乾见状，只得收起眼泪，对父亲道出自己最后的请求："父皇，儿臣贵为太子，还有什么要求？只是魏王一直有争夺储位的心思，儿臣生怕被他加害，只得与朝臣谋划自安之道啊！假若皇上您果真立李泰为太子，那么父皇与儿臣就中了他的圈套了！"

太宗听罢默默不语。沉默良久，太宗皇帝才挥手吩咐把李承乾带了出去。那是他们父子见的最后一面。

李承乾的话的确打动了太宗皇帝。太宗当年就是在玄武门设下伏兵，杀死了哥哥李建成、弟弟李元吉，再用武力逼迫父皇李渊退位，自己当上了皇帝。所以，他很清楚，皇位之争完全可以使父子、兄弟反目，这是他不愿见到的。可是，晋王李治性格懦弱，实在不适合做皇帝，为此太宗大伤脑筋。

这天，太宗皇帝退朝后独自回到御书房，武才人在一旁陪侍。当时，武才人刚刚来到御书房不久，太宗皇帝对她十分欣赏。在太宗众多的妃嫔中，武才人不但聪慧，美丽，而且办事果断干练，常常不用嘱咐，便非常符合太宗的意愿，一直陪侍在太宗左右。

太宗回到御书房后只是闭目沉思，武才人小心地陪侍在侧。正在太宗凝神之际，内侍突然来报，称晋王李治前来晋见，太宗连忙宣进。

李治此行倒没有什么重要的事情，只为向太宗皇帝请安。进得御书房后，李治连忙跪拜。礼毕，小心起身，安静地站在一旁，竟再没有一句话。太宗皇帝心里生疑，再一仔细端详，发现李治神色惊慌，似乎刚受惊吓。太宗生疑，连忙追问，李治这才道出真相。

原来，李泰见李承乾太子之位不保，便威胁自己的弟弟晋王李治，要他千万别和自己争太子，否则下场会很惨。李治为此愁眉苦脸，最终被太宗皇帝发现了其中隐情。李泰此举终于使太宗下定决心。看来，倘若立魏王李泰为太子，承乾和李治都会有生命危险。只有立李治，才能保证三个儿子都平安无事。

贞观十七年四月初的一天，太宗皇帝在太极殿的朝会结束后，单独传唤长孙无忌、司空房玄龄、兵部尚书李勣和褚遂良等来到两仪殿。诸臣来到两仪殿后，只见惴惴不安的晋王李治正侍立在太宗旁边。几位大臣立即明白了太宗皇帝的心思。

叩拜请安后，太宗赐坐。

"诸位爱卿，朕有三子，一弟，实不知当立谁为太子。立储之事令朕心中郁闷，无以聊生。"太宗皇帝说罢，立即卧倒在床上，拿起佩刀就向自己的喉咙割去。长孙无忌等见状大惊，连忙抱住太宗，夺下刀子递给晋王李治。

"皇上您想立谁？"长孙无忌明白太宗的心思，连忙问。

"我想立晋王。"

"那就请陛下下诏，有不同意见者一律斩首！"长孙无忌立即说。

"即便你们几个人与我意见相合，可天下人会怎么说？"听了长孙无忌的话，太宗皇帝心下宽慰，可仍旧有些不放心。

"陛下，晋王仁孝，天下人对其素来敬仰。不信，陛下问问群臣百官，必定不会有反对意见。倘若果真有不同意见，那就是我辜负了陛下，请陛下唯臣是问！"长孙无忌开口道，其他大臣听罢立即附和。

太宗皇帝听了了这话，终于放心地点了点头。随即，他又扭头对身后的李治说道："你舅舅如此信任你，并为你许诺，快跪下给舅舅磕个头吧！"

晋王李治听罢，连忙跪下叩拜。

贞观十七年（643）四月七日，太宗亲驾承天门，下诏立晋王李治为太子。四天后，太宗还做出决定，以长孙无忌为太子太师，房玄龄为太子太傅，另有李勣为太子詹事兼太子左卫率，李大亮为右卫率，褚遂良为太子宾客等。

在这班顾命大臣中，太宗皇帝最为信任的当然是长孙无忌。不过，太宗皇帝也清楚，长孙无忌力排众议，拥立晋王李治，看重的恰恰就是李治的温厚文弱。假若雄主李泰接任皇位，定会与前朝重臣争权夺势。假若由李治接任，长孙无忌等人就可以继续维持外戚权威，褚遂良等人也可以继

续保持元老地位。太宗皇帝虽然依从了长孙无忌等人的建议，却也不是百分之百毫无保留。太子詹事李勣就是一个十分重要的棋子。

李勣，原姓徐，名世勣，字懋功，亦作茂公。因唐高祖李渊赐姓李，故名李世勣。后因避唐太宗李世民讳，改为单名勣。李勣为人忠正，与长孙无忌等人关系疏远，而且长期坚守并州，文武双全，在军中威望很高，太宗便将其任命为李治的军事大总管。这样一来，李勣便可以牵制长孙无忌等人的势力，双方势力均衡，避免一方太过专权。

选立李治以后，太宗还在当月下诏降魏王泰为东莱郡王，后来又改降为顺阳王，流放均州郧乡（今湖北均县北）。至于废太子李承乾，太宗皇帝将其流放到黔州（今四川省彭水）。李承乾到了黔州没多久，便猝然死去。

就这样，晋王李治捡了个天大的便宜。他无论如何都没想到，自己这个嫡三子竟然能够成为太子。

在御书房伺候文墨的武才人时常能够见到李治。李治仪表堂堂，温文尔雅，的确是个仁孝的好皇子。不过，李治性格十分懦弱，在武则天看来，立这样的皇子为太子，将来登基为帝也必定会遭大臣牵制。

太宗皇帝也清楚李治的性格软弱，所以在立储之后不久，也曾有意改立三皇子吴王李恪。李恪文韬武略，德高望重，是太宗皇帝诸皇子中的佼佼者。相比之下，新立太子李治性格懦弱，才智平庸，实在不是太子的最佳人选。可惜的是，李恪偏偏是隋朝公主杨氏所出，也就是隋炀帝的外孙。群臣怎能甘心让隋帝的外孙来坐拥李唐江山？所以，太宗的这一想法很快就被长孙无忌否决了。

就这样，太宗再没有了更换太子之心。

为了使李治尽快成熟起来，成为一个合格的储君，他把大量心血倾注到对太子的教育上。每次上朝，太宗皇帝都会让李治陪侍在旁边，让他参政议政，使李治得到实际的政治锻炼。在日常生活中，太宗皇帝更是时时教导。

李治向来仁孝，所以父亲无论教导什么，他都会毕恭毕敬地仔细聆听，最后感激父亲的教诲，并表示自己一定会铭记在心。在这样的学习锻炼中，李治渐渐成长为一名合格的太子，太宗皇帝对他也更加满意了。

第三章　出家为尼

暗恋李治

太宗皇帝将李治扶上太子之位后，心里仍有几分担心。为了以武力扫除敌国，让李治登基后可国泰民安，太宗决定亲征高丽。

唐朝初年，朝鲜半岛为高丽、新罗、百济三国鼎立。北部为高丽，南部为新罗，西部为百济。这三国皆遣使与唐往来，但始终相互攻击。贞观十六年（642），高丽内部发生叛乱，原高丽王高建武的侄子高藏自称为王，独理政事。贞观十七年（643），百济攻下新罗四十多座城，又和高丽联兵，断绝新罗入唐的道路。新罗急忙遣使向唐求援，太宗遣使出使高丽，希望高丽收回军队，不要在进攻新罗，否则后果自负。但高丽仍旧一意孤行。

太宗皇帝闻讯大怒。

当时，唐朝已经灭掉了东突厥，西突厥在西域的势力已大为衰落，所以西北边疆相对稳定了下来。这时，太宗决意为儿子解决辽东疆域问题，所以决定出兵高丽。

得到消息后，李治十分担心。他痛哭流涕，劝阻皇帝不要亲征。就连群臣也多次上疏劝阻，褚遂良也建议派二三猛将率兵去就行了，不必亲自去。可是，太宗皇帝主意已定。

贞观十九年（645）二月，太宗皇帝把长安交给儿子李治，亲自出兵。出发前，李治哭泣数日，依依不舍。望着忠孝仁厚的李治，李世民十分欣慰。

这次亲征耗时半年多，太宗皇帝率领大军攻下了盖牟、辽东、白岩、卑沙等数城，同年九月，太宗即令班师还朝。这次征战，使七万多人流离失所，死掉了四万多人，战士也死了近两千人，战马更是失掉了十之七八。为此，太宗皇帝十分懊恼，身体也是每况愈下。

贞观二十年（646）三月，太宗皇帝由于病体虚弱，需要静养，便将政务暂由太子代理。李治十分担心父亲的身体，处理完政事，便来到太宗寝宫照看太宗，医药膳食，亲自过问。太宗皇帝担心儿子的身体，不希望太子操劳过度。这天，李治来探望时，太宗皇帝便建议儿子外出游观，放松一下心情。

李治听了父亲的话，立即跪了下来，大声说道："父皇，请恕儿臣不能从命。古语有云'父母在，不远游'，草民百姓都是如此，父皇如今有病在身，儿臣怎能去游山玩水，这与禽兽有什么区别？儿臣宁愿侍奉陛下，不愿外出游观。"

太宗皇帝听了儿子的话，十分感动。他不忍儿子日夜操劳，便吩咐在自己的寝殿侧安置了一处院落，让李治居住。就这样，李治在父皇的寝宫外住了下来，随时照看父亲的病情。

当时，李治的仁孝在朝臣及民众中颇得好评，就连同样伺候在太宗身边的武则天都深深为之动容。李治不吃不睡，无微不至地照料父亲，他给病中的太宗喂药、揩汗，甚至用嘴吸除太宗喉咙间滑动的痰液。更让武则天钦佩的是，当时，许多宫女都想博得太子的青睐，但是李治对太宗皇帝身边的美丽宫女熟视无睹。

不过，在服侍太宗的这段日子里，李治还是被武则天的妩媚打动了。

这天，李治早朝后又急急赶来甘露殿，远远地就看见一个女子从甘露殿走出来。只见那个女子面如桃花、发如乌云，走起路来都是风摆杨柳、步步生莲。李治看得有些呆住了，兀地站在原地。这个女子就是武则天。这一年，武则天已经二十三岁，浑身上下发散出一种成熟的婉约之美，可她的脸上，却仍旧保留着少女般的纯真和羞涩，显得更加迷人。

武则天见到太子李治，连忙施礼问安。

李治有些慌乱。这女子明明认得自己，定是宫中之人，可他怎么从不曾见过这个女子？就在李治慌乱之时，旁边的太监连忙对李治耳语，告知武才人的身份。

"不敢当，既是父皇的才人，李治怎敢抗礼?"李治这才回过神来，连忙还礼。

两人说着话，都情不自禁地互相对看了一眼。在武则天眼里，如今的太子已经脱尽稚气，出落得风流儒雅，一表人才。而李治更是惊于武才人的明艳，情窦初开的他立即被武才人的美丽所慑服。

帝闱宫禁森严，身为太子的李治很少涉足后宫。年轻貌美侍奉皇上的妃嫔，当然也不能随便到青年太子所居的东宫去。如今，虽然李治已经搬到甘露殿别院居住，日夜侍奉在皇帝身边，但他一直为父亲的病情担忧，根本没把心思放在那些宫女身上。所以，李治根本不知道有武才人这个女子的存在。如今一见，让李治心醉神迷。

武则天被太子李治看得不好意思起来，更何况旁边还有宫女近侍，连忙开口说话，试图摆脱这种使人尴尬的局面。

"太子从何而来?"

听了武则天的话，李治这才回过神来，慌忙答道："刚刚退朝，从显德殿来。父皇可还好?"

"还好，太子快去吧，皇上一直叨念您呢。"武则天微笑道。

太子听了，万般留恋地看了看武才人，这才往甘露殿走去。那个刚刚离去的武才人，一下子就走进了太子李治的心中。

自那以后，李治服侍太宗之时，总会不自觉地寻觅武才人的身影。一旦看见武才人，双目都会放射出欣赏的光彩，兴致勃勃地盯着武才人的一举一动、一颦一笑。这个女子的才貌气质简直是无懈可击!

渐渐地，武则天也发现了太子李治欣赏的目光。一次，她偷偷朝太子的方向望去，俩人的视线不期而遇。武则天从晋王的眼中看出了赞美、期盼和欣喜的光彩。面对着太子的热情，压抑在武则天心中的青春爱恋涌了上来，脸颊染上一片红晕。而武则天那勾魂的一眼立即让李治沉溺其中，再也不能自拔。

就这样，两个人相恋了。不过，李治并不敢靠近武则天，毕竟武则天是父皇曾经的宠姬，他当然明白父皇的姬妾是不可沾染的。而武则天，身为太宗才人，又怎敢有勾引太子之心? 所以，两个人虽然有情有意，却也不敢越雷池半步。他们就这样克制着自己内心的欲望，偷偷地观瞧着，思念着。

不久后，太宗身体好转，李治也就由甘露殿搬回东宫。两个人相见的机会少了起来，而且每次相见都有太宗在侧，更是不敢侧目。

长安夏季盛暑难居，不利于太宗皇帝身体康复。太宗便下令修终南山太和废宫为翠微宫，以便养病消暑。太和废宫本是唐高祖所营建，位于终南山太和谷口之内。这次重新修葺，规模也比以前更为宏大，"笼山为苑"，平时还可以在这里处理政务，和在长安太极宫一样。

贞观二十一年（647）五月，翠微宫修葺完毕后不久，太宗皇帝突发风疾，左臂麻木，口眼歪斜，语言不清。就在武则天以为，皇太子又将搬入甘露殿侧殿时，太宗皇帝一纸令下，带领着皇太子李治、众妃嫔和几位亲近大臣，前往翠微宫养病疗疾。

一下子，太极宫变得冷清起来。皇上、太子移驾行宫，只留下众多宦官宫女，以及那些遭冷落的低级妃嫔们。武则天就是其中一个。李治虽然为武则天的美貌所动，但毕竟太子身边也是美女如云，自然不必为一个不可能得到的女人伤神。所以，李治很快就将武则天淡忘在脑后了。

夏去秋来，武则天已经二十四岁。从她贞观十一年进宫当才人，到贞观二十一年，漫漫十年过去了，她已经由十四岁的青涩少女长成了二十四岁的成熟少妇，可她的职位还是才人，没有得到任何升迁。面对着凄冷的皇宫，武则天终于开始担心起来。她并不甘心就这样沉寂下去，她知道，要想改变这一切，自己必须寻找机会，另辟途径。

就在武则天为自己的前途担忧之时，一件大事发生了，差一点就让武则天丢了性命。

灭武风波

终南山翠微宫的确是个养病疗疾的好去处。长安城已是三伏盛夏，溽暑酷热难耐，翠微宫却是绿荫浓郁，小桥流水，曲径飞花。更加上唐太宗居住的含风殿里，各处用金盆铜洗储贮了许多冰块，大殿里竟像初春时那样凉爽怡人，舒适惬意。

太宗皇帝移驾翠微宫后，精神立即好了起来。在御医们的精心调治以及妃嫔侍女们的细致呵护下，身体恢复得还不错，只在翠微宫停留了三个月便返回长安。

可惜的是，太宗皇帝一世英明，偏偏在晚年犯了个大错误。越是行将就木的老人，就越是希望自己能够长生不老，太宗皇帝也是如此。就在他身体逐渐好转之时，他迷恋上了方士们炼制的金石丹药。服用丹药后，太宗皇帝的身体大不如前。

到了贞观二十二年（648）正月，太宗皇帝的身体时好时坏，他也意识到自己时日不多，也开始为自己的身后事打算了。为了能够反思自己一生的功绩与过失，总结自己毕生的经验教训，他亲自为太子李治写了《帝范》。《帝范》包括《君体》、《建亲》、《求贤》、《审官》、《纳谏》、《去谗》等十二篇，要李治明白修身治国安危兴废的帝王之道。

虽然太子李治对《帝范》奉若神明，日夜拜读，可太宗皇帝对他仍旧有些担心。李治生性懦弱，太宗生怕自己与父亲辛苦打下的李唐江山在他手上改朝换代。

太宗皇帝担心的事情很快就得到了印证。

这一年七月甲申，太白昼见，引起朝野和百姓的不安。所谓太白昼见，就是指在白天能看到金星。金星，也就是启明星，早晨出于东方，黄昏见于西方，又称长庚。除了晨昏出现外，白天人们是很少见到它的。天文在古代是非常受到重视的，古人认为天象的运行变化关系到人间的吉凶祸福。而太白昼见这一现象，自古以来就被当作是改朝换代和更换天子的征兆。

太宗皇帝为此深感不安，连忙唤来太史李淳风，要求他占卜吉凶。

很快，李淳风就卜了一卦。

"卦辞说了些什么？"李世民连忙问。

"太白星出现，该是有女人即将称帝。"李淳风小心地回答。

"荒唐，天下哪来什么女皇帝？"李世民哈哈大笑。在他眼中，女子是不可能成为天子的，"即便我李唐江山果真被颠覆，也定为男子所为！"

"陛下！"李淳风摇了摇头，继续说道："这一卦辞已经十分明显，称帝者就是女子，而且这个女子已在皇宫内。"

"怎能有女人执掌江山？你不要再胡言乱语了，退下吧！"太宗再次否决。

就这样，太宗把太史李淳风打发走了，也并没有把卦辞放在心上。

又过了些时日，内侍又献了一本民间流传的抄本，抄本封面题《秘记》二字。内侍神秘地打开《秘记》，翻至一处，指着上面几行文字给太宗看："唐代三位君主之后，将有女主武王，统领天下。"

见到这几个字，李世民突然想起太史李淳风的卦辞。天象和《秘记》都预示了同一个内容，那就是有个跟武字有关系的女子要取代李家成为皇帝。于是，李世民连忙密召太史令李淳风，将内侍进献的《秘记》拿给他看。

"几次三番，都有女主传言。难道此说可信？"李世民询问。

"陛下，卦辞已经很明显，而且此女已在陛下宫中。自今往后不过三十年，就会称帝，并会大肆诛杀李唐子孙。"李淳风连忙回答。

太史令的话让李世民大吃一惊。

"既然如此，难道朕该将所有武姓的人杀光？"

太史令当然不想让皇上广开杀戒，诛戮无辜，连忙劝道："陛下，正所谓'王者不死'，真正能称王者，是杀不死的，皇帝如此只会白白滥杀无辜。"

"可朕如何忍见江山易主？李唐子孙遭此大难？为了保住李唐江山，朕宁可错杀一千，也不放过一人！"李世民已下定决心。

"皇上，万万不可。天命难违。自今往后三十年，这个女子已经成为老妇人，老人终究会有些许慈悲之心，为祸尚浅。假若皇上杀掉了此人，三十年后，她定会复生为年轻人，而且怨毒很深，那时恐怕她会杀光陛下子孙，无一遗漏啊！"李淳风连忙劝谏。

听了李淳风的话，太宗皇帝默然。他知道天命难违，只得作罢。但此后，李世民开始留心起每个与武字相关的人。

很快，这个传言就传到了武则天的耳朵里，武则天一下子就想到了入宫前母亲告诉自己的那段话。十年来，武则天早已经将这句话淡忘了，如今突然又涌上心头。武姓女子，已经处于大唐后宫者并不多！这个发现让武则天感到阴冷、孤独与无助，更有一种恐惧与害怕。

其实，当时的武才人根本没有夺取天下的野心，一个女子怎能做得皇帝？可是，身处险境的武则天还是不时为性命担忧。在这种艰险的日子里，她的思想日渐成熟，她学会了观察人、思考人、笼络人。也就是从那时开始，武则天第一次认真审视了自己与李治之间的关系。她知道，命运把握在自己的手里，她必须得学会改变自己的命运。

　　这天，武则天刚从甘露殿退出来，心惊胆战地打算回掖庭宫时，突然看见太子李治骑着一匹高头大马往甘露殿赶来。原来，入夏以来连日干旱，前几日突降大雨，持续许久的旱情得到缓解，太宗精神大好，便召见李治前来商讨有关政事。

　　武则天看见太子，心头不由得生出一股哀怨之情，再想起近日来流传的"女主武王"的流言，更是心下悲伤。不过，武则天不敢怠慢，连忙躬身请安，只是声音很低，还带着些许的哀怨。

　　李治当然感觉到武则天的反常，连忙问道："武才人为何事伤神？"

　　"难道太子没有听说过，所谓'女主武王'的谶语吗？"

　　李治不以为然地挥挥手说："这些都是流言蜚语，无稽之谈，武才人何必挂在心上！父皇向来圣明，定也不会相信这些谣传。"

　　"难得太子明察，只是……"武则天知道，这些事不是三言两语说得清的。而且，宫中耳目甚多，太子与皇帝妃嫔在路上邂逅，短语寒暄尚可，若长久攀谈难免引起非议。所以，武则天不再言语，长叹一声，辞了太子，转身离去。

　　李治见状也只得继续前往甘露殿。可是，这一次武才人的样子又留在他心里挥之不去。哀怨，而且有些憔悴的武才人，是那么的柔美动人。而武则天对于李治也多了几分好感。相识满天下，知心能几人？武则天想起太子那些知心体己的话，只觉得心头无比温暖。一个柔弱女子，在最危急的关头，突然感受到了来自一个男人的关怀，自是心潮难平。

　　其实，武则天的担心是多余的。因为太宗皇帝从来没把一个女人放在眼里。他认为，李淳风所说的女子纯属无稽之谈。易主或许是真，但必定是一个武姓的男子。就这样，太宗皇帝留心起身边所有的武姓男子来。不久以后，果真就有一个手握兵权，与武姓沾边的男子，死在了李世民的手里。

　　这个人就是李君羡。

　　李君羡是武安人（今河北武安市），当时任左武卫将军，这是唐代府兵制十六卫中左武卫的一员大将，把守玄武门。玄武门是唐代长安城的正北门，扼守皇帝居住的大内，位置相当重要。所以玄武门历来为人所重，它的守将都非常骁勇。李君羡虽手握兵权，但为人忠正，从来不曾有过叛

第三章　出家为尼

41

逆之心，太宗皇帝对他也十分信任。"女主武王"的预言本与李君羡无关，一切坏就坏在李君羡的小名上。

那天，太宗皇帝在宫内宴请武将。酒酣耳热之际，太宗来了兴致，叫各位武将各自报上小名，博大家一笑。武将不敢怠慢，纷纷报上小名。大家的小名千奇百怪，惹得众将领哈哈大笑。很快，就到了李君羡。他饮了杯酒，微笑着说道："臣小名五娘子。"

话音一落，满堂大笑。一名武将小名竟叫五娘子？这可是个小女人的名字啊？

听了李君羡的话，太宗皇帝内心大惊，他突然想起了"女主武王"的预言。不过，他不敢表现得太惊诧，连忙假装笑道："哪里能有女子如此神勇强健？"

大家听罢，哈哈一笑，除了太宗皇帝，谁都没往心里去。

宴饮直到深夜，才尽欢而散。

太宗皇帝回到寝宫，久久不能成眠。李君羡那个奇怪的小名，还在他耳边回响。太宗皇帝忍不住仔细思索起来，这才发现，李君羡籍贯武安县，封邑在武连县，官爵为武卫将军，把守玄武门，小名"五娘子"，籍贯、官职、职位、爵位都和武字有关系。这不是"女主武王"是什么？

贞观年间，天下大治，李君羡当然不敢轻举妄动。可在太宗皇帝看来，待自己百年之后，子孙长于深宫，这个五娘子掌宫廷宿卫大权，要想发动兵变是轻而易举的事。想到这里，太宗立即决心铲除这个五娘子。

几天后，李君羡被调出太极宫，任华州（今陕西华县）刺史。太宗皇帝还命御史暗中查访他在华州的言行，随时奏报宫中。御史当然明白太宗的意思，所以不久后便上奏太宗，称李君羡与妖人来往，图谋不轨。太宗也不明查，立即下令斩首李君羡。这下，太宗皇帝的心放松了下来，认为武姓大患已除。而武则天，这个真正的女主武王轻易躲过了这一劫。

关于这段历史，后人多认为是武则天称帝前后杜撰出来的，为自己称帝造势。不过，关于此事，《旧唐书》、《资治通鉴》上也确有记载，李君羡也的确在这一时期被太宗皇帝诛杀。而袁天罡、李淳风，在历史上也确有其人，是当时著名的天文学家、数学家，即便在如今，也仍有人相信袁天罡、李淳风有预知后事的奇特能力，对其二人所著的《推背图》信奉至极。

历史真相到底如何，我们已经无从察考。总之，武则天安安稳稳地在宫中度过了这段孤寂的日子，直到太宗皇帝驾崩。

太宗驾崩

贞观二十三年（649）初，太宗再次病重，由李治暂理朝政。李治担心父亲病情，下朝后立即赶往甘露殿侍奉。他见父皇病势严重，心痛如割，昼夜衣不解带，在御榻前侍侯。忧愁加上劳累，使他吃不下饭，原来乌黑的青丝，悄悄染上了微霜。

一天夜里，李治把调好的汤药亲自端到御榻前，太宗且不喝药，却拉着李治在床边坐下，流着泪说："人们说古代孝子莫过于文王，可太子为了照顾朕累得头发变白，可真比文王还有孝心。你能孝爱如此，朕真是死而无憾！"

李治听了太宗的话泪流满面，他劝太宗道："父皇快别说这样不吉利的话，耐心调理些时日，父皇定会痊愈。"

就这样，父子俩相视流泪。武则天陪侍在一旁，也是潸然泪下。

过了许久，李治服侍太宗皇帝睡下了。武则天连忙取金盆取水，进与李治净手。在淡淡的烛光下，武则天扬起自己如花似玉的面颊，多情地望着李治，婆娑的泪眼散发着成熟女人特有的柔媚。李治恍如身处梦境，这位期盼已久的女子竟然就伫立在自己身边，让他难以自持。不过，甘露殿上人多眼杂，李治当然不敢有越轨之举。于是，李治深情地看了武则天一眼，退出了甘露殿。

这一切武则天都看在眼里，她已经二十六岁了，她当然明白李治的心思。对于武则天来说，李治英俊、年轻，比太宗皇帝更具魅力，更重要的是，太宗皇帝的身体每况愈下，大限之日只怕已经不远。太宗大殡以后，武则天作为太宗妃嫔依例就要到皇室私庙为尼，她将在青灯黄卷前为先皇诵经，祈求冥福，寂寞地终其天年。这对武则天来说，无异于一下子掉到一口万丈枯井里，永世不得超生。

入宫以来整整十二年，武则天感觉自己一直是个失败者，白白浪费了自己的大好青春。可如今，武则天不愿意再这样下去了，她向来不是个甘

第三章　出家为尼

屈服的人。她知道，她的未来、她的希望都将寄托在这个未来的新君身上，她必须把他牢牢地抓住。

就这样，武则天定了定神，离开了甘露殿。她决定冒杀身之祸，把自己心中的爱恋吐露给太子。更何况，她相信自己的判断力，她相信李治是不会拒绝的。

走出甘露殿不远，武则天就看见了太子的身影。武则天远远地跟着，一直跟随太子走到了北海边上。可是，走得近了，却突然没了太子的影子。冬日的北海寒风凛冽，武则天身上单薄，冻得嘴唇都发了青，一双纤手更是冻得冰凉。就在武则天左右寻找之时，一双手臂突然拥住了她。武则天回头一看，正是李治。李治拥着武则天柔软的身躯，闻着她淡淡的体香，早已经忘却了纲常伦理，忘记了一切。

从此以后，李治与武则天几乎是天天见面，偶尔肌肤相擦，眉目传情，两颗心禁不住激情荡漾，波涛翻滚。

这段如胶似漆的日子维持了三个多月。

四月，太宗驾幸翠微宫养病。这次，太宗轻装简从，只带了少数随身近侍，另外，命太子李治随驾从行。长安四月，天气已渐炎热，上了终南山，陡然转冷，太宗本来不适的身体，经受不住骤热骤冷的变化，病情更加重了。

上山时，只打算避暑疗养，所带宫娥不多，也没有妃子随行。现在，病势突然加重，才感到侍侯的宫女太少；没有一个妃子在身边，也不方便，宫女终究不如妃子体贴、善解人意。于是，太宗又传口谕召徐充容前往翠微宫陪驾。很快，徐惠带着宫女侍从前往翠微宫，太子妃王氏闻讯，也随同前往。

武则天得到消息后，又是一阵落寞。

在与徐惠的较量上，武则天一直处于下风。武则天有姿容，也有才学，甚至也比徐惠通达人情世故，可是她偏偏不得太宗宠幸，进宫不久就被打入冷宫。如今，她虽已得了皇太子李治的宠幸，可李治也早已有了太子妃，更有宠姬萧氏。想到这里，武则天悲从中来。

徐惠上山以后，太宗着实高兴了几天，每天让她陪着看山景，甚至吟诗作文，互相酬唱。徐惠平时手不释卷，遍涉经史，太宗吟咏之余，间或也和她讨论典籍，二情甚是相得。

这天，太宗皇帝正与徐惠吟咏诗歌，内侍省宦官来报，称印度方士的仙丹已经炼成，太宗听了大喜。

一年前，大臣王玄策在对外作战中，俘获了一名印度和尚，名叫那罗迩娑婆。那罗迩娑婆称自己有二百岁高龄，专门研究长生不老之术，并信誓旦旦地说，吃了他炼的丹药，一定能长生不老，甚至可以在白天飞升到天宫里去成为仙人。于是，太宗皇帝将他召入宫中，专门为自己炼制丹药。这枚仙丹炼制一年多，终于炼成。

太宗满怀信心地服下了这枚丹药，满以为自己就此可以长生不老，哪知道丹药服下去不久，太宗却因为中毒导致病情加重。

李治闻讯后，立即前往探望。太宗皇帝平躺在御床上，面色赤红，额头上布满了细碎的汗珠，大口大口地喘着粗气，胸腹部在剧烈地起伏着。御医们左右诊治，却一直想不出诊治良方。李治心里悲痛，流泪满面地跪立在御榻前久不能言。

太宗见状叹了口气，豁达地说："治儿，凡事自有限数，药石更不是万能的，还是顺其自然为好。"

李治哪里肯听，连忙大声吩咐，命太极宫所有御医均来翠微宫侍驾。太宗皇帝却摆了摆手，命左右退下。左右离开后，太宗严肃地对李治说道："治儿，朕打算诏令李勣为叠州都督。"

话题陡转，李治觉得十分突然。

李勣是凌烟阁上挂像的开国功臣，贞观十七年，太宗皇帝立李治为太子时，亲自命李勣为太子詹事兼太子左卫率，现官居同中书门下三品，和长孙无忌并列宰相。太宗这样安排，本是希望李勣能够牵制长孙无忌一脉的势力。双方势力均衡，避免一方太过专权。如今，太宗怎么突然又改了主意？

"房玄龄不久前去世，朝中只剩下两位宰相，父皇怎么突然要降调李勣？"李治对太宗皇帝的安排十分不解，"更何况，叠州原是羌人聚居区，距长安一千三百余里，即便降调也不至于调至叠州，儿臣只怕李勣不服。"

太宗听了儿子的话，深呼吸了口气，这才有了力气说道："李勣才智有余，但你对他并无恩德。朕百年之后，你登基称帝，只怕他不会怀恩服你。朕将他降调到叠州，如果他徘徊顾望，不肯就职，你就立即下诏杀了他，免得后患。如果他受诏到职，朕百年之后，你还可以重新启用，加封

为宰相，他必定感恩相报，全力辅佐你呀！"

"原来如此，父皇用心良苦！"李治这才恍然大悟。

就这样，太宗立即口授圣旨，命李勣离京前往叠州。随后，太宗又命召长孙无忌、褚遂良来翠微宫顾命。长孙无忌、褚遂良素来忠贞，见太宗皇帝大限已到，悲痛不已。

太宗见罢，流着眼泪对几位大臣道："朕时日不多，现在就将后事完全托付给你们。太子仁孝，你们是知道的，希望你二人能好好辅助。"

长孙无忌和褚遂良立即跪下，流着泪说："我等不才，虽赴汤蹈火，万死不辞！"

太宗听了，放心地点点头。

太宗还想说什么，但仿佛上面那些话已用尽了他的全部气力，口无力地翕动几下，再也说不出话来。过了好久，他终于安详地闭上了眼睛，溘然长逝。自古福寿不能双全，太宗皇帝得到了天下的至尊至崇，也享尽了人间的荣华富贵，五十三岁驾鹤西归，也算得上是轰轰烈烈一生了。

太子见父皇长逝，号哭不已，哀恸欲绝，诸大臣见状也无不痛哭流涕。长孙无忌毕竟为元老重臣，他连忙强抑悲痛，对太子李治道："为了免生变乱，暂时秘不发丧，任何人不得走漏太宗驾崩的消息。汤药照送，一如平时。"

李治听了，连忙点头。当晚，传太宗旨令，起驾返回长安。第二天傍晚，銮驾进宫，驻于两仪殿。次日，顾命大臣长孙无忌、褚遂良和太子李治，召文武大臣到太极宫正殿太极殿，由长孙无忌以国舅和顾命大臣身份发布太宗驾崩消息，宣读遗诏。同时，拥立太子李治继承皇位。

六月一日，二十二岁的李治正式登上了皇帝的宝座。李治下令，皇室诸王在外任都督、刺史的，全都来京奔丧。同时，停东征高丽之役，罢宫室土木工程，向天下发丧。接下来，李治忙于太宗丧事。八月，太宗归葬京兆府醴泉县西北六十里的九宗山，墓寝名昭陵。

此时，李勣早已经在前往叠州的路上了。他是个聪明人，接了诏书，明白这是太宗有意压制自己。为了避免杀身之祸，李勣接诏之后，立即收拾简单行装，就出发赴叠州上任。就在路上，李勣听闻太宗去世的消息，不免悲叹。

太宗自幼聪明勇武，英雄一世，堪称伟大的军事家、卓越的政治家、书法家。太宗在位二十三年，在位期间国泰民安，社会安定，经济发展繁荣，军事力量强大。武功文德，自汉武以来，无人能比，后人称他在贞观年间的统治为"贞观之治"。

出家为尼

太宗驾崩后的第二天，内侍省便开始着手安排太宗妃嫔及宫女的去处。

掌宫监的官员立即将各个妃嫔、宫女造册登记，备记个人姓名、籍贯、入宫年月、年龄等。按照惯例，太宗妃嫔无子女者，一律出家为尼；宫女中凡隋时入宫的，一律遣出；本朝入宫且年龄在二十岁以上的，也遣送出宫。

在出家妃嫔名单中，武才人赫然在列，却独独没有徐惠。

得到消息后，武则天十分悲伤。她独自坐在后宫的一座馆舍里，望着庭前鲜艳的花朵，心里反而多了几许肃杀凄凉之情。的确，她是先皇姬妾，按律当落发为尼。可是，新皇李治不是宠爱自己吗？怎么能眼见自己被送入寺庙为尼？徐惠同样没有子嗣，怎么却可以破例留在宫廷？想到这里，武则天不免怨恨李治薄情。

武则天不愿意在尼姑庵里了却余生。她入宫十几年来还只是个才人，受尽了后宫寂寞和恐惧的折磨，如今年纪轻轻要削发为尼，去过那清灯梵钟相伴的凄苦生活。这是她绝对不能接受的。

于是，武则天立即起身前往东宫。或许，李治能够念及旧情，拉自己一把。毕竟，他如今已贵为天子。

经历了太宗去世的巨大打击，李治比以前消瘦了许多。见到同样憔悴的媚娘，李治的眼角略过了一丝悲伤。

武则天刚想道明来意，李治却先开口了。

"朕知道武才人所来何事。此乃大唐律令，朕实在无能为力。"李治低着头说道。

"那徐充容……"

"徐充容和武才人情形相仿，不过，徐充容为先皇和朝臣所共重。太

宗病危，她体贴照料，无微不至。太宗驾崩，她追思顾遇之恩，哀痛成疾，至今仍旧卧床不起，而且拒绝医治。内侍省不敢在她忧思先皇成疾的时候，将她遣送出宫。"李治开口解释。

武则天听了低头垂泪。

"感业寺乃皇室私庙，专供皇室子弟烧香拜佛，寺内供奉优厚，武才人去了不会吃苦。"李治连忙安慰道。

武则天听了，摇了摇头，跪在地上默默流泪。她在意的、关心的不是寺庙供奉如何，她只是不想出家为尼。

面对着惶惶然如丧家之犬的武才人，李治心如刀割。这个女子他的确钟爱，如今也是。可他毕竟刚刚登基，怎敢大肆将先皇妃嫔私留宫中？无奈之下，他只得好言安慰。可武则天并不言语，仍旧只是垂泪而已。

无奈之下，李治只得狠下心道："快备行装吧，一切请容朕从长计议。"

听了这话，武则天的心冷了。原来的恼怒、埋怨、嫉恨之情，顷刻之间，都成过往云烟，变得毫无意义。她并不叩谢，转过身就离开了。

就这样，武则天结束了她的才人生活。

五月二十八日，也就是太宗驾崩后的第三天，众妃嫔和为太宗临幸过的宫女都聚集在掖庭宫，她们将一道前往感业寺，削发为尼。众女子们抱在一起，哭成一团，前来送行者也是神色凄凉。武则天在前一天就已经和表姐燕氏告别。早在六年前，燕贤妃为太宗皇帝生有二子，自然不必入寺为尼。如今，望着那些拥在一起痛哭流涕的妃嫔宫女们，武则天心下冰冷，竟没有一滴眼泪。

内侍省的宦官们催促着，众女子们神色凄凉，也只得迈上车去。就在这时，一名宫女突然发了狂。只见她忽然大笑起来，扔了手里的包裹，说什么也不肯上车。她的嘴里念念有词，说自己只被太宗皇帝宠幸过一次，不该去寺庙为尼。可是，宦官们哪里顾得上这些？他们一起上前，扣住这位女子的手，准备强行将她押送到车子上。

武则天这才看清这位女子的面容。这个女子她认识，是和一起入宫的宫女刘氏。刘氏为河南汝州人，老家盛产牡丹。入宫后，她便在北海附近开辟了一片牡丹园。刘氏栽种的牡丹长得非常茂盛、美丽。尤其是白牡丹，一株开花千朵，花大盈尺，白色微带红晕，晶莹润泽，如美人肌肤，十分艳丽。

每逢四月，太宗皇帝都会带众妃嫔前往牡丹园观赏牡丹。太宗皇帝由于爱花，终于也发现了刘氏其人。只可惜，刘氏姿容秀丽，却比不得后宫妃嫔，所以被宠幸过后也就被太宗抛在脑后。

武则天很喜欢刘氏栽种的牡丹，刘氏总会特地采摘几朵送与武才人。渐渐地，两个人也有了一些交往。刘氏比武则天小两岁，算起来如今也不过二十四岁。刘氏并不喜欢大唐皇宫，她一直期盼着自己可以早日出宫，遣送回洛阳老家。哪知道，就因为太宗皇帝一次宠幸，她终身都将与青灯梵钟相伴。

所以，临上车时，刘氏突然发了疯。可她一个弱女子又怎能与命运抗争？最终，刘氏只得乖乖地上了车，和武则天等妃嫔一道前往感业寺。

感业寺距离太极宫并不远。从皇城正南门朱雀门顺着朱雀门大街向南走，行三里许，经过三个街坊再往西不远，就到了崇德坊。崇德坊原来有两个尼寺，东边的叫做道德尼寺，西边的叫做济度尼寺。为了给太宗皇帝建别庙，高宗在道德尼寺原址修建了崇圣宫，而将济度尼寺重修为感业寺，安置唐太宗没有子女的妃嫔。

唐代长安以朱雀门街最为繁华，但靠近皇城南正门朱雀门的四五个街坊，却还幽静，大半是庭园宽敞的贵胄府第，坊里极少杂居一般民户。感业寺建在这里，也就成了一处避免商贾杂沓的闲静禅林。

武则天等人入寺后，立即被师太召集在一起，进行剃度分发职事。这些女子虽已入佛门，身上都着宫装，脸上脂粉也还没洗净，浑身上下散发着一股皇朝气息。师太一声令下，众妃嫔宫女开始剃度。武则天被逼无奈，也只得乖乖服从。望着自己的第一缕黑发悄然落地，武则天泪流满面。

就这样，武则天成了一名女尼，法号明空。

寺里规矩，新人到寺，一律先做一年职事尼，在寺内干劈柴扫地、挑水做饭，上香敲钟等各种杂活。一年之后，再依情况定夺，或由职事尼升为坐堂念经的尼姑，或者还继续当职事尼。武则天碰巧和刘氏在一起，负责扫地种花。每日，武则天和刘氏一道辛勤劳作，可心里却不时回想起宫中日子。她并不是贪图荣华，只是实在不愿在青灯古寺了却余生。

不久后，不知是哪个妃子率先得知，先帝宠妃徐充容病逝。

武则天早就知道，徐充容因太宗过世悲伤过度，得了重病却拒绝医

治。徐充容称，要追随太宗于昭陵，以报皇上知遇之恩。她本以为徐惠不过是耍个手段，尽量多留在皇宫一些时日而已。没想到，徐惠果真有了必死之心。

听闻徐惠去世的噩耗，武则天十分悲痛。离开掖庭宫时，她对徐惠本还有许多嫉妒与怨恨，可如今已化为乌有。

新登基的皇帝很为徐惠的忠贞赞叹不已，下诏赠徐惠为贤妃，陪葬昭陵。可这一切在武则天看来，又算得了什么呢？武则天并不想就这样死去。可是，此时的她却也被迫削发为尼，埋名庵寺。虽然她不愿意就这样屈服，她不愿意过这种毫无生气的生活，不愿意最终孤独地死去。

可是，对于眼前的一切，她实在无力改变。

第四章　重返皇宫

尼庵之恋

感业寺的生活是孤独、枯燥而又单调的。每当清冷的钟声响过，武则天的心中满是难言的悲凉。可随着日子久了，武则天竟也习惯了感业寺的清苦生活，她甚至一度忘却了自己内心的梦想，忘记了自己对自由的渴望。

每日，武则天和刘氏一起在寺内侍弄牡丹。

刘氏只栽种了些白牡丹，栽种白牡丹有献身佛教、洁身自好之意。武则天看得出，刘氏的心已死。在两个人的精心管理下，白牡丹长得非常茂盛、美丽。众多信女纷纷前来此庵拜佛观花，且以以花献佛为乐。

在尼庵里的清寂时光中，旧日宫女姣好的面容慢慢憔悴了起来。相比之下，唯有武则天依然美丽如故。以前的一头秀发虽然不见，但落了发，整日戴着一顶比丘尼帽，倒像一个儒雅的书生。平日里，武则天精心侍弄花草，闲暇时候继续研究诗词歌赋。武则天的优雅美丽使她看起来清丽脱俗，完全独立于众女尼之外。

这天，武则天正在花草边诵读诗书，突然发现身边站着一位中年女尼。虽然缁衣无华，却有一种秀雅不俗的气韵。女尼认真地看了看武则天，点头道："明空才貌乃当今巾帼群中第一人，可惜眼前时运不济，十几年居才人之位，太宗驾崩更落得今日境遇，可惜可惜啊！"

武则天听了十分吃惊，连忙问道："这些都是宫中旧事，师傅怎么知道？"

女尼听了微微一笑道："感业寺地近皇城，又是皇室内庵，常有宫闱中人来这里做佛事，对于这些宫中的事，自是十分了解。"

武则天听了微微一笑。的确，感业寺距皇城不过几里之遥。从感业寺出门，走不了多远就是长安闹市朱雀门大街。但是感业寺的女尼们从来走不出两扇黑色的大门，一切在武则天看来恍若隔世。

经过一番交谈，武则天才得知，这位女尼是高祖皇帝后宫妃嫔。高祖驾崩后便入感业寺，法号妙心，一转眼已在寺内十数年。或许，自己的未来也将如此？武则天不敢想。在命运面前，她的力量实在太微薄、太渺小了。

永徽元年（650）正月，由太极宫传来的喧天的喜庆之声，突然扰乱了武则天的心。

不久后，妙心师傅告诉武则天，皇帝下诏立王妃为皇后，王后之父封魏国公，母为魏国夫人。同时，李治立宫女刘氏所生皇长子李忠为燕王，郑妃所生皇二子李孝为原王，杨妃所生皇三子李上金为杞王，萧淑妃所生皇四子李素节为许王。另封淑妃所生二女分别为义阳公主和宣城公主。

皇帝大封后宫妃嫔，让武则天终于意识到了男人的薄情。李治与武则天偷偷幽会之时，也正是萧良娣，也就是今日萧淑妃受宠之时。萧淑妃所生一子二女都是这一时期诞生。更让武则天心寒的是，皇帝竟然有了新宠徐婕妤。这位徐婕妤就是徐惠的妹妹。徐氏也是一位才女，人称"女中班、马"。太宗去世后，徐惠哀悲成疾拒绝医治，其妹入宫来照顾她，徐惠死后，妹妹便成为高宗的婕妤。

武则天那颗不愿服输的心终于苏醒了。可是，武则天要想离开感业寺，却只有依靠那个曾经与她偷偷幽会、对她海誓山盟的皇帝。男人薄情，这本寻常，又何况"普天之下莫非王土，率土之滨莫非王臣"的皇帝？皇帝历来拥有六宫粉黛，可餐天下美色，自己乃一个先帝妃嫔、入寺女尼，又有什么资格怨恨天子薄情？

就这样，武则天对李治的爱恋再次泛滥起来。她的思绪常常会飞出感业寺，她盼着皇上降下手谕，拯救她离开尼庵，重返宫廷。可是，她的希望总是落空。此时的武则天已年近三十，而皇帝佳丽三千，又怎能记得被抛弃在尼庵中的先帝才人？想到这里，武则天不觉蛾眉顿锁，不胜悲凉。于是，武则天提笔写下了一首小诗《如意娘》：

看朱成碧思纷纷，

不信比来长下泪。

憔悴支离为忆君，

开箱验取石榴裙。

这首《如意娘》并非只是武则天的即兴之作，是她思忖了好久才动笔写成。写成后，她立即拜访妙心。原来，武则天得知妙心与千金公主有交往，她便请求妙心，借由千金公主之手将这首小诗送给皇帝。妙心犹豫了一番，终于答应了下来。

千金公主是高祖皇帝李渊的第十八女，不过她年纪很小，和武则天年纪相仿。这位公主生活作风十分开明，闻知此事后竟一口应允，这首《如意娘》就顺利地送到了李治手里。

李治看信十分动容。其实，李治并非薄情。只是，在太宗死后的一年多时间内，新临皇位，国事繁杂使他忙得不可开交，他还无暇多顾。对于武才人，他时常也挂念在心。可是，媚娘毕竟先帝才人，先帝驾崩未满一年，他又能如何？

如今见信，李治心潮涌动，立即萌发了拯救武才人的决心。不过，这一切还需有个恰当时机才行。

这个恰当的时机很快就到了。二月的一天，李治下令唐太宗逝世周年忌日要在感业寺拜祭行香。感业寺女尼得敕令后连忙督促尼众诵习超度经文，赶办祭器、祭品、并且日夜赶工，将山门、佛殿整饰一新。

三个月一晃而过，转眼已是唐高宗永徽元年五月二十六日。忌日行香的时刻到了，朱雀门大街洒扫道路，从朱雀门到崇德坊感业寺门口，街坊整严，以待銮驾。李治素服简从，亲到佛殿掂香行礼。李治一边行香，一边偷偷寻找武则天的身影。很快，他就在众女尼中发现了媚娘。她完全洗净了脂粉，脱去了锦绣，缁衣衬托她更加白皙、更加娴静。李治偷偷地看着，竟看得发痴了。

佛事完毕后，皇帝前往禅房休息。其实，他哪里有休息之心，不过是想留出些时间私会武才人而已。武则天当然也得抓住时机，佛事毕后，两个人立即相见了。

武则天见到李治立即跪下叩拜，却被李治拦住了。望着眼前的媚娘，李治不禁动了怜悯之心，悄声问道："媚娘近来可好？"

　　武则天却不说一句话，只是默默流泪。李治见媚娘哭得伤心，悲从中来，不觉也潸然泪下。就这样，两个人执手相看泪眼，再无半句交谈。李治不知已哭了多久，内心里却是一番挣扎。对于眼前这个柔媚乖巧的女子，他再不忍放手。

　　为了安抚武则天，李治收泪宽解道："朕之所以选在感业寺行香，就是为了能见媚娘一面。日后，朕定当将你接回宫中。"

　　武则天听了李治的话，心里欣喜。可她也知道，要回宫是困难重重，李治不知要顶多大的压力才能办到。而李治偏又是懦弱之人，只怕这话只是一时激动才说的，一旦遇挫怕会悔改。于是，她流泪宽慰李治道："媚娘屡经坎坷，既敢再回宫去，也就不怕别人非议。可皇上乃千金之躯，难道也不怕别人流言蜚语？"

　　李治听了武则天的话，虽也有几分顾虑，可心里却是暖洋洋的。如此善解人意的女子，他怎忍心抛弃？由此，更坚定了接武则天入宫的决心。

　　寺中不能久留，只好长话短说，依依而别。相见虽短，武则天却已成功达到了目的。这一次短暂的相见，成了武则天人生的一次重要转机。

后妃争宠

　　皇帝感业寺行香后，对温柔可人的媚娘一直念念不忘。李治当然有心将媚娘再度纳入宫中，但武则天毕竟是先帝的妃子，况且现在又已削发为尼，如将她召还，朝中会作何议论？要知道，他已不是东宫太子，而是一国之君，为君之道不可不慎。

　　更让皇帝担心的是，皇后和后宫妃嫔定会竭力反对纳武则天入宫。宫中古来多怨火，最是娥眉不让人。倘若互相攻讦，打起脂粉战，岂不愁煞人？

　　李治为此举棋难定，犹豫不决。

　　七月初七七巧节，李治前往承香殿与王皇后一起用晚膳。晚膳过后便在殿前纳凉。太阳隐没，夜色渐浓，庭院里花丛树间一点点流萤闪烁，煞是好看。王皇后心情大好，派人置办了许多小点心，坐下来陪高宗闲话。

　　皇后王氏十五岁就嫁给当时还是晋王的李治。王氏出身极为显赫，是北周重臣的后裔。她的曾祖父王思政是南北朝时西魏的大将，受任镇守河南，很得重用。王皇后与李唐王室还是旧亲，她的从祖母是唐高祖李渊的妹妹同安长公主。此外，她老家柳氏和唐室也有旧亲。太宗对这个儿媳颇为满意，曾称她和李治是一对"佳儿佳妇"。

起初，李治是很宠爱这个结发妻子的。但是，自从萧淑妃进宫后，李治明显就疏远了王皇后，王皇后至今未曾生育。

萧淑妃为南朝士族兰陵萧氏族人，齐梁皇室后裔。李治为太子时，萧氏为良娣。李治登基之后，进为淑妃，生许王李素节、义阳公主、宣城公主。萧淑妃性情刚直，举止风流，姿色出众，很为李治宠爱。

皇帝由于宠爱萧淑妃，已有两个月没来过皇后的承香殿，也没有召皇后到甘露殿侍寝。今天，皇帝突然对她有了心思，王皇后当然百般逢迎。不过，李治对于王皇后的逢迎却视而不见，他心里思念的是远在感业寺的武则天。仰望星空繁星闪耀，一道白茫茫的银河像一座天桥横贯南北，在河的东西两岸，便是牛郎和织女。这一天，牛郎将与织女在鹊桥相会，可自己与媚娘相会之日到底是何年何月？

想到这里，高宗皇帝连忙命人笔墨侍候，随即提笔写下了一首小诗：

> 霓裳转云路，凤驾俨天潢。
>
> 亏星涧夜靥，残月落朝璜。
>
> 促欢今夕促，长离别后长。
>
> 轻梭聊驻织，掩泪独悲伤。

王皇后早就觉察到了李治的异常，如今又写下这首小诗，连忙追问高宗因何烦心。李治当然不敢直言，随便搪塞了一番后竟然告辞了，只留下王皇后站在殿前怅然若失。

王皇后是个聪明人。她见李治这首小诗明明是在思念一个女子，这个女子当然不是萧淑妃，两人日夜相伴，何须"离别"？于是，王皇后派人四下打听，到底是何方神圣，令皇上如此神伤。

很快，王皇后就从柳奭那里得知了真相。

柳奭是王皇后的舅舅，虽出身世家，但并无勋绩，全因外甥女当上皇后而登上了宰相之位。他曾听闻皇帝感业寺行香时曾与一名女子密会，连忙细加打听，得知了武则天的存在。于是，柳奭入宫将详情禀告，要外甥女加以提防。王皇后听了却不以为然，不过一个先帝才人，尼姑庵的女尼

而已，何须自己提防？在她眼中，真正需要提防的只有一个人，就是萧淑妃。

自从萧氏入宫，她就被皇上抛在了一边。而且自己的肚子不争气，竟没有为皇上生下一男半女，而萧淑妃却已有一子二女，尤其是儿子素节，很为皇帝宠爱。近几日，宫中一直盛传，皇帝意欲封素节为雍王，实在让王皇后不快。

雍王不同于许王、燕王等，因雍州拥有长安畿辅之地，按照大唐惯例，只有皇后所出皇子才能封为雍王。如今，淑妃之子有意加封雍王，实在是别有用心，或许正是为将来立太子埋下伏笔。一旦淑妃母子得势，将来王氏这个皇后的位置恐怕也坐不稳了。

不仅王皇后，就连她的母亲魏国夫人柳氏也一直为此惴惴不安。俗话说，"姜还是老的辣"，魏国夫人还是比王皇后主意多，她连忙建议女儿，要她收养皇长子李忠。

李忠此时已经年满八岁，皇帝刚立为太子时，就有了李忠这个儿子。太宗皇帝闻讯后大喜，不仅在宫内大设宴席，酒酣耳热之际竟欢喜得与众人一起跳舞。太宗皇帝很喜欢李忠。不过，李忠虽为皇长子，但是母亲刘氏出身微贱，仅是个执事宫女。魏国夫人要女儿收养李忠，并请皇上将李忠立为太子，以免素节得了太子之位。李忠母子也定会感恩戴德，李忠他日如继承皇位，也一定会尊王氏为皇太后的。

王皇后认为这个主意不错，立即请求将李忠收为养子，李治没有多想，当即应允。不过，王皇后的这个举动还是深深地刺激了萧淑妃。

萧淑妃是个敢作敢为、敢爱敢恨的女子，性格十分刚烈。王皇后未有生育，萧淑妃真是拍手称快。皇帝虽已有四子，但是生燕王李忠的刘氏、生原王李孝的郑氏、生杞王李上金的杨氏都不及萧淑妃尊贵。所以，李治对淑妃之子素节一直宠爱有加。如今，王皇后突然将皇长子李忠收为养子，定是有意立为太子。萧淑妃当然不愿有人与儿子争太子之位。

这天，李治下朝后便前往萧淑妃处。淑妃得信，立即命人准备酒菜。虽只是便宴，仅十几种小菜，但是却道道名菜，十分精致。皇帝心情大好，左手携着淑妃，右手携着爱子便入席。

素节此时仅三岁，不过聪明伶俐，十分可人。萧淑妃在这个儿子上下了很多苦功，虽已三岁却开始学习《论语》、《春秋》，李治对此十分满意。

萧淑妃见皇上心情大好，便提出请求皇帝立素节为太子之事。李治心里倒有意立素节为太子，只是担心王皇后对此不服，生出许多麻烦，所以连忙拒绝道："素节年纪还小，现在考虑立储的事情太早了。"

萧淑妃并不肯善罢甘休，索性直言以问："臣妾听闻皇后收燕王李忠为养子，定有立太子之意，不知皇上作何打算？"

"忠儿年纪也还小，且为宫女所出，朕无心立他为太子，淑妃放心。"

萧淑妃得知了李治的想法，心里的石头总算落了地。不过，萧淑妃不敢掉以轻心，她要皇帝允诺，若立太子，必立素节。李治无奈之下只得答应。

消息很快就传到了王皇后的耳朵里，王皇后气不打一处来，恨不得立即诛杀了萧淑妃这个小妖女。可是，她与萧氏争宠多年，只奈势单力薄，又无良策，李治至今都不肯正眼瞧自己一眼。

无奈之时，王氏突然想起了远在感业寺的武才人。

王皇后不曾见过武则天，但是从舅舅柳奭的描述看来，武才人的才色定在萧淑妃之上，再加上高宗皇帝对她余情未了，用来对付萧淑妃该是可以略胜一筹。当然，王皇后也知道自己此举乃"引狼入室"，但武则天毕竟为先帝才人，加之年近三十，年老色衰。更为重要的是，武则天出身卑微，与萧淑妃不可同日而语。自己一旦将武则天接入宫中，对她有知遇之恩，她定会知恩图报，同时也可以卖给皇帝一个人情。到时候，武则天与萧淑妃争斗起来，两败俱伤，她还可以坐享专宠之利。

打定主意后，王皇后立即前往甘露殿求见李治。

王皇后向李治道明来意后，李治大吃一惊。李治没有想到皇后竟然知晓自己与媚娘的事情，并主动请求接媚娘入宫。李治不敢相信自己的耳朵，小心地观察王皇后的表情，生怕这是王皇后有意捉弄自己。王皇后见状立即跪在地上，朗声道："臣妾乃后宫之主，不敢专宠于后宫，如今皇上日夜为媚娘担忧，臣妾自当为皇上分忧解难。"

皇帝听了这番话喜出望外，深为王皇后的宽广胸怀所感动，将她大加赞扬一番。

就这样，王皇后立即差人前往感业寺，着令武则天即日蓄发，准备返宫。

对于返宫，武则天内心里是无限欣喜的。不过，一想到返宫后即将展

开的新生活，武则天的心反倒冷静了下来。从闺秀到才人，由失意到尼姑，她经历了太多人生的大起大落。命运的戏弄，世态的炎凉，已经使她了解了人情世故，见识了世态炎凉。就在蓄发的这段日子里，武则天变得沉稳起来，她不仅像往日一般温柔妩媚，更多了几分刚毅，冷酷，有了一种令人生畏的神情。

而此时，王皇后却正在热切地盼望着武则天。为了让武则天早日返宫，王皇后五次三番地派人到感业寺去探望。王皇后的算盘打得的确精明，这本该是一个坐山观虎斗的良策。只可惜，这两只老虎本不势均力敌，王皇后的这一招险棋只能叫做放虎归山。

册封昭仪

永徽二年（651）八月，王皇后差人接武则天回宫。一行宫人、太监抬着皇后赏赐的服饰、用物来到感业寺。武则天一年多来第一次认真地坐在妆台前理妆，这一年她已经二十八岁。望着铜镜中仍旧姣好的面容，武则天露出了得意的笑容。这是胜利者的微笑，是黑夜尽头复见光明般的喜悦。

临行前，她还特地和刘氏道了别，刘氏只微微一笑，随手递给她一支花。武则天清楚，刘氏的心已经死了。

望着手里的这支花，再看看眼前冰冷的感业寺，武则天心里突然生出几许悲伤。黄卷青灯旁的日子终于结束了，可是，再度入宫等待着自己的将是什么？入宫后，她必须得依附在王皇后身边，作为王皇后的一名普通宫女。她早就清楚，靠别人生活是一件危险的事情。可此时，她别无他法。

就这样，武则天怀着几许恐惧、几许喜悦离开了感业寺。

在武则天返宫这件事情上，皇帝不敢张扬，一切都交由皇后处理。武则天为先帝才人，由皇后出面比较妥当，倘若自己沉不住气，恐日后落下话柄被人耻笑。皇后当然明白李治的心思，武则天重返宫廷的当天，皇后特地令人准备了一席酒宴，邀请皇上一起为媚娘接风。席间，杯来盏去，歌舞助兴，其乐无极。

酒宴之后，王皇后特地命人在承香殿别院为武则天安置了住处。武则天毕竟没有封号，只是一名普通宫女，在行事上自然不敢太过张扬。当晚，皇帝就留在了承香殿别院。等到夜静，二人相对一室，虽说是旧相识，却又是新相知。李治深情地望着媚娘，只见她风华不减，如玉的肌肤白里透红，对她百般珍爱。武则天见状，更是高兴得流下眼泪。

见媚娘流泪，惊异地问道："朕可有不妥之处？媚娘何以流泪？"

听了李治的话，武则天破涕为笑，这一笑梨花带雨，竟有万般柔情。她伏在李治胸前道："媚娘是喜极而泣。皇上如此垂青媚娘，媚娘虽死亦足。"

"如此就好。"

"皇上，媚娘有一事相求。正所谓'太满必损，太盈必亏'，皇上对媚娘太过宠爱，只怕会招来灾祸。媚娘曾得幸于先皇，这事朝野皆知；而今改侍陛下，是媚娘之福，但媚娘实在不敢独揽皇恩，以招天下非议。"武则天深知，后宫妃嫔为争得皇宠不惜你死我活。她乃先帝妃嫔，如今又是一普通宫女，风头过大，定会招来横祸。

李治听了立即点头应允，更为媚娘的深明大义感到欣慰。

阔别多年，李治突然觉得，自己此生最为钟爱的女子原来就是媚娘。她是天下最美的女子，最有魅力的女子。望着柔美的媚娘，李治压抑在心底里的爱，终于再度泛起……

在最初入宫的那段日子里，武则天过得小心翼翼。不少人对这个前宫旧人抱着一种轻视和鄙薄的态度，在后宫妃嫔中则更多嫉妒。武则天知道形势不妙，但她并不悲观泄气，并不畏惧慌张。一年多的尼庵生活已使她变得如男人般的刚强。

对于那些嘲讽自己的宫女和宦官，武则天倍加亲切热情。必要时还得委屈自己，装着一副很诚恳的样子。武则天时常赏他们钱财，还很尊重他们。渐渐地，这些人对武则天的态度变好了，在王皇后面前对她也是颇多美言。

对于自己的恩人王皇后，武则天躬身奉事，处处讨她喜欢，投其所好。武则天清楚，自己要想在宫里立稳脚跟，就必须依赖王皇后。皇上李治虽然宠幸自己，但性格懦弱，一旦惹恼了王皇后，李治也会在危机关头弃车保帅。于是，武则天努力摸透王皇后的脾气秉性，千方百计地使她高

兴，殷勤得不亚于服侍在左右的宫娥。

对于这个柔媚的女子，王皇后最初也是抱有戒心的。可是，自从武则天搬入承香殿后，高宗皇帝由于挂念她，每日都要来承香殿探望。王皇后久遭冷落，如今却日日得见天子，天子更是和颜悦色，王皇后的心情也畅快起来，对武则天的态度自然也亲切起来。

更让王皇后满意的是，自从武则天入宫后，萧淑妃渐渐地失了宠。萧淑妃失宠，一半是因为武则天入宫，一半则是因为她自己。她眼见皇后搬来救兵，生怕儿子的太子之位不保，所以每次高宗前往萧氏寝宫，萧氏都会抱怨几句，请求皇上立素节为太子。相比之下，李治在武则天那里却可以随心所欲，轻松自在。久而久之，他对媚娘与萧氏的爱就分出了高低。

萧氏被冷落后，武则天的心里却隐隐地有些慌张了。她进宫就是要来打败萧淑妃的，一旦萧氏失势，自己也就没了利用价值，迟早会被王皇后所抛弃。当务之急，就是要抓住皇上李治的心，并且要赶快为他生个孩子！

或许上天有意弥补两年来对武则天的亏欠，永徽三年（653）初春，武则天有了身孕，李治闻讯后十分高兴，心里立即就有了册封她的心思。不过，武则天毕竟为先帝才人，此次册封必定会招致皇后及朝臣的反对，所以李治不敢轻举妄动。皇帝不开口，武则天当然也不敢造次。她清楚，没有得到王皇后的首肯，恐怕皇帝永远也不会有册封自己的勇气。

永徽三年初春以来，王皇后和萧淑妃在拥立太子上争得不可开交。就连武则天都看得出来，王皇后的势力是强大的。王皇后有舅父、中书令柳奭，有太尉长孙无忌，有尚书左仆射于志宁、右仆射褚遂良，有侍中韩瑗等，这是三省长官和顾命大臣的联合体。在当朝宰相中，几乎所有人都是王皇后的拥护者。所以，在立太子一事上，虽然萧氏之子素节得宠，但皇太子之位必定燕王李忠莫属。

在立太子问题上，武则天当然也有私心。可是，她清楚自己目前的地位，没有封号，不过一个小小的宫女，况且所怀是男是女无法预知，而太子之立又迫在眉睫。思来想去，武则天决定卖王皇后一个面子。

这天，李治下朝后赶往承香殿。王皇后见到皇上后，再次请求立燕王李忠为太子。李治没敢应允，虽然淑妃失宠，但素节仍旧是李治最为钟爱的皇子。就在这关键时机，武则天突然开口道："媚娘曾闻，选太子向来立嫡立长，燕王李忠乃皇后养子，且为皇长子，聪明伶俐，深明大义，皇上为何还在犹豫？"

武则天的这一席话让王皇后心花怒放。虽然李治并没有因此立即册封燕王李忠为太子，但王皇后却由此见识了武则天的"忠心"。不久后，王皇后便开口请求册封武则天封号。"媚娘入宫两年有余，一直谦卑让人，品格节操可垂范后宫。臣妾以为陛下该册封媚娘，还请陛下恩准。"

李治听后大喜，哪里有不允之意？

就这样，永徽三年五月，李治正式下诏封武则天为昭仪。昭仪为正二品，是九嫔之首，九嫔之上即为皇后和四妃，地位十分显赫。而且，这个昭仪之位对武则天来说非同寻常。武则天毕竟是先帝才人，能够被册封昭仪，立即就打碎了伦理、礼法、舆论上的障碍。迈出了这一步，武则天的一切都不同了。

武则天被册封昭仪后不久，王皇后及她的支持者们，对皇帝发起了轮番进攻，要求李治册封李忠为太子。

第一个撺掇起来的，当然是王皇后的舅舅柳奭。柳奭先去找褚遂良和韩瑗疏通。褚遂良时任吏部尚书，同中书门下三品，韩瑗则任黄门侍郎。这两个人都是贞观老臣，认为此事至关利害，所以极力赞同。于是，褚遂良向长孙无忌表明心意。

长孙无忌可是其中最重要的一枚棋子。皇帝向来敬重长孙无忌，而且十分信任这个舅舅。永徽元年正月，有人诬告长孙无忌谋反，李治根本没有核实，立令将诬告者斩首。由此可见，李治对长孙无忌的敬重之深。

对于褚遂良的建议，长孙无忌表示赞同，几个人立即上奏，请求将王皇后养子燕王李忠立为太子。李治见状，再也不敢拖延。要知道，提起奏请的是他的几个宰相，是他赖以治天下的支柱。无嫡立庶，以长为尊，既合古法，又不违今礼。立燕王忠为太子，可说是安王室、固根本、利国家的大好事。

七月初二，李治终于颁诏，册封燕王李忠为太子。

对于眼前的一切，武昭仪默默地看在眼里，没有做声。她只轻轻地抚摸着自己的肚子，兀自和里面的小皇子说着话。她相信，自己必定会生下一个皇子，就像她坚信，自己终将成为后宫的主人一样。她深知，要想在尔虞我诈的后宫之中保全性命，独享专宠，绝不是一个小小的昭仪可以做

到的。昭仪的封号显然不是武则天的最终目的，她期盼着更加光明的前程，她想要做的是后宫的主人——皇后。

化友为敌

武则天被册封为昭仪后，王皇后不便将武则天留在身边，只得建议她搬出承香殿。武则天便在淑景殿以北的一所院子住了下来。这个院子虽然不大，但十分精致，有南、北两栋建筑。院子里种植着各式花草，武则天搬进去的时候正值花季，院子里暗香涌动，武则天很喜欢。自此以后，武则天一边安心养胎，一边专心读书、练字，充实学识修养，李治大为赞许。

武则天怀孕后，宠极一时的萧淑妃终于尝到了失宠的滋味。王皇后如愿以偿，暗自庆幸自己手段的高明。但是，她很快发现，武昭仪已经成了她的新对手。由于武昭仪已搬出承香殿，李治很少踏足皇后寝宫，再次失宠的皇后为此大为不安。虽然武则天照常每日来皇后面前请安，可是，无论武则天如何殷勤，王皇后心里的这块石头就是放不下。

永徽三年十月的一天，李治在朝堂上做了件漂亮事，整治了自己的叔叔滕王李元婴及皇兄蒋王李恽。

滕王李元婴为金州刺史，骄奢纵逸，游猎无休，激起百姓极大不满。皇兄蒋王恽也是如此，贪赃枉法，收受贿赂。对这两个人十分厌恶，曾严厉指责过二人，可惜二人一直不思悔改。这天，皇帝下令大赏诸王，却独独没赏滕王和蒋王。高宗对此解释道：“滕王叔父，蒋王兄长，你们两个人已经很会赚钱，不再需要朕的封赏，朕就赐你们两车麻，用来穿钱吧。”

二王听了大为惭愧，大臣们却是拍手称快。长孙无忌更称赞皇帝有先帝遗风。太宗皇帝一世英明，颇得朝臣百姓推崇，如今被指有太宗风范，李治颇为欣喜。

退朝之后，李治立刻前往武昭仪处。近几日，正是媚娘预产期，李治每日都会过来陪伴，也想把自己刚才的得意之举告知媚娘。还未走到别院，就有内侍飞奔相告：“恭喜皇上！贺喜皇上！武昭仪刚刚产下一位小皇子！”

李治大喜，连忙随着内侍朝别院跑去，远远地就听见了婴儿的哭声。待见得皇子，李治更是笑逐颜开，小心翼翼地抱在怀里。武则天见李治对儿子百般疼爱，便大胆对高宗建议给儿子取名为弘。

"皇帝登基伊始，万象更新，如今又喜得皇子，不如取名为弘，以喻大唐之前程弘远。"这个名字武则天已经在心里想了许久。弘，的确有前程弘远之意，可武则天取弘，却是因为民间的一则谶言。

魏晋南北朝以来，一直流传着一则道教谶言："老君当治，李弘当出"。这则谶言告诉人们，世将大乱，太上老君会化身李弘降生人间，使天下太平。就因为这则谶言，有多次农民起义都打着李弘的旗号进行，李弘的政治意义在当时尽人皆知。

不过，李治并没有想到弘字与道教谶言有什么联系，当即点头应允。为了照顾好这位小皇子，李治还将武则天的姐姐接进宫来，并封其为韩国夫人。早在武则天入宫之前，这位姐姐就已嫁给贺兰越石。可惜，贺兰越石早亡，只留下武氏独自扶养一双儿女。如今，武则天生子，韩国夫人不仅可以进宫替媚娘照顾皇子，还可以让这对姐妹做个伴儿。

生了皇子，武昭仪可真是母以子贵，王皇后却更是坐不住了。

对后宫嫔妃来说，为皇上生子是莫大的荣誉。从某种程度上说，能否生子直接关系到她们的前程。王皇后虽为后宫之主，但由于多年来没有子嗣，一直有些争宠善妒。武昭仪的产子，已经使王皇后感受到了危机。而且，昭仪竟然还将儿子命名为"弘"，希望将来儿子可以君临天下，这是王皇后绝对不能允许的。

武则天当然能够感受到皇后的不满，所以虽喜得皇子，还是不敢张扬。表面上看，武则天与王皇后仍旧一团和气，可暗自里却各有私心。为了打击武则天，王皇后和萧淑妃轮番到皇上那里告状，用最有力的话言揭露武昭仪的短处。她们甚至无中生有，编造出许多蛊惑人心的谎言。对此，李治一概淡然处之。李治每天政务缠身，退朝后又被王、萧的是非困扰，善解人意的媚娘就成了他的最爱。武则天不仅对她体贴入微，对朝中政事也有一番独到的见解，使李治如获知音。

永徽四年二月，朝中发生了一件大事。高阳公主及驸马房遗爱夫妇、巴陵公主及驸马柴令武夫妇以及丹阳公主的驸马薛万彻联合造反，要奉荆王元景为帝。这是一起轰动朝野的谋反大案，而且案犯又都是李唐宗室，

皇帝立即命长孙无忌带头查办。

长孙无忌向来与这一党人不睦。房遗爱、薛万彻以及巴陵公主驸马柴令武夫妇都是皇四子魏王李泰的心腹，曾为立李泰为皇储而四处奔走。如今，李泰已幽死于均州，他们便欲拥荆王元景为帝。长孙无忌对他们怨恨已深，立即下令处斩房遗爱、柴令武、薛万彻三位驸马，荆王元景及高阳、巴陵二公主被赐自尽。不仅如此，就连太宗庶子吴王李恪也被牵涉进来，被赐自尽。

这些逆臣都是皇帝的兄弟姐妹，有的又是先朝功臣的后代，李治本想从轻发落。可是长孙无忌等重臣一再要求他严肃处理，李治一再恳求都无法改变长孙无忌的意愿，最终只得下令斩杀了这一批人。长孙无忌还擅自大搞株连，或杀或贬，让皇帝及天下百姓都见识到了他的煊赫权势，长孙无忌的声势已如日中天。

长孙无忌的权势之大，不仅让朝中政敌越发惶恐，也让皇帝有了疑忌之心。所谓天无二日、国无二主，长孙无忌的声势已经让李治感到不安。不过，李治并不敢轻举妄动，只是心里因此越发烦乱起来。

武则天得知这一事件后，便建议李治提拔李勣。李勣与长孙无忌素无交情，一旦李勣出任要职，定可以牵制长孙无忌等人的权势。

李治虽然认为此法可行，却担心李勣会极力请辞。

原来，早在李治即位后不久，李勣就被再度召回入京。李治对李勣颇为敬重，曾拜李勣为尚书左仆射。不过，李勣不愿出任要职，永徽元年，就请辞仆射一职，李治无奈之下只得应允。

如今，李治再次请李勣出任要职，李勣会作何反应？

就在李治为此担心时，李勣竟然欣然受命。原来，李勣与薛万彻早有袍泽之谊，如今薛万彻因谋反案被长孙无忌处死，使李勣对长孙无忌生出戒心。思来想去，李勣决定接受皇帝的任命，官拜司空。

有了李勣的介入，李治终于可以稍微放松一下了。

二月末，武则天再度怀孕。

王皇后得到消息后，更是乱了阵脚。起初，她与萧淑妃二人还是单打独斗，如今却已经抛弃前嫌，团结在一起，试图一起铲除武昭仪。不过，此时的武则天再不是初入宫廷时的丫鬟、宫女了。

为了打击王皇后，武则天极力拉拢王皇后身边的宫女、宦官。由于王皇后及其母亲柳氏举止傲慢，不能笼络人心，所以手下的人多对她们心存不满。武则天便细致观察，一旦发现哪个人为他们所冷遇、欺压，她就立即拉拢这些人，将他们收入自己麾下。到如今，王皇后身边的人，已有近半数都成了武则天的眼线。对于萧淑妃也是如此。有了这张巨大的后宫情报网，武则天完全可以在宫中站稳脚跟，并且给予对方有力的还击。

这天晚上，李治处理完政事后，又像往常一样前往武则天的别院。

那晚，月亮很圆很亮，像一个白玉盘，悬在寂静深邃的天空中。太极宫里十分幽静，除偶尔有鸟儿断断续续的鸣叫外，可谓是万籁俱寂。武则天自从搬进这个别院后，就在院子里栽种了许多花木。皇帝心情大好，便和武则天一起坐在月下赏花。

望着美丽的花木，武则天突然想起自己在感业寺时所做素饼。这种素饼是以牡丹花瓣为芯料，形似牡丹，且酥松绵软，放在口里回味悠长。恰逢这几日李治龙体欠安，饮食无味，武则天便决定亲自到御膳房为李治做素饼，却被高宗一手拦住了。

"素饼可明日再做，媚娘今日且陪朕好好坐坐。"皇帝近些日子一直为王皇后、萧淑妃所恼，今日难得有如此心情，只希望武则天陪侍在侧。

"媚娘听闻，皇后、淑妃对媚娘颇有怨言。媚娘并不恼怒，皇后、淑妃二人并无恶意，且皇后有恩于臣妾，还请陛下多多担待。"武则天为王、萧二人说了许多好话。武则天清楚，越是表现得宽厚仁慈、善解人意，就越能讨高宗喜爱。王皇后与萧淑妃争相诋毁，只能自贬身价。由此，李治对武则天专宠日盛。

武则天还拉拢了几位李治心仪的妃嫔，其中关系最为密切的一位就是徐婕妤。徐婕妤是太宗贤妃徐惠的亲妹妹。这位徐婕妤很有徐惠的遗风，也是一位数一数二的才女，皇帝十分仰慕她的才学。此时，武则天入宫已经十余年，十多年来，她阅读了大量书籍，苦练笔墨书法，所以文学素养并不再徐婕妤之下。再加上武则天与徐惠曾是旧相识，徐婕妤对武则天也十分敬重。

由于武昭仪善于拉拢，其他一些后宫妃嫔也都主动和武昭仪站到了一起。渐渐地，武昭仪在后宫中的阵营逐渐强大起来了。

第五章　后宫政治

残杀亲女

永徽四年冬，武则天产下一位小公主。皇帝对这位小公主的宠爱绝对不亚于皇子李弘，武则天的欲望也随之水涨船高，认为自己当皇后的时机已经成熟。可是历来皇后只设一人，只有现任皇后被废或死亡，才能确立新的皇后。在当时，王皇后母仪天下，表率后宫，而且身体健康，武则天根本没有做皇后的机会。

不仅如此，王皇后势力强大，她的身后还有朝中的一班重臣。这些人极力促成燕王李忠成为太子，左右着皇帝的一言一行。而武则天却是独自一人，没有朋党，朝中更没有大臣攀附于她。以武则天的力量想要与王皇后较量，简直就是以卵击石、螳臂当车。

在这种力量悬殊的情况下，除非王氏犯下一个滔天大错，才能被皇上、大臣们最终抛弃。可是，王皇后这人虽然有争宠之心，但是为人并不坏，而是一个性格十分直率的女子，对上对下都不刻意亲近。皇帝与王氏为结发夫妻，也很理解王氏的为人。更重要的是，李治是个比较重感情的人，即便王皇后有一些小过失，他也定会念及夫妻旧情网开一面。

在种种不利状况下，武则天想要当皇后，简直难如登天。不过，武则天深信，只要懂得利用机会，甚至创造机会，再强大的对手都可以被打败。由于武则天拉拢了很多宫女、宦官，王皇后、萧淑妃的一举一动都在武则天的掌控之中。经过一番仔细斟酌，武则天下定决心，计划编造一个弥天大罪加在皇后身上，首度向皇后之位发起了冲击。虽然为此，武则天将要付出极大的代价。

永徽五年（654）二月，太极宫已经显现出了一派春日光景。这一日清晨，阳光明媚，承香殿附近的桃花吐蕊绽放，嫔妃们正带着宫女三三两两地沿着御花园的幽僻小径散步。王皇后心情不错，未带任何侍从，独自一人朝武昭仪的寝宫走去。

自从武则天诞下小公主后，皇后还不曾见过小公主一面。武氏的子女亦为皇帝子嗣，自己作为一国之后，实在应该略表关切，否则倒显得自己这个国母心胸狭隘。于是，王皇后决定前往探望小公主，也缓和一下与武昭仪之间的关系。

没过多久，王皇后就来到了武昭仪的寝宫前。几个奶妈和宫女见皇后驾到，远远地出来迎候，却独独不见武昭仪。原来，武则天去御花园踏青去了。王皇后不想白走一遭，便独自到育婴室瞧了瞧小公主。小公主正在摇床上睡得安稳，皇后不忍打扰，呆了一会儿便离开了。

早在王皇后抵达武则天寝宫前，武则天就已经得到消息，知道皇后前来探望公主。她偷偷潜回寝宫，王皇后离开后，便躲开周围耳目，一个人溜进了育婴室。她把小公主从摇床里抱起来亲了又亲，最终果断地放回了摇床，随即深呼了一口气，用被子使劲地蒙在了小公主的脸上。小公主挣扎了一番，不一会儿就死去了。

武则天强忍泪水，迅速离开了育婴室。这一个来回，没有被一个人瞧见。

武则天离开后不久，下朝后的皇帝带着几名随从朝武则天的寝宫走来。武则天也佯装刚从御花园散心回来的样子，见李治驾临，赶忙前来迎候，两个人便一道前往育婴室。

育婴室里，小公主正躺在摇床里。李治心里欢喜，连忙走到摇床前逗弄了一下，这一逗弄，却把李治吓了一跳。只见小公主面色惨白，用手放在鼻子跟前一试，竟然已经没有了呼吸。李治慌乱起来，用力地摇晃着公主的小摇车，可怎么摇都摇不醒。武则天站在一旁，已是嚎啕大哭。

皇帝气急败坏，连忙将众多宫女奶妈叫了进来，厉声问道："小公主怎么死了？"

奶妈宫女们一见，吓得魂不附体，竟不知如何作答，只得齐刷刷地跪了下来。

武
则
天

武则天趁机连忙嫁祸王皇后，她哽咽着问道："刚才谁来过？"

宫女们看了看高宗，又看了看武昭仪，有些迟疑地回答道："刚才，皇后娘娘倒是来过……"

的确，在众多宫女、奶妈的眼睛里，只有皇后一人曾经进过小公主的育婴室。李治一听，大怒道："皇后如此歹毒，竟敢杀死小公主。往日，皇后与淑妃争相诋毁昭仪，现在竟又谋害公主！"

听了李治这一席话，武则天的哭声更加响亮了，她一边哭一边哽咽道："近来，媚娘闻皇后与淑妃常一起密谋，并未记挂在心。皇后淑妃诋毁媚娘，媚娘都能宽厚处之。可皇后怎能如此狠心，对一襁褓婴孩下此毒手！"

武则天的这一番话，更是说到了李治心坎儿里。自从武昭仪生下李弘后，皇后与淑妃心怀不轨，一直在他耳边搬弄是非。媚娘为人忠厚，善解人意，若不是自己有意袒护着她，可能她早就死在皇后之手。想到这里，李治忍不住责怪自己，倘若早日惩治皇后，小公主也不致命丧黄泉！

就这样，李治有了废黜王皇后的想法和决心，武则天也终于迈出了废后进程的第一步。皇后杀死小公主，这条罪状已经足够歹毒了，武则天用吞噬亲情和人性的代价赢得了第一步的胜利。

王皇后得知了小公主之死，真是百口难辩。王皇后虽忌恨武则天，但由于她多年来一直未能生育，对婴儿格外喜爱。况且，王皇后即便想杀昭仪孩子，实在没有必要杀死尚在襁褓之中的女婴，对她有威胁的该是皇子李弘。正是因为如此，朝中大臣多有为王皇后鸣冤者。更重要的是，李治虽认定小公主为王皇后所杀，却没有任何证据。

在大臣的鸣冤声中，李治变得犹豫起来。李治深知废立皇后，决非易事，皇后的废立会牵涉到很多人的利益，所以必须要考虑周围大臣的态度，而在大臣之中，最为至关重要的就是国舅长孙无忌。

长孙无忌的地位是一人之下，万人之上。他是先帝托以辅政的顾命大臣，当今的皇上又是他的外甥。由于他位高权重，更有一帮大臣站在长孙无忌身边。在废后之事上，倘若没有长孙无忌的支持，只怕难如登天。武则天也清楚长孙无忌的重要性，便撺掇皇帝亲自前往长孙无忌府上争取国舅支持。

皇帝驾临太尉兼国舅的府第，本是稀松平常的事情。但是，武昭仪陪同前往，却另有一番意义。长孙无忌是个聪明人，他见武昭仪跟随而至，立即就明白了二人的用意。长孙无忌不动声色，将李治及昭仪迎入府中，设宴款待。席间，皇帝龙颜大悦，两杯酒下肚，李治下令破格提升长孙无忌宠姬所生的三个儿子为朝散大夫，并赐金银宝器各一车，绫罗绸缎满十车。长孙无忌当然清楚皇帝如此重赏的用意。不过，他并不打破，只是微笑接纳。

酒酣耳热之际，皇帝终于开口道明了来意。李治叹了口气道："唉，可惜皇后无子。不过，武昭仪倒有一子，聪明伶俐，颇得人喜爱。"

长孙无忌本来应该就李治的这句话表明态度，可他却偏偏话锋一转，随口扯到别的事情上去了。如此几次三番，李治和武昭仪终于明白，长孙无忌并不支持废王立武。长孙无忌权高位重，当然不必为皇上的一点暗示立即屈服。

李治无奈之下，只得带着武则天起驾回宫。

高阳公主谋反案已经让皇帝看到长孙无忌权势之盛，如今废王立武一事，长孙无忌态度冷淡，又让皇帝感觉到他对帝王权威的轻视。皇帝终于对长孙无忌不满起来。可是，在朝廷之中，拥护长孙无忌者甚多，后宫中又都是王、萧之人，皇帝唯一的伙伴竟然只有武昭仪一人。

李治与武则天就这样紧紧地围拢在一起，一个为争皇后之位，一个为争大臣实权，两个人患难与共，感情也更加稳固起来。为了安抚武则天，三月十四日，李治加赠武德功臣武士彟等十三人官，武士彟和长孙无忌等人并列成为大唐开国功臣。

公主暴亡一事最终不了了之。不过，小公主之死，还是让朝廷中一些人感受到了皇帝废后的意愿。不久后，宰相柳奭在李治的压力下被迫主动请求解除中书令一职。皇帝批准了他的表奏，罢为吏部尚书。王皇后虽然并未遭到废黜，力量却已是大大削减，完全被李治打入了冷宫。

厌胜事发

永徽五年（654）十二月十七日，李治离开京师长安拜谒昭陵，武昭仪从行。由于武昭仪已有身孕，姐姐韩国夫人便陪一同前往。

武则天

此时的韩国夫人已非同以往，她的容貌及风韵皆不输武则天，再加上武则天不停怀孕，韩国夫人就顶了妹妹的缺儿，和李治有了私情。武则天对此当然心知肚明，不过姐姐得宠总好过其他妃嫔，对这件事也只好淡然处之。

由于一路劳累，武则天早产下次子李贤。为儿子命名为贤，武则天也是别有用心。兄为君、弟为臣，为臣首重贤明仁德，所以取名为贤。皇帝十分喜欢李贤，李贤刚满月时就封他为潞王，同时封已经呀呀学语的李弘为代王。

武昭仪连生二子一女，皇帝对她更是宠爱非常。在皇帝的全力支持下，永徽六年三月，武则天著《内训》一书。《内训》和长孙皇后所著《女则》一样，是对嫔妃女官的劝诫之书。通常，这类书都需由品性方正的皇后负责撰写，长孙皇后就是其中代表。相比之下，身为昭仪的武则天著《内训》，以皇后自居，无疑已是僭越。不过，有皇帝撑腰，这本《内训》很快就在长安问世。这本书的流布，使天下黎民百姓知道，武昭仪已有争后位之心，而且有皇帝亲自为她保驾护航。

时间过得飞快，一转眼潞王李贤都已经四个月大了。而此时的武则天正在伺机以待，等待着下一次冲击后位的机会。很快，武则天的后宫情报网就获悉了一件天大的秘密，王皇后正在实施厌胜。

厌胜，指因憎恨某人而作图画形象，或者制造形制相仿的小人，用钉子刺其心眼，以此诅咒这个人受苦或横死。在当时，一旦有人施此术，就要以谋杀罪论处。倘若诅咒对象为尊长或皇帝，则为不赦之罪，罪当处斩。武则天得到消息后，大喜过望。她一直苦苦寻觅王皇后的过错，甚至不惜残杀亲生女儿。如今，王皇后实施厌胜正中武则天下怀。

这一天，皇帝退朝后来看望儿子，武则天亲自抱着李贤在寝宫前迎候。此时的李贤虽只有四个多月，但是相貌英俊，颇似李治，很得李治喜爱。两个人逗弄着小皇子，可谓其乐融融。大约过了一个时辰，正到了皇后往日焚香叩拜之时，武则天不失时机地重重地叹了口气。

"媚娘为何叹气?"李治忙问。

武则天看了看李治，似乎颇有些为难。思量再三，终于开口道："媚娘听闻，后宫之中有人备受皇恩，却不以恩回报，反而施厌胜之术，明咒暗诅。"

"是谁如此大胆？"李治大怒。

武则天低了头，柔声道："媚娘本不想告发皇后，因担心陛下安危，只得实言以告。"

听了武则天的话，李治真是火冒三丈。皇后杀死小公主已属不赦，如今竟敢对一朝天子下手！李治联想到自己近来四肢疼痛，备觉疲软，国内灾祸不断，顿时吓出一身冷汗来。李治立即传令，要把皇后召来亲自责问。

武则天见状，连忙拦住了。

"无凭无据，你怎么责问人家？"

武则天一句话，惊醒梦中人。的确，上次小公主之死，就因为无凭无据，白白便宜了王皇后，这一次，断不得鲁莽行事。在昭仪建议下，高宗立即派人前往承香殿查验，一定要拿王皇后一个人赃俱获。

宫女、宦官到达承香殿后，王皇后正虔诚地焚香叩拜。就在她面前，放着一个钉着铁钉的小木人。李治得到消息后，气得脸色惨白。当小木人被拿到李治面前时，李治更觉小木人的形状与自己非常相似，备感悲伤。想不到自己与王氏夫妻多年，她竟能下此毒手。

王皇后连忙为自己开脱，可惜即便此时浑身是嘴也难以争辩。

其实，王皇后并不知晓自己所行为厌胜之术。自从小公主暴亡后，皇上有了废黜之心，王氏为此惶惶不安。她时常流泪，不思饮食，很快就消瘦下来。母亲柳氏见状，一边心疼女儿，一边暗恨皇帝的绝情。于是，她暗中请了一个僧人，由僧人削制了一个小木人，钉上铁钉，每日在佛前焚香叩拜。柳氏了解女儿为人，知道她定不肯加害高宗，便说此乃去晦之法，如此焚香叩拜，百日之后，即可大顺。王皇后就这样稀里糊涂地行了厌胜。

柳氏听闻厌胜事发，连忙跑到李治面前请罪。她痛哭不已，历数女儿王氏近年来所受委屈，并将全部罪责独自揽了下来。李治见到柳氏，更是气不打一处来。假若没有柳氏撺掇，皇后也不至如此狠毒，虐杀公主，实施厌胜！李治当即令柳氏立即出宫，而且永世不得入宫。王皇后在一旁哭得死去活来，乞请皇上能够恕罪，李治丝毫不为所动。

柳氏被赶出宫后，柳奭也坐不住了。去年皇后因小公主暴亡一事，已经恩宠大衰，他只得请辞宰相之职。如今，他觉得自己的吏部尚书也难以

保全，想到这里不禁悲从中来。柳奭的担心很快得到证实，几天后李治传旨，贬柳奭为遂州刺史（今四川遂宁）。

七月，柳奭被迫离京，前往遂州赴任，哪知行至扶风，又接敕令，李治皇帝又贬他到更为遥远的荣州（今四川荣县）去任刺史。原来，岐州长史于承素见柳奭大势已去，便搜罗柳奭罪状，称其泄露宫禁秘语，败坏朝廷声誉。皇帝正想狠狠整治一下柳奭，虽于承素证据不足，却还是再次降旨，将柳奭贬到荣州。柳奭知道申辩无用，只得立即前往荣州。

这下子，王皇后失去了舅舅这个靠山，又没有了母亲柳氏联系外廷，名为皇后，实际上却是被李治及武昭仪囚禁在皇宫之中，再没有能力与武昭仪抗衡。至此，李治更进一步地坚定了废王立武的决心。

在正式行动之前，李治打算再次征求一下长孙无忌的意见，便将长孙无忌召入太极宫。他向国舅诉苦道："皇后王氏嫉悍凶险，不能担当皇后，武昭仪贤淑明达，朕有意废黜王氏，立武氏为后，国舅意下如何？"

可惜的是，这一次长孙无忌还是表示反对。

皇帝和武则天很清楚，没有长孙无忌的支持，废王立武根本无法成行。为了稳妥起见，武则天建议李治册封自己为宸妃。按唐制，后宫妃嫔中，皇后以下设四妃，分别为贵妃、淑妃、德妃、贤妃；四妃下为九嫔，分别为昭仪、昭容、昭媛、修仪、修容、修媛、充仪、充容、充媛。当时，高宗皇帝的四妃之位已有人选，武则天再无法晋升。为了能够更加靠近皇后之位，甚至越过贵妃、淑妃、德妃、贤妃四妃，武则天便想出了新名号——宸妃。

所谓宸，即北极星。在当时，宸常用以指宫殿、王位，也用作帝王代称，不过，唐以前却并没有宸妃这一封号，实为武则天首创。武则天特设宸妃，实际上是皇后的代名，也可以作为封后过程中的一个过渡。

李治把这个想法告之群臣，征求大臣意见。可惜，此议一出，立即受到两省宰相的反对，中书令来济、门下省侍中韩瑷先后上表反对。这两个人都是永徽六年五月刚刚接任新职的。韩瑷和长孙无忌有姻亲之谊，由长孙无忌力举推荐。来济性情忠直，贞观十七年曾和长孙无忌一道，拥立李治为太子，很得李治信任。

皇帝见来济和韩瑷都表示反对，真是左右为难。他不想让媚娘失望，却也不想和这两位宰相闹翻脸。好在，宸妃一号本不是武则天的最终愿望，昭仪之上的四妃早已经是形同虚设，她想要的，不过就是距离皇后之位更进一步罢了。如今，既然有两位宰相反对，武则天也不想多纠缠，进号宸妃一事就此罢议。不过，来济和韩瑗这两位宰相的名字，却深深地刻在了武则天的脑子里。

小公主暴亡、厌胜，都没能最终撼动王氏的皇后之位。接连两次的后位冲击，使武则天认识到，孤军奋战绝对没有胜利的可能，当务之急是要组织自己的力量，建立自己的队伍，与长孙无忌等分庭抗礼。

而在废后中接连碰壁，也使李治意识到，朝中已经存在一个以长孙无忌为首的势力集团，他们独立于皇权之外，甚至敢与皇权公然对抗。为了能够掌权，李治已经下定决心，必定要通过废后一事，摆脱受制于人的状态。可是，要扭转局面并非轻而易举之事，仅仅依靠皇帝一人之力是远远不够的。

就在皇帝为此忧烦不解的时候，另一班人马走进了李治及武昭仪的视野。他们虽然职位卑微，但却敢于为废王立武摇旗呐喊，其中最为重要的代表就是李义府与许敬宗。

排除异己

李义府在朝廷重臣的眼中是个极其微小的人物。

他是瀛州饶阳人，容貌秀丽，接人待物时必定会面带微笑。不过，这个人却是"柔而害物"，是一个典型的"笑里藏刀"式的人物，所以人们都称他为"李猫"。被称为"猫"，足见李义府的善媚，可是到处逢迎的他却一直郁郁不得志。

李义府心机虽重，但颇具文才，太宗时曾受诏与他人共修《晋书》。在当时，他和中书令来济以文翰见重，并称为"来李"。说起来，李义府也算是李治的旧臣，李治做太子的时候，李义府曾出任太子舍人，加崇贤馆直学士。待李治登上皇位，李义府又因属东宫旧僚加官为中书舍人。

中书舍人为五品官，说小不小，说大也不算大。可是，相比之下，与他并称"来李"的来济却已经出任中书令兼校检吏部尚书，位列宰相。在李义府看来，自己和来济年龄相仿，才学相当，本也该位列宰相之职，可

如今却要在来济手底下做事，李义府对此真可谓义愤填膺。为了能够继续升官，李义府到处拍马奉迎，请客送礼。他的巴结逢迎，很快就招致了长孙无忌的厌恶。

永徽六年（655）六月，长孙无忌寻了个过错，让中书省起草敕令，要把李义府赶出京师，贬至蜀地任职。在当时，官吏的升迁、调动需经两个部门。首先，要由中书省起草敕书，随后再送达门下省审核。审核后，交由皇帝批准后，便可下敕令公布实施。由于李义府结交了许多官员，李义府贬官的敕书刚由中书省起草时，便有人告知李义府了。

听闻自己即将被贬官，李义府惊得目瞪口呆。他连忙四处活动，可惜事情是长孙无忌亲自交待的，谁都不敢徇私情。李义府急得团团转，用不了几天公文就会移送门下省，一旦核准执行，贬官一事再难挽回。无奈之下，李义府只得向同僚王德俭求助。

王德俭和李义府共事多年，也为五品的中书舍人。这个人平时爱耍点小聪明，周围人有了难解之事都爱向他讨主意。王德俭得知了李义府的遭遇，也是大吃一惊。不过，王德俭的确有些城府，他见李义府已经走投无路，便建议他铤而走险。

"铤而走险？"李义府有些摸不着头脑。

"皇上欲立武昭仪为皇后，群臣反对。你若愿大胆上奏，倡议立武昭仪为皇后，便有可能转祸为福。"王德俭摸着胡须说道，"不过……此举只能成功，一旦失败，朝中重臣定会拿你是问。"

李义府思索了半天，终于点了点头。反正伸头是一刀，缩头也是一刀，一旦出京便将难有翻身之日，还不如拼死一搏。打定主意，他立即写了奏折，连夜上奏。

李治接到李义府奏章时已近深夜。在当时，只有宫内发生事变或边防战事吃紧等大事，才可在深夜惊动皇上。皇帝闻讯后不敢耽搁，连忙命太监呈上奏折。看罢奏章，高宗皇帝龙颜大悦。李义府在奏章中大胆提议，皇后王氏谋毙小公主在前，厌胜谗害皇上于后，阴险妒能，应速废黜。李义府同时还建议，当立堪为后宫典范的昭仪武氏为皇后。

皇帝想不到，在长孙无忌一手操纵的朝廷之内，竟然有人拥立武昭仪为后。他立即宣中书舍人李义府进宫。李义府听到陛下召见，立即抖擞精神，在太监的引领下来到甘露殿。

"废立之议，朕早有想法。只是朝中重臣多有反对，故而延搁至今。如今爱卿上奏，请立武氏为后，朕定当从长计议。"皇帝微笑着对李义府说道。

"臣愿拥戴武昭仪为后，虽长孙太尉百般诋毁，定不改初衷。"李义府见自己奏章正中皇帝下怀，连忙表明自己的危急处境。

"国舅诋毁于你？"

"长孙大人不满微臣拥立昭仪，已命中书省官员起草敕令，贬臣出京。"

"爱卿放心，朕明日传令，将你留任旧职。"

李义府心里的一块石头终于放下了。君臣两人又说了些话，便散了。

武则天听闻李义府上奏一事，心花怒发。她没有想到，朝廷之中竟然还有人站在自己的阵营中。自从皇帝有了废立之心后，朝臣中基本上是一面倒，除了少数明哲保身之人保持沉默外，绝大多数都反对废王立武。在这种局势下，李治当然不敢轻举妄动。如今，李义府为自己摇旗呐喊，自然可以吸引更多的人拥护自己。

第二天，李义府的奏折在朝野上下引起了轩然大波。皇帝为了借机拉拢更多官员，立即传下圣旨，取消调令，命李义府留旧职。不久后，在武昭仪的建议下，李治又将李义府提拔为中书侍郎。明明是一个遭贬官员，却因为这一纸奏折不降反升，无疑给众多低级官员们指了一条明路。尤其是那些宦海浮沉的老官员，当即明白了皇帝与长孙无忌等顾命大臣之间的矛盾。为了打击长孙无忌，皇上必定会拉拢提升一批新官员。如此千载难逢的好机会，当然得及时站出来，表明自己的拥武态度。在这些官员中，官职最为显赫的就是许敬宗。

许敬宗文才不输于李义府，早在李世民还为秦王时，他就已经入选秦府十八学士。李治初立为太子时，许敬宗又加入了太子班底，很得李治信任。太宗皇帝征高丽时命太子监国，许敬宗就与高士廉等共知机要。高宗皇帝即位后，立即提拔许敬宗为礼部尚书。可惜的是，升任礼部尚书不久，许敬宗就因将女儿嫁给少数民族首领冯盎遭弹劾，被贬地方。

数年后，许敬宗再度回京，出任三品的卫尉卿。所谓卫尉卿，就是负责皇帝车马御驾等的事务性官员，并没有实权。此时的许敬宗已经六十三岁高龄，与他同时入仕的同僚都已经手握大权，许敬宗对自己的境况十分

不满。

许敬宗是个聪明人，他见李义府因拥立武昭仪为后不降反升，立即向李治及武昭仪表明态度。皇帝见旧僚许敬宗加入拥武派，欣喜异常。在许敬宗的拉拢下，他的外甥、李义府的同僚中书舍人王德俭、御史大夫崔义玄、御史中丞袁公瑜等人也都纷纷加入了拥武一派。

崔义玄为贝州武城人，永徽初年任婺州刺史。永徽四年十月，婺州境内爆发由女子陈硕真领导的农民起义，队伍多至数万人，声势很大。崔义玄以镇压和分化相结合，最终镇压了这次起义。崔义玄因平定起义有功，被任命为御史大夫。崔义玄为人聪慧，他见李义府转危为安，又有许敬宗的摇旗呐喊，立即加入了拥武一派。此后，御史中丞袁公瑜也加入了拥武派。

皇帝和武昭仪终于有了自己的官员队伍。武则天通过母亲杨氏与这些人暗中通气，在外廷和后宫之间建立起了一个反应敏捷的情报网。外廷以许敬宗为代表，他最为资深，又是李治东宫旧属，深受信任；内廷则是武昭仪和在背后支持他的皇帝。

为了能为武昭仪立下功勋，许敬宗甚至还亲自登门拜访长孙无忌，望他通融赞成废后。可是，长孙无忌连皇帝的面子都不给，又何必在意一个三品小官？长孙无忌毫不留情面地将许敬宗骂出了家门。早在永徽五年三月，皇帝曾追赠武昭仪的父亲武士彠，与长孙无忌同为开国功臣之列。武则天便决定利用这一层关系，请母亲杨氏出面求情，希望长孙无忌能高抬贵手。杨氏前往长孙无忌府，说了许多好话。可是，长孙无忌根本不把武士彠放在眼里，更别提赞同立武为后了，杨氏也只能灰溜溜地回了宫。

许敬宗和杨氏的一番努力，使武则天认清了长孙无忌的态度，她对这个不近情理的顽石真是厌恶至极。皇帝听闻这些消息，对于舅舅的固执十分不满。两个人就这样对峙起来，一方是权倾朝野的顾命大臣，一方是想要夺权的年轻天子。朝中大臣望风而动，纷纷选择起各自拥护的对象来。

长孙无忌一派多为元老重臣，以国舅长孙无忌为代表，还包括另一位顾命大臣褚遂良。另外，在宸妃问题上持反对态度的来济和韩瑗也属于长孙无忌一派。相比之下，站在皇帝及武昭仪队伍中的官员多为四、五品的小官，但人多势众，足以壮声势。两派人马都在暗中发展势力，中央的政治风云开始变得异常诡异起来。就在这样的关键时刻，一个名叫裴行俭的县令做了出头鸟，被高宗皇帝贬了官。

裴行俭虽是个县令，做的却是长安县的县令。长安是京县，所以长安令的地位很高，相当于州刺史，为正五品官员，跟李义府的中书舍人同级别。裴行俭这个人文武兼备，在长安令任上较有政声。

八月的一天，裴行俭与长孙无忌、褚遂良等人秘密召开了一个会议。与会者当然都反对废王立武，他们意识到王武之争已经不仅仅是谁做皇后的事情了，而是皇帝要全面掌权的暗号。这些人手握重权，一直反对废王立武，反对皇帝夺权，早已经引起了皇帝的极大不满。他们意识到，在废王立武上，他们只能胜不能败，一旦皇帝夺权成功，定会狠狠惩治这一批人。所以，他们必须紧紧围绕在一起，一同与皇帝对抗。

这是一次极其秘密的会议。要知道，官员们私下议论皇帝，反对皇帝，就有结党的嫌疑。而联合起来一起反对皇帝，更是要被治重罪。可是，这次会议还是逃不过武昭仪的秘密情报网，被御史中丞袁公瑜发现了。袁公瑜得到消息后，立即向皇帝做了汇报。李治大怒，立即将裴行俭贬到西州当都督府长史。西州，就是吐鲁番。吐鲁番在当时是个极其偏远的地方，一般官员都不愿意前往西州做官，更别提曾任长安令的裴行俭了。不过，裴行俭不敢抗旨，只得收拾行囊，前往西州。

李治对于裴行俭一事，并没有大肆牵连。他贬谪裴行俭不过是为了杀鸡儆猴，一方面警告长孙无忌、褚遂良等人，同时也希望能够拉拢更多人，壮大自己的声势。

这一年九月，李治又任命许敬宗为礼部尚书。礼部尚书虽没有实权，但许敬宗的提升却给其他官员指明了道路：顺我者昌，逆我者亡。拥武为后者，将得到迅速提升，李义府、许敬宗就是例子；反武为后者，立即将遭贬黜，裴行俭就是最好的代表。在皇帝这样明目张胆的暗示、提醒下，更多的官员加入到了拥武派。

对于拥武派力量的迅速增长，长孙无忌等人沉着应对。还没有展开真正的较量，怎知谁赢谁输呢？两派人马小心地对峙着，等待着最后摊牌的时机。每个人心里都清楚，君臣之间最后对决即将开始，政坛的飓风也将随之刮起！

武
则
天

险中求胜

永徽六年（655）九月，皇帝终于决定摊牌。

这天朝罢，皇帝召宰相入两仪殿议事。宰相共七人，分别为太尉长孙无忌、司空李勣、尚书省左右仆射于志宁及褚遂良、中书令来济、两位门下省侍中韩瑗及崔敦礼。不过，皇帝却仅召长孙无忌、李勣、于志宁及褚遂良四人来见，事有蹊跷，这四人对于所议何事立即猜出了七八分。

四人面面相觑，虽然早有心理准备，可心里仍不免紧张。其中，最为紧张的当属于志宁。

于志宁曾是废太子李承乾的太子太师。李承乾操行不良时，他数次当面批评谏止，最终引起了李承乾的厌恶。李承乾为了除掉这个眼中钉，肉中刺，甚至派人刺杀于志宁。当刺客到达于志宁家中时，碰巧于志宁母亲去世，于志宁是个大孝子，为此哀痛不已。刺客见于志宁坐在草席上，抱着母亲的牌位，神情凄惨，立即动了恻隐之心。于志宁因此才幸免于难。

李承乾被废后，跟随他的臣僚都受了牵连，只有于志宁因人品学问俱佳，被太宗皇帝加入了新太子李治的政治班底。一朝被蛇咬，十年怕井绳，因为经历过许多政治风波，于志宁在事君上一直格外小心谨慎。

长孙无忌与皇上公然对抗，令于志宁心惊胆战，他实在不愿意卷入任何政治争端之中。所以，于志宁立即决定，把烫手山芋丢给长孙无忌。

"长孙太尉位高权重，皇上要是问起废后一事，还是太尉先说吧！"于志宁小心地说道。

"太尉贵为国舅，倘若触怒皇上，岂非让皇上背负了不敬尊长的恶名？太尉先说，万万不可！"褚遂良连忙表示反对。

一听这话，于志宁可就慌了。他当然不想先开口，连忙又看了看李勣，开口建议道："英国公李勣素为皇上所敬重，皇上要是问，那就由英国公先说吧！"

褚遂良一听，连忙摇头。李勣在皇后废黜一事上，一直没有表明态度，到底亲近哪一方还不好说。由他开口当然也不行，所以褚遂良又反对道："英国公为我大唐元勋，倘若触怒了皇上，皇上必定会降罪。如此一来，又让皇上背负了降罪功臣之名。所以，英国公先说，也不可行。"

于志宁听了这话，心里非常不是滋味。褚遂良这个不可，那个不可，难道非得要我出马？幸好，褚遂良早已有打算，他见于志宁面有难色，连忙道："我也是顾命大臣，那就由我先出面劝阻皇帝吧！"

于志宁听了总算放下心来。

和于志宁一样，司空李勣也有自己的打算。太宗驾崩前，李勣曾被调离京师，李治即位后才再获重用。再次入京后，李勣一直比较谨慎，曾力辞左仆射一职，不愿参与政事。直到高阳公主谋反案后，为了牵制长孙无忌势力，李勣才临危受命出任司空一职。李勣在政治中闯荡多年，他早就看出了皇帝废王立武的决心。不过，他既不愿意帮助诸宰相给皇帝施压，也不愿意当众和长孙无忌翻脸。所以，李勣决定回避。主意已定，李勣当即称疾不入，请长孙无忌等人代向皇帝说明。

长孙无忌和褚遂良当然明白李勣的心思，李勣避开，倒也正合二人心意。

就这样，长孙无忌、褚遂良、于志宁三人进了两仪殿。皇帝见了三人，沉默良久，终于开口对长孙无忌等人道："俗话说，'不孝有三，无后为大'。如今，皇后王氏一直没有生育，昭仪武氏倒是生有二子。所以，朕打算立武氏为后，诸位爱卿认为如何？"

褚遂良不等长孙无忌开口，立即回答道："皇后出自名家，为先帝为陛下所娶。皇后已经侍奉先帝多年，没有半点差错。先帝病重时，还曾经拉着臣等的手再三嘱咐，要臣照料好皇上和皇后。更何况，皇后一直没有过错，岂能轻易废黜？臣实在不敢听从陛下，违迕先帝的遗命！"

李治见褚遂良搬出了太宗皇帝，心里十分不悦。但李治向来孝道，却也不敢说什么。谈话无法继续，最终只能不欢而散。

第一次正面交锋失败了，可李治并不甘心。第二天，李治又将三人召入两仪殿，重提旧事。褚遂良见李治死不悔改，干脆和他撕破了脸皮，他大怒道："倘若陛下一定要改立他人为皇后，当妙选天下望族之女，何必非要立武氏？武氏为先帝才人，众所共知，若要立她为皇后，陛下得如何遮掩天下人的耳目？万世之后，后人又如何称传此事？倘若陛下不顾人子之道，背负不善之名，败乱的祸端马上就要开始了！"

武昭仪为太宗妃嫔，本是人尽皆知的事情，不过，却很少有人当着李

治的面提起。如今，褚遂良竟然公然对李治子夺父妾表示异议，而且语言尖刻无比，听得皇帝字字如箭刺心。皇帝本仁孝，可与先帝妃子乱伦通奸确是事实，并非褚遂良捏造。

褚遂良见皇帝面色难看，并不肯善罢甘休，他厉声说道："臣忤逆圣颜，罪该万死。但是，只要臣此举不负先帝所托，即便承受鼎镬之刑，也觉甘之如饴！"

鼎镬之刑，就是把人放在大锅里煮，受刑者极其痛苦。

褚遂良说完面不改色，立即将朝笏放到地上，跪下来频频叩头，不一会儿就血流满面。李治听完这一番刺耳尖刻的语言，再见到那淋漓的鲜血，真是气急败坏。就在这时，一句女声突然从珠帘之后传来："皇上，你怎么还不杀了这个獠人！"

说话的正是武则天。

按照唐制，后宫妃嫔不可参与朝中政事，更不可隐身帘后旁听君臣议政。可是，武则天关心事态发展，又有李治偏袒，便也畅通无阻。当她听到褚遂良辱骂李治乱伦通奸时，真是气不打一处来。后又见褚遂良叩头不止，忍无可忍之际，便冒出了那么一句话。所谓獠人，是当时人们咒骂南方人的话。褚遂良祖籍河南阳翟，自然就成了武则天眼中的獠人。

长孙无忌、褚遂良以及于志宁听了武昭仪一句话，惊得一句话都说不出来。皇帝见状，当即下令将褚遂良拖出去。于志宁见状，也是吓得战战兢兢，大气也不敢出。就在紧要关头，长孙无忌站了出来。长孙无忌毕竟久经风浪，当下说道："褚遂良曾受先帝遗命辅政，皇上不可加罪。"

高宗皇帝不敢违背长孙无忌的意愿，虽愤怒不已，却也拿褚遂良无可奈何。最终，李治只得将这一班大臣全部赶了出去。

消息传开后，举朝惊骇。中书令来济、门下省侍中韩瑗立即入奏，竭力反对皇帝废王立武。韩瑗更是数次上疏，援引妲己祸乱殷商，褒姒倾覆周室为例，称武昭仪为亡国祸水。另外一位门下省侍中崔敦礼见状，也连忙上疏表示反对。

皇帝当然不听劝谏。不过，宰相七人中，已有六人激烈反对废王立武，皇帝不能不有所顾忌。皇帝和武则天虽已招揽了一批支持者，但都是中下层官吏，资历最老的也不过就是许敬宗。看来，要依靠这些人和整个宰相集团对抗，非常不现实。

就在李治和武则天忧虑之时，突然想到了司空李勣。司空李勣与长孙无忌疏远，对废王立武事件一直没有正式表态。而且，皇帝曾将李勣由遥远的叠州召回京城，可算是有恩于李勣。想到这里，李治立即下令，单独召见司空李勣进宫。

见到李勣，李治抱着仅存的一点希望问李勣道："朕打算立武昭仪为后，可是几位顾命大臣都认为不行，英国公以为如何？"

李勣早知道皇上所为何事，微微一笑道："这是陛下的家事，何必问那些外人呢？"

在李勣看来，皇室家事，无需考虑外廷大臣的意见。李勣这个人就从不过问皇家是非，早年太宗皇帝发动玄武门事变，他就保持了中立态度。虽然，太宗皇帝因此对他抱有戒心，可李勣一直保持自己的原则。

李勣轻描淡写的一句话，无疑给李治吃了一颗定心丸。在这七位宰相中，李勣可以说是最为重要的一颗棋子，他不仅权高位重，更重要的是他手握兵权。有李勣及其军队的维护，李治自然可以随心所欲，不必有太多顾忌。所以，听闻立即这句话，李治真是喜出望外。

几天后，皇帝下令，贬褚遂良为潭州都督。皇帝诏书已下，根本没有征求长孙无忌等重臣的意见。长孙无忌等见状，却也无能为力。褚遂良迫不得已离京赴任。

褚遂良的被贬，有力地打击了长孙无忌一派的势力。与此同时，善观时变、阿谀奉上的许敬宗，也开始四处为废王立武做舆论宣传。大臣都很清楚，废王立武不仅仅是武昭仪的意愿，更是皇帝的想法。反对废王立武，就是跟皇帝作对。于是，再也没有哪个大臣敢做出头鸟，废立皇后的时机终于成熟了。

永微六年十月，皇帝正式下诏："王皇后、萧淑妃谋行鸩毒，废为庶人，其母柳氏及诸兄弟一并除名，流徙岭南。"至此，王皇后及其亲族的势力已经完全翦除。王皇后被废，接下来要出任皇后的当然就是武昭仪。

武昭仪在李治的支持下，经过和长孙无忌一派的激烈较量，终于取得了这场后位争夺战的胜利。这一年，武昭仪已经三十二岁。

第六章　皇后武氏

册立武后

王皇后被废黜后，亲族势力大部被剪除，但王皇后之父王仁祐的司空告身尚存。

王仁祐本为罗山令，女儿被纳为李治王妃后，他可谓是一飞冲天。永徽初年，王仁祐被女婿李治册封为魏国公。逝世后，李治又赠岳父司空告身。如今，虽王皇后被废，可王家后世子孙仍可靠王仁祐的司空告身门荫入仕。

经此一难，武则天可就成了王氏一族的敌人。为了斩草除根，以绝后患，武则天立即授意许敬宗上奏高宗，一并撤销王仁祐的司空告身。皇帝欣然采纳。

至此，王皇后及其亲族的势力已经完全剪除。

王氏一族没落，朝臣中要属长孙无忌最为心痛。这倒不是长孙无忌与王家有什么过深的私交，只因为亲外甥竟然不把自己这个顾命大臣的舅舅放在眼里，竟敢如此明目张胆地和自己夺权。更为重要的是，最终败下阵来的是自己，只得眼睁睁地看着替自己冲锋陷阵的褚遂良被贬，无奈地接受皇帝下诏册封武昭仪为后的事实。

长孙无忌打从这次败下阵来以后，就再没能翻出什么花样来。

皇帝诏书一下，百官立即上表请立昭仪为皇后，到如今册封武则天为皇后已经是水到渠成的事情。这一年的十月十三日，皇帝颁布诏书，正式册封武昭仪为皇后。褚遂良当初不是辱骂李治与武则天乱伦吗？李治便在诏书中解释，武昭仪是先帝赐予自己的，并非乱伦之举。如今，要武昭仪做皇后，也完全是合乎礼法的，武则天就这样名正言顺地登上了皇后的宝座。皇后册封仪式则定在十一月一日举行。

武则天打赢了皇后争夺战，却并没有被胜利冲昏了头脑。她清楚，自己毕竟刚刚登皇后之位，根基尚弱，对于长孙无忌一派等反对自己的势力，应进行安抚，再伺机一个个地铲除。尤其是韩瑗、来济两位宰相。为了安抚这两个人，在立后诏书下达的第三天，武则天便请求皇帝褒奖韩瑗和来济。

皇帝听了武则天的请求，十分不解。武则天便微笑着对李治解释道："陛下之前想要立臣妾为宸妃，韩瑗、来济坚决反对。他们明知陛下对臣妾宠爱极深，但为了江山社稷，即便触怒龙颜，他们也在所不辞。如此深情为国之忠臣，难道不该褒奖吗？"

"哈哈……"李治听了这一番话，大笑起来。笑罢，对眼前这位善解人意、宽宏大量的女人又生出了几许敬意。"媚娘此举，竟有几分像朕的母后，如此风度定可以垂范后宫！"

武则天莞尔一笑，接受了这一称赞。

第二天，皇帝便下诏，对韩瑗、来济二人大加褒奖。韩瑗、来济二人接诏后大为恐惧。这两个人都是在官场上摸爬滚打多年的人物，他们很了解武昭仪的为人，知道她绝不是此等宽厚之人。为防不测，两个人不仅不敢受赏，反而请求去职还乡。皇帝哪肯应允，二人无奈，也只得在惶惶不安中小心度日。

日子很快就到了十一月一日，武皇后盛大而隆重的册封仪式正式开始。

韩瑗、来济二人也像其他文武百官一样，穿上了比朝服还要隆重的冕服，早早地就来到了太极殿前。百官就位，李治这才穿着通天冠服，乘着御辇来到了太极殿。下了御辇，李治从一个特别的通道走进了太极殿内，端坐在龙椅之上。这时，礼部专门官员引领百官入殿，长孙无忌、韩瑗、来济等人贵为宰相，都站在十分显赫的位置。几个人心里虽有许多不满，可如今大局已定，他们也只得随着百官一同朝贺天子。

礼毕，司空李勣持笏出列，请李治颁授皇后制书册宝。所谓制书，就是册封皇后的诏书；而册宝，则是皇上赐给皇后专用的金册金宝。高宗皇

帝立即应允，内侍立即大声宣读诏书，宣读完毕，将诏书及册宝一并交给李勣。

李勣跪谢，双手捧着制书册宝退出太极殿，前往武后寝宫。

长孙无忌等人看着李勣，心里有许多怨恨。要不是李勣拥立武皇后，长孙无忌又怎会败下阵来？正所谓"成者王败者寇"，李勣因拥立有功，被李治任命为此次册封的册授正使。其实，这也是新皇后武则天的意愿。一方面是出于对李勣的感激之情，另一方面也让众臣知道，但凡依附于高宗皇帝及武皇后者，定可享尽殊荣。

此时，武则天正穿着富贵华美的服饰，头戴明珠璀璨的金冠，等待着李勣的到来。母亲杨氏则身着诰命夫人朝服，陪侍在侧。

李勣入殿后，高举制书册宝，武则天和杨氏等一行人连忙下跪迎候。李勣大声宣读制书后，将制书册宝交给内侍，内侍交给武皇后。武则天接过制书册宝后，向李勣微微颔首，以致谢意，随后将册宝放在面前的册宝案上，再次叩谢圣恩。

经过这一番册封，武则天正式成为了皇后。

册封完毕，司空李勣退出，新皇后则在众官员的引领下，乘坐凤辇，浩浩荡荡地前往肃仪门，她要在肃仪门接受百官朝拜。肃仪门前的广场上，皇室子孙、文武百官及诸番夷的使节，早已束装整齐。武则天抵达肃仪门后，下辇登楼，文武百官见到皇后立即跪下叩拜，呼声震天，武则天则微笑着答谢诸臣敬礼之意。

肃仪门朝拜结束后，武则天又返回皇宫，在内廷设宴款待百官和番夷使节的夫人。晚宴一直到深夜，这才散去。

这一天里，武则天的心情难以名状。十八年前，她迈入皇宫，所希望的不过是获得太宗皇帝的宠幸而已。可如今，她已经成为了李治的皇后。

与武则天相比，王皇后和萧淑妃的境况悲惨至极。废后诏书一下，两个人便被囚禁在后宫的一所密室之中。这个密室是武则天亲自选定，四面高墙，没有门窗，只在一扇小门上开了一个很小的孔，由这个孔递送食物。在这之前，就连武则天都没有想到，太极宫之中竟有这样一个所在，想必是专门用来幽禁落罪嫔妃的。

为了断绝这二人和外界的联系，武则天还派专人把守。王、萧二人困在里面不见天日，度日如年，如今的敌人也已经成了患难与共的好姐妹，两个人终日以泪洗面，互诉悲苦，不停地祈祷李治能够赦免她们，放她们一条生路。

新皇后武则天册封仪式后的第三天，李治突然想起了王皇后和萧淑妃，心里一阵感伤。于是，李治当即决定前去探望。内监不敢拒绝，连忙引着李治来到密室。李治看见密室不禁恻然心动，连忙命内侍将门打开。

门开了，里面仍旧是黑洞洞的一片，李治不敢上前，只在门口大声问道："皇后、淑妃你们可还好？"

"臣妾不幸获罪，已经沦为宫婢，陛下怎么还称我们为皇后和淑妃？"王氏听见高宗李治的声音，内心里生出无限悲凉。王氏和萧氏一前一后走到了门口，双双向李治施礼。经过这一番折磨，昔日金枝玉叶的两位贵妇人，如今已是花残叶落。李治见此情景，竟不忍心落下泪来。

"陛下！倘若陛下还念及旧情，愿意让我二人死而复生，重见日月，臣妾必定会感激涕零！为了表示我二人的决心，臣妾请陛下将此院命名为回心院！"王氏泣不成声地说道。

李治听罢，立即满口答应。三个人又说了一番话，李治这才离开。

李治此举，当然逃不过武则天的眼睛。如今的武则天，早已经将后宫稳稳地控制在自己手中，不准有人觊觎和动摇她的后位。她暗地里在宫中布下许多心腹，严密监视皇上的行动，李治每行一事，武则天很快就会知道。所以，李治还未离开王、萧二人的囚室，武则天就得知了消息。

武则天真是气急败坏，立即起身前往密室。刚刚走到半路，就遇到了高宗。高宗满脸凄容，正在为王、萧二人暗自神伤。

"臣妾听闻，陛下刚刚去了王、萧二人的别院？"武则天直言直语。

李治一听，吓了一跳。他知道，自王氏杀死小公主后，武则天对王、萧二人恨之极深，慌乱之中，连忙矢口否认去了别院。

武则天听了，数落道："陛下去便去了，何必否认？这样只会遗笑于人！陛下可曾记得，这二人如何杀死小公主，如何厌胜欲置陛下于死地？她们不过佯装凄惨模样，希望重获陛下宠幸，真可谓阴狠狡诈！"武则天说着说着，又是一副梨花带雨的模样，似乎回想起爱女惨死，无限悲痛。

李治听后想要辩解，可武则天所说句句实情，也正因为如此，高宗才将二人打入冷宫。高宗无话可说，只得安慰了武则天几句，摇着头离开了。

武则天

李治的态度，让武则天很有些惴惴不安。如果李治还这样藕断丝连，说不定什么时候，他就会赦免了王、萧二人，那样后果不堪设想，不如及早把她两人杀掉了事。所以，李治一离开，武则天立即差人前往密室，杖打王氏、萧氏各一百，直打得两人血肉模糊。就这样还不解恨，武则天还命令侍从将二人的手脚剁去，将她们装在酒缸中。

武则天此举，可算狠毒。她气愤王、萧二人向李治乞求，认为这二人是在做白日梦，于是就将她们扔入酒缸，让她们醉到骨头里，好好地做白日梦！王、萧二人痛苦地哀号不止，可因为心中有恨，即便成了"人彘"，被泡在酒缸里，她们仍旧顽强地留着一口气。

武则天生怕这两个人有一丝生还的可能，连忙说服李治下诏，赐死二人。王皇后哽咽受诏，奄奄一息地说道："愿陛下万寿无疆，如今昭仪承恩受宠，死自然是我分内之事！"

王氏至死，都不承认武则天是皇后。贵族女子的骄傲表现得淋漓尽致。相比之下，萧淑妃受诏时却没有这般温婉，她用尽了生命中最后一丝力气，破口大骂："武氏你这个狐狸精，把我害得如此田地！希望来生我投生为猫，武氏投生为鼠，我定会活活把你咬死！"

这样，王萧二人终于死掉了。二人死后的好一阵子，武则天都常常做噩梦，梦见这二人披头散发，血淋淋地前来索命。武则天害怕，便常在宫中做佛事，后来干脆搬到蓬莱宫。为表示自己对二人的憎恶，武则天还下令改王氏为蟒氏，萧氏为枭氏。

对于王、萧，以及王皇后的母亲柳氏的家族来说，两位宠极一时的女子惨死算不得什么，真正让他们觉得悲哀的是，因二人牵连，这三大家族再也无力重振往日名声，其中尤以柳家为甚。柳家从北朝以来就长期"充于史氏，世相重侯"，高宗永徽年间，以柳奭为首，柳家同时居官尚书省的超过二十人。经历了废王立武这一风波，柳家一落至于贱民地步。武则天死后，他们虽又恢复"士林盛族"的旧誉，但后人在仕途上屡受波折，多数也只能终身做八九品的小官。后世著名的文学大家柳宗元也是柳氏后人，他曾为此叹息道："遭诸武，以故衰耗。武氏败，犹不能兴。"

王、萧二人的暴亡，三大家族的一败涂地，使后宫妃嫔们看到了这位新皇后的心狠手辣，看到了她的威严和力量。一方面，新皇后武则天乐于展示这种威严和力量，这样可以威临宫中，使后宫妃嫔无人敢于争锋。但另一方面，武则天也急于扮演好皇后的角色，使天下人接受自己，臣服于自己。为此，登上后位后不久，武则天便向李治提出，要带领内外命妇祭祀先蚕于北郊。

中国古代社会讲究男耕女织，天子有亲耕之礼，以示国家重农；皇后则有先蚕之礼，作为天下妇女劝蚕的榜样。祭祀先蚕的仪式极其繁琐。祭祀之前五天，皇后就需斋戒，后殿斋戒三日为"散斋"，正殿斋戒两日为"致斋"。祭祀前三天，就要预设先蚕坛，凡内外命妇，包括天子妃嫔、太子嫔妾、公主、王妃、各位诰命夫人太夫人等均须出动。正因为仪式繁琐，王氏虽曾做了六年皇后，却一次都没有祭祀先蚕，李治无奈之下只得命人代替皇后而为之。如今，武则天竟然主动请缨，李治十分欣喜，立即应允。

在众人的簇拥之下，武皇后率领着内外命妇浩浩荡荡出宫亲蚕。亲蚕，可以让她体验万人之上的尊荣和威仪，她更可以通过亲蚕向后宫妃嫔、朝中官员甚至是天下百姓说明一件事：她如今已经贵为皇后。

权欲初现

武则天登上了皇后宝座，更换太子一事就提上了议程。太子李忠是王皇后的养子，武则天当然不允许他来做储君，而要以自己的亲儿子李弘取而代之。许敬宗当然明了武皇后的心思，还不待武后交代，就立即上书皇帝，请另立太子。

这纸奏章也很合李治心意，见奏后立即召许敬宗进两仪殿。

许敬宗进殿后连忙行叩拜大礼，礼毕，许敬宗再次对李治阐明另立太子一事的重要性："陛下，皇太子乃国之根本，本未正，天下臣民则无所系心。永徽初年，陛下没有嫡长子可立，便以陈王忠暂代储君之位，实在是无奈之举。如今，国家已有正嫡，陈王忠出身微贱，身份卑微而居重位，恐怕非宗庙之福！"

李治听后颔首道："爱卿所言句句在理，朕定当从长计议。"

李治皇帝口头应允，更换太子的风声很快就传开了。当时，太子忠已经十四岁，得知消息后吓得战战兢兢。他当然自知储位难保，只是更怕高

第六章　皇后武氏

宗和新皇后借此机会，要了他的小命。无奈之下，李忠只得向诸位老师求救，其中就有宰相于志宁。

于志宁向来主张明哲保身，当然不想参与其中。不过，于志宁总算是有心之人，他见李忠危在旦夕，便偷偷暗示李忠，应主动向高宗皇帝请愿，主动让太子之位。李忠听闻，虽有诸多不愿，却也不得不从。就这样，许敬宗上奏请另立太子的第三天，李忠主动请辞太子之位。高宗皇帝听闻大喜，立即应允。

显庆元年（656）正月，高宗下诏，废黜李忠太子之位。高宗在诏书中称，太子忠主动让贤，情辞恳切，可谓是义高旷古，便成其美事，特封其为梁王，出任为梁州（今陕西南郑一带）都督。太子李忠是长孙无忌精心扶植起来的。如今太子忠被废，长孙无忌及韩瑗、来济等官员大为震恐。不过，这一班人新遭重创，哪个都不敢出面反对。

就在同一天，李治还下诏立四岁的代王弘为太子。武则天成了皇后，武则天的儿子当上了太子，整个武氏家族自然也得提拔提拔。于是，高宗又追赠武后的父亲武士彟为司徒，赐爵周国公；母亲杨氏晋封为代国夫人。

就在新皇后武则天一家享尽恩宠之时，梁王忠结束了三年的太子生涯，惶惶然地离开了京师前往梁州。由于李忠是武皇后的眼中钉、肉中刺，官员们谁都不敢接近他。临行那天，更是无人敢见，唯有右庶子李安仁为他送行。

李安仁，当时只是梁王李忠手下一个不知名的小官儿。官儿虽小，脑子并不糊涂。他当然也知道为李忠送行可能会引起武后不满，但仍执意为其送行。见到李忠后，李安仁痛哭不已，一再拜辞而去。李安仁此举可让朝中众臣为他偷偷捏了一把汗，没想到武则天得知后，大加赞赏李安仁的忠义，还建议高宗给李安仁加官进爵。高宗和大臣们对武后的宽容大度都很感动。李安仁后来卒于恒州刺史（今河北正定），也算是善始善终。

与李安仁相比，废太子李忠却没有如此幸运，武后对待仇人当然不会如此宽容大度。李忠到达梁州后不久，武则天便向高宗请求，将李忠打发到房州（今湖北房县）做刺史。房州远离京师，而且山高荒僻，梁王李忠在那里再难培植羽翼。随着梁王李忠的被贬，长孙无忌苦心经营的一个个旧势力堡垒皆被攻破。

李治成功地夺回皇权，依照自己的心意废王立武，废忠立弘，平生第一次体验到了皇权带来的喜悦。就在李治仍旧沉浸在这种喜悦之中时，他突然患起了头疼的毛病。头疼起来，许多朝中的琐碎事件无暇顾及，这种情况下，李治想到了皇后武则天。

武则天沉着冷静、机敏果断，更重要的是，她永远都是一副精力旺盛的样子。李治很喜欢武则天，也信任她，早在武则天还是昭仪时，便就一些政事请求武则天帮助决断。武则天文采兼备，早年又曾伺候太宗皇帝笔墨，对于政事了然于心，处理起来也颇有些太宗风范。如今，高宗身体状况不佳，便将更多政事交予武则天。此时武则天已有身孕，可仍乐此不疲。李治便安排许敬宗每天在武德殿西门待诏，随时向武皇后禀报朝政，了解动向。

八月的一天，武则天正在宫内练字，内侍急急忙忙地跑了进来，称许敬宗许大人在殿外候着，有急事相报。武则天连忙宣进。

原来，是李义府犯了事。

李义府好美色，听闻大理狱来了一个女犯人淳于氏，容貌秀丽，国色天香，便有意将她置于别宅，收纳为妾。当时，淳于氏的案子归大理丞毕正义主管，李义府便嘱咐其免除淳于氏的罪过。毕正义不敢得罪李义府，只得将淳于氏判为无罪。

李义府原以为事情天衣无缝，不会引起任何人注意，哪知道，大理卿段宝玄却偏偏插手进来。他给高宗皇帝奏了一本，高宗皇帝大为吃惊，连忙命人调查。主要负责这件案子的，就是给事中刘仁轨。

刘仁轨字正则，是汴州尉氏（今河南尉氏）人。早年，刘仁轨曾任陈仓（今陕西宝鸡市东）尉，也就是陈仓县令，只是一个九品小官。贞观十四年（640）十月，刘仁轨因为陈仓的折冲都尉鲁宁自恃品秩高，豪纵无礼，便将其投入狱中。鲁宁在狱中不期悔改，辱骂刘仁轨，刘仁轨一怒之下便将鲁宁乱杖打死。

折冲都尉鲁宁的官职为正五品，陈仓尉刘仁轨却只是个九品官。县令竟敢杀死折冲都尉，唐太宗李世民听闻大怒不已，立即将刘仁轨押至长安，当面质问。刘仁轨对此毫不畏惧，他神色自若地对高宗说道："鲁宁在臣的百姓面前辱骂臣，臣实在无法容忍！"

魏徵当时就在太宗身边，见刘仁轨处事刚正，十分欣赏，便对唐太宗

求情。太宗皇帝思虑一番，终于转怒为喜，不仅没有加罪，反而加以提拔，后累迁给事中。

刘仁轨的刚正朝中官员都有耳闻，如今他来办案，可把李义府吓坏了。李义府唯恐事情泄露，连忙潜入狱中，逼迫毕正义自杀。毕正义无奈，最终自缢而死。毕正义一死，刘仁轨断了办案线索，一时之下也无法给李义府定罪。但是，刘仁轨有意继续追查，他知道只要能够继续下去，定可找到证据，将李义府绳之于法。

李义府这次的篓子可算捅大了，所以许敬宗闻讯，连忙给武皇后报信。

武则天对李义府一直心怀感激，他是第一个站出来为自己摇旗呐喊的官员。即便李义府贪赃枉法，逼死官员，武则天也决意袒护。于是，武则天立即找到高宗，为李义府讲情。下属私德有亏，无碍大局。高宗皇帝最终接纳了武则天的建议，立即下诏停止追查此事。这样一桩奇案，高宗竟然不再追问，众官员都明白了其中缘由，也不敢多言。

不过，这样的草菅人命的事情实在让人发指，自然有正义之士为毕正义鸣不平，御史王义方就是其中之一。

王义方，泗州涟水县（今江苏涟水县）人。他通晓四书五经，是个饱学之士。为了将李义府绳之于法，他打算上奏高宗，弹劾李义府。王义方清楚，这是件极危险的事。他自幼丧父，侍奉母亲非常恭谨，所以在上奏前决定征求母亲的意见。

这天，王义方一大早前来给母亲请安，跪下来就叩头不止，母亲见状便问其中缘故。王义方一脸悲痛地对母亲说道："义方身为御史，不能纠除奸臣便是不忠；可是如果自己获罪身危，便是不孝。在这二者之间，我不能作出决定，现在我到底应该怎样做？"

母亲看了看儿子，面色平静地对他说道："你若能尽忠事君，纵然我死了，也没有什么可以遗憾的！只管去做吧！"

王义方听罢，泪流满面，又给母亲叩了几个头，这才起身前往早朝。

"皇上，李义府逼死六品大理寺丞，实属目无国法。虽毕正义为自杀，却也因畏惧李义府权势。生杀之权，本应出于陛下之手，李义府无视皇威，这种风决不可长，还请陛下详查！"王义方字正腔圆地说道。

王义方的话出乎高宗意料，他心里有些慌乱，连忙问："爱卿可有真凭实据?"

"臣没有证据。不过,只要陛下愿意追查,定可查个水落石出。"

听了这话,高宗心里的石头总算放了下来,立即正色道:"你身为御史,当以实为据,怎能捕风捉影,出言不逊,诋毁侮辱大臣?朕这就贬你为莱州司户,你当记住教训,断不可再犯如此大错!"

"皇上,臣并非捕风捉影!"王义方大声申辩。只可惜,高宗再不愿意听这些话,立即吩咐退朝。

李义府见李治如此袒护自己,心里别提有多得意了。他走到王义方面前,挑衅地讥讽道:"王御史平白无故弹劾朝臣,心里不觉得惭愧?"

"呸!"王义方对李义府狠狠地吐了口唾沫,"当年孔子作鲁国司寇七天,便诛杀了少正卯。而我已当了十六天御史,却不能为国除奸,这才是我王义方真正觉得惭愧的!"王义方愤愤地说完,甩甩袖子离开了。

其实,对于事情的原委,李治以及武则天心里都是清楚的。只是,经历废后一事,高宗与长孙无忌两大阵营已经公开对立,此时若对自己的心腹下手,岂不是自剪羽翼?所以,此事之后,被弹劾的李义府不仅没有获罪,反而兼任了太子右庶子之职。

李义府一事在京城闹得沸沸扬扬,长孙无忌等人当然有耳闻。长孙无忌本可借此机会,打击李义府以及武皇后的势力,此时武则天根基尚弱,虽然有些冒险,却还有几许成功的机会。只可惜,经历废后一事,长孙无忌等人害怕惹祸上身,对此竟保持沉默。如此一来,最终导致长孙一派无回身余地,再没有了力挽狂澜的机会。

号令西域

武皇后册封仪式前后,朝中还发生了一件大事。

矛盾重重的西突厥发生内讧,乙毗咄陆可汗的部属阿史那贺鲁夺取了可汗之位。乙毗咄陆可汗的儿子真珠叶护想夺回可汗的位置,可惜势力薄弱,只得派出使者前往觐见大唐皇帝,希望得到唐王朝协助。李治听闻,便派遣丰州都督元礼臣前去册封真珠叶护为西突厥可汗。

元礼臣领旨出发,却遭到阿史那贺鲁重重堵截,最终在碎叶城被困,

再也无法前行。无奈之下，元礼臣只得自作主张放弃西行，返回长安。

元礼臣抵达长安时，正是永徽六年十一月，武皇后的册封仪式刚刚结束不久。李治得知阿史那贺鲁如此胆大妄为，龙颜大怒。不过，李治虽怒，却不敢轻易发兵，朝臣对此也是莫衷一是。

武皇后虽深居后宫，可许敬宗每日来禀报朝事，所以很快就得知了这件事。她亲自前往甘露殿，劝李治皇帝出兵西突厥。李治听罢，却摇了摇头道："上次派兵出征，虽取得胜利，但唐军长途跋涉，也是损伤惨重。朕向来主张休生养息，实不愿发动战事，牵连百姓。"

原来，早在永徽二年（651），阿史那贺鲁曾率部东侵庭州，李治就曾被迫出兵西域，最终击破阿史那贺鲁所辖处月部。不过，由于千里劳顿，唐军粮草耗尽，损失惨重，只能班师回国。经历这次战事，李治再不敢轻易出兵西域。

武则天当然不肯善罢甘休，她摇了摇头，微笑着说道："今非昔比，如今的西突厥早已分崩离析，可汗频繁更换，部落首领更是惟利是图，内部已经腐败不堪，陛下出兵定可势如破竹。"

李治听了，点了点头，却并未表态。

"贞观初年，先帝率兵大败东突厥，俘获颉利可汗，立下了显赫战功，官民无不交口称赞。这些陛下可曾还记得？陛下自登基后，虽日理万机，却不曾做得如此大事。倘陛下敢为，定可令朝中长孙无忌等人刮目相看，更可让天下百姓敬您为贤明、英勇之圣君，何来牵连百姓一说？"武则天连忙又劝。

听了这一番话，李治终于心动了。对于李治来说，一直令他耿耿于怀的，就是太宗皇帝的光芒太盛，完全盖过了他这个年轻天子。也正因为如此，长孙无忌等人才有胆量和自己针锋相对，公然违反天子意志。武则天的这一番话完全说到了高宗的心坎儿里，高宗思索了一番终于下定决心，出兵西突厥。

打定主意，李治立即着手挑选出征统帅。

贞观时代的许多名将都已经不在人世了，李勣贵为司空，又在朝中牵制长孙无忌等人势力，万不可离开京城。李治把尚在人世的老将的名单又看了一遍，最后决定任命程知节为西征大统帅。

程知节，原名程咬金，是济州东阿人，曾是太宗皇帝手下战斗力最为剽悍的将军。这一年，程知节已经六十六岁，对于李治任命其为西征大统帅，朝中官员颇多微词。为此，李治皇帝又任命右武卫将军王文度为副大总管，旗下分别有左武卫将军舍利叱利、右屯卫将军苏定方等人。

朝臣听闻，高宗任命苏定方为右屯卫将军，更是唏嘘不已。

二十多年前，苏定方曾在李靖率领下，在击破东突厥的战争中立下赫赫战功。可惜的是，回国后遭御史大夫萧瑀等人弹劾，称李靖大军虏掠突厥珍物俱尽。后统帅李靖被太宗皇帝赦免，苏定方做了替罪羊，因此做了二十多年的罪臣。高宗力排众议，决议让苏定方戴罪立功。苏定方为此对高宗感恩戴德，决心一雪前耻。

统帅任命完毕，远征军连忙集结起来，为西征突厥做着最后的准备。次年正月，皇帝与武皇后亲自至玄武门为唐军诸将送行，远征军由此踏上了西征突厥的道路。

由于路途遥远，唐军跋涉了七个月才寻到了西突厥的踪迹。

程知节虽已六十多岁，但依然不减其勇。他率军与阿史那贺鲁部大战，接连取得了两次大胜。右屯卫将军苏定方更是屡建奇功，曾率五百铁骑突袭敌军两万援军，以少胜多，乘胜追杀二十余里，重创西突厥部势力。就在程知节准备乘胜追击，全面围剿时，副大总管王文度却突然拿出了一道圣旨，他宣布因为程知节恃勇轻敌，皇帝委托王文度节制诸军。

程知节无奈，只得把大权交给了王文度。王文度一改之前的战术，采取防守战。苏定方见状，立即前去找程知节，对其进言道："西征讨伐敌人，当以'讨'为主，如今何以大搞防守？只拖得兵马疲惫，逢贼即败，又怎能立功？"

"苏将军所言极是，只是王文度手持圣旨，我等岂能抗旨不尊？"此时的程知节虽为总统帅，可已没有实权。苏定方无奈，也只得听任王文度胡乱指挥。

王文度的战法果真如苏定方所料，最后只拖得军无斗志，哪里还能追讨阿史那贺鲁所率突厥军？王文度生怕将士不满，恰巧唐军进至恒笃城，城内的粟特人开城请降。王文度为提高军队士气，竟下令屠城！

这一次，苏定方再也忍不住了，他义正严词地对王文度抗议道："屠城，是贼军的行为，我军屠城之后，军队还有何理由讨伐叛逆？"

王文度当然不肯听谏，于是唐军大肆屠城，劫掠财物。苏定方气愤不

已，唯有冷眼旁观，一物未取。

就在唐军忙着屠城时，阿史那贺鲁大军趁机溜走。那以后，由于王文度主防守，轻进攻，就再没能在西域寻到阿史那贺鲁的影子。更让王文度意想不到的是，由于唐军屠城，西域诸城纷纷坚壁清野，再也不肯开城请降。在这种状况下，唐军粮草奇缺，再也无法进军，只得班师回朝。

回朝之后，王文度那道奇怪的"圣旨"便在朝中传开了。在众官员看来，高宗哪会糊涂到那种程度，给副将诏书以挟制主帅？主帅无法调兵遣将，统帅全局，大军根本无取胜可能！所以，朝臣都认为，此诏书定为王文度伪造。

王文度"矫诏"一事，武则天立即得知。她义愤填膺，前往甘露殿要求高宗严惩王文度。哪知道，高宗满面愁容地对武则天坦白，王文度并未"矫诏"，那一道圣旨果真是高宗偷偷交给王文度的。

李治此举，有他自己的打算。在他看来，程知节毕竟已经年近古稀，而且已有二十多年没有带兵打仗。李治怕他在战场上犯糊涂，恃勇轻敌，便决定偷偷交给王文度一道圣旨，关键时机可以牵制程知节。哪知道，恰恰是这道圣旨惹了祸。唐军西征成功在即，王文度却高兴不起来。他清楚，此次西征取胜，程知节功劳最大，其次就是英勇善战的苏定方。而自己身为副统帅，却未立寸功，这实在让王文度不能忍受。因此，他便借口唐军战损较多，使用了圣旨夺取了程知节的指挥权，这样击灭西突厥的大功全都归于他一人。就连王文度都没有想到，因为他的介入，原本胜利在即的西征失败了。

"皇上，您怎会如此糊涂？"武则天一气之下，竟责怪起高宗来。

"事到如今，媚娘还是帮朕想想，此事朕该如何为自己解围吧。"李治很为自己的举动后悔，生怕在大臣中间落下把柄，遭天下人耻笑。

"木已成舟，既然朝臣认为此诏书为王文度伪造，就干脆将错就错吧。"武则天虽气，当然也不能拆高宗皇帝的台，也只得让王文度背这个黑锅了。

李治听了，立即拍手叫好，同意了武则天的建议。

为了安抚王文度，武则天偷偷将王文度宣进宫，好一番安慰。在处理上，也尽量从轻，只给予"特除名"。所谓"特除名"，就是罢官三年，三年后可继续做官，只是官品降两级。

这个从轻的处罚，立即让朝中大臣明白了怎么回事。"矫诏"在历朝历代都是重罪，下场几乎都是死。王文度即便能借着矫诏打胜仗，回国之后也必定遭重罚。可如今，原本的胜局因为王文度矫诏而失败，却仅"特除名"！

大臣们都不傻，当然明白其中缘由。不过，这层窗户纸谁都不敢捅破罢了。

武则天清楚大臣心中对李治颇多怨言，高宗也很为自己的愚蠢举动后悔。于是，武则天建议李治再次出征西突厥，并希望高宗破格提拔立有功勋的苏定方担任主将。李治采纳了武则天的建议。

一个多月后，也就是显庆二年（657）的正月，李治再次下诏讨伐阿史那贺鲁。这一年秋，苏定方率军再次开往西北的疆场。这一次，苏定方大显神威，大胜阿史那贺鲁，并最终将其俘虏。更让李治兴奋的是，就在苏定方击灭西突厥之前，讨伐龟兹的杨胄也传来捷报。杨胄率军生擒羯猎颠，龟兹臣服。

到此，唐朝终于可以号令西域，彻底恢复了汉朝曾经在西域的疆域。通过这一战事，皇后武则天的军事才能充分显示出来，皇帝对武则天也多了几分敬畏，在政事上也更加依赖起她来。

清除异党

显庆元年（656）十一月初五，武皇后又生一子，皇帝龙颜大悦，为其取名为显。"李显"这个名字，也是为了应谶意。据民间传说，这是老子降临人间的另一个化名。

韩瑗见李治喜悦，便打算趁机为褚遂良说说好话，说服皇上把褚遂良召回。当时，褚遂良外贬已有一年多，没了他，长孙无忌等人的力量大大削弱。于是，韩瑗上奏一本，他在奏疏中道，褚遂良乃社稷旧臣，先帝之贤佐，多年来体国忘家，忠贞无二。虽然曾忤逆陛下，如今被迁已一年有余，望李治体恤无辜，稍宽非罪，以顺人情。

韩瑗奏疏句句真情实理，高宗听了很有些犹豫。武则天得知消息后，立即奉劝高宗，拒绝韩瑗所请，她对李治说道："陛下，褚遂良在两仪殿

辱骂陛下的情景，臣妾历历在目。褚遂良上辱陛下，贱视臣妾，倘若将他召回，你我二人该如何面对他？"

李治听罢，微微地点了点头。

第二天上朝，李治便拒绝了韩瑗的请求。他笑着对韩瑗道："遂良的心思，朕心中很清楚。只是遂良悖戾好犯上，朕才处罚他，韩爱卿何以说得如此过分？"

韩瑗听罢，立即跪了下来，言辞诚恳地请求道："皇上贬谪贤良之臣，是风气败坏的征兆。褚遂良体国忘家，并没有犯下什么罪状，却遭到贬谪，内外、百姓无不叹惋！如今外迁一年有余，颠沛流离，陛下何不怜悯一下他？"

韩瑗这些话，可把高宗气坏了。这韩瑗脾气倔强，言语激烈，竟称李治贬黜褚遂良败坏风气，这言辞比褚遂良的忤逆之语强不了多少。高宗气得立即把韩瑗轰出了宫。

出宫后，韩瑗知道自己已经失势，便向李治请求离官回乡，李治哪里肯允？韩瑗无奈，只得继续为官，心里却多了几许担心。

韩瑗的担心并不是杞人忧天。他上奏为褚遂良求情，的确惹恼了武皇后。武则天因"宸妃"一事，早就对韩瑗怀恨在心，如今韩瑗失势，她终于可以旧账新账一起算了。打定主意，武则天便仔细地留心起来，准备找个机会将韩瑗除掉。

显庆二年（657），李治携同皇后武则天及文武百官，前往洛阳。

李治和武则天一样，对太极宫一直没有多少好感。永徽年间，他去得最多的就是宝鸡万年宫。

宝鸡万年宫本为隋文帝的离宫，太宗皇帝在此基础上修复扩建，取名为"九成宫"。李治并不喜欢"九成"这个名字，便改名为"万年宫"，意指颐和万寿。永徽年间，皇帝和武则天先后来过七八次。

武则天并不十分喜欢万年宫，便建议李治将洛阳作为东都。在当时，唐都长安偏在西北，可在当时，经济中心已转向洛阳，特别是隋炀帝开凿大运河营建东都以后，洛阳更成了当时政治及经济的中心。李治十分钦佩武则天的政治眼光，立即采纳了她的建议，他宣布洛阳为东都，实行东都洛阳与西京长安二都并置的制度，并于显庆二年正月，大驾前往洛阳。

到达洛阳后，武则天的心终于踏实了许多。对于长安，武则天一直没有好感。长安是李唐的发祥地，皇室宗亲，盘根错节；世家大族，高门连阙。武则天作为庶族出身的一个女人，在长安处处受牵制，只有离开长安，她才能大胆施展自己的政治抱负。

在武则天的要求下，二月十二日，李治即封李显为英王，不久又徙萧淑妃所出的雍王素节为郇王。自武则天被封昭仪后，后宫的其他妃嫔就再也没生过子女。如今，武则天已经贵为皇后，又频频生子，其他妃嫔就更不敢有争宠的心思。

后宫地位稳固，武则天又把目光放到了外廷。

武则天早有心思铲除长孙无忌一派，但是韩瑗、来济以及长孙无忌等官位太高，轻易无法撼动。于是，武则天细心在朝臣中寻找与长孙无忌有亲戚的其他官员，一个个调离京城长安。

第一个被调离长安的就是长孙无忌的表兄高履行。高履行为太宗之女东阳公主的驸马，出身名门，是文德皇后的舅舅、贞观朝太尉高士廉的长子。永徽元年（650），李治擢升其为户部尚书，检校太子詹事。可以说，高履行官位显赫，在朝臣中很有些分量。武则天不敢将其留在京城，便寻了个机会，将这位太常卿外放到益州大都督府当了长史。

第二个被调离长安的是长孙无忌的侄子长孙祥。长孙祥原为工部尚书，官职也不小，武则天便找了个机会，将他外放到荆州大都督府当了长史。

经过这一番调动迁移，长孙无忌身边除了同僚韩瑗、来济，再没有了敢为他出生入死之人。长孙无忌也意识到处境不妙，心中很是不安。但是，此时的他已经无力改变这种局面，他只有招架之功，再没有还手之力。

相比之下，武皇后和她的新官僚却锐气正盛。

李义府多次受武皇后祖护，对武皇后可谓忠心耿耿。武则天见他仍任中书侍郎，便建议高宗升李义府的官。显庆二年三月，高宗下诏提升李义府为中书令，兼检校御史大夫。中书令是中书省的主官，正二品，是辅佐皇帝执大政的国家重臣，李义府一举成为当朝的宰相。一时间，李义府在朝中恩宠无人能比。

李义府当道，韩瑗和来济可有些慌了。这二人清楚，高宗一直对褚遂良有恶意，李义府很会逢迎拍马，准会找个机会整治褚遂良，以讨圣上欢

心。韩瑗、来济为了保护褚遂良，便上奏高宗，将褚遂良从潭州（今湖南长沙）调到更远的桂州（今广西桂林）任都督。这样距离政治中心更远，也好避祸。

哪知道，就是这个把柄，被武皇后抓住了。

七月，许敬宗、李义府秉承武皇后的旨意，联袂上奏，弹劾侍中韩瑗、中书令来济勾结褚遂良图谋不轨。这二人有鼻子有眼儿地举证道，韩瑗、来济安排褚遂良由潭州都督改任桂州都督之事，意在里应外合，发动谋反，因为桂州向来是兵家用武之地。

接到奏章后，李治惊疑不定，忙到后宫找武则天商量，正中武则天下怀。武则天佯装略略沉思了一番，随即开口道："显庆元年年底，二人就曾上奏，欲请陛下召褚遂良回京。回京不成，二人竟请调褚遂良至更远的桂州，的确很有蹊跷。"

"这二人虽然常常有悖朕意，可也算是忠臣，怎可能会有谋反之意？"高宗仍旧生疑。

"韩瑗、来济向来和皇上不合，如今窃居高位，皇上理应对他们有所警惕才是。更何况，这二人与国舅抱成一团，长期盘踞在朝堂，于江山社稷不利。依臣妾看，无论二人谋反与否，都不宜任宰相之职了。"

"朕实在有些于心不忍。"李治仍旧下不定决心。

"陛下，当年太宗皇帝若于心不忍，留下建成、元吉，恐怕早已被这二人所害。如今也是如此，先下手为强，倘若皇帝犹豫不决，又怎保大唐江山之稳固？"

武则天这番话，令李治突然一愣，随即表情又缓和了下来，缓缓道："容朕再好好想想吧。"

其实皇帝已被武则天这番话打动，第二天他便下诏贬韩瑗为振州刺史（今海南崖县），贬来济为台州刺史（今浙江临海），终身不许回京师朝觐。同时，又将褚遂良贬迁到爱州（今越南清化）当刺史。

许敬宗因诬告了这帮贞观老臣，四天之后，就升了侍中，成了正宰相，顶替了韩瑗的位置。如今，武则天在门下省有许敬宗、中书省有李义府，高宗的圣旨无论到达哪一层，都再逃不过她的控制，政务上的事情顺手得多了。

相比之下，长孙无忌一派的权势力量，正在被大大削减。尤其是褚遂良，一下子被贬到了天涯海角的爱州。爱州，为唐时九真郡之地，真是远在天边。年过花甲、连连遭贬的褚遂良，心灰意冷，身心交瘁，连连上书乞求怜悯。

他向高宗诉苦，自己早年曾力挺高宗为太子，于高宗有功。太宗驾崩前，曾手抱遂良颈，不胜哀恸。如今遂良老矣，请求陛下哀怜。褚遂良这番表功之言，可谓是情真意切，高宗读罢泪流满面，动了心思打算赦免褚遂良。武则天听闻，立即前往甘露殿，和高宗谈起了前朝著名的刘洎冤案。

刘洎是贞观时期的宰相，他敢于进谏，曾劝唐太宗宜与臣下争辩，很得太宗皇帝的喜爱。对于刘洎，高宗印象也颇深。贞观十九年（645），太宗出征高丽，曾诏刘洎兼太子左庶子并检校民部尚书，辅助皇太子李治留守定州以监国。不过，太宗征高丽归来后不久，就下令腰斩刘洎，而原因就是褚遂良的一纸弹劾。

原来，太宗征高丽时身染重疾，刘洎与大臣马周曾去看望。他们出来时，刚好碰到褚遂良要进去探望，刘洎一见褚遂良就哭了起来，边哭边说："皇帝患了这种病，实在是太可怕了！"

褚遂良与刘洎素来不合，见到李世民后便诬陷刘洎，他说："刘洎说国家之事不足虑，只要辅助幼主，大臣中有异志的全部诛杀，这样就可以安定。"

太宗听罢大怒，他想不到刘洎竟盼着自己早死，一人独揽朝政，立即生出杀心。后来，刘洎与马周向太宗一再辩解，可太宗只相信褚遂良的一面之词，下令腰斩刘洎。刘洎无奈，最终自尽。

对于刘洎的这一冤案，李义府一直记挂在心。李义府当年曾得到过刘洎的荐助。如今得势，他便帮助刘洎的儿子为其父申冤，并将事情的来龙去脉讲述给武皇后。对于这一冤案，高宗皇帝也已有耳闻。只是，这是先帝亲手处理的事情，他若雪刘洎之罪，那岂不是等于说先帝用刑不当？所以，高宗故意压下这起案子不提，只对刘洎家人颇为照顾。

如今，武则天突然提及此事，高宗立即就明白了她的用心。

褚遂良这个人，的确说不上十分清白。他为贞观元老，办事干练，为大唐兴盛立过大功。但是，褚遂良的确也为许多人所诟病。永徽初年，朝中贿赂、谋官、枉法求财的风气很盛，连褚遂良也不能免，一度曾因贪贿

而被贬为刺史。再后来，为了手中的政治权势，他亲手制造了刘洎冤案。

想到刘洎一案，高宗对褚遂良生出的几许怜悯之情，一下子消失殆尽，再没了赦免褚遂良的心思。

褚遂良上完表章后，翘首以盼，希望能等到李治赦免的诏书。可是，李治早已被武皇后说服，表现得颇为冷漠。褚遂良年年失望年年望，终于支撑不住，于显庆三年（658），死在了爱州，享年六十二岁。

韩瑗、来济的被贬，褚遂良的死，使长孙无忌丧失了可以依靠的力量。

昔日强大的阵容土崩瓦解，武则天的新官僚却在宫廷中站稳了脚跟。由于李治的信赖，武则天越来越多地参与到朝政当中来。李治并不昏庸，他自登上皇位后，全身心地投身于朝政中，希望能够成为一个圣明的君主。只可惜，这位皇帝缺少刚烈之气，所以每每在他懦弱之时，媚娘总会在他旁边，给他最强有力的鼓励。有了媚娘，李治便觉得有了主心骨儿，对她也越发地依赖起来。

这以后，李治上朝时应答朝臣，武则天在朝下决断。一前一后纹丝不乱，朝事处理得井井有条，以致宰相们认为"天下无虞"，便奏请李治不再每日上朝，而改为隔日视事。随着武则天越来越多地参与朝政，彻底摧毁旧势力营垒的时刻为期不远了。

第七章　政归中宫

李杜之争

自从武则天登上皇后之位，许敬宗和李义府的官运是一路亨通。实际上，这两个人都不是什么正人君子，许敬宗在当时的名声极坏。隋末江都兵变之际，许敬宗的父亲许善心遇害。许敬宗不敢营救，反而在乱兵面前跪地求饶，才活了一条命。此事传出后，为天下所耻笑。

至于李义府，更是个无赖小人，为人谄谀，行事诡诈，之前纳女犯淳于氏为妾一事，更是让他自毁形象。

由于武则天重用了这两个人，使她在朝中一直很难洗清名誉。其实，对于这两个人的为人，武则天心里十分清楚。可是，在开辟自己的政治道路之初，武则天实在需要几个能死心塌地为自己效劳的人物。所以，她不仅一再为二人加官进爵，一旦二人有难，更会出手搭救。

许敬宗老奸巨猾，被武皇后重用后为人处事十分谨慎，可李义府却恰恰相反。之前纳女犯为妾，逼死朝廷命官，已经让李义府捅了个大娄子，可他仍旧不肯罢手。他还卖官鬻爵，大捞黑钱，把老母亲、妻子、儿子、女婿都发动起来收钱，到他家走门路的人络绎不绝。

在这些走门路的人之中，不仅有拿钱买官的，同时还有拿贵族出身换官的。这个人就是出身于赵郡李氏的李崇德。

赵郡在今河北赵县，此支李氏开基始祖为秦太傅李玑的次子李牧。李牧是战国时有名的武将，为赵国丞相，封武安君，始居赵郡，为赵郡李氏的始祖。赵郡李氏在唐朝时期名声显赫，曾有十七人出任宰相，为当时最

为著名的名门望族之一。赵郡李氏的后裔，无人不为自己的门庭而感到荣耀。不过，出身于赵郡李氏的李崇德却只是一个给事中，为了攀附权贵，找到一条升官发财的捷径，他瞄上了宰相李义府。

在当时，李义府虽贵为宰相，但门第很低，很让一些朝中的贵族大臣们瞧不起。为了提升自己的地位，他就和李崇德勾搭起来，和赵郡李氏攀上了亲戚，说自己是赵郡李氏的后裔。李崇德也是个谄媚之徒，乐得多这么一个权倾朝野的"本家"，立即就把李义府写到他家家谱上了。

这件事很快就在朝中流传开来，成了人们背地里嘲笑讥讽李义府的笑柄。李义府多少也有些耳闻，面子上就很有些挂不住了。为了掩饰自己的窘境，李义府的气焰更加嚣张起来了，对待同僚也是趾高气扬，从不把任何人放在眼里。他的嚣张气焰终于引起了一个人的不满，这个人就是中书令杜正伦。

杜正伦早在隋文帝时已知名，是李世民的"秦府十八学士"之一。贞观年间两次担任中书侍郎，兼太子左庶子，参典机密。显庆年间，自韩瑗、来济被贬后，武则天有心提拔一批长期遭长孙无忌等人排挤的老臣，杜正伦就是其中之一。于是，杜正伦被高宗提拔为宰相。

杜正伦是贞观老臣，出任中书令时已经八十多岁。当时，李义府风气正盛，虽与杜正伦官职相当，却处处都要压杜正伦一头，终于引起了杜正伦的不满。

显庆三年（658）十月，杜正伦暗里与中书侍郎李友益商量，设法查清李义府的罪恶活动，然后除掉他。可是，李义府、许敬宗以及武皇后等人，早就已经编织好了一张情报大网，杜正伦的举动很快就走漏了消息。

李义府闻讯并不慌张，他连忙秘密派人向高宗奏明此事，来个恶人先告状。高宗便找来杜正伦与李义府，当面问询原委。杜正伦便趁机罗列李义府的种种罪状，李义府也不甘示弱，连连为自己辩白，并罗织了许多杜正伦的丑事。二人为此在大殿上争辩不休，互相攻击，高宗皇帝十分气愤，立即将二人轰出了大殿。

武则天虽身在后宫，还是很快就得知了杜正伦一事。她立即起身前往甘露殿，打算为李义府求情。

"媚娘是来给李义府求情吧？"还不待武则天开口，李治就知晓了她的来意。

"正是。"

"朕也有心偏袒李义府，可朝中大臣多支持杜正伦，朕也是无可奈何。"李治道出了自己的想法。

"陛下意欲如何处置？"

"如今看来，也只得双双贬黜。李义府太过嚣张，此举也算是警醒他一番，过后再将他调回京师就是。"

"也好。"武则天点头答应。对于李义府的诸多行径，武则天虽一再提醒，可李义府仍旧变本加厉。如今给他泼泼冷水，或许是件好事。

第二天，李治下诏，杜正伦被贬为横州（今广西横县南）刺史，李义府被贬为普州（今四川安岳县）刺史，李友益则被流放到永富县境内。朝臣听闻，一边为杜正伦的被贬叹息，同时也不禁为李义府的被贬欣喜若狂。

李义府被贬出京后，立即有两个人对李义府落井下石。

第一个就是赵郡李氏出身的给事中李崇德。李义府出任宰相之时，李崇德将李义府写进了自己的家谱。如今，李义府被贬出京，他见李义府再无用处，立即把李义府的名字从家谱上删除了。李义府闻讯，恼怒不已。

第二个就是吏部尚书唐临。唐临眼见武皇后一再打击长孙无忌一派势力，心里早有不满，对于许敬宗、李义府更是痛恨。如今，李义府遭贬，他打算趁机一举除掉李义府，尽量恢复长孙无忌一派在朝中的势力。于是，唐临接连上了两道奏章，一道请调张伦为剑南道（今四川云南一部）巡察使；一道保奏许炜为江南道巡察使。

唐临接连的两道奏章立即引起了武则天的怀疑。不过，武则天对张伦、许炜两人了解不深，并不清楚唐临此举意欲为何。为了弄清楚原委，她立即将许敬宗召入宫中，秘密商谈。许敬宗听罢，大吃一惊。

原来，张伦与李义府素来不和，如今李义府被贬为普州刺史，唐临便奏请张伦为剑南道巡察使，官职在李义府之上，很容易寻个李义府的不是，要了李义府的脑袋。至于许炜，和被贬在台州的来济关系不错，如今奏请他出任江南道巡察使，自然可以保护来济，等待将来翻身的机会。

武则天听完许敬宗的这番解释，十分震惊。她想不到，这朝廷当中，竟然还有人敢为长孙无忌一派摇旗呐喊，意欲为长孙太尉扳回局面。她立即下定决心，对李义府施以援手，除掉唐临，绝不给长孙一派丝毫喘息的

机会。

主意已定，武则天立即找到李治，对皇帝说道："臣妾见唐临近日连上两道奏章，发现其中有一些不妥之处。"

"有什么不妥？"皇帝并没有发现其中有什么问题。

"唐临玩弄权术，私自选人授官，朝中对此多有议论。如果不贬黜这个人，朝廷将为之蒙尘啊！"武则天对高宗道。

李治听罢，犹豫不决。李治对于唐临，颇为敬重。唐临出任大理寺卿时，李治曾经亲自讯问犯人的罪状。前任大理寺卿处置过的犯人多大声喊冤，唐临处置的犯人却不发一言。李治感到奇怪，问他们是何原因。犯人们说："唐临判处的，本来就无冤枉。"李治为此感叹很久，对唐临多了几分敬重。

如今，武则天突然说唐临玩弄权术，皇帝实在不愿意相信。武则天见状，便把从许敬宗那里得知的情况，一五一十地讲给高宗。皇帝向来对长孙无忌一派力量有所忌惮，如今唐临竟然为长孙无忌等人摇旗呐喊，这是李治无法接受的。于是，李治狠了狠心，贬唐临为潮州刺史，断了长孙无忌一派最后的幻想。不久唐临就死在了潮州刺史任上，终年六十岁。

李义府被贬出京，宰相一职就又出现了空缺。在武则天的提议下，许敬宗接任了李义府空下的中书令之位，另派大理寺卿辛茂将兼任侍中。这位新贵辛茂，出身于与关陇大族相对立的寒门小户，是许敬宗的心腹。另外，还命黄门侍郎许圉师参知政事。

现在，许敬宗身兼侍中、中书令二职，成了首席宰相。彻底整肃长孙无忌的活动终于在这种格局中迅速展开了。

韦季方案

显庆四年（659）四月，洛阳发生了一件大事。洛阳令李奉节上奏，状告太子洗马韦季方和监察御史李巢朋比为奸，图谋不轨。

太子洗马，就是太子东宫主管经籍图书的官员，为从五品官员，官职并不高，更没有什么实权。至于监察御史李巢，则是一个八品小官。这两个小官无权无势，要谋反必定和朝中权贵有勾结。所以，李治将这个案子交给许敬宗以及侍中辛茂将，要二人负责审理此案。

　　侍中辛茂将是许敬宗的心腹，所以接到案子，许敬宗立即谋划出了一个天大的阴谋。不过，许敬宗不敢贸然行事，行动前，他专门去了一趟皇宫，征求武皇后的意见。

　　行礼完毕，许敬宗立即引入正题道："皇后娘娘，可曾听闻洛阳令李奉节状告韦季方等人谋反一案？"

　　"听过。可有蹊跷？"

　　"皇后也知，官场关系盘根错节，二人官职虽微，却难保没有人际关系上的渊源。臣只怕，二人与长孙太尉有勾结。"许敬宗小心翼翼地说道。早年，长孙无忌曾诱供房遗爱将李恪罗织入罪，如今，许敬宗想按照长孙无忌的手法，来个以彼之道还施彼身。

　　许敬宗话一出口，武则天立即就明白了他的用意。武则天早就想除掉长孙无忌，可是长孙无忌为人正派，不贪赃，不卖官，做事严谨，很难搜集到弹劾的证据。更主要的是，这些小罪名不足以扳倒长孙无忌，最能将长孙无忌置于死地的罪名只有一个，那就是谋反。

　　"皇上将这个案子交由谁处理？"武则天连忙问。

　　"皇上今早朝时，命我和辛茂将查明此事。臣虽然怀疑长孙太尉与韦季方、李巢有染，只是长孙太尉位高权重，臣不敢贸然行事。"

　　"许敬宗，你身为大唐宰相，一切当以江山社稷为重，何需顾虑重重？你尽管全力办案，本宫定会鼎力相助。"武则天给了许敬宗一颗定心丸。

　　"谢皇后娘娘，臣定会全力以赴，不负娘娘厚望！"许敬宗磕头谢恩，这才退了出去。

　　离开皇宫后，许敬宗立即着手办理韦季方谋反案。他坐阵大理寺，令人对韦季方严刑拷打，逼着韦季方承认长孙无忌是主谋。韦季方清楚谋反大案是满门抄斩的罪名，怎么打也不承认。许敬宗气愤不已，便对韦季方不断施以重刑，真可谓无所不用其极，韦季方被折磨得死去活来。

　　这天晚上，韦季方从昏死中醒来，思前想后，进退两难，为了不诬陷忠良，牵连族人，他决定自杀了事，一了百了。想到这里，韦季方撕了褂子，把它系在牢房的栅栏上面，绾了一个活扣。哪知，韦季方刚把脖子伸进去，便被狱卒发现了。

　　韦季方自杀，可让许敬宗吓出了一身冷汗，立即下令对其严加看管。

不过，此时的韦季方已经和死人差不多，虽还有口气，却已是伤重得不能说出一句话。

许敬宗见状，便大胆地伪造了一份供状，称韦季方勾结长孙无忌意图谋反。写罢供状，又拿着韦季方的手指按了指模，画了押。一切准备就绪，许敬宗拿着这份供状，进宫去向高宗皇帝禀报了。

刚进了太极宫，许敬宗就一路小跑，也不等内侍禀报，一路跌跌撞撞地朝高宗的寝宫跑去。内侍见状，连忙在后边拦着，许敬宗也不管不顾，一头就撞了进去。

"皇上！皇上！"许敬宗一路小跑，早已经是气喘吁吁。

"许爱卿，发生了什么大事，为何如此慌张？"李治看见许敬宗那副样子，吃惊不小。

"皇上，臣有密奏，请皇上快快屏退左右。"许敬宗装出不顾礼仪的样子，李治也有些慌了，连忙挥手把侍卫宫婢赶了出去，许敬宗这才颤抖着奉上韦季方的供状。

李治看罢供状，脸色突然一变。

"真有此事？"李治腾地一下站了起来。

"千真万确！"许敬宗凑前一步，斩钉截铁地说道："昨晚，韦季方见事情败露，畏罪自杀，多亏狱卒发现及时，这才救下他一条命。"

李治听罢，还是不敢相信："恐怕国舅是为小人所间，稍生疑虑沮丧，何至于谋反？"

许敬宗一听，心里很是害怕。他知道，"以疏间亲"的风险极大，现在骑虎难下，必须要扳倒对方，所以更加斩钉截铁地说道："事情确实如此，如果陛下怀疑犹豫，大唐江山就危险了啊！"

李治听了这话，立即哭了起来，他一边哭一边颤抖着声音说道："真是家门不幸，亲戚间总是有异志。早年，高阳公主与房遗爱谋反，如今国舅又是这样，真叫朕惭愧见天下之人。倘若这是真的，要朕如何是好？"

这话一出，许敬宗心里的石头立即落了地。看来，李治已经相信长孙无忌谋反一事，许敬宗就越发大胆地煽动李治道："房遗爱乳臭未干，而且是和一个女子图谋造反，根本成不了大事。长孙无忌则不然。长孙无忌与先帝谋取天下，出任宰相三十年，一直被天下人所敬畏。他若起兵谋反，陛下您能派谁平叛啊？好在，有宗庙的灵祐，凭借这一小案，引获了一桩大案，实在是不幸中的万幸。只是，长孙无忌倘若知道韦季方自杀，会窘急发谋，那样，后果将不堪设想。"

李治听罢，哭得更厉害了。

许敬宗见状，连忙对高宗展开了进一步的心理攻势。

"皇上，您可知道宇文述其人？"

李治点点头。

许敬宗道："宇文述为隋炀帝所信任，和他结为婚姻，委以朝政。宇文述死后，他的儿子宇文化及代他父亲主管禁军。宇文化及却作乱于江东，大肆杀戮不依附他的人，最终杀死了炀帝，倾覆了隋室。前事不远，愿陛下引以为鉴！"

宇文化及的事情，李治已经听过多次，太宗皇帝在世时，就曾以此教诫过他。如今许敬宗再次提及，终于让李治动了心。不过，李治并不敢轻易下结论，他连忙命令许敬宗以及侍中辛茂再加审查，然后奏报。

许敬宗走后，李治便瘫软在龙椅里。他实在无法承受如此打击，一个人默默垂泪。皇后武则天得到奏报，连忙前往抚慰。

"国舅怎会谋反？"李治仍旧不肯相信许敬宗的奏报。

武则天听了，连忙说道："依媚娘看来，长孙无忌必定会反。自魏徵死后，长孙无忌便开始独揽朝政，陛下登基之初不也是处处受其限制？如今，陛下夺回大权，长孙无忌怎能甘心？"

武则天所说句句在理。李治听了，没有言语。

"当年长孙无忌曾诱供房遗爱将李恪罗织入罪，吴王李恪在临死前也曾咒语，'长孙无忌窃弄威权，构害良善，宗社有灵，当族灭不久。'李恪乃是陛下的亲哥哥，就因长孙无忌擅权为其所害，长孙无忌所为，天理不容！"

听了武则天这一席话，李治终于下定了决心。毕竟，对于天子来说，皇权永远会盛于亲情，更何况还是一个擅权的舅舅。

许敬宗这晚离开皇宫后，立即回到了大理寺。他独自在大理寺仔细忖度了许久，编造细节，好让这一谋反案看起来更加真实可信。直到他把所有细节编织完毕，才把辛茂将叫到身边从头到尾叮嘱一番，以免出现差错。待他交代完毕，天已经蒙蒙亮了，两个人便一同前去早朝。

这天早朝，许敬宗和辛茂将都未谈及此事。直到退朝，诸大臣散去，

两个人才由内侍带着，来到高宗的御书房。李治似乎也一夜未睡，双眼布满血丝。

"两位爱卿，这番审查结果如何？"

"禀陛下，昨天夜里，韦季方已招认与长孙无忌预谋反叛。"在许敬宗的示意下，辛茂将连忙大声回答。

"国舅果真谋反了……"李治小声地自言自语。

许敬宗见状，连忙绘声绘色地说道："臣曾问过韦季方，长孙无忌乃圣上至亲，累朝宠任，有何怨恨使他谋反呢？"

听到这里，李治的眼睛一亮。许敬宗心里有些得意，连忙继续讲了下去："据韦季方讲，韩瑗曾对长孙无忌说，梁王立为太子，是柳奭、褚遂良劝你做的事，现在梁王被贬，皇上对你也产生怀疑，所以才把你的表兄弟高履行调任外州。长孙无忌听了韩瑗这番话，很是忧虑，筹谋自安之计。后来又见他的侄子长孙祥也被调出，韩瑗也获罪贬官，便孤注一掷，日夜与韦季方等人密议谋反之事。"

许敬宗的报奏有板有眼，无懈可击。

"对韦季方的上述供词，臣曾反复核实，都与事实相符。铁证如山，请陛下马上下令将长孙无忌收捕！"

"国舅果真如此，朕也决不忍心杀他啊！这样做，天下人将怎样看朕，后人将怎样看朕？"皇帝流着眼泪说道。长孙无忌曾有恩与高宗，要不是长孙无忌极力举荐，李治恐怕也做不上太子，也成不了天子。如今，舅甥两人已经生隙，但他仍然难断与长孙无忌的甥舅之情。

许敬宗见状连忙开导劝慰道："薄昭为汉文帝的母舅，后因杀人获罪，文帝含泪将他杀了。文帝虽杀母舅，至今仍称贤明。而今，长孙无忌意欲谋反，其罪过远非薄昭所能比。陛下还有什么疑虑，不早决断呢？安危之机，刻不容缓，将来变乱生于肘腋，陛下后悔也来不及了！"

李治沉默了许久，终于点了点头。接下来他要做的，就是给长孙无忌一派致命一击！

太尉之死

随着韩瑗、来济遭贬，褚遂良去世，长孙无忌再没有了可以依靠的资本。为了能够避祸，他开始闭门谢客，埋头著书。

显庆三年，长孙无忌所修的《大唐新礼》也告完成。然而新礼呈上去，却遭到许敬宗和李义府横挑鼻子竖挑眼，李治和武则天也觉不满，授意这二人到处删改增减。就连太常博士萧楚材也上奏一本，认为《国恤》一篇乃预备凶事，非臣子所宜言。许敬宗、李义府闻后大喜，立即附和，竟然把《国恤》一篇给当众烧掉，以至新礼里面独缺葬礼。长孙无忌大为不满，可此时的他只能隐忍，全盘接受。

显庆四年四月，韦季方谋反案审理之时，长孙无忌虽有耳闻，却也不敢插手表态。长孙无忌与韦季方的确认识，但却谈不上有交情。当初，褚遂良、韩瑗、来济有难，他都不敢施以援手，更何况一个韦季方？

就在长孙无忌一心避祸之时，祸事却主动找上门来。皇帝下诏，因长孙无忌与韦季方阴谋造反，剥夺长孙无忌太尉的官职和赵国公的爵位，贬为扬州都督。虽贬为扬州都督，却限制长孙无忌住在黔州（今四川省彭水）。这是前太子承乾流放的地方。

诏令一下，官兵不容长孙无忌申辩，立即押送长孙无忌前往黔州。由始至终，李治不曾亲自召见审讯长孙无忌，完全没给长孙无忌丝毫辩驳的机会。对于这个舅舅，李治心中总有几许怜悯，虽然行同囚禁，食物供给却保持一品官待遇。

长孙无忌早料到贬黜这一结局，不过他一直相信，自己是皇帝的舅舅，所谓娘舅亲，历来是"打断骨头连着筋"的亲缘关系。所以，即便自己丢了官，性命也该是无忧的。

然而，一切都出乎长孙无忌的意料之外。武则天之所以没有将长孙无忌一网打尽，不过是暂时稳住他而已，让长孙无忌以为事情还有回旋余地，这样才不至于拼死一搏，和武则天争个鱼死网破。一旦长孙无忌离开京城，总清算是迟早的事。

长孙无忌刚到黔州，许敬宗秉承武皇后的意愿再次上奏高宗，他在奏疏中道："长孙无忌谋逆，由褚遂良、柳奭、韩瑗等人煽动而成。其中，柳奭还和皇宫内侍勾结，谋行鸩毒皇上。此外，于志宁也党附无忌，应该治罪。"

本来，长孙无忌谋反案和于志宁没有任何瓜葛，只因当初废王立武之时，于志宁保持中立态度，惹了武则天的恼怒，便借此机会将他一举

除掉。

于是，李治下诏，追削褚遂良的官爵，除去柳奭、韩瑗名籍，免掉于志宁的官职。褚遂良的儿子彦甫、彦冲流放爱州，在半途中双双被杀。

武皇后向来憎恶长孙无忌，不仅贬黜了长孙无忌的羽翼，更对长孙无忌的族人大开杀戒。长孙无忌的儿子长孙冲为长乐公主驸马，族弟长孙诠为新城公主驸马。这两位公主都是唐太宗与长孙皇后的嫡亲女儿，高宗同父同母的姐妹，李治并没有念及旧情，立即将这两位驸马一个贬放岭南，一位贬放巂州（今四川西昌）。两位驸马刚到当地，便被怀有密旨的县令下令杖杀。

新城公主是太宗皇帝最小的女儿，此时不过二十出头，和驸马长孙诠十分恩爱。长孙诠一死，新城公主就成了寡妇。后来，虽改嫁韦正矩，因为是落难皇族，又心念前夫，颇为韦正矩凌虐轻贱，最终不明不白地死掉了。

早被贬至益州出任长史的高履行再贬为洪州（今江西南昌）都督，不久又贬为永州（今湖南零陵）刺史。

为了彻底清剿长孙无忌一派，武则天还特地提拔度支尚书卢承庆参知政事。所谓度支尚书，即为户部尚书，因户部主掌贡赋和税租，量入为出，故名度支。卢承庆在永徽年间受过褚遂良的恶意诬陷和连续打击，接连被贬。武则天知道他与褚遂良、长孙无忌有间，便建议李治起用他。

卢承庆被起用后不久，皇帝便下令，命李勣、许敬宗、辛茂将和新拜相的兵部尚书任雅相、度支尚书卢承庆五位，共同复查长孙无忌案。李勣对此事不肯积极参与，其他人却不同，有些是许敬宗的属下，有些则是提拔上来的新贵，一切唯许敬宗马首是瞻。要审案当然是要先提审犯人，于是派袁公瑜快马至黔州提审长孙无忌。

袁公瑜向来拥护武皇后，为向武皇后邀功，便对长孙无忌动了杀心。袁公瑜官虽不大，但一个大臣一旦失宠流谪在外，自然不难收拾。

袁公瑜抵达黔州后，立即向长孙无忌索要株连别人的供词。长孙无忌严词拒绝，袁公瑜气愤不已，向长孙无忌说道："你为什么不自缢身死呢？你死之后，我总会想办法在你的供词上替你签名的。"

长孙无忌听罢，知道自己难逃一死，自缢而亡。至于供词，袁公瑜早在从京城启程以前，就已经按照自己的想法全部罗织完毕。

武则天对长孙无忌的打压十分彻底，不仅长孙无忌的儿子、族弟被杀，长孙无忌的侄子长孙祥因与长孙无忌通过书信，也牵连进去，被处以绞刑。甚至连长孙诠的外甥赵持满也被牵扯了进来。赵持满当时为凉州刺史（今甘肃武威），为人豪爽，侠义可风，堪称豪侠英杰。许敬宗担心赵持满会因搭救舅父长孙诠而冒险起事，便将他招至京师严刑逼供，要他承认与长孙无忌勾结造反。赵持满被打得满身是血，仍不肯屈服。无奈之下，许敬宗只得捏造口供，将其处斩，暴尸于城西。

赵持满死后，族人畏于形势，竟不敢为他收尸。最终，竟是赵持满生前好友王方翼冒着生命危险，为其收尸礼葬。

王方翼是废后王氏的亲戚，王皇后被废后亲戚并流岭外，王方翼因是远亲而侥幸避过。这种身份很容易招致武皇后不满，王方翼本该低调做人。可是，眼见朋友暴尸街头，他毅然挺身而出，置生死于度外。高宗赞赏他的义气，并没有加罪。不过，武则天对其一直怀有戒心。高宗皇帝去世后，王方翼最终被武后以谋反罪贬杀。

除了长孙无忌，柳奭、韩瑗两家也受到株连。韩瑗早已亡故，象州刺史柳奭则被押送入京，结果刚刚上路便接圣旨，要求原地处死，柳奭便命丧黄泉。至于那个擅长明哲保身的于志宁，则被贬为荣州刺史，亲属被贬者九人。

至此，永徽年间的七位宰相，除司空李勣与早逝的中书令崔敦礼外，太尉长孙无忌、右仆射褚遂良、中书令来济、侍中韩瑗已经全部或贬或杀，收拾殆尽。几大宰相中，只有来济所受冲击最小。许敬宗在罗织罪名时，只说他与褚遂良一起煽动长孙无忌不满，没说他参与"谋反"。所以，武则天只将他从台州再贬为西域庭州刺史（在今新疆境内吉木萨尔之北）。

来济眼见长孙无忌、韩瑗等同僚惨死，不忍苟活。两年后突厥来犯，来济集合将士慷慨陈词道："我曾陷刑网，蒙赦性命，当以身尽职，特报国恩！"

话毕，来济还不等披上甲胄就冲入敌阵，最终战死，时年五十三岁。

高宗闻报，心生感慨，追赠来济为楚州（今江苏淮安）刺史。当时，楚州与扬州、苏州、杭州并称"四大都"，追赠来济为楚州刺史，总算使来济享了一份死后的哀荣。

长孙无忌一案结案后一个月，普州刺史李义府被调回长安，兼吏部尚

书、同中书门下三品。他回到相位后，立即和李崇德算起了旧账。李崇德把他从赵郡李氏宗谱上删除，让李义府颜面尽失。于是，李义府指使人诬陷李崇德下狱，李崇德最终在狱中自杀。

长孙无忌一派被剪除，武皇后的势力遍布朝野。她在中书省有李义府，在门下省有许敬宗，在位的朝臣对武皇后都心怀畏惧，不得已在武后面前奴颜婢膝，保得性命。至此，唐室大权基本落到了武则天手中。

跃升名门

长孙无忌一派倒台，武则天的心情立即轻松了起来。由于心情大好，武则天时常寻着各种借口，在宫中举办宴会，召集内外命妇在宫中同乐。这些内外命妇中，不仅有高宗嫔妃、太子嫔妾、各位诰命夫人等，还有几位太宗妃嫔。当时为太宗生子的嫔妃在世的已经不多，剩下的纪国太妃韦氏，以及武则天的表姐越国太妃燕氏，跟武则天的关系都很不错。

为了活跃气氛，武则天还专门引九部伎和散乐百戏入宫。由于嬉笑声太大，后来竟引起朝官投诉，建议皇后宴会到别殿举行，否则影响朝臣办公。

对此，李治一概纵容。

长孙无忌的倒台，使李治真正成了一个像模像样的皇帝，对于皇后，更多了几分敬重和钦佩。可以说，如果没有武则天的推动和出谋献策，事情不会解决得那么完美迅捷。由此，李治越发地依赖起这个姐姐似的女人，让她在华颜老去之后，地位反而更加巩固。

这一年，武则天已经三十六岁，对于一个三十六岁的女人来说，哪怕保养得再好，也已经到了人老珠黄的年纪。所幸的是，武则天已经不再只是一个以色事人的宠妃，或者仅仅是皇太子的生母，如今的她已经成了李治的政治伙伴。对于皇后的干预政事，李治甚至表示鼓励。

铲除长孙无忌一党后，武则天大张旗鼓地参与朝政，她做的第一件事，就是建议李治修改《贞观氏族志》。

在当时，士族高门的地位很高，尤其是博陵及清河崔氏、陇西及赵郡李氏、范阳卢氏、荥阳郑氏、太原王氏等五大姓，就连李唐皇室都不放在眼里。为了打击旧有的士族势力，太宗皇帝下令修《贞观氏族志》，规定以李唐皇族为第一等，长孙氏等外戚后族为第二等，原有的士族高门为第三等。

为了打击衰败门第卖婚附势的风气，太宗还要求王子娶妃、公主出嫁都尽量选取元戎功臣的子女，不选高门士族。然而魏徵、房玄龄、李勣等仍然向高门士族求婚，因此旧望不减。太宗也是如此，他的儿子李治的原配妻子就是太原王氏的女子。

在李唐皇族、外戚长孙氏以及士族高门中，皇后武氏家族的地位极其低下。武则天的父亲是木材商人出身，后虽以女为贵，一再被加封进爵，可社会地位在当时很不入流。为了能够叙明武氏本望，武则天便恳请李治重修《贞观氏族志》。

对于重修《贞观氏族志》，李义府、许敬宗等人也十分赞同。这些人都是新近提拔起来的中下层官员，他们大多出身寒门，长期郁郁不得志。如今官职升迁，当然也希望其社会地位能够水涨船高。

在武皇后及众多大臣的提议下，李治立即下诏，命礼部侍郎孔志约、著作郎杨仁卿、太子洗马史元道及太常丞吕才等十二人商议编录。并将《氏族志》名改为《姓氏录》，李治亲力亲为，为该书写序，并规定了类例。在这本书中，皇族和后族为第一等，其后则以官阶高下来排座次，五品以上的官员都被收录其中。对于那些当朝无官职的旧士族，则全部排除在外。

对于皇室此举，士族高门可谓是义愤填膺。不过，他们并不把这《姓氏录》放在眼里，仍旧自顾自地过着名门望族的生活。

李义府由于《姓氏录》，也一下子成了社会名流。他虽主张打击士族高门，可内心里仍旧想和这些高门攀亲，尤其是五大望族。终唐一代，娶五姓女都是为世人艳羡的美事。于是，李义府决定让儿子娶崔氏女子为妻，并主动上门求婚。哪知道，崔氏根本不把李义府这个宰相放在眼里，竟然表示拒绝。

李义府大怒，立即上告李治，怂恿李治下诏，禁止五姓内部通婚。李治立即准奏，下诏严禁五姓七望互相通婚。只可惜，贵族联姻的风俗根深蒂固，岂是一纸诏书可禁？为了继续通婚，有的偷偷把女儿送到夫家去，骄傲而清高的贵族女子甚至终身不嫁，拒绝与外姓通婚。

武则天

　　其他高门士族的地位高低，皇后武则天并不很在意。她最关心的，就是自己的地位。如今，她虽不是五姓女，却一跃成为天下第一等名门。亡父被追封为周国公，母亲杨氏则被封为代国夫人，后又改封为荣国夫人，品第一，位在王公母妻之上。武则天对此十分满意，对夫君李治也百般体贴起来。

　　长孙无忌一死，局面稳定之后，李治也来了兴致，决定放下政事陪武则天再赴东都洛阳，命八岁的太子弘留在京城监国。李弘从未离开过父母，不但不能处理监国大事，反而因为思念父母常常啼哭。武则天在途中得知，连忙召太子同行，一家人前往东都。

　　显庆五年（660）正月，李治与武则天在东都洛阳度过了除夕夜。节后不久，高宗又宣布带领武皇后衣锦还乡回并州一游。

　　并州（今太原）为李唐龙兴之地，也是武则天的老家。到达并州后，皇帝连忙祭祀高祖皇帝旧宅及当年太原首义时的阵亡将士，武则天则忙着大宴亲戚邻里。皇帝甚至还下诏，将并州八十岁以上的妇女授正五品的郡君。郡君，有官名而无职务，但李治此举已属破例，也给足了武皇后的面子。

　　两个月后，帝后二人打道回东都。此时，洛阳合璧宫已经竣工，帝后两人便在合璧宫避暑，太子弘和两位弟弟贤和显也都承欢膝下。这一段日子，让武则天忘却了政事、政治，享受着为人妻、为人母的天伦之乐。几十年后，武则天登上皇位，仍不时怀念这一年发生在东都的一幕幕往事，感慨不已。

　　经历了这一番游兴，武则天心情愉悦，不觉看淡了以往的恩恩怨怨。不久后，梁王李忠巫蛊事发，武则天甚至以慈母姿态为其求情。

　　原来，李忠懦弱胆小，他亲见国舅长孙无忌被杀，韩瑗、褚遂良等朝廷重臣无人幸免，十分担心自己被武后加害。为了躲避武皇后派来的刺客，他私底下竟穿起了女人衣服，夜间睡觉也时常更换床榻。可就是如此，他还是常常噩梦缠身，惊出一身冷汗。为此，他不得不找道士进行占卜，以求祸福。李治为此怒火中烧，恨不得立即诛杀李忠。武则天则连忙为其求情，李治这才下诏贬李忠为庶人，徙居黔州，囚禁于贞观废太子李承乾所住过的宅子。

　　这一时期，武则天的心情是愉悦的，她不仅救了李忠的性命，甚至还将当年薄待她们母女的武氏子弟也提拔升官。

武则天将同父异母的兄弟元庆由右卫郎将迁为司宗少卿，元爽由安州司户参军事迁为内府少监；两个堂兄弟惟良由始州长史迁为司卫少卿，怀运由瀛洲长史迁为淄州刺史。这几个人原本都是六、七品的小官，如今或连升几级一跃而成为四品官，或从地方官员迁为京官，都是出于皇后妹妹的一番照顾。

这等皆大欢喜的事情，自不免要庆贺一番，荣国夫人杨氏便在家中置酒行宴。酒过三巡，杨氏想起昔日遭到元庆、元爽兄弟的慢待，又想起今日荣华富贵，不禁得意起来。她微笑着对元庆、元爽等人道："你们可曾记得往日如何待我们母女？若没有我们母女，你们怎会有今天啊？"

杨氏话音一落，武氏兄弟的脸就阴沉起来。这几个兄弟平日里数落老太太习惯了，即便她做了一品夫人，也是如此。尤其武元庆，哪里能容忍杨氏对自己指指点点，当即开口道："我们都是功臣之子，靠父亲余荫才有了今天，跟你们母女有什么关系？"

杨氏一听，怒火中烧。往日，杨氏受了委屈不敢发作，如今女儿贵为皇后，她还担心什么？宴席结束，杨氏立即前往宫中，将事情原委告知女儿。

武则天得知大怒。当年父亲武士彟死后，武氏兄弟给杨氏母女的难堪已经够多了，如今自己贵为皇后，竟还敢如此凌辱，新仇旧恨一齐涌上心头。当时，正是武则天需要外戚亲信的时候，可气头上的她顾不得那许多，立即上表高宗。她在奏疏中称，自己贵为皇后，不愿亲见外戚权势过重，恳请皇上将武家兄弟贬出京城。

武则天此举很有长孙皇后遗风，甚至有过之而无不及。当年，长孙皇后尚有哥哥长孙无忌出任宰相，武家兄弟本来官职卑微，却主动请求贬黜，此举可谓贤德至极。这让高宗大喜过望，立即颁布诏书将武皇后堂兄武惟良外放始州（今四川剑阁）刺史，异母兄武元庆外放龙州（广西龙州）刺史，武元爽外放濠州（今安徽凤阳东北）刺史。

在皇帝以及朝臣对武皇后的赞叹声中，武氏兄弟离开了繁华的长安城。武元庆到龙州后不久便忧病而死；武元爽在濠州任上工作不久，便又被武则天寻了机会流配振州（海南三亚），最终死在了那里。

武皇后不重外戚，给皇帝吃了颗定心丸。那以后，朝中大事都要与武

则天商讨决断，尤其是在这一年十月高宗染上风疾之后。

　　风疾，是指高血压及相关的心脑血管疾病，轻则头晕目眩，视力下降，重则半身不遂，言语不利。这一疾病似乎是李唐皇室的家族遗传病，太宗皇帝也曾为其所苦。皇帝李治患上风疾后，虽不至瘫痪，但严重时头疼难忍、目不能视，无法正常处理朝政。皇帝不敢轻信朝臣，皇后颇有政治才能，又主动斥退外戚，自然而然地成了李治交予政事的最佳人选。

　　那以后，百官奏事，李治多交予武皇后决断。起初，还只是交给一些日常事务，武则天处理得井井有条，有理有据，颇符合李治的意愿。于是，李治便放心大胆地将朝事交给了武则天。不过，武则天需要把处理结果报告给李治，经他同意后再下旨。可以说，武则天此时并没有实际的权力，但她却在处理政事的过程中，积累了大量的政治智慧。这个生性聪慧、精力旺盛的女子，从此以后便正式加入到权力追逐的舞台上来。在处理朝政中积累的政治智慧，更成了她日后君临天下最可宝贵的资本。

第八章　才能初现

东讨朝鲜

显庆年间，大唐辽东的局势很不平稳。朝鲜半岛上的高丽、百济、新罗三国虽主动遣使与唐往来，实际上却各怀不轨，不仅不听从唐朝的号令，而且始终纷争不断。太宗皇帝驾崩后，朝鲜半岛的局势更加混乱起来。

自永徽六年（655）开始，高丽和百济联手入侵新罗，接连攻下新罗三十三座城。新罗无力抵抗，只得上表向李唐皇室求救。当时，大唐西域未平，西突厥一直暗中积蓄力量，对抗唐朝。高宗皇帝不敢和高丽、百济大动干戈，虽曾先后几次出兵辽东，也只以牵制高丽和百济兵力为目的，并没有从根本上解决问题。

到了显庆五年（660）春，百济再次联合高丽入侵新罗，新罗王又上表向李唐求救。朝鲜半岛形势恶化，引起了高宗和武则天的注意。此前，唐朝用兵重点一直在西域方面，现在西域稍定，可以聚精会神来认真对付高丽、百济了。

可是，到底该如何攻打高丽和百济？朝臣对此不停地上表。高宗李治由于风疾加重，奏表多由武则天代为查看，再一一转述给他听。

很快，青州（今山东青州）刺史刘仁轨的奏表吸引了武则天的注意。

刘仁轨原为给事中，后因奉命调查李义府欲纳女犯为妾之事，得罪了李义府。显庆四年，李义府上奏将刘仁轨调至青州任刺史。虽品级提高一级，实际权力却大大削减。

　　青州，即今泰山以东至渤海的一片区域。刘仁轨身处青州，认真分析了朝鲜半岛的局势，认为"欲吞灭高丽，必先诛百济，留兵镇守，制其心腹"。当时，高丽的位置在朝鲜半岛的最北部，和大唐接壤；新罗的地理位置则是在半岛的东边，百济则在半岛的西部，紧邻黄海，朝向大唐青州。刘仁轨建议，出兵百济必须渡海作战，渡海作战可以避开高丽的地利优势，将损失减至最低。

　　武则天经过认真分析，最终采纳了刘仁轨的建议。对此，皇帝一直心有顾虑，左右为难。

　　"陛下，正如青州刺史刘仁轨所奏，此次进攻，应以百济为先。当年，太宗皇帝出兵高丽，因高丽占尽地利优势，使得两军相持不下。加之我军粮草供给困难，太宗皇帝只得班师回朝。倘若渡海作战打击百济，与新罗遥相呼应，定可一举成功。"武则天见高宗疑虑，连忙阐明自己的想法。

　　"想法不错。"李治点点头说，"当年太宗亲征高丽、百济时，也有人提出类似的建议，后来大家考虑此动议有些太冒险，才弃之不用，一是怕二路大军配合不上，孤军深入，难免被分别歼击；二是怕海上气候千变万化，长距离跨海作战，凶多吉少。"

　　"不冒些险，又怎么能实施奇袭；不奇袭敌人，又怎么能一战而胜？"武则天正色说道，"更为重要的是，一旦攻下百济，便有了坚实的后盾。我军可南北两路同时进攻，使高丽腹背受敌，对方就很容易呈瓦解之势，攻破高丽指日可待！"

　　李治终于被武则天这番颇有见地的发言所说服，终于下定决心，渡海作战。

　　三月，李治下令，任命老将苏定方为神丘道行军大总管，统帅精锐水陆军十三万渡海，进行登陆作战。又委任新罗王金春秋为嵎夷道行军总管，率新罗军夹击百济。

　　八月，苏定方率军从山东沿海出发，横渡黄海，在半岛熊津江（即今韩国锦江）口登陆。百济军根本抵挡不住，迅即被击溃，死伤数千。唐军取得了稳固的立足点后，立即直捣百济都城泗比。新罗武烈王则亲率五万新罗军，从陆路由东向西夹击泗比城。百济这时是到了生死存亡关头，倾国来战，但已无济于事了。百济义慈王与太子隆仓皇出逃，百济宣告灭亡。

从唐军出征，到此刻，还未出一个月。

此时，武则天和皇帝李治正在东都洛阳，闻报大喜。尤其是李治更加喜出望外，头痛病也好多了。十一月，苏定方押解百济王等俘虏来到了洛阳，李治为此举办了一个盛大的献俘仪式。

这天，洛阳宫的则天门外，锣鼓喧天，鼓炮齐鸣，苏定方率领军士押着大队俘虏来到了门下。

苏定方叩拜之后，向皇帝汇报道："陛下，臣已攻破百济，俘虏了百济国王义慈、王后思古、太子隆，及文武大臣三百多人，现押在了门下，请皇上发落。"

"好，好。"李治咧嘴笑着，叫苏定方过来站在自己的身边，然后指着垂头丧气的百济王义慈训道："你小小百济，不自量力，竟屡次犯我大唐边境，实在是罪不可赦。不过，如今你既然愿意臣服我大唐，朕便留你一命吧！"

百济国王听罢，连忙叩头谢恩。

至于其他战俘，李治也宽大处理，有些甚至还给加封了大唐官职。

此次出征，苏定方立下神功，皇帝重重加赏。苏定方为了讨好皇帝，更向李治禀报，自己在攻破百济之时，曾在西南方向看见飞龙。正所谓"天降祥瑞，龙出太平"，高宗皇帝自然开心得很，当即下令改元龙朔。

百济一灭，接下来就要全力对付高丽了。苏定方率领十万唐军主力，兵分两路北上攻打高丽。大将刘仁愿留守百济都城泗比城，被重新起用的王文度留守熊津江口。李义府还举荐青州刺史刘仁轨，让他监督海运，负责后勤保障。

百济一役，刘仁轨的渡海战术起了极其重要的作用，皇帝及武皇后对刘仁轨大加赞赏。如今，李义府既然出头举荐，二人立即应允。李义府此举当然不是出于好心。在当时，渡海前往百济任职并不是人人都愿意的事，异域征战时刻都有生命危险，一旦出现差池，更是性命难保。李义府有意打击报复刘仁轨，这才上奏举荐。

刘仁轨到任后，小心从事。当时的气候不适宜出海，李义府有意迫害，一再催促刘仁轨。无奈之下，刘仁轨只得率部出海，结果遇上飓风，船舶倾覆，所部死伤严重。

事发后，朝廷派监察御史袁异式审讯刘仁轨。袁异式离京前，李义府

武则天

便将袁异式叫到跟前，暗示袁异式道："像你这样能办事、会办事的官员，不愁当不上大官。"袁异式心领神会，到了青州后立即提审刘仁轨。不过，袁异式并不审案，而是对刘仁轨意味深长地说道："你恐怕是得罪了哪位朝廷要员，恐怕已没有生还的余地，可能还会累及子孙。假若你听我劝告，还不如现在自杀，一了百了。以死谢罪，还能救子孙一命！"

刘仁轨听罢，立即明白了其中缘由，他冷笑着回答道："仁轨当官不称职，自有国家法律制裁，倘若依法当死，仁轨没有半句怨言立即受死。可若要仁轨自杀，以解仇人之恨，仁轨决不能从命！"

袁异式无奈，只得回京复命。临启程的时候，袁御史亲自给刘仁轨带上镣铐，还给镣铐上了锁，免得刘仁轨逃跑。回到京城，袁异式向皇帝添油加醋地禀报了一番，李义府在一旁赶紧煽风点火道："陛下，刘仁轨犯有如此罪行，不杀他真不足以平民愤啊！"

李治听了，有些犹豫。舍人源直心见状，出面为刘仁轨说情道："陛下，海风暴起，并不是人力所能控制的，还请皇上斟酌。"

源直心所言在理，况且皇帝也不想惩治刘仁轨，便留了刘仁轨一命，削去他所有官职，发往半岛前线效力。李义府此举本为陷害刘仁轨，并且已经达到了目的。哪知道，刘仁轨因祸得福，正因为被削官职，以白衣身份从军，才有了以后在军事上的一番建树。这是后话。

进入龙朔元年（661），皇帝意气风发，觉得真正属于自己的王朝到了。他从永徽元年开始，做了六年的"傀儡"皇帝，又花了四年时间才从长孙无忌手中夺回大权，本以为可以大展拳脚，可没几天就患上风疾，实在郁闷得很。皇帝一心希望建功立业，希望能够超越自己父亲太宗李世民的赫赫武功，所以急于做一件惊天动地的事情来重振雄风。如今，征讨高丽胜利在望，李治便打算亲自出征。当年，太宗亲征高丽，虽然过程顺利，却迫于天时地利被迫撤军。倘若自己能够成功，岂不是现现成成地就办到了父亲没能办到的事？

就这样，一向文弱的李治萌发了亲征高丽的想法。

为了给自己的亲征造势，龙朔元年三月，皇帝大宴群臣及外邦使者于洛城门，席间还奏起李治亲自谱写的《一戎大定乐》，一百四十位舞者披甲持槊，同歌八弦同轨乐，象征着高丽即将平定，天下一统，四海归心，共同臣服于大唐天子的皇命之下。境况之盛，不亚于昔年太宗平定东突厥后高奏《秦王破阵乐》的场景。

大宴群臣后不久，皇帝便下令，要亲自点兵三十万，水陆分道并进，亲征高丽！诏书一下，满朝哗然。

武后抗表

武则天是一个热衷于权力的女人，她有着取之不尽、用之不竭的旺盛精力，完全将自己沉浸在权力带给她的喜悦与刺激当中。

龙朔元年初，武则天上书李治，请李治禁止天下妇女为俳优之戏。俳优，在当时是指出演滑稽小丑的艺人。皇帝当即采纳，并下诏颁行。

二月，在武则天的建议下，皇帝改换官署、官员名。高宗下诏改门下省为东台，中书省为西台，尚书省为中台；侍中为左相，中书令为右相，仆射为匡政，左、右丞为肃机，尚书为太常伯，侍郎为少常伯，等等。其实，改换的只是名字，官署职能以及官员职任如故。随着诏令下达，武皇后在满朝文武及百姓眼中的地位越来越高，天下舆论对武皇后称赞之声也越来越多。

就在这啧啧的称赞声中，另外一个让武皇后抛头露面的机会来了。

这天，武则天正在御书房代李治翻阅奏折，突然听闻皇帝下诏，欲御驾亲征高丽！武则天大惊，她日夜陪侍在李治左右，竟不知晓李治有如此心思！李治体弱多病，亲身犯险上前线实在凶多吉少。当年太宗皇帝多么英武，亲征高丽尚且拖坏了身体，更何况这个本已有病在身的李治？倘若在半路上病重，大唐江山社稷岌岌可危！

想到这里，武则天连忙宣许敬宗入宫，商议对策。原来，对于李治御驾亲征一事，朝臣也多持反对态度。许敬宗向武皇后表明朝臣意见，恳请皇后出面，劝阻李治亲征。要想让皇帝改变主意十分困难，可武则天清楚，自己作为妻子、皇后是出面劝阻的最佳人选，也只得知难而上了。

打定主意后，武则天整理了一下衣衫，起身前往李治寝宫。赶到甘露殿时，李治正在自斟自饮，喝得不亦乐乎。

"陛下想要亲征高丽？"武则天开门见山。

李治听罢，把杯中酒一饮而尽，随即开口回应道："正是。亲征一事，

朕已经考虑多时。朕就是要让天下人知道，朕不但是个太平天子，更可以像先帝一样做个马上皇帝！"

"陛下，对于亲征一事，臣妾以为不妥。"

"有何不妥？"李治紧盯着武则天，似乎有些不悦。

武则天走上前来，轻轻夺下李治手中的酒杯，这才开口道："御驾亲征非同小可，圣上体弱多病，何必亲征劳心费神？"

"不行，朕主意已定，定要让高丽知道大唐天子的神威！"李治不耐烦地挥了挥手，他就是想要甩掉体弱多病的帽子，显一显自己的英勇神威。

"陛下可还记得先帝亲征高丽？安市城一战本有取胜之机，只要我军弃安市城而西攻建安，或移兵进攻乌骨城，绕过安市城麾军南下，平壤可唾手而得。"武则天转移了话题。

"哈哈哈……妇人之见！绕过安市，深入敌后，情势必定危机。父皇贵为天子，岂可冒险行军？"李治开口反驳。

李治说得不无道理。

当初太宗攻打高丽时，被困安市城（今海城东南营城子）下数月。安市城地形险恶，高丽守军占尽地利优势，唐军多次进攻无果只得退兵。太宗皇帝也曾有过西攻建安（今辽宁盖州青石岭）的想法，也一度打算移兵乌骨城（今辽宁凤城以南）。只是，如此行军有腹背受敌之险，终被李勣、长孙无忌等人极力谏止。皇帝率军亲征，当以稳妥为重，唯有先破安市，再取建安，然后长驱而进才是万全之策。

武则天微微一笑，将计就计道："关键就在于此。太宗皇帝一生征战行险之举可谓比比皆是，且唐军骁勇善战，又何惧小小高丽守军？而且，一旦攻下建安，就可以两军夹攻安市，安市腹背受敌当可轻易收复。李勣等人当然也知晓这一道理，只是有先帝随军亲征，生怕先帝受惊，才变得畏首畏尾起来。"

听到这里，李治终于明白了武则天这番话的意义所在。

"如今，倘若陛下随军出征，将领们处处以陛下安危为重，必定会采取正面作战。如此一来，战事必定旷日持久，待我军攻下所有城镇，还能有多少兵力进攻高丽都城平壤？远途征战宜速不宜迟，偶尔行步险棋也无不可，或许一步险棋可以盘活整盘棋！"

"媚娘这番话有理有据，只是朕亲征诏书已下，金口玉言，怎可反复?"李治终于被武则天说动。

"陛下放心，臣妾自有打算。"

武则天的确已有打算，她打算抗表上谏，劝李治收回亲征高丽的念头，也给皇帝一个台阶下。在当时，后妃进谏并非没有先例，太宗皇帝时充容徐惠便曾以隋亡为鉴劝谏太宗。这篇谏书文理俱佳，被后人传为佳话，甚至被后人收录进了两《唐书》。

就这样，在皇帝亲征诏书下发十四天后，武皇后在满朝文武的期盼下抗表上谏，满朝文武随声附和，皇帝趁机下台，亲征一事就此草草收场。李治亲征一事，真正的赢家就是武则天。抗表上谏，让武皇后出尽了风头，更为她赢得了满朝文武及天下百姓的啧啧赞叹。再加上武皇后在战时的襄赞、策划理智而高明，在朝臣中的声望愈加显赫，英明贤德之举深入人心。

李治亲征作罢，高丽战事却不能停。四月，皇帝下诏，命唐军四万四千人以水陆两路再向高丽进攻。苏定方接诏后，立即率领大军北上攻打高丽。唐军连战皆捷，至七月已进抵平壤城下。

攻打高丽的形势一片大好，半岛南端的局势却麻烦了起来。原来，当时百济虽亡，但各地的地方势力和守备军并未受到打击。所以，亡国后不久，百济各地就掀起了抵抗运动，蔓延全境。刘仁愿的守军兵少力单，结果被困于泗比城。至于熊津江口，王文度一到任后就死了，部众根本无人管带。

半岛南端有了险情，苏定方也不能回师解救。所以，当前最为重要的，就是选出一位将领接替王文度，统帅熊津江口的守军前往营救。

可是，到底该命谁率领这支队伍前去救援？李治又犯起了头疼病，左思右想，也想不出最佳人选。这时候，李义府竟然上奏一本，推荐白衣从军的刘仁轨带兵救援。

在叛军四起的百济，要想率军孤军作战，营救刘仁愿的军队，是一个很艰难的任务。正因为如此，李义府决定将这个烫手的山芋抛给刘仁轨，也就有了第二次杀掉刘仁轨的机会。高宗皇帝和武则天对刘仁轨的能力十分认可，虽然刘仁轨从未带过兵，但他对百济战场有着充分的认识。于是，李治诏令刘仁轨为检校带方州刺史，领王文度部众，从近道征发新罗兵以救援刘仁愿。

刘仁轨得到消息后，十分高兴，不禁对天感慨道："这是老天将要提携我，使我富贵的开始啊！"

就这样，刘仁轨选吉日出行。这一年刘仁轨刚满六十岁，从来没有带过兵。鉴于自己没有作战经验，刘仁轨治军非常严明，兵众战斗力也很强，很快就将守卫在熊津江口的百济军打败，解除了百济军对泗比城的包围。刘仁轨见所率唐军兵少，便与刘仁愿合兵一处，养兵蓄锐。

与此同时，高丽战场上的苏定方遭受挫折。自围住平壤城后，唐军一直久攻不下。北面的陆路增援也在鸭绿江受阻，陆路增援不是十分顺利。为防不测，皇帝于次年二月命苏定方撤围退兵。但这样一来，留在百济故地的刘仁轨、刘仁愿一军的处境就更加危险了。于是，皇帝下诏，命刘仁轨、刘仁愿马上撤兵，要么渡海回国，要么到新罗休整。

对此，刘仁轨有自己的看法。他认为，要灭高丽，必先彻底灭掉百济，如果放弃熊津府回国，百济马上就会死灰复燃。那么，不仅此次出兵前功尽弃，以后也再难得有这样的机会了。所以，他坚持留守百济。

皇帝当然清楚这个道理，只是担心刘仁轨、刘仁愿的安危。如今，既然他们主动要求留下，李治当即应允。刘仁轨不仅留守百济，还先后攻克了支罗城及伊城、大山、沙井等地，又与新罗联兵攻克了险要之地真岘城，一举打通了通往新罗的粮道。就这样，百济唐军的补给有了保障，牢牢地在百济站稳了脚跟。

此时的百济已经无力进攻唐军，只得派使者赴日本请援。

龙朔三年（663）三月，日本天智天皇打算插手朝鲜半岛事务，便派出精锐部队近三万人，渡海前来支援百济，攻陷了新罗好几座城市，切断了唐军与新罗军的联系。

李治得到消息后，当即征发淄、青、莱、海四州兵马七千余人，由右威卫将军孙仁师率领，开赴熊津，与刘仁轨、刘仁愿所部会师。他们听从了刘仁轨的建议，擒贼先擒王，猛攻百济军队的老巢周留城。周留城岌岌可危，赶紧向日本军队求救。为了解救周留城之危，日本天皇命万余日军乘坐海船前往救援，救援军准备在白江口登陆。

此时正是唐高宗龙朔三年八月，日军在白江口遇上了刘仁轨率领的大唐水师。唐军水师对日军进行火攻，一时之间，烟焰涨天，唐军箭发如雨，日军溃不成军，几乎全军覆没。周留城中的百济王子扶余忠胜、扶余忠志眼见大势已去，只得率众向唐军投降。

百济投降后，刘仁轨还展露出自己的经营才华。他见百济民生凋蔽，百废待兴，大力发展农业生产，把当地生产搞得有声有色，很快就呈现出一片安居乐业的景象。刘仁轨当然不会忘记自己坚守百济的初衷，他率军屯田，聚积粮草，操练士卒，也为进攻高丽做准备。

刘仁轨坚守百济数年。正如他所期望的那样，几年后，高丽就重蹈了百济的命运，驻守百济的刘仁轨、刘仁愿为攻打高丽立下大功。刘仁轨因为他的丰功伟绩，也成了皇帝最信任、最亲近的大臣之一。

帝后间隙

龙朔元年（661）四月，就在苏定方率军出征高丽时，皇帝率群臣离开了长安，前往洛阳合璧宫，在洛阳一呆就是一整年。直到次年四月，李治才率群臣返回了长安太极宫。刚抵太极宫不久，李治风疾就再度发作。

皇帝素来不喜太极宫。太极宫地势低，秋日潮湿，夏日闷热，宫室也十分狭小、陈旧。如今风疾发作，对太极宫更是多了几分厌恶。可长安毕竟为李唐皇室的根基所在，作为李唐天子不便久居洛阳，只得闷闷不乐地在太极宫耗时日。

武则天得知后了李治的心思，便有意在太极宫外另建一所皇宫，很快她的目光就落在了大明宫上。

大明宫始建于贞观八年（634），原名永安宫，贞观九年正月改名大明宫，是太宗皇帝为太上皇李渊修建的夏宫。可惜的是，宫殿还未建成，太上皇李渊就于次年五月病死，营建工程就此停工。

大明宫的选址非常讲究，位于城北龙首原头的高阜上，遥对终南山，俯瞰长安城，规模宏大，气势壮阔。倘若能够在大明宫的原址上重新修建一座宫殿，可望终南如指掌，俯视京城坊市街陌如在槛内。再加上浓密的树荫及清凉的湖水，可在炎炎烈日下形成一个清凉的小气候，对于高宗皇帝休养身体十分有益。

更让武则天满意的是，皇帝一旦搬到了数里之外的大明宫，那么日常听政的地方就得设在大明宫内廷，而不会在外朝进行。一旦能在内廷议

政，宰相的地位就会由此大降，皇权就会进一步提升。这样，武则天对外廷的操控也会更加容易、方便一些。

所以，武则天建议皇帝重建大明宫。李治大喜，立即下诏命司农卿修建大明宫。此时，大唐立国已将近半个世纪，国富民安，朝中官员也无人反对，大明宫终于破土动工了！修建宫殿需大量物资，李治便下令关内道延、雍、同、岐、幽、华、宁、鄜、坊、泾、虢、绛、晋、蒲、庆等十五州捐钱资助修建。

大明宫修建一事十分繁杂，李治需安心静养，诸事像往常一样悉数交给武则天。每隔几日，司农卿都要入宫亲自向皇后禀告工程进度，所耗石料、木料、金银等事无巨细悉数汇报。对于朝中政事，武则天也不敢怠慢，许敬宗、李义府等人进宫禀报朝事，皆往武皇后处。

渐渐地，李治殿前竟有些冷清了。自亲征被武皇后力谏而止后，皇帝心里总有些落寞，如今见李义府、许敬宗唯皇后马首是瞻，心里更是有几分不悦。思来想去，皇帝决定亲自提拔几个大臣，培养为自己的心腹，这样才不致于处处被动，临朝处事才有皇帝的威信。

就这样，皇帝先后提拔了十多位官吏，其中有司刑太常伯刘祥道、太子左中护郝处俊，奉常正卿源直心等。不久后，皇帝又加封上官仪为西台侍郎，同东西台门下三品，即中书门下三品，参知政事。

上官仪一下子就加入了宰相行列。

上官仪是贞观年间进士，被授弘文馆直学士，后被皇帝授秘书少监。在朝臣眼中，上官仪的角色很单一，就是一个宫廷宴会诗人。上官仪很擅写五言诗，诗作格律工整，以绮丽婉媚为本，多为颂扬皇上威德之作。也正因为如此，上官仪入了高宗皇帝的法眼，被提拔为宰相。

上官仪闻讯喜出望外，连忙进宫叩谢皇恩，又按照同僚的好心建议，前去拜谢武皇后。上官仪常进宫参加宴会，武则天见过他几次。武则天与其谈了些朝事，又谈了谈五言诗，这才语重心长地嘱咐道："上官爱卿，宰相比不得写诗，兴之所至，随兴而发。朝中的这么多事，爱卿还需三思而后行，万不可鲁莽行事啊！"

"蒙娘娘恩宠，臣有今日，臣定不辱娘娘教诲，请娘娘放心！"上官仪连忙叩头应道。

如此说了几句，武则天才吩咐其退下。

上官仪刚走，李义府就来了，把皇帝加封上官仪为西台侍郎，同东西台门下三品的事情告知武则天，并表达了自己的强烈不满。

原来，按照唐制，官吏的任免和升迁多由宰相掌握，圣旨诏令皆出自中书，只需报知皇帝批准即可。因此，往往宰相能够令行如山，皇帝个人要破格提拔官员很少见，由皇帝直接提拔上来的官员更是屈指可数。当时，朝中官员的任免主要就把握在李义府及许敬宗等人手上，李勣虽偶有提拔，却是寥寥无几。

李义府身为吏部尚书，十分享受官员任免、升迁的权力，哪知道皇帝突然来了兴致，以不满诸宰相推荐的官员为由，一口气提拔了十多人。李治此举前所未有，实属反常，李义府不敢有异议，也只好到皇后这里诉苦："皇上破格提拔官员十余位，有违大唐典制，前所未有。一些小人鱼龙混杂，充斥朝堂之上，只怕于江山不利！"

"皇上要封谁的官，又是你们能管的？"武则天答道。

"臣身为吏部尚书，职责当为皇上挑选栋梁之才。如今皇上破格提拔他人，不顾臣等宰相意见，实在是让臣等蒙羞啊！"李义府终于道出自己的来意。

"国家正需栋梁之才，皇上此举乃为江山社稷而发。卿身为国家重臣，当处处以国家为重，实在不该有这些顾虑。"

李义府听罢，也不敢再多言语，讪讪地退下了。

其实，武则天心里对高宗皇帝此举也有不满，只是不敢吐露罢了。李治的心里在想什么，武则天一清二楚。皇后参政让一朝天子受冷落，实在是一件危险的事情。可是，此时的武则天已经开始参与朝政，领略个中滋味，自然不肯轻易收手。好在，她在这些权力生活中学会了很多处事之道，连忙寻找机会和李治亲近，试图弥补皇帝心理上的落差。对于皇帝一而再再而三地破格提拔官员，武则天也并不多言。

不久后，李治又亲自提拔许圉师为左相。许圉师是大将许绍次子，举进士，有才干，博涉艺文。李治对其青睐有加，破格加以提拔。对于李治此举，武则天不加干涉，李义府、许敬宗等人可坐不住了，恨不得立即寻个不是，将这个新宰相排挤出去。

说来也巧，这个不是很快就被李义府给寻着了，许圉师出任奉辇直长的儿子给刚刚升官的父亲闯下了大祸。奉辇直长，即尚辇直长，在当时是

一个正七品的官员。在京城，这个官职不算大，可仗着有父亲撑腰，这个儿子行事很有些飞扬跋扈。一次游猎中，他踩踏了农夫的田地，农夫前来理论，他竟放箭将农夫射死。

许圉师得知后，吓得直打冷战。在当时，杀人要偿命，一旦交付官府，这个儿子的小命难保。许圉师爱子心切，只将儿子狠狠地打了一百大板，再没有追究，故意将此事压下了。很快这件事就传到了李义府的耳朵里，天赐机缘李义府哪肯放过？他连忙找来西台舍人袁公瑜，两个人商议一番，决定找个人匿名上书高宗皇帝。

这天早朝，朝臣秉奏朝事后，李治突然拿出一纸奏折，意味深长地对新相许圉师道："圉师，朕手中有一纸匿名奏书。奏书中称，圉师的爱子在游猎时踩踏了农田，而且还杀死了农夫。可有此事？"

许圉师听罢，吓得腿都软了，可他也清楚，一旦承认此事，爱子的小命不保，只得硬着头皮矢口否认道："陛下，臣身为宰相，向来直言直语，得罪了许多人，这才为他人诬陷。还请陛下明察，还臣一个清白。"

李治看着许圉师那个样子，真是气不打一处来。原来，他接到奏章后，早已经派人暗中查访，结果奏书所言句句属实。

李治一怒，拍案而起，大声责问道："明察？圉师啊，此事朕早已经派人查访过了。你身为宰相，竟然纵容爱子侵陵百姓，而且隐匿起来不上报，这不是作威作福是什么！"

听了这话，许圉师扑腾一声跪了下来，心里虽知罪，嘴上却仍在狡辩道："陛下，那些作威福的人，或者手握强兵，或者身居重镇。臣一个小小的文官，只知道闭门自守，处理政事，怎么能说我作威作福？"

"原来如此！你是怨恨自己手里无兵，不能举旗造反吗！"这下子，李治可真的发怒了。

许圉师话一出口就后悔了。如今见李治发怒，也只得低头不应。

李义府、许敬宗在一旁看得心花怒发，许敬宗更是火上浇油对李治道："许圉师身为宰相竟然说出这等话，真是罪不容诛啊！"

"好，那朕就罢免他的宰相之职，入狱审查！"李治当即下了口谕。

就这样，在李义府、许敬宗等人的排挤下，许圉师被排挤出了宰相行列。入狱后，许圉师对儿子所犯之罪供认不讳，李治也就不再追究，将其贬为虔州刺史（今江西赣州）。数年后，李治又念其才情，将他提拔为户部尚书。许圉师病逝后，李治又赠其为幽州都督，谥"简"，陪葬恭陵。这是后话。

在李义府、许敬宗等人对朝廷新贵的打压中，武则天一直没有插手。她一方面处理朝中杂事，监修大明宫，另一方面则安心养胎。

龙朔二年六月初一，武则天在太极宫又为李治生下了一个儿子。这是他们的第四个儿子，更是李治所有儿子中最幼的第八子。李治龙颜大悦，为其取名为旭轮（后改名为旦，即睿宗李旦）。小皇子满月时，皇帝赐宴三日，大赦天下。不久后，李治再次下令，封旭轮为殷王，遥领冀州大都督、单于大都护、右金吾卫大将军。

小皇子的出生让帝后之间的小小间隙得以缓解，武皇后母子宠极一时。

与此同时，大明宫的重修正如火如荼地紧张进行着。由于资金匮乏，武则天请奏减京官一月俸，作为修建经费，李治应允。至龙朔三年，大明宫终于修建完毕，皇帝带着妻儿喜气洋洋地搬进了"新家"。十多年后，正是在这里，武则天改唐为周，成了中国历史上唯一一位女皇帝。

李义府被贬

自许圉师被贬后，李义府可谓春风得意，行事也越发地没有了顾忌。他强占民田，夺人奴婢，卖官鬻爵，排除异己，搞得民怨沸腾。为了改葬祖父，下令在高陵、栎阳、富平、云间、三原等七县征集民工，修建墓室。

对于李义府，各县县令不敢怠慢，三原县县令李孝节更认为这是千载难逢的好机遇，极力讨好李义府。他私役丁夫车牛，为李义府修建墓室昼夜不息。其他县令见状也不敢怠慢，连忙也起而效仿，唯独高陵县县令是个厚道人，不愿给百姓带来更大的苦难，又不敢得罪李义府，只好自己事事操劳，结果累死在工地上。

李义府祖父迁葬那天，浩浩荡荡的送葬车马和祭奠摆设足足蜿蜒了七十多里，送葬人群车马，从灞桥到三原，相继不绝。打从大唐开国以来，还从未有哪个大臣送葬典礼可与之媲美。李义府大办丧事朝臣不能视而不

见，争先馈赠财物，李义府借机索取的贿赂不计其数。

李义府此举很快就传到了李治耳朵里。李治清楚李义府的为人，李义府如此嚣张跋扈并不是一天两天的事情。先是私纳女犯淳于氏为妾，后又与杜正伦当朝吵架，全然不把大唐律法放在眼里。不过，李治一直感念李义府有功于自己，也就睁一只眼闭一只眼，全当没看见。

皇帝的容忍更加刺激了李义府的贪欲，他也就越发猖狂起来。正所谓上梁不正下梁歪，有他的榜样在前，李家的儿子女婿们也是无所不为。很快就闹得不成样子。这一回，高宗也觉得说不过去了，便将李义府宣进大明宫紫宸殿，打算劝阻一番。

"义府，近几天常有官员上奏，称爱卿的子婿行为不很检点。朕感念你有大功于朕，都帮你遮掩过去了。不过，子婿们长此以往终究有些不妥。还望你以后对子婿严加管教，再不要做出如此出格之事。"高宗皇帝面色和蔼地劝说道。

李治只是想给李义府打个预防针，对于李义府子婿所犯之事并不想追究。哪知道，李义府对李治这番好意点醒并不领情，反而勃然大怒，气势汹汹地盯着李治反问道："是哪个人奏报的？"

李治被李义府这么一盯，心里很有些不舒服。不过，他仍旧和颜悦色地对李义府说道："义府，是谁奏报你就不要穷追了，只要你能够管教好子婿，其他无须挂心。"

"哼！不说便不说！"李义府骄纵惯了，见李治如此，有些气急败坏。他不但不为家人的过错向李治做任何道歉，反而掉头走人扬长而去，把李治晾在了当场。

皇帝没有开口臣下竟然一走了之，实在是大逆不道的举止，李治无论如何没有想到李义府竟然如此轻蔑自己。望着李义府的背影，李治气愤不已，虽没有立即发作，却已决意寻个机会狠狠地整治他一番了。

对于自己的举止，李义府根本没有放在心上。他深受皇后宠爱，认为这么做并没有什么不妥。武则天得知此事后，连忙把李义府宣进宫，委婉地劝他要收敛一些，否则自己也无力保他。李义府点头称是，可心里却没有半点悔改之意。

从那以后，李义府仍然一意孤行。

龙朔三年春，李义府的母亲突然病逝。李治下诏，准他初一、十五在家为母亲哭丧。李义府并没把母亲的死放在心上，反而与著名的星相大师杜元纪悄悄溜到东城，登上左冢瞭望风水。此事被人发现后，议论纷纷，推测他出来窥视星象，意欲图谋不轨。对于人们的议论，李义府仍旧没放在心上，不久后又让杜元纪为自己的宅院望气。

杜元纪一看，便意味深长地告知李义府，李府有"狱气"，需要花掉积钱两千万，才可以除去晦气。

李义府信以为真，为了免除牢狱之灾，更加急切地收敛钱财，卖官鬻爵。李义府卖官的生意做得十分兴隆。按唐制，五品以下官员的升迁不必报知皇帝，再加上有同僚许敬宗帮忙，他想把官卖给谁就卖给谁，甚至把官卖给已经倒台的长孙无忌一族。

自长孙无忌倒台以后，长孙一族入仕难比登天，长孙无忌的孙子长孙延却偏偏就想当官。他见李义府公然卖官，便带上银钱求李义府赏个一官半职。李义府正需钱财驱逐狱气，当即应允。五天后，李义府兑现诺言，为长孙延谋了一个司津监的六品官。长孙延连忙奉上七十万，作为买下司津监的筹码。

李义府本以为这是小事一桩，殊不知把官卖给长孙延却是一件万万不可的事情。对于长孙一族，李治一直心存忌惮，生怕他们死灰复燃，绝不会给他们一点翻身的机会。这一点，就连朝臣都很清楚。

右金吾仓曹参军杨行颖得知此事后，立即抓住把柄，上书李治，尽数李义府罪状。李治因与李义府有隙在前，如今见他做出此等事情，勃然大怒。卖官还是小事，把官卖给长孙家才真是罪大恶极。

于是，李治立即下令把李义府关进了监狱，并派司刑太常伯（即刑部尚书）刘祥道审讯李义府。另又派司空李勣负责监督。

武则天得知消息后，大吃一惊。李义府受皇后专宠已是满朝皆知的事情，早前的刘仁轨被陷害、王义方被贬、毕正义自杀、杜正伦被贬早已给当朝官员敲响了警钟，谁还敢上书弹劾李义府？更何况，金吾仓曹参军不过是一个小小的八品官，八品官胆敢弹劾宰相李义府，他的身后必定有靠山，而且来头不小！

武则天来不及多想，立即决定起身前去向李治求情，远远地就被内侍阻拦在紫宸殿外。"娘娘，皇上正与太常伯刘大人商讨要事，还请在别殿稍候。"

又是刘祥道！武则天一听到刘祥道的名字，气就不打一处来。司刑太常伯刘祥道向来厌恶李义府，如今安排他审理李义府的案子，恐怕李义府凶多吉少。至于负责监督的司空李勣，与李义府不和更是人尽皆知，唯一和李义府交好的许敬宗则被排挤在审讯人员之列。想到这里，武则天突然开了窍，突然明白了皇帝的别有用心。八品金吾仓曹参军胆敢弹劾李义府，杨行颖背后的靠山正是大唐天子皇帝！

看来，皇帝已经决意除掉李义府。更何况，李义府劣迹斑斑，在官在民，对他的愤怒都达到了极点。此时自己再为他求情，可能会祸延自身！武则天是个聪明人，想通了这一点后，便打消了最初的想法，为了避嫌，她甚至再没有主动过问李义府的案子。

一切正如武则天所料。刘祥道审讯起李义府来可真是不遗余力，不仅发现李义府卖官、渎职，还证实李义府确与星相师杜元纪窥视星象，意欲图谋不轨。就这样，高宗皇帝以李义府卖官、渎职、结交阴阳师、轻慢哀礼等罪名，将其官爵尽除，长期流放到嶲州（今四川西昌）。他的长子李津也受牵连，被长期流放振州（今海南崖县）。次子李洽、三子李洋和女婿柳元贞等人，也除名长期流放廷州（今广西天峨东北）。

李义府被贬，百姓闻讯拍手称快，朝臣也莫不为此告谢天地。有人还写了一篇游戏文《河间道行军元帅刘祥道破铜山大贼李义府露布》张贴于大街小巷。在这篇文章里，李义府成了"铜山大贼"，即劫掠铜铁钱财，堆积如山的江洋大盗；而司刑太常伯刘祥道则成了堪比苏定方的大将军。至此以后，刘祥道就成了百姓心中的大英雄，此后不久更是接替了李义府的位置，当上了中书令，宠极一时。

李义府虽被贬，武则天还是心存侥幸。李义府数次被贬，不都成功地返回长安，继续做他的宰相吗？不仅武则天，就连朝廷中的许多官员也都认为如此。鉴于李义府沉而复起的经历，东台（门下省）侍郎薛元超便奏请破例让流放中的李义府骑马。而按照唐律，流人是不允许骑马的。薛元超本来是想拍拍这位皇后宠臣的马屁，以后李义府要是再度出山，岂不是给自己开辟了条升官发财的大道？

薛元超是太宗皇帝面前的宠臣，曾娶太宗的侄女、巢王李元吉的女儿为妻。李治即位后，薛元超迁给事中，多次上书指陈时政得失，受到皇帝的称赞和采纳。永徽五年（654），薛元超因母亲去世离职，第二年李治就又重新起用他为黄门侍郎。不久，薛元超又拜封为东台侍郎，一直受高宗器重。

武则天一直有心为李义府求情，只不敢鲁莽行事。薛元超此举，可算给武则天投石问路。薛元超的打算是不错，只可惜这次李治已经决意摒弃李义府。李治见奏后大动肝火，立即将薛元超贬出京城。

薛元超的被贬，终于让武则天死了心，再也不敢有搭救李义府的打算。眼见着对自己忠心耿耿的宠臣落到如此下场，武则天的心里很不是滋味。当初，在朝臣力保王皇后，对武昭仪轻蔑谩骂的时候，是李义府第一个站出来支持立她为后。就因为如此，武则天这么多年来一直纵容李义府，为其保驾护航。可此一时彼一时，当初皇帝也感激他首策之功，武则天才敢竭尽全力地为自己的功臣周旋。如今，李治动怒，她怎能为了保一名亲信而丢掉皇帝的欢心？

这一回，李义府是真的倒台了。两年后，李治改元乾封，大赦天下。李义府闻讯，连忙写了一首《在巂州遥叙封禅》献上。可惜，李治并不为此动容，反而为赦令加了另外一个规定：唯长流人不许还。这下李义府一家被排除在赦令之外。听到这个消息，李义府忧愤而亡，年五十三岁。对于李义府，武则天一直心存感激。武则天登基为帝后，还特地追封李义府为扬州大都督，对其妻儿也照顾颇多。

李义府之所以被皇帝摒弃，不仅因为他多行不义，还因为他过分抬举了皇后，而疏离了皇上。要知道，无论是对皇上还是皇后，无论哪个成了自己的敌人，日子都不会好过。一年后，又一位宰相犯了和李义府类似的错误。李义府是过分亲近了皇后，这位宰相却是过分亲近了皇上，以至于父子双双殒命。

这位宰相就是上官仪。

第九章　二圣临朝

废后风波

李义府被废黜，对于久居深宫、初涉朝政的武则天是个很大的打击。李义府位居宰相，掌握中书出旨权，再加上掌握门下封驳权的许敬宗，武则天就可以暗中掌控朝廷，令自己的旨意畅通无阻地下达。如今，皇帝拿掉了李义府，武则天的权力立即被削弱，在外廷可以依赖的大臣只有许敬宗一人。

许敬宗六十八岁才拜相，皇帝还是太子时，两个人便有些交情，再加上许敬宗为人谨慎，高宗对其十分敬重。许敬宗得帝后欢心，自然位高权重，说话很有些分量。对于这一切，武则天还算差强人意，只是需要把更多的心思投入到朝政中来。

就在武则天一心处理朝政时，向来平静的后宫突然出现了危机警报。自武则天登上后位，一直独享皇帝的宠幸，接连为李治生下五个儿女。与此同时，后宫其他妃嫔却一直未有生育。倒不是皇帝没有亲近其他妃嫔之心，只是武则天看管得严罢了。这一阵子，武则天忙于朝事，对皇帝的看管竟也松懈了下来，才给皇帝可趁之机。

皇帝的新宠不是别人，正是武则天的亲姐姐韩国夫人贺兰氏。

自武则天生下李弘后，李治就把韩国夫人接进宫来照顾妹妹。待武则天成为皇后，韩国夫人更是得以频频入宫，两姐妹关系十分亲密。只可惜，韩国夫人非本分之人，她见武则天因得李治欢心宠极一时，便有意勾搭起皇帝来。韩国夫人虽年近四十，孀居经年，但姿容未衰，风韵犹存。

李治被武则天挟制多年，见到投怀送抱的韩国夫人，突然尝到了久违的欢悦，久而久之，竟然迷恋上了这个半老徐娘的女人。

这天，李治正和韩国夫人在宫内幽会，被武则天得知了消息。武则天真是肝肠寸断。若是其他女子勾引高宗还好，可偏偏是自己的亲姐姐！武则天本来性情暴烈，也顾不得许多，当即带着宫女内侍前往李治寝宫，抓了李治和韩国夫人一个现形。

李治真是又羞又恼，倒是韩国夫人立即微笑着迎了上去道："原来是妹妹！深夜来此怕是有政事与皇帝相商，那我便退下吧！"

"姐姐暂且留步。"武则天连忙上前拉住了韩国夫人的手，强作欢颜道："皇上龙体欠安，妹妹有事一直未能相陪，这几天还真要多谢姐姐费心了！"

"一家人何必说两家话，这是姐姐应该的。"韩国夫人说完便扭身离开了，武则天也没加挽留。

韩国夫人一走，皇帝立即就乱了阵脚。只见他满脸通红，想要开口说点什么，却吐不出半个字来。武则天也没有多说什么，转身径自离去，只留下高宗一人怅然若失。

一个月后，韩国夫人突然得了急症，经御医诊治无效身亡。对于韩国夫人之死，李治十分怀疑，认为韩国夫人之死很可能与武则天有关。只可惜，李治找不到证据，也只得作罢。

韩国夫人的暴亡，使皇帝对武则天生出了几许厌恶之心。再加上近年来武则天不断干预朝政，在群臣中影响力骤增，皇帝反而受其钳制，更让李治生出了几许不满。可不满又能如何？李治也只能把怒火强压下去，以待时机。

皇帝的时机很快就到了。

武则天自搬进大明宫后，就一直睡得不安稳，为了焚香驱鬼，她找到了道士郭行真。郭行真在当时颇有名气，号"东岳先生"，门生弟子遍天下。由于声名显赫，朝廷便授予其朝散大夫骑都尉的官职，供职于东宫，经常为体弱多病的太子弘合药诊病。郭行真得皇后令后，立即在大明宫内设立祭坛，焚香驱鬼。

当时，唐王室对于宫中行巫之事一直极为忌惮，李治的废皇后王氏就是因宫中行巫厌胜被武则天抓住了把柄，最终惨死。所以，武则天把这件

事情做得极为隐秘，只有身边几个宫女亲信知晓。不过，这件事还是偷偷地在宫中传开了，并迅速传到了皇帝的内侍王伏胜耳朵里。

王伏胜跟随皇帝多年，善于揣摩皇帝心思，在诸多宦官中混得还算不错。武则天当场抓获皇帝与韩国夫人私情后，对王伏胜知情不报一直怀恨在心，私底下没少为难他。所以，当王伏胜得知皇后行巫一事后，立即生出了报复之心。王伏胜是个聪明人，他知道皇帝近来对皇后的所作所为十分不满，连忙把皇后行巫的前前后后告知皇帝。

李治闻讯后暴跳如雷。

其实，李治十分了解道士郭行真，否则也不会授予其骑都尉的官职。显庆年间，皇帝和武则天情意正浓时，还曾派郭行真代表皇帝皇后赴泰山，为帝后二人行道祈福，并立了一块双石并立如鸳鸯并栖的异形石碑。所以，郭行真出入禁宫设立祭坛也并非什么大不了的事情。不过，此时皇帝对武则天心怀不满，不愿意错失良机，立刻传召自己的亲信上官仪入宫商议。

上官仪接诏后立即赶往紫宸殿，喘息未定，皇帝便告知了武皇后行巫一事。

上官仪是个书呆子，又恃才傲物、狂妄自大，对于政治其实一无所知。初任宰相之时，他对武皇后还心存忌惮，如今仗着李治信赖，早就不把皇后武氏放在眼里。在他看来，女人参政议政违反纲常，天理难容。所以，当他得知武皇后行巫一事，当即为皇帝拿了个主意："皇后武氏恃宠骄横，天下臣民早就已经有了怨言。如今，她竟与道士在宫中行巫，实在有损皇后尊严，还请陛下废黜她的皇后之位！"

"废后？"李治对武则天行事的确不满，可并没有废后的心思，只是想借机教训她一下，令她日后行事收敛一些。如今上官仪突然提出废后，可真让李治吓了一跳。"皇后此举为本朝圣法所不容，理当惩诫，只是……"

"陛下为武氏钳制多时，满朝文武心知肚明。陛下万不可心怀仁慈，否则时机已失，再后悔可就来不及了！"上官仪见高宗犹豫，连忙开口劝道。

皇帝一直对武则天行事不满，如今被上官仪这么一说，竟也生出了废后之心。废后的念头刚跳出来，李治就感到了一丝欣喜。一旦武后被废，多年来束缚自己的桎梏将随之瓦解，他便可以当上真正的皇帝，可以爱他所爱了！想到这里，李治立即朗声对上官仪道："朕也早就有废后之心。你现在就起草一份诏书，朕明天上朝时就宣布废后！"

上官仪喜出望外，当场取过纸笔，起草了废后诏书。

这边，上官仪还在起草废后诏书，武则天那边就已经得知了废后一事。武则天还不敢相信，连忙带着侍从前往紫宸殿求证。武则天赶到紫宸殿时，上官仪的废后诏书刚刚写完。她径直走到上官仪跟前，把诏书从头至尾看了一遍，扭头对高宗道："陛下想要废黜臣妾？"

李治见到武则天后吓得面色苍白，头晕目眩。如今武则天开口责问，他连忙颤抖着声音回答道："王伏胜向朕秉奏，媚娘在宫中与道人行巫……"

听了这话，武则天的眼圈竟然红了，眼泪一对一双儿地掉了下来。她将废后诏书扔在一边，哽咽道："大明宫修立之初，臣妾担心其中有晦气，便命人做法将宫中的邪异之气驱除，以保圣上祥瑞吉安。难道，这也是臣妾的罪过？"

"这……"皇帝得知武则天行巫缘由，又见武则天委屈得掉泪，一下子就乱了阵脚，废后的打算立即烟消云散。"媚娘，朕本没有废后之意，只是上官仪……"

"陛下为一朝天子，岂可轻易听信小人谗言？陛下龙体欠安，臣妾尽心尽力效奉朝廷和皇上，只盼陛下圣德光扬天下，举国百姓安居乐业。可陛下竟做出此等荒唐事来，叫臣妾如何……"说道这里，武则天轻声啜泣起来。

李治见状，连忙上前为武则天拭泪，自己竟也悔恨得掉下泪来。"媚娘为朕日夜操劳，朕应体恤媚娘一片苦心才是。今日之事都怪朕一时糊涂，还望媚娘见谅。"

武则天轻轻点了点头，又掏出手帕为李治擦去了泪水。夫妻俩尽释前嫌，尽显恩爱。过了好一阵儿，武则天才想起了仍旧跪在地上的上官仪，冷言将其赶出了紫宸殿。此时的上官仪面如死灰，双腿已经没了知觉，跌跌撞撞地离开了紫宸殿。他知道，等在他面前的将是一场严厉的审判。

武则天当然不会放过上官仪，不过她也知道，倘若不是高宗有废后之心，无论上官仪如何鼓动，都不会有如今这场宫廷政变。看来，只要李治愿意，朝廷内外潜伏的反对自己的势力一有风吹草动，便会死灰复燃，这

不仅仅只是处置上官仪就可以办到的，而是必须趁机铲除所有一切可能反对自己的势力。

很快，武则天就想到了前梁王李忠。

当年，李忠因巫蛊一事触怒了皇帝，是武则天求情留下了李忠一条性命。如今，武则天突然为自己当初的善举后悔起来。李忠毕竟为废太子，虽沦为阶下囚，仍不改他皇子身份。一旦有官员为其摇旗呐喊，自己的后位，甚至是长子李弘的太子之位都将不保。想到这里，武则天立即决定借机将李忠与上官仪联系在一起，一同处死！

第二天，许敬宗秉承武皇后的意愿上书李治，称上官仪、王伏胜曾侍奉废太子李忠，三人暗中勾结谋逆作乱，按律处斩。李治恍然大悟，原来上官仪极力撺掇自己废黜武皇后，乃因其有谋反之心！皇帝立即下令将上官仪及其儿子上官庭芝、宦官王伏胜等抓捕入狱。几天后，上官仪父子以及王伏胜就被押赴曹市处斩，废太子李忠则被赐死于流放地。

上官仪不懂得"疏不间亲"的道理，终因一时糊涂而付出了身家性命。跟着上官仪一起倒霉的，还有一向与他关系不错的右相刘祥道，被李治降为司礼太常伯。另外，左肃机郑钦泰等朝士也纷纷被流放贬官。

上官仪死后，他的家族随之受到清洗，族中女眷一律没入宫中为奴。这其中就有那个尚在襁褓，后来却名满天下的才女上官婉儿。上官婉儿可以说是武则天的左膀右臂，日后将在许多朝廷变故中起到极为关键的作用。这是后话。

垂帘听政

经历了废后之事，武则天如梦初醒。她终于意识到，皇帝虽生性懦弱，仍掌控着她的生杀大权。皇后的尊荣也不过是镜花水月，在帝王的心念一转之间便会化成泡沫。倘若不是情报及时，自己此时恐怕已经成为冷宫之囚。而要改变这一切，她就必须紧紧抓住李治的心，同时还要让自己变得更加强大。由此，武则天开始不满足于安分守己地做一个皇后，而是以攻为守，以不间断的进攻来攫取更大的权力，保护自己拥有的一切。

由于李义府被贬，武则天在外廷可以依赖的大臣主要就是许敬宗。许敬宗虽位高权重，毕竟年岁已大，所以武则天打算再给自己挑选几个心腹官员。只可惜，她身居九重深宫，和外朝直接交往的机会并不多。至于外戚，元庆、元爽兄弟已死，子侄们也不知天高地厚，武则天自然不肯再度提拔。思来想去，武则天突然想到了自己的外甥贺兰敏之。

贺兰敏之正是武则天的姐姐韩国夫人的儿子。对于韩国夫人，武则天虽怀恨在心，可姐姐毕竟是姐姐，幼年时她们相依为命，忍受异母兄弟的薄待，情分毕竟有点不同。韩国夫人风流美貌，她的儿子和女儿也是如此。贺兰敏之当时是长安城出名的美少年，为了提拔这个外甥，武则天下令贺兰敏之改姓武，作为武士彟的后嗣，袭周国公，希望可以将这个外甥培养成自己的得力助手。

贺兰敏之的被提拔，仍旧不能让武则天安心。要想保全自己的皇后之位，保全自己的性命，她还需要甚至直接操控外廷。而要直接操纵外廷，最有效可行的办法就是"垂帘听政"。

"垂帘听政"并不是武则天的突发奇想，早在战国时期，赵太后就曾"垂帘听政"。根据宫廷的规定，朝中官员不得直接观看和接触皇太后，所以辅政的皇太后一般坐在皇帝的身后，在皇帝和自己之间挂一道帘子，听官员们与皇帝谈论政务。

武则天的"垂帘听政"与赵太后有异。当时，赵太后之所以垂帘听政，是因为皇帝去世，继位的皇帝年纪幼小，无法独自处理朝政。如今，太子李弘奉诏，每五日在光顺门内上早朝，大臣所奏事中有微小者，便交由太子处理。皇帝正值壮年，虽身体病弱，但仍有独自处理朝政的能力。皇后垂帘，恐怕很难实行。不过，武则天顾不得这许多，向高宗皇帝表明了自己垂帘听政的打算。

皇帝听罢，虽有些犹豫，可经历废后一事，他一直觉得有愧于武则天。为了表明自己绝对再不会与大臣谋划不利妻儿之事的决心，也为了消解皇后对宰臣的担忧，高宗终于点头应允。从此以后，高宗每上宣政殿视朝，龙座后都加上了一道帘子，武皇后隐身其中，无论政事大小，无论哪个朝臣进见，她都要旁听。

这道帘子一垂就长达十多年，并终李治之世再未卷起。

帝后共同临朝听政，这旷古未有的场面哄动了天下，从此，李治与武后被世人称为"二圣"，"二圣临朝"的时代开始了。

武则天垂帘听政后，便打算挑选几个与自己亲近的人做宰相。只可惜，皇帝也已经意识到武则天的想法，在宰相的任职上十分谨慎，一律选取与自己亲密的官员。

第一个被任命的就是西台侍郎乐彦玮，命其同东西台三品参知政事。

乐彦玮与武皇后之间有过节儿。显庆元年，武则天的宠臣李义府曾指使已经去世的刘洎之子上书李治，称刘洎为褚遂良迫害致死。皇帝询问近臣，众臣皆点头称是。这时候，唯独乐彦玮进谏，称刘洎之罪获于前朝，若雪刘洎之罪，就等于说是先帝用刑不当。李治听罢，当即听从乐彦玮的建议，不再过问此事。

为刘洎平反，使褚遂良获罪，可以说是武则天清除长孙一族的重要一步棋。只因为乐彦玮一句话，武则天的这一着棋宣布失败。对此，武则天一直心怀不满。皇帝任命乐彦玮为宰相，用意十分明显。

第二个被任命为宰相的是孙处约。孙处约与武皇后并无过节，只是他与皇帝十分亲近，李治甚至曾说过："处约一人，足办我事。"所以，孙处约一直尽心尽力为高宗效力，与武皇后关系甚远。

这两个人被皇帝任命为宰相，给武则天一个不小的打击。不过，武则天的担心是多余的，经历废后未遂一事，李治与诸亲信大臣的关系变得微妙起来。

废黜武皇后，可以说是皇帝下的一步臭棋。皇帝性格懦弱，不仅没有坚持废后，反而在关键时刻还出卖了自己最亲信的、也是对自己最忠诚的大臣上官仪，致使上官一家遭受灭族之灾。李治此举，可真是寒了大臣的忠君之心，也不再有官员相信，这个朝廷是皇帝一人的天下，众官员也不得不考虑那个站在李治身后的女人武皇后。

有了这样的前车之鉴，除非有个别真正一心为国、不顾身家性命的社稷之臣，大多数朝臣都不再敢支持李治，做武皇后的敌人。不仅如此，在上官仪死后的很长一段时间里，甚至不再有大臣敢直接向皇帝进谏。哪怕是皇帝新近任命的两位宰相乐彦玮和孙处约，也不再敢向李治进谏，更不敢挑拨李治与武皇后的关系。更何况，如今武皇后垂帘听政，就坐在朝堂之上，哪个还敢向李治进谏言武后的是非？

这种局面很快就被皇帝发觉了。

麟德二年二月第一天，李治与武皇后一同视朝，群臣照例无人进谏。

皇帝思虑一番，终于开口道："隋炀帝就是因为不听忠言而亡了国，朕一直引以为戒，虚心向诸位爱卿求谏。可如今，怎么竟没有一人来谏，这是为什么？"

皇帝话音一落，大臣们鸦雀无声，谁都不敢开口说话。

沉默良久，司空李勣站出来打破了这个尴尬。李勣朗声说道："陛下的所为尽善尽美，群臣实在是没有什么可谏的啊！"

此时，李勣已经年近八旬，他一直奉行明哲保身，如今年事已高，更不想给自己及族人惹来什么麻烦。对于李义府一案，李勣作为唯一的监督人没有伸手相帮，只怕已经惹武皇后不悦，这时自然也该解除高宗的"疑惑"，帮武皇后一把，也算"将功赎罪"。

李治听罢半信半疑，可心里总算舒坦了不少。不过，对于沉默的孙处约和乐彦玮，李治还是产生了不满情绪。

麟德二年三月，东都乾元殿建成，李治率群臣幸东都合璧宫。抵达合璧宫不久，皇帝便找了个由头，同时免去孙处约和乐彦玮的相职。对于这空出来的两个相位，李治自然也不敢交与武则天处置，又选取另两位与自己亲近的大臣担当。一个就是老迈的陆敦信，另一个则是武将姜恪。

这两个宰相的任命可以说十分不合格。陆敦信年事已高，身体衰弱，根本无法处理朝事；姜恪只是一个武将，刚刚被提拔为司戎太常伯（兵部尚书），武功虽高，却不是那种出将入相的武将，并不具备宰相之才。

私底下，朝臣对李治此番任命颇多异议，许敬宗对此不敢多言，荣国夫人杨氏却并不忌讳，将朝臣诸般异议告知女儿。早在武则天垂帘听政之前，荣国夫人杨氏借身份之便，一直帮助女儿联系外廷。如今女儿得以临朝听政，杨氏更是如鱼得水，游走于官员府邸之间，帮助女儿拉拢官员。

武则天得知李治在群臣中失信，心里的石头终于落了地。如今，虽没有宰相任免的权力，却也不致威胁到自己的皇后之位。更何况，此时高宗所有重要的政事活动，就都在武则天的直接监视之下。

不久后，武则天再次生下一名公主。小公主长得圆圆滚滚，方额头宽下巴，模样和母亲十分相似，很得武则天的宠爱。永徽年间，身为昭仪的武则天为了陷害王皇后，曾亲手掐死了自己刚满月的女儿，对此一直愧疚难当。多年来，武则天一直渴望能够再生一个女儿，以弥补自己当年的罪恶，只可惜这几年来接连诞下皇子，竟无一个女儿。如今，武则天得以如

愿，便将此看做是上天对自己的宽恕，对这个小女儿便更加宠爱起来。皇帝对小公主也十分喜爱，视为掌上明珠般，亲自下诏赐号太平。

与此同时，唐王朝国泰民安，物阜民丰，一斗米才不过几文钱，就连监狱中的犯人也少了许多，每年断狱少则数十人，多也不过几百人，社会治安状况真是可与贞观年间媲美。国富力强之时，唐王朝在文化历法方面也颇有建树。世界上第一本官修药典《唐本草》问世；一百卷的字典工具书《字海》编修完毕，在收字数量上大大超过了《说文解字》；另外，天文历法书籍《麟德律》也由太史令李淳风制定完成，其内容十分精密科学，为世人所称道。

太平公主的降生，以及国力的强盛，使高宗皇帝的心情愉悦起来，对武则天也生出了几许感激之情。每日，夫妇二人一同视朝，对于朝中诸事，武则天一一帮助李治断决。朝罢，夫妇二人便前去探望小公主，李弘、李贤、李显以及旭轮（李旦）承欢膝下，一家人再次回复和睦、融洽的氛围之中。

握紧了皇帝的欢心，武则天变得踌躇满志起来。处在上升期的武则天，她的自信、抱负需要一个方式表现出来，她要在朝臣甚至百姓中提升自己的声望。很快，武则天就想到了表达这种自信和声望的绝佳方式——泰山封禅。

泰山封禅

泰山封禅是中国古代一种规格最高的祭祀仪式。其仪式包括"封"和"禅"两部分，所谓"封"，就是在泰山之顶聚土筑圆台以祭天帝，增泰山之高以表功归于天；所谓"禅"，就是在泰山之下的小山丘上积土筑方坛以祭地神，增大地之厚以报福广恩厚。两个坛的形状之所以不同，是因为古人相信"天圆地方"。

封禅最早起于春秋战国时代。当时齐、鲁的一些儒生看到诸侯争霸有趋于统一的趋势，就提出了这种设想。他们认为泰山为天下最高的山，人间的最高统治者就应当到泰山上去祭祀至高无上的天帝。封禅并不是可以随意进行的，只有"受天命"的帝王才可以举行封禅典礼。

要判断帝王是否受天命，还有几个硬性指标。首先，必须国富民安，天下太平，此外还要天降祥瑞。只有这样，才能举行封禅。在当时，能够进行封禅的帝王必定是文治武功都相当了得的人物。到隋唐时，已举行过封禅或者告祭泰山的帝王，有秦始皇、秦二世、汉武帝、汉光武帝、汉章帝、汉安帝和隋文帝等。

唐朝太宗皇帝也曾打算封禅。太宗皇帝虚怀纳谏、胸怀大局，在位期间社会安定，政治清明，人民富裕安康，出现了空前的繁荣。早在贞观六年（632），就曾有文武官员力劝太宗皇帝封禅，主张以此来扬大唐国威。太宗皇帝欣然接纳，哪知道却被魏徵拦住了。魏徵力谏太宗，认为国力尚弱，不能"崇虚名而受实害"。

太宗皇帝接纳了魏徵的劝谏，放弃了泰山封禅。

李治即位之初，也曾有数位官员建议封禅，都被李治回绝了。麟德年间，唐朝国力强盛，国泰民安，万邦悦服，百业兴盛。物资自比太宗时期丰厚，国库银两也不在话下，便又有官员上奏提出封禅。此时，皇帝已有封禅之心，但恐官员反对，便把奏章悄悄地压了下来，只在私下里和武则天提了一下。

武则天闻听大喜，立即赞同李治封禅。李治连忙反驳道："先帝太宗皇帝功德兼备，由汉朝以来无人能及，却未行封禅。朕承奉鸿业十多年，并没有什么大作为，却要封峦展礼，恐怕后世会有所议论。"

武则天听罢，连忙劝道："陛下自永徽以来，任贤用能，民和岁稔，攻克突厥，平定高丽，文治武功远可以与秦皇汉武媲美，近可以与高祖太宗相当。陛下以封禅的形式宣示天下，这样才能回报上苍，成就更加轰烈的伟业！"

李治听得心里十分受用，却不敢贸然行事，生怕在群臣中落下把柄，所以有些试探性地说道："只怕朝中大臣有反对的，当年太宗皇帝封禅之举便为魏徵所谏止。"

武则天当然明白李治的心思，便微笑着说道："陛下放心，臣妾再上一书请封禅泰山，以陛下之功业，定不会有反对的，封禅一事必定能够成行。"

麟德二年（665）五月，武则天果真上书高宗，请封泰山。奏书一出，百官附和。皇帝顺势下诏，命李勣、许敬宗、陆敦信、窦德玄等为检校封

禅使，先去泰山筹备具体的封禅活动。朝廷里的礼官学士则对封禅礼仪中的仪式排列、祀坛建筑及玉册形制、皇帝服饰等问题进行讨论，以确保封禅大典顺利完成。

武则天十分热衷于泰山封禅，这不仅仅是出于简单的对山川崇拜，而是因为泰山封禅在当时是一件有着宏大政治背景的活动。按照旧制，泰山封禅主要有三个步骤，分别为首献、亚献与终献。祭天，以皇帝为首献，也就是皇帝率先主持告天；随后由皇太后主持亚献，以祭地。不过，在历史上，能够进行泰山封禅的帝王也已近暮年，更别提皇太后了。即便还健在，也已经老态龙钟。所以，亚献一般都由亲王、公卿替代；最后，由德高望重的大臣主持终献。

要是按照旧制，泰山封禅一事与武则天没有一点关联，对此武则天当然不会坐视不管。麟德二年（665）十月，武则天上书李治，称登山祭天的仪式自古就有定数，祭地神的时候，太后亚献由公卿代劳十分不妥。天家的祭奠由外臣亚献未免于礼数不和，所以请求代表宫内外的命妇奠献祭品。

对于亚献，李治也认为武则天可以担当重任。武则天近几年一直为国事操劳，的确为亚献主持的最佳人选。于是，李治下诏，决定祭地以皇后为亚献，以越王李贞之母、越国太妃燕氏为终献。这位越国太妃就是武则天的表姐燕氏。当时，先帝后妃中健在者仅燕氏一人，武则天便在李治面前为表姐美言几句，李治便将这终献的机会赐予了燕氏。

经过李勣、许敬宗等人的筹备，泰山封禅的各项工作已经准备就绪。

麟德二年十月二十八日，皇帝从东都洛阳出发，不仅百官、六宫都要随行，各地的都督、刺史也要参加。一时间，旗幡队队，戈戟森森，仅是随行的仪仗、扈从、百官，就绵延有好几百里。周围诸国听闻李治封禅一事，东至高丽，西至波斯都派使臣参加。有些部落酋长不肯错过机会，甚至亲自率领部属参加，以至于毡帐驼马拥塞于途。

一路上，李治游山玩水，走走停停，停停走走。车驾到达寿张（今河南台前县）时，听说当地的张公艺一家九代同居，齐、隋、唐三代官府都立有牌坊表彰，李治和武则天还特地上门去拜访。

张公艺一家不仅以九代同居闻名，这位张公艺老人还与太宗皇帝有恩。隋末时，太宗皇帝李世民曾经单骑到农民起义首领徐圆朗军中刺探军情，被人认出，围攻捉拿。太宗身受重伤，骑马逃跑，最终被张公艺救下。

太宗对这位恩人一直念念不忘。

此时的张公艺已是八十八岁老翁了，皇帝很羡慕张家能够九代同居，便问老人，是如何做到家族和谐的。张公艺听罢，也不说话，只在纸上写了一个"忍"字，随即才缓缓开口，解释这个忍字的具体内容。父子不忍失慈孝，兄弟不忍外人欺，妯娌不忍闹分居，婆媳不忍失孝心，等等。皇帝素来仁孝，听得张公艺老人这番讲解，竟激动得掉了眼泪。

为了表彰张公艺老人，皇帝赏赐了许多丝绸锦缎，又封张公艺为醉乡侯，封张公艺的长子张希达为司仪大夫，并亲书"百忍义门"四个大字予以表彰。

离开张家后，李治君臣一行又走走停停，东行了四十一天，至十二月九日才来到泰山脚下。

十二月初十，皇帝和武皇后略事休息，沐浴斋戒。随后，开始御马登泰山。皇帝由于身体虚弱，登至半途便返回了，倒是武则天兴致勃勃，一直登至泰山顶端。她在泰山顶上凭栏远望，周遭的壮丽景色使她喜不自胜。泰山封禅，更像是她，武皇后祭告天地的仪式。想到这里，妩媚明朗的笑容再度出现在她的脸上，这个四十多岁的妇人，看上去竟犹若一位婷婷少女。

乾封元年（666）正月初一，泰山封禅大典如期举行，李治在泰山之南祭祀昊天上帝，以唐高祖、唐太宗配飨。初二，登上泰山之顶缄封玉册。到了三日，按例是武皇后登坛祭献的日子。武则天天不亮就起来了，经过斋戒沐浴，在女官和侍从的簇拥之下头戴凤冠，身穿锦袍，率领内外命妇在宏亮的声乐中，前往社首山。

祭地的大典在社首山举行。此时，祭坛已经被锦缎遮挡得严严实实，武皇后带领众人来到祭坛之前，命妇们已各按品级站好。武则天手捧祭文，神情庄重，一步步登上祭坛。登上祭坛后，她恭手合礼，祈求地神保佑大唐子民安康，苍生受福。武皇后亚献完毕，由越国太妃燕氏终献。

群臣们看不到这些女人祭告天地的场面，透过华丽的锦缎，他们只见衣袂飘飘，人影幢幢。

正月初五，封禅仪式才正式结束。李治登上朝觐坛接受万官朝贺，下

诏赦天下，并宣布改元乾封。武皇后则在泰山脚下大宴群臣，庄严肃穆的破阵歌舞使武则天时刻为自己的尊贵身份欣喜自豪，尽情地沉浸在欢悦的气氛中。

接下来的宴饮活动，直到正月十八日才结束，次日帝后的车驾才离开泰山起驾回京。途中路过曲阜，李治和武皇后又拜祭孔子家祠，追赠孔子为"太师"。路过亳州时，李治和武皇后又拜老君庙，尊老子为"太上玄元皇帝"。

这行人走走停停，直到三月十一日才抵达东都洛阳。

经历了泰山封禅，武皇后在朝臣中的声望越来越高。不过，武则天并不满足，为了收拢人心，抵达洛阳后不久，她又上书李治，请皇帝借泰山封禅之机大封百官。其中，三品以上加爵，四品以上加阶。

所谓阶，就是官员的品级。唐朝官员的品级依正、从、上、下分为九品二十九阶，而俸禄只依九品正从分为十八级。在当时，每升一阶大约需要四年时间，武则天这一提议，就使四品以上官员省了四年升阶时间。进阶还有着更为重要的意义。在当时，做官有两道坎，分别就是三、五品官。三品就是亲贵，五品则为同贵，享有许多特权。为了限制官员数量，皇帝把持名额，严格控制由六品升至五品，以及由四品升至三品的官员数量。当时，有一部分官员长期担任六品或者四品官，一直无法再往上晋级。武则天这一提议，立即将一批处于四品临界点上的官员提升了一级，官饷待遇大大提升，对武皇后自然也充满感激之情。

有了百官的拥护，武则天的皇后之位已经固若金汤。此时的武则天并没有奢求有朝一日自己可以成为一国女君，她只是本能地意识到权力越大，自己越安全。为了追求权力，稳固自己的地位，武则天将那些有碍于自己前行的人一一除掉，绝不留一丝情面。这次泰山封禅之时，武则天还借机除掉了几个人，其中就包括她的外甥女魏国夫人贺兰氏。

独霸后宫

泰山封禅是一场国家级的典礼，王公大臣内外命妇都一律随驾。各地刺史须在麟德二年十月齐集京师，从驾出发；级别稍低的地方官则要在十二月准时赶到泰山脚下，共同参加封禅大典。不过，这其中不包括某些罪臣，武则天的宠臣李义府就在其中之列。

前文曾经提过，李义府因得罪了李治，被皇帝长期流放至巂州（今四川西昌），这样的罪臣自然没有参加封禅大典的资格。李义府当然不会甘心，为了讨好高宗连忙写了一首《在巂州遥叙封禅》。可惜，李治并不为此动容。封禅完毕，李治下令大赦天下，还不忘加了另外一个规定：惟长流人不许还。

李义府此举是吃力不讨好，此一封上书反而给自己惹了麻烦。在当时的朝廷官员中，像李义府这般吃力不讨好的大有其人。

自武则天登上后位，武则天所出的皇子可谓享尽殊荣。相比之下，之前由杨妃所生的皇三子杞王上金，萧淑妃所生皇四子郇王素节备受冷落，甚至未能获准参加封禅仪式。素节本为雍王，因受萧淑妃牵连被改封为郇王。素节当时正在担任中州刺史，由于多年来屡被冷落，有意亲近父亲，便在忧愤郁结之中便写成一篇《忠孝论》，借泰山封禅之机由王府仓曹参军张东之送给高宗皇帝。

素节的这篇《忠孝论》很快就被武则天发现了。她看后十分不悦，立即派人诬陷素节贪赃受贿，将李素节降封为鄱阳郡王，软禁于袁州，杞王上金也因受此事牵连，被贬往湖南澧州。

因泰山封禅，还有几个人白白丧了命，其中就有武则天的两个堂哥武惟良、武怀运，还有武则天的外甥女魏国夫人贺兰氏。

魏国夫人贺兰氏容貌倾城，母亲韩国夫人还在世时，贺兰氏便在母亲的引导下入宫苑私会李治。当时，无论是韩国夫人，还是武则天都已是明日黄花，所以李治的目光一下子就转移到了这位亭亭玉立的少女身上。尤其是在韩国夫人死后，高宗更是下令封其为魏国夫人，甚至打算正式将其纳为妃嫔。

李治虽然没有将册嫔的打算当面说给武则天，但武则天安插在高宗身边许多亲信，关于册封魏国夫人一事，武则天早有耳闻。所以，还不待李治下诏，她便劝皇帝打消了这一念头。魏国夫人毕竟是武则天的亲外甥女，册封为后妃于情于理实在不妥。武则天原为太宗皇帝才人，立为皇后已有乱伦之嫌，如今若再将武皇后的外甥女收入宫中，岂不被天下人耻笑？皇帝自己也觉得心虚，册嫔一事就这样不了了之。

册嫔成了泡影，可惹恼了年轻气盛的魏国夫人。魏国夫人早已忘了皇后姨妈为家族和自己带来的好处，她甚至认为自己母亲的猝死，是由武后幕后操纵的结果。在封禅大典上，魏国夫人亲见"年长色衰"的姨妈享受着万国来朝的尊荣，而自己年青美貌风情万种却连册个嫔妃都困难重重，对皇后姨妈的痛恨便更加深了。在皇帝的宠爱下，在这种恨意的指使下，魏国夫人终于开始挺直了腰板，故意向姨妈发难了。

封禅大典结束后，李治带领妃嫔及众臣返回东都。在路上，魏国夫人与李治同坐一辆马车，她不时地从马车的轿厢中发出清脆的笑声，更不时嗔怪李治，尽显其柔媚本色。武则天的马车就在高宗其后，她远远地听着，并没有多说什么。武则天此时虽不发作，但在心里对这个为争宠不遗余力的外甥女已经起了杀心。联想到上一次的废后事件，她就更不可能对外甥女等闲视之，不能让那个手握废后废太子大权的男人被别的女人迷倒。

可是，该如何对其下手？上一次韩国夫人暴病身亡，李治便怀疑武则天。如今，武则天更不敢鲁莽出手，否则将招致高宗皇帝厌恶，甚至丢掉后位。就在这时，武则天的两个堂哥武惟良、武怀运出现在她面前。

泰山封禅乃国家大典，各州刺史都全程随驾并最终齐聚长安朝觐贺喜。与武后母女有旧恨的武惟良、武怀运也在其中。之前，武惟良、武怀运曾在荣国夫人杨氏的家宴上扫了杨氏的面子，武则天气急之下便将二人贬出京城。俗话说吃一堑长一智，这哥儿俩经过这几年的折腾，终于明白这个皇后堂妹不好惹。更何况，如今的堂妹竟有"二圣临朝"和"封禅泰山"的威风，这兄弟俩更没了从前那般耀武扬威的胆量，反而想尽办法要讨好堂妹。

当时官员有献食的风俗，就是打点一些土特产，山珍海味，送进宫里，请皇帝皇后品尝。武惟良、武怀运兄弟也献了食，用一个精致的小匣子装了许多并州文水老家的特色小食，有果脯、蜜饯、糕点，还有群仙炙、太平毕罗、假圆鱼、柰花索粉、旋鲜瓜姜等等。为准备这一小匣食物，两兄弟可没少费心思。

武则天对惟良、怀运兄弟一直没有好感，所以，两兄弟的献食虽别出心裁，武则天却没有一点食欲，懒懒地扔在了一边，心里只盘算着该如何除掉魏国夫人。

正在盘算中，武则天的目光突然落在了堂兄的献食上，灵机一动，立即萌生出一个一箭双雕的好法子。打定主意后，她偷偷地在糕点中下了毒药，随后一分而二，自己留下一半，又命人将另一半赐予魏国夫人，并特地告知此糕点为娘家舅舅送来的。

魏国夫人听说是娘家舅舅献食，自然没有戒心，欢天喜地地吃了起来。片刻之间，贺兰氏便全身痉挛，双手紧抓着胸口，随即一头栽倒在地上。待周围人上前查看，贺兰氏的嘴角沁出一缕黑血，已经气绝身亡。

贺兰氏一死，宫里立即乱了起来。武则天得知消息后，立即着手查办，调查发现贺兰氏之死竟是因为吃了武家兄弟献食！武则天连忙吩咐将自己留下的糕点拿去检验，发现糕点中果真有剧毒！人证物证俱在，武惟良、武怀运兄弟在劫难逃。武则天当即下令，武惟良和武怀运欲毒死皇后，罪行恶劣，立即处死。

武则天将一切暂做处置，才吩咐人禀报皇帝。李治闻讯立即赶来，抱着魏国夫人冰冷的尸体嚎啕大哭起来。哭罢，立即责问周围人，魏国夫人因何而死。武则天假装在一旁流泪，见李治询问连忙开口解释："陛下，都怪臣妾疏忽大意。今天一早，武惟良、武怀运兄弟进宫献食，带了许多文水老家的特色小食，便命人分了一半送与魏国夫人。哪知道，这两兄弟因被贬官一直嫉恨臣妾，如今竟在食物里投毒！只怪臣妾仁慈没发现此二人蛇蝎心肠，失手误杀了魏国夫人！"

"天底下竟有如此狠毒之人，百死不足惜！"皇帝狠狠地说道。

"陛下，臣妾已将这二人正法！这兄弟俩就是毒蛇猛兽，有辱我们武家名声，请允许臣妾做主，让这兄弟二人改姓蝮吧，再别让他们再做武家人！"说到这里，武则天已经是泣不成声。

武则天此番请求李治哪有不允之理，立即下诏命武惟良、武怀运兄弟改姓蝮蛇的"蝮"，妻女一律没入宫中为奴。武怀运的哥哥武怀亮早已去世，本来还可保得这一支平安，偏偏他的妻子善氏从前曾经对荣国夫人杨氏无礼，因此怀亮的后人也没能逃过，都因此事被没入掖庭。

武则天就这样轻而易举地达到了目的，既除掉了情敌，也彻底报了当年的被虐之仇。值得一提的是武则天的母亲荣国夫人杨氏。杨氏可算得上是一个睚眦必报之人，当年武怀亮的妻子善氏对杨氏无礼，杨氏至今不能释怀。善氏入宫后不到一个月，杨氏便寻个了岔子对其施以刑罚。这次施

刑非同一般，所用的鞭子是用荆棘特制的，不几下善氏就被打得肉尽见骨，命丧黄泉。至此，武家人死的死，亡的亡，侥幸留得一命的也被长流至岭南。

在毒杀贺兰氏一事上，武则天做得可谓天衣无缝，朝中上下无一人有疑心。不过，这一切都逃不出魏国夫人的哥哥，那个聪明过人的贺兰敏之的眼睛。贺兰敏之虽无证据，但他清楚武惟良、武怀运兄弟的为人。这二人眼见皇后妹妹享尽殊荣，甚至能在封禅大典中担当亚献，自是放下身段百般讨好，决不会生坏念头，更不会在食品中投毒意欲毒死皇后。所以，魏国夫人之死，只能与皇后姨妈有关。

对此，贺兰敏之自然不敢向李治说明。经历了上官仪被诛杀一事，朝中再没有谁敢在帝后之间挑拨是非。

这天，皇帝独自一人呆坐在魏国夫人的寝宫中暗自伤神，碰巧贺兰敏之入宫哀悼妹妹亡灵。李治似乎见到亲人一般，泪流满面地对贺兰敏之哭诉："朕出门时，她还是好好的。哪知道一会儿功夫，竟就这样死了！"

贺兰敏之有苦难言，只得跪在地上默默流泪。皇帝见状，连忙追问他为何不发一言，贺兰敏之仍不回答，只是哭得更凶了。

就在贺兰敏之大哭之时，武则天赶来了。她见李治连续追问，而贺兰敏之一言不发，立即明白了其中缘由。她当然不希望贺兰敏之把事情闹僵，连忙上前扶起外甥，又轻声对高宗请求道："陛下，敏之与魏国夫人为亲兄妹，此等痛心非你我可比，还请陛下宽恕敏之无礼之举吧！"

李治听罢，便任由贺兰敏之痛哭，再没追问。

贺兰敏之这一番痛哭，被武则天看出了马脚。看来，贺兰敏之果非常人，竟有如此聪慧的头脑。不过，武则天打从心里喜欢这个聪明的外甥，便有意以高官厚禄收买。这以后，贺兰敏之的仕途一路绿灯，一直升至弘文馆学士、左散骑常侍。只可惜，武则天如此收拢，仍没能真正打动贺兰敏之，贺兰敏之陆续做出许多违背武则天意愿的事，甚至公然向姨妈挑衅。这是后话。

经过这一番动作，武则天此时可谓是独霸后宫，在外廷的影响力也进一步增加。如今，宫里已无人能与之争宠，外廷的大臣们对武皇后参政也不再敢公开表示异议。二圣政治经过封禅大典，已经在全国人民心目中留下了深刻的印象。此时的大唐帝国社会稳定，疆域辽阔，经济繁荣，真可以说是盛极一时。就连后世之人在评价这一段历史时，都不得不认可武则天的功业。

就在武则天为此志得意满之时，朝廷中再次出现了变动，与武则天有过节的刘仁轨突然被李治提拔为宰相。

第十章　帝后争权

刘仁轨入相

经历了泰山封禅，武皇后名利双收，不仅在世人面前大大地风光了一回，还借机除掉了魏国夫人。至此，李治身边再没有女子能与她争宠，武氏族人更是被她杀得七零八落，只剩下几个小辈已不足虑。接下来，武则天需要做的就是趁机夺取更多的权力，以满足自己的权力欲望。可就在武则天打算进一步扩张势力时，皇帝却开始暗中与皇后夺权了。

原来，李治亲见武则天声望大增，心中便产生了几分忌惮。虽然让皇后代行君权是他自己的主意，然而一旦喧宾夺主，却又让他颇为担心起来。李治当然不愿意将实权无原则地交予皇后。李治病重时，他愿意让皇后代为理政，交予皇后总比交予大臣更让他放心。可一旦病情缓和时，他只希望武则天偶尔表表态，或者是上书言事，真正的权力还需握在他自己手里。为此，皇帝接连作出一系列调整，试图将皇后势力排挤出外廷。

皇帝做的第一件事，就是命刘仁轨出任右相。

泰山封禅后不久，宰相陆敦信便因年老体弱而自动请辞。乾封元年（666）七月，陆敦信离职后不久，李治便命刘仁轨接替陆敦信参知政事。

刘仁轨可谓是老当益壮，前往朝鲜战场效力立下奇功。尤其是白江口海战，刘仁轨更是率军击退日本海军，取得了一次大规模作战的胜利。白江口海战后，日本再不敢插手朝鲜政事，天智天皇害怕唐军进攻日本本土，便耗费巨资在国内修筑了四道防线，以备唐军。

此后，百济放弃反抗，乖乖臣服。刘仁轨留在百济多年，采取了一系列措施，安定民心，恢复社会秩序，唐军在朝鲜半岛的军事势力也大大增加。

麟德二年（665），刘仁轨得知皇帝打算在泰山举行封禅大典，便率新罗、百济等四国使者返回大唐。皇帝见刘仁轨率四国使者而归，非常高兴，升刘仁轨为大司宪，后又兼检校太子左中护。此时的刘仁轨，已经成了皇帝面前的红人，被李治提拔为宰相也是情理之中的事。

刘仁轨出任宰相，可给武皇后一个不小的打击。刘仁轨与李义府是死对头，谁都知道李义府是武皇后的宠臣，刘仁轨对皇后自然也不十分亲近。只是，任命刘仁轨为宰相实在是众望所归，武则天不敢提出异议，也只得处处小心行事。为了讨好刘仁轨，武则天备了一份厚礼，请母亲荣国夫人杨氏代自己前往刘府拜访。刘仁轨对杨氏恭敬有加，礼品也一一收下。武则天这才稍微放心。

得知刘仁轨入相，监察御史袁异式吓坏了。当年，李义府为迫害刘仁轨，曾命袁异式审讯刘仁轨。袁异式一再迫害刘仁轨，并示意他自杀。所幸高宗并不打算加害，留了刘仁轨一条性命。正所谓"风水轮流转"，袁异式当然没想到刘仁轨竟还有今日，所以得知刘仁轨已经拜相后战战兢兢，生怕刘仁轨哪天就要了自己的小命。

刘仁轨是个宽宏大量之人，闻知此事后，便在家宴请袁异式。袁异式不知刘仁轨葫芦里卖的什么药，忐忑赴宴，席间更是心惊胆战，生怕周围埋伏兵将会将自己一举拿下。正在忐忑间，刘仁轨突然走到袁异式跟前，将酒杯里的酒一滴滴地倒在地上，信誓旦旦地对袁异式说道："异式贤弟，请对仁轨放心，仁轨绝不会念昔日旧事，倘若有违誓言，就如此杯中酒！"

听了这话，袁异式这才放下心来。

此后，刘仁轨果真仁义守信，没过多久就将袁异式升为詹事丞。对此，曾有人表示异议，刘仁轨听到后，竟又推荐袁异式担任司元大夫。朝中人对此议论纷纷，监察御史杜易简甚至认为刘仁轨此举实在有些矫枉过正。不过，刘仁轨对袁异式的以德报怨，还是让群臣钦佩万分，皇帝得此消息后，对刘仁轨更是好感大增，屡屡托以重任。

刘仁轨入相后，武皇后的权力得到了削弱。李治心中颇为得意，便有意再提拔几位宰相。可思来想去，却又拿不定主意该提拔谁。

这天，李治和武则天一同上朝，又请官员们推荐人才。官员们听了，

却是鸦雀无声，谁也不敢举荐。李治见群臣唯唯诺诺的样子，真是气不打一处来，正待发作，司列少常伯李安期突然站了出来。

李安期贞观朝入仕，龙朔中期被提拔为司列少常伯，参知国政。李安期在当时以仁孝闻名。隋大业末，李安期的父亲李百药因失职被贬桂州，行至太湖时遇上了强盗。强盗抢了钱财还不肯罢手，竟打算将李百药杀掉。李安期见强盗欲杀父亲，哭着跪了下来，要代替父亲受死。强盗深受感动，放过了李百药。

皇帝是个仁孝皇帝，所以对同样仁孝的李安期也有许多好感。

"陛下，臣有几句话要说。"李安期一脸严肃。

"爱卿尽可畅所欲言。"皇帝的脸色十分柔和。

"陛下，天下人才很多，群臣也愿意推荐。但是，近来宰相尚书们一推荐人，就有人指责他结党营私。一旦被诬朋党，常不待官员解释便即获罪入狱。如此一来，朝中官员自不愿开口。所以，一切还在于陛下，倘若陛下果真以诚待人，官员们自然愿意开口举荐。"

皇帝听罢大喜，立即吩咐左右重赏李安期。不久后，李治更是下诏，命李安期参知政事，同东西台三品。

李安期因谏获得宰相之职，可让朝臣开始眼红了。当时，朝中正在建蓬莱、上阳、合璧等宫殿，国库粮饷已用去大半；再加上这一时期征讨高丽，蓄马万匹，耗费大批银两。东台侍郎张文瓘见状，便上谏李治，请李治勿铺张，使百姓生怨。

皇帝大悦，立即下令减厩马数千匹。不久后，再次下诏命张文瓘同东西台三品，参知政事。与张文瓘一同被提拔的还有西台侍郎杨弘武，正谏大夫赵仁本，西台侍郎、道国公戴至德三人。这其中，杨弘武、赵仁本与高宗亲近，素来反对武皇后专权；张文瓘、戴至德则是太子李弘的幕僚，一直为李弘所重用。李治这一提拔，宰相序列中与武皇后亲近者，除了老臣许敬宗再无其他人。

对于皇帝这一系列安排，武则天很想提出反对意见。可是，有皇帝与上官仪密谋废后在前，武则天已不敢明目张胆地反对李治，只希望通过心腹大臣许敬宗将这一意见转达给高宗。

可就在武则天准备运作时，许敬宗却退缩了。原来，许敬宗与戴至德、赵仁本等宰相的关系十分紧张，许敬宗位虽高，可深知自己朝中政敌太多，倘若此时与其他几位宰相为敌，定会招来灾祸。再加上许敬宗年岁已老，这几年一直热衷于史书编撰，不愿过多参与政事，在朝廷中的影响力已降到最低点。此时上书，不仅不会得到其他官员支持，还会令李治不快。

武则天无奈，只得把目光投向他人。元老重臣如李勣倒是不敢得罪武则天，甚至在很多时候与武则天站在同一立场。可前不久高丽局势又变，身为宰相的刘仁轨无暇再管，李治便命元勋宿将李勣出征高丽。

原来，高丽莫离支泉盖苏文前不久去世（泉盖苏文，又名渊盖苏文，避唐高祖李渊讳而改姓为"泉"），由其长子泉男生继任为莫离支。所谓莫离支，就是高丽后期出现的新官职，也是最高官职，莫离支的职能已远远超出宰相，出任莫离支者已有实力篡夺高丽王位。由于莫离支大权在握，泉盖苏文的另外两个儿子泉男建、泉男产便打算和哥哥争夺莫离支之位。泉男建更是胆大，他趁哥哥泉男生出巡诸城，便自封为莫离支发兵攻打泉男生。泉男生无力抵抗，只得退保国内城（今吉林集安），并派遣儿子泉献诚到唐朝求援。

此时，李勣已经远在高丽，对朝廷发生的一系列事情，已是鞭长莫及，自然也再帮不了武皇后的忙。武皇后也曾想起一直死心塌地为自己效力的袁公瑜、任雅相等人，可惜的是这些人或死或不在朝廷，且官位卑微不被高宗重视。

事已至此，武则天也只得隐忍下来，一边任由李安期、赵仁本等人在朝中兴风作浪，一边在暗中窥探，试图抓住这几位宰相任职中的差错，再给予致命一击。很快，武则天就抓住了宰相李安期的把柄，并向李安期发难了。

原来，李安期在出任宰相后，私自给自己的侄子封了个官。他当然没有李义府的胆子，敢明目张胆地卖官鬻爵，可私自为亲属加官也罪责不小。高宗皇帝一气之下便将李安期外放为荆州刺史，此时距他出任宰相仅四个月。

李安期虽被贬，仍无法改变朝中大局。不久后，李治以病重为由，下诏命太子李弘监国。按照以往惯例，李治病重时往往由武皇后代为理政，可这一次，他却故意将武则天排挤出权力范围之外。

北门学士

乾封二年（667），皇帝以自己久病为由，命太子李弘监国。这一年，皇太子李弘已经十六岁了。李弘四岁便成为太子，八岁第一次监国，至今已经数次监国，太子班底在朝中一直享有很大的威望。

李治生病，由皇太子监国本无可厚非，更何况此时的李弘已具备了一定的执政能力。可在武则天看来，李治这一次命皇太子监国与以往有很大不同。以往，太子监国都是走走过场，处理一些鸡毛蒜皮的小事，大事仍旧全权交付李治处理。倘若李治风疾发作无暇顾及，则交由皇后决断。这一次，李治却将很多大事也交付李弘，为了给太子李弘监国出谋划策，李治命戴至德、张文瓘两位宰相辅政。这两人素来反对皇后摄政，在这两人的怂恿下，太子李弘和母亲竟也越走越远了，对于皇后一再夺权的举动反感起来。

皇帝和太子都反对皇后干预朝政，而武则天并不甘心就这样回到后宫。权力像是毒品，武则天已经尝到了此中滋味，自然再难丢弃。可是作为皇后，她要想驾驭整个国家机器，就必须有属于自己的亲信力量。当年，她有许敬宗、李义府等人，可如今这些人或被淘汰，或已是风烛残年，将不久于人世。所以，武则天必须重新拉拢朝中新贵，以建立一支新的力量。

很快，武则天打着编撰《列女传》、《臣轨》等书的幌子，把很大一批人召入宫中。其中，有弘文馆直学士刘祎之、周王府户曹参军范履冰、右史周思茂等。另外，她还在全国范围内招募文学之士，把各地以文藻知名的人招募至京城，其中有苗神客、胡楚宾等。在这些人中，有官职者也都是中低层官员，在朝中影响力很小。不过，时局如此，武则天也只得退而求其次了。

这几个人入宫后，武则天在宫中设宴，为他们接风洗尘。席间，皇后与几位文人不拘君臣之礼，谈笑风生，一起举杯开怀畅饮。武皇后还赏赐他们金帛等物，嘱咐他们要勤于所事，效命国家。刘祎之等人真是受宠若惊，连忙点头，表示要竭尽其才，鞠躬尽瘁。

为了让这些文人能够随便出入宫廷，武皇后还特殊恩准，学士们入宫时可以不经过大臣入朝必须经过的百官办公地南衙，可以在宫城北门随便出入。这是一件使臣僚们大为眼热的事情。因为宫城北门是皇宫后门，是皇帝、后妃和太子诸王出入的大门，有禁军严格把守，一般大臣很难靠近，更不能想象从此门出入。武则天允许学士们从北门出入，实在是一个特例。因此，大臣们便不无妒意地称这些文人为"北门学士"。

每日，刘祎之等人从宫廷北门出入禁中，在武皇后专门为他们准备的宫殿中修撰典籍。他们住有专室，行有专骑，有宫婢侍候，还不时得到武皇后赐予的特殊朝臣待遇。皇后本人对他们的工作极为关心，刘祎之等人也不辜负皇后期望，一直秉承皇后旨意编撰新书。

武则天不仅要求刘祎之等人为她编书，还时常要求他们为自己举荐人才。期间，有许多著名文人被充实进来，几年后，著作郎元万顷也成了北门学士中的一员。

元万顷是洛阳人，写得一手好文章，曾拜官通事舍人。乾封元年，李勣率军征讨高丽，元万顷随军出征，任辽东道总管记室。战中，李勣命他写一篇征讨檄文，元万顷当即写了一篇洋洋洒洒的《檄高丽文》。哪想到，元万顷的卖弄有些过了，竟在文中写了一句高丽"不知守鸭绿之险"。这一句话，使高丽兵顿悟立即移兵防守鸭绿江。这一下，高丽兵占尽地理优势，给唐军造成极大损失。至于写下这篇檄文的元万顷，则被定了个"泄露军机"之罪，流放到岭南。

元万顷的运气还算不错，刚被流放岭南便遇上了大赦，不久后又被启用为著作郎。著作郎掌管修撰碑志、祝文、祭文等的写作，官居五品。武则天闻听元万顷才华出众，便将其召入北门学士，入宫编撰史书。

就在武则天一心招募文学之士为自己修书编撰时，真正才华横溢之人却被迫离开长安。其中就有大名鼎鼎的诗人王勃。

王勃出生于书香之家，祖父是隋末大儒王通，叔祖王绩则是初唐的大诗人。王勃出身在这样家庭，不仅聪颖，而且灵慧，九岁时就以著诗闻名。

由于诗名在外，王勃十四岁时来到长安。时任宰相的刘祥道认为王勃为神童，向高宗皇帝推荐，高宗便特授其朝散郎之职。不久后，沛王李贤（原封为潞王，龙朔年间改封为沛王）仰慕王勃诗名，把王勃请到自己府

上做修撰。

李贤与王勃年龄相仿，对王勃可谓推崇备至，大事小事都要与王勃商量。当时，宗室子弟颇有斗鸡之风，诸王纷纷豢养雄鸡，搏斗取乐。乾封元年（666）的一天，沛王又去和弟弟英王李显斗鸡，结果乘兴而去，败兴而归，被英王李显取笑。王勃看不过去，就写了一篇《檄英王鸡》，文章用句对仗工整，而且遣词华丽，引用众多的典故，大肆讽刺了英王的雄鸡，沛王李贤因此大为满意。

很快，这篇《檄英王鸡》就传到了李治那里。李治看罢大怒道："歪才，歪才！二位王子斗鸡，王勃不去谏诤，反作檄文！檄文要用语征讨之时，为仇家或敌对者而作，怎可用于兄弟手足之间？王勃此举实在是不得体！"

就这样，李治立即下诏废除王勃官职，将他赶出了沛王府。

这一时期，北门学士奉命修撰的书籍有《百僚新诫》、《列女传》、《古今内范》、《孝子列传》、《臣轨》等。其中，《百僚新诫》旨在警诫约束文武百官的言行举止；《列女传》、《古今内范》则阐述妇女的修养之道；《臣轨》则以儒家传统道德观念为基础，论述为臣者正心、诚意、爱国、忠君之道。武则天组织文人修撰这些书籍，意在按照她的政治主张，糅合儒家思想，整建社会各阶层的道德规范，开创一代风尚，同时也能增强自己在朝野中的影响力。如今，这些书多已佚失，今存只有《臣轨》一种。

武则天不仅要求北门学士修撰书籍，还让他们参与朝政。

这天，武则天下朝后，又前往探访北门学士。她先是询问了学士们的修史情况，然后拿出一叠奏章，对他们说道："这是近几天的朝廷奏议，请诸位看看，说说你们的处理意见。"

学士们看到奏章，心里一惊。这朝廷奏疏至关国家大事，只有皇上才能阅示，朝廷重臣要参与其中也得有皇帝特许，他们这些人不过是些低级小官，怎可翻阅奏章，妄自评论？

武则天见他们一副犹豫不决的样子，便微笑着安抚道："你们都是文人出身，该知道治文与治政的关系。所谓'文以载道，道以辅政'，自古已然。文不可离政，政也不可离文。我这就给你们一个从政的机会，让你们一肚子的诗书有个用武之处。"

"皇后娘娘，臣等奉诏入宫编修典籍，实在不敢企望再蒙厚爱。"刘祎之不敢造次，连忙开口说道。

武则天听罢大笑起来，对着这些人说道："卿等以为，我召你们入宫就是为了编修典籍？你们也知皇上龙体欠安，常要我代为理政，可我毕竟学识有限，这才请你们代为参阅奏章。此乃关乎国民生计的大事，卿等本该竭尽其才，鞠躬尽瘁，怎能如此犹豫？"

学士们恍然大悟，忙跪地谢恩。至此，他们终于明白了皇后召他们入宫的真实目的。看来，著文是件次要的事情，首要之事还是忠心辅佐皇后处理政事。

从那以后，武则天便尝试着让北门学士帮自己处理一些国事，培养他们的政治能力。当时朝中的政务处理非常细致，而且宰相之权被削弱，章表批复的工作就更加繁杂起来，这就给了北门学士很多练习的机会。

虽然北门学士已经偷偷地参与政事，可是他们与皇帝的宰相班子比起来，仍旧不值得一提。他们无权与皇帝一起探讨国事，只能通过皇后对国事产生微弱的影响。武则天此时虽然也用了许多手段，试图对宰相施加影响，但除了许敬宗之外，其他宰相都不买武皇后的账。此时，皇帝和太子的势力都在慢慢增长，唯独皇后的势力，竟似乎在默默淡出朝廷中枢。

扫平高丽

乾封二年冬，皇帝打算修建明堂。

明堂是儒家的礼制建筑，是皇帝会见诸侯、进行祭祀活动的场所，凡祭祀、朝会、庆赏、选士等国家典礼都可以在明堂举行。据传，周武王、周成王便建有明堂。不过，关于明堂的样式已经失传已久，以至于汉武帝、汉文帝、隋文帝都曾想修建明堂，最终因明堂式样无法确定，最终没有建成。

贞观年间，太宗皇帝也曾要修建明堂，并下诏命各位儒官对明堂的形制，包括名称、结构、功能等进行讨论。一批著名大臣和儒者，"检六艺群书，百家诸史"，引经据典，各抒己见，从贞观五年一直议论到贞观十七年，终于由大臣魏徵代表做了一篇《明堂议》。《明堂议》认为，明堂就是座大房子，盖在皇宫的南面，分上下两层，上圆下方，上面当祠堂，下

面则是帝王朝会场所。不仅如此，他们还绘成一张明堂草图。可惜的是，明堂形制刚刚确定下来不久，大唐辽东便发生战事，太宗皇帝忙于战事一直无暇营造。直至唐太宗去世，这座明堂也没能建成。

皇帝自泰山封禅后，便产生了修建明堂的想法，武则天对此极为赞成。在武则天的怂恿下，皇帝下诏将于明年修建明堂，并吩咐在长安、万年二地置乾封、明堂二县以明志。

乾封三年（668）三月，诸大臣在贞观朝议定的明堂形制的基础上，绘制了一张还算差强人意的明堂草图。为了给修建明堂造势，皇帝大赦天下，同时下令改元总章。就这样，乾封三年也就成了总章元年。

明堂形制已定，动工前的造势活动也做得差不多了，可就在破土动工前，太史令李淳风突然扔给高宗一个重磅消息：他在司天台夜观星像，发现彗星出现于东北五车星附近！在当时认为，彗星是著名的灾星，而五车星则是专门指代天子兵马的星座。彗星出现在五车星附近，很可能会导致改朝换代。此时，统治者有德者昌，无德者则必定灭亡。

皇帝听完这个消息，吓得魂飞魄散。他生性懦弱，碰到这种事情完全没了主张，连忙命人将消息禀报皇后。近年来，李治热衷于和皇后争权，以扬自己天子之威。可一旦碰到大事，他不由自主地便想到办事果断利落的皇后。

武则天闻讯赶来，思虑了一番便给皇帝出了几个主意：第一，停止修建明堂；第二，天子应避于偏殿；第三，削减平日膳食，同时将宫中女乐撤至宫外。皇帝没有异议，连忙遵从皇后的指示一一照办。

李治还下诏，命朝臣上奏对彗星现于五车星旁的看法。老臣许敬宗分析了一下朝廷四方局势，把目光落在高丽战场上。当时，司空李勣、司列少常伯郝处俊已率数路大军分道合击高丽，许敬宗认为此次彗星出现于东北，该是高丽将灭的征兆。他把自己的看法禀奏高宗，李治连忙否认道："是朕失德，上天对朕不满，加以惩罚，怎能将错归于高丽小夷？况且高丽的百姓，也是朕的子民啊！"

其实，皇帝心里也是认可这种看法的，只是他生怕自己失德招致天谴，倒宁愿把所有过错揽到自己身上。

此时，李勣出兵已一年有余，出兵后三个月，便攻下高丽军事重镇新城（今辽宁抚顺北高尔山城），并趁势将附近的十六座城池全部攻下。此后，唐军节节取胜。就在李勣攻破新城的同时，大将薛仁贵也率军在金山击破高丽大军，随后又攻下南苏、木底、苍岩三城，与泉男生军会师。

李勣大军旗开得胜，继续东进。

总章元年（668）二月，唐军再次大胜，一举攻下了扶余城，扶余川中四十多个城镇望风归降。李勣一鼓作气，命各路唐军汇成一路，乘胜追击，大败高丽主力部队，攻拔辱夷城（今朝鲜永柔境），高丽其他各城守军或逃或降，唐军顺势攻至平壤城下。

攻至平壤，让李勣很是欣慰，连忙派遣侍御史贾言忠禀告高宗。高宗闻讯大喜，立刻召贾言忠入宫禀奏。武皇后关心高丽战事，便和高宗皇帝一起接见了贾言忠。贾言忠入宫后，将战场详细情况一一秉奏。高宗又问及高丽战况，贾言忠回禀道："陛下且放心，高丽必平！"

高宗有些不相信，微笑着问贾言忠道："爱卿是从哪里看出高丽必平的？"

贾言忠听罢连忙回禀道："陛下，昔日隋炀帝东征高丽，因人心离怨，所以无法攻克；至于先帝太宗皇帝东征，则因高丽无衅可乘，上下统一，所以难以攻克。如今，高丽泉男生兄弟产生矛盾，互相争斗，泉男生已经归附我大唐，并甘作我军向导。况且高丽战乱多年，连年饥荒，各种谣言四起，人心惶惶，哪还有攻不克的道理？"

李治听到这里点了点头，贾言忠见状又开口道："陛下，高丽必平，还有则谶语可依。高丽秘记，不及九百年，当有八十大将率军攻打高丽，高丽将灭。高丽自汉朝建国，如今已经有九百年，而我方统帅李勣大总管年近八十，又应了这则谶语啊！"

贾言忠这话可正说到了李治的心坎上。看来，天现彗星于东北，果真是预示高丽将灭，皇帝心里的那块石头终于放了下来。

"以爱卿看来，辽东战场有那么多将领，哪个人最贤能？"武则天素来爱才，自然要打探一番。

"以微臣之见，大总管李勣年近八十，可神勇不减当年，堪称我大唐第一悍将。此外，大将薛仁贵可谓勇冠三军，在高丽战场屡立奇功；副大总管契苾何力沉毅能断，性少忌刻，却不失为统御之才；庞同善虽不善斗，持军却也严整。在微臣看来，这数人为当代良将，必将为大唐建立奇功！"

武则天

　　"言忠识人很有见地，待高丽战事结束，可向皇上求个吏部的官职。由你来考核官员，定可任人唯贤哪！"武则天面露微笑，随口许给贾言忠一个吏部官职。李治此时正为高丽将灭之事高兴，自然也没和武则天计较。这贾言忠对皇后真是感恩戴德，奉若再生父母。帝后又重赏了贾言忠一番，随即命他休整几日再赴高丽，以慰问将士。贾文忠连忙领旨谢恩。

　　待贾言忠返回高丽战场时，李勣大军已经围平壤数月。

　　平壤被围数月，粮草已经断绝。高丽王高藏无奈之下，只得派遣泉男产率首领九十八人，手举着白幡出门请降，李勣当即收纳。

　　高丽王已降，那个泉男建却不肯投降，率领着一部分官兵闭门拒守，且多次派遣军队夜袭唐军大营，都被唐军击退。平壤城要硬攻十分困难，即便成功必定会损失惨重。就在李勣为此犯愁时，平壤城内的信诚和尚偷偷给李勣写了封密信，称愿意做内应，里应外合一同取下平壤城。

　　信诚和尚是泉男建的心腹，被委以重要军职。他见泉男建离心离德，平壤守城无望，便私下与李勣联络。

　　五天后，信诚和尚果真开城应纳唐军。李勣率军蜂拥而入，泉男建见状便打算拔剑自刎，被李勣令人拿下。逃窜在平壤城多年的百济故主扶余丰也被李勣一并拿下，城内其他将领也纷纷率军投降。高丽灭亡。

　　高丽灭后，李勣率军返朝，将高丽王高藏及泉男建、扶余丰等人一同带回。皇帝和武皇后亲自在含光殿接见高藏等人。高藏生怕李治会杀他，竟匍匐着爬进了大殿，皇帝十分宽容大度，不仅赦免了高藏等人，还授予他大唐官爵。高藏被封为司平太常伯（即工部尚书）；泉男产被封为司宰少卿（即光禄少卿）；信诚和尚被封为银青光禄大夫；泉男生则被封为右卫大将军。至于带兵攻打高丽、屡建奇功的李勣等人，李治自也是一番封赏。一直负隅顽抗的泉男建和扶余丰两人就没有这么好的运气了，一个被流放至黔州，一个被流放至岭南。

　　处理完战犯，皇帝和武皇后又亲自规划了高丽版图。他们将高丽分为九都督府，四十二州百县，并在平壤设安东都护府，统辖高丽。由于薛仁贵在征高丽时表现突出，战功显赫，李治任命他为安东都护，率总兵两万人在平壤镇守。为防余部反叛，李治命高丽贵族及大部分富户与数十万百姓迁入中原各地，只留少部分在辽东。

　　自此，高丽国家不再存在。

李治能平定高丽，一方面便如贾言忠所言，高丽内乱削弱了整体实力，另外隋朝及唐朝贞观时期对高丽的数次作战，也致使高丽国力日趋衰微。如此，李治集中优势兵力攻打高丽，终将其一举歼灭。

高丽平定，皇帝完成了隋唐两朝皇帝未竟的事业，心中愉悦。十二月，李治亲自在南郊祭祀，告天下与先祖高丽已平，并进封李勣为太子太师，大将李勣宠极一时。

武则天由于权力遭到压制，在平定高丽一战中，对战争的影响也十分有限。高丽战事结束，满朝文武对皇帝进行了长达数月的赞誉，武皇后则备受冷落。不过，武则天并不气馁，反而暗中加速了北门学士参讨国事的步伐。就在她稍微取得些成果时，关中竟遇到了百年不遇的大旱，武则天的皇后地位又遭遇了一次严峻的挑战。

后位危机

从总章元年起，大唐王朝进入多事之秋。关中、山东和江淮等地出现旱情，继而又蝗灾泛滥，瘟疫流行。一年不到，整个关中已是河干井涸，草木枯折，庄稼无生。

皇帝身体虚弱，经此旱情一扰深感心力交瘁。皇太子李弘虽已多次监国，可这一回旱情严重，李弘毕竟执政能力有限。就这样，一直被皇帝极力排除在政权之外的皇后武则天，终于有机会再度把持朝政。武则天的执政能力的确不容小觑，她立即建议李治劝农桑薄徭役，以德化天下；同时，命各地方官员带领百姓打井开沟、筑渠引水，尽量缓解旱情。只可惜，各种方式都已经尝试，却都无济于事。

皇帝无奈，只得请太史李淳风占卜叩问天意，结果卜辞显示："不雨，乃是天谴。"

"天谴？何来天谴？"皇帝很是不解。前些日子彗星出现，他便已经避于偏殿，减了膳食，停了宫廷女乐，天谴因何而来？

李淳风稍微稳了稳神，这才下定决心向李治道明实情："陛下，天谴未必仅因帝政无节制，或者宫廷荒淫。倘若官吏贪赃枉法，百姓心有巨大怨情；或者朝中出现女人干政，都会遭到天谴。"

皇帝听到"女人干政"这几个字，立即明白了李淳风话中的含义。倘若果真因女人干政而遭天谴，皇帝唯一能做的就是废黜皇后。想到这里，皇帝的心隐隐地刺痛了一下。他与皇后已经是二十年的夫妻，果真要他废黜皇后，心里自然有许多不舍，连忙把话题岔开道："大唐因何遭天谴，你我二人不能妄下论断。明日，你且带人设立祭坛，朕要亲自向上天求雨！"

李淳风听罢，连忙叩头领旨。

第二天，李淳风带人设立祭坛，集合许多和尚或道士，设坛唪经，呈文上表。高宗皇帝则身穿朝服，在和尚道士的簇拥下，到附近的江边，虔诚地取了一瓶"清水"供起。取这"清水"的人，地位愈高，求雨的效果愈好。只可惜，由高宗皇帝亲自取水，也没能使老天开颜降雨。旱灾仍然一如既往，日复一日，月复一月，毫无好转的迹象。

不久以后，一种说法在百姓及朝廷官员中偷偷流传开来：天不降雨，乃因皇后干政，上天以大旱作为惩戒。这说法很快就传到了武皇后的耳朵里，武则天大怒，正欲找高宗理论，却被母亲杨氏拦住了。

荣国夫人杨氏此时已经九十岁高龄，身体虽一日不如一日，心神却还清楚得很。关于皇后干政遭天谴一事，想必皇帝早有耳闻，此时若女儿去闹，惹恼了高宗，后果不堪设想。在杨氏的一番劝阻和安慰下，武则天只得按捺住怒火，隐忍了下来。这以后，她对皇帝也变得百般体贴，时时装出一副小鸟依人的模样。李治眼见旱情不减，百姓怨声载道，本也有废黜之心。可如今皇后如此模样，本来就软弱心肠的他，哪里还开得了口？

这一时期，可谓是武则天登上皇后宝座以来，最最难熬的一段日子。进入总章二年，在"废王立武"一事上鼎力相助的李勣竟然又病重了。李勣乃两朝元老重臣，李治对其病情十分关注，连忙命李勣在外任职的子孙悉数回京侍疾。皇帝每隔几天便叫御医前去司空府上诊治，按照御医所开的方子把药都抓好，再带给李勣。李勣对李治十分感激，只服用皇帝御赐的药品，家人请来的医生一概不许进门。李勣的家人对此十分不解，李勣解释说："我李勣本就是崤山以东的一个农夫，遇上圣明的君主，才成为了三公这样的高官。而且，我已年近八十，这是命啊！寿命的长短是命中注定，我怎么能向医生来乞求活命！"

家人听罢，也只得遵从李勣的意愿，再不为他请医生。高宗皇帝得知这一事后，更是挑了几名御医前往司空府上，每日为李勣诊治。不过，李勣的病仍旧越来越重。就如李勣所说，寿命长短非人力所能掌控，此时即便是华佗再世恐怕也已无回天之力。

李勣知道自己气数将尽，便开始安排后事。十二月初一，李勣似乎回光返照，他告诉自己的弟弟李弼，说今天病情好转，要置办桌酒席宴请家人。李弼见状，欢天喜地地置办了酒席，李家上下老小全部赴宴。哪知道，一家人正高高兴兴地喝酒时，李勣突然对弟弟李弼交代起了后事。

"在坐的各位李氏子弟祖孙，我李勣气数已尽，置办这桌酒席就是想跟你们道别。"李勣一字一顿地说道。

他的话音一落，家人就已经哭成一团。

"你们别哭，都仔细地听我说话。我已年近八十，眼见着房玄龄、杜如晦一生辛勤艰苦，才勉强能建立门户，死后却因子孙不孝而家族衰败，真是痛心疾首。所以，在我临死前，就把自己的子孙们托付给李弼贤弟。等我死后，贤弟就搬进我的府里，抚养和教育这些孤儿和幼儿，倘若其中有不忠不孝者，或是与坏人结交者，贤弟一定要狠狠惩治，打死也不足惜！"

说完这番话，李勣就再也不说话了。子孙们嚎啕大哭，年长的子孙连忙将李勣扶至卧房，试探了下鼻息，仅存一丝游离之气。李弼见状连忙吩咐准备后事。

初三凌晨李勣去世，享年七十六岁。

皇帝、武皇后听到李勣去世的消息后，不禁抱头痛哭。李治下令在光顺门为他举哀，七天不上朝，并赠官太尉、扬州大都督，谥贞武，陪葬昭陵。在安葬那一天，皇帝亲自登上未央古城楼哭着送丧，还诏令百官送丧至故城西北。不仅如此，李治还特地下诏，为其修建了阴山形状的坟墓，表彰其赫赫战功。

李勣能谋善断，有杰出的军事才干，先后在攻灭东突厥、平定薛延陀、征服高丽等重大军事战役中为大唐立下汗马功劳。早年，太宗皇帝就曾极口称赞他"古之韩（信）白（起）、卫（青）霍（去病）岂能及也"。上元元年（760），唐肃宗更是把他与李靖一起，誉为历史上十大名将之一。这是后话。

李勣去世，朝臣之中就少了个能为武皇后说话的人。更让武则天揪心

的是，她的心腹大臣许敬宗就在此时竟暗中请求退休养老！

许敬宗之于武则天，有着十分重要的意义。李勣帮助武则天，纯粹是给武则天面子。至于给与不给，全由李勣个人喜好。许敬宗却不同。

许敬宗原来是个仕途失意的卫尉卿，他为武则天出任皇后摇旗呐喊，完全是出于自身利益考虑。武则天成功登上后位，一再提拔许敬宗官职，许敬宗也聪明地为武皇后办事，两个人互利互惠，结成一个利益集团。此时，武则天已经经受高宗夺权的危机，又逢大旱失德于天下，倘若此时许敬宗离开，对武则天的打击无疑是致命的。

可是，许敬宗的确已经老了，自打进入乾封年间，他的身体就一日不如一日。且朝中宰相又都排挤他，他无力应对，还不如退守田园，至少能得到善终。为此，他多次暗中向武皇后表达了自己的想法，都被武皇后拦住了。对于许敬宗的心情，武则天是能够理解的，可是就在自己最危难的时候，她怎能放手让这个陪伴了自己十多年的心腹大臣离开？

许敬宗无奈，便为武皇后举荐了一个人，希望这个人能够代替自己为皇后出谋划策。这个人便是雍州长史卢承庆。

早年清剿长孙无忌一派时，武则天就曾提拔过卢承庆。当时，卢承庆常年受褚遂良恶意诬陷和连续打击，接连被贬。武则天便提拔他，让他与李勣、许敬宗等人一同复查长孙无忌案。可惜的是，卢承庆出任宰相还不足一年，因未能征足赋税受到御史台官员弹劾。高宗皇帝对此有些犹豫，因为卢承庆毕竟是武皇后建议提拔的。武则天闻讯后，立即请高宗皇帝按章办事，对大臣要功过分清，高宗这才下诏将卢承庆免职以示惩罚。

卢承庆很有才干，而且为官清廉，做事认真，又爱惜人才。早年在他出任吏部的考工员外郎时，就曾留下一个"宠辱不惊"的美谈。卢承庆所任的考工员外郎主要负责考察官员。当时，考察官员有级别标准，先大体分成上中下，然后每一级再分成上中下，比如做得最好的便是上上，最差的则为下下，以此类推。一次，卢承庆考核一个兼督运粮的官员。这位官员在运粮途中，由于翻船丢失了不少粮食。因此，卢承庆考核其政绩时，将其定为中下。运粮官得知后，一点也没生气着急，反而谈笑自若。卢承庆见状，觉得这个人不为外事所扰，便又将评语改为中中。改成中中后，运粮官也没因此而高兴。如此"宠辱不惊"之人，让卢承庆钦佩不已，便又将评语改成了中上。

卢承庆数次更改判语的事，在朝中一直被传为美谈，武则天正是用人之际，有心提拔他。不过，武则天不敢直接向高宗建议，便命许敬宗上奏高宗，请提拔卢承庆为司刑太常伯（即刑部尚书）。高宗皇帝应允，并于总章二年（669）三月下诏，特封卢承庆为司刑太常伯。

有了卢承庆，武皇后终于松口同意许敬宗的离职请求。就这样，咸亨元年（670）三月十九日，许敬宗上奏李治请求退休养老，李治应允。武则天就这样默默送走了这个陪伴了自己十六年的心腹大臣。许敬宗的担子卸下来了，可武则天身上的担子却越来越重了……

第十一章 母子间隙

请求避位

　　始自总章元年（668）的大旱，一直没能得到缓解。俗话说民以食为天，百姓吃饭有了问题，朝廷不免动荡四伏，李治和武皇后都不免焦头烂额。为了亲近一下百姓，总章二年（669）八月初一，皇帝下诏将于十月巡幸凉州（今甘肃武威）。诏书一下，官员们议论纷纷。由于旱情严重，陇右一带已经非常空虚，这种时候皇帝实在不宜巡幸。

　　官员反对的消息很快就传到了高宗的耳朵里。八月初五，皇帝下诏将五品以上官员全部召至延福殿，很气愤地质疑官员们道："自古帝王，哪个没到境内巡幸过？朕不过想巡视一下边远地区的风俗，你们为何议论？更何况，若真不可行就该当面提出反对，怎么都在背后议论？"

　　官员们听罢，都是鸦雀无声。沉默了许久，详刑大夫来公敏突然站了出来。

　　"陛下，巡幸之事的确平常，但是最近旱情严重，陛下车驾所到之处需要巨额的供给，这不是一个小数目。而且，高丽刚刚平定，残留的寇盗还很多，西北边境也还需治理，官员们因此认为陛下不宜巡幸。只是，陛下下诏前没和大臣商量，如今诏书已下，我们自然不敢当面反对。"

　　来公敏这一番话，让其他大臣为他捏了把汗。倘若惹得高宗皇帝不悦，不知道会落得什么下场。哪知道，李治闻言竟然面露喜色，认为来公敏有胆有谋，敢于直言上谏，当即取消了巡幸凉州的打算。不久后，又提升来公敏做了黄门侍郎。

在来公敏勇于上谏一事上，皇帝处理得十分漂亮，很有太宗皇帝的遗风。不过，此一事并不能扭转李治的执政危机，百姓对执政者的不满已经越演越烈。皇帝不得不下诏，任由百姓随意走动寻找吃食，帝后也准备东迁洛阳。可就在这时，大唐西域竟又出现危机。

咸亨元年（670）四月，西南吐蕃击灭了羌族建立的吐谷浑，又攻陷西域十八州。高宗皇帝闻讯连忙调任薛仁贵为逻婆道行军大总管，并以阿史那道真、郭待封为副将，率军十余万人征讨吐蕃。

唐军迅速出军，并在大非川（今青海共和县西南切吉平原；一说今青海湖西布哈河）兵分两路，一路主力部队由薛仁贵率领，一路辎重部队由郭待封率领。原来，大非川再往前就是乌海（今青海光海县西南苦海），乌海是青藏高原上交通要道，文成公主入藏就经过这里，地势险恶，海拔在四千米左右。薛仁贵认为如此险恶地势应该快速出击，便令郭待封率领几万人在大非川建立阵地看守粮草辎重，待薛仁贵夺下乌海再前去接应。

薛仁贵安排好后，率部前往乌海，结果半路遭遇吐蕃守军数万人。薛仁贵率军一阵冲杀，取得大胜。薛仁贵乘胜追击攻下乌海城，并让郭待封把粮草辎重送来。哪知道，郭待封瞧不起出身卑微的薛仁贵，根本不听从他的命令，在薛仁贵离开后，并没有在大非川建立营寨，看守辎重，而是继续前进。结果，郭待封刚进入乌海地区就被吐蕃军队袭击，辎重军粮全部损失。郭待封吓坏了，连忙带着自己的两万部队逃至大后方，再不顾陷入险境的前方大军。

由于粮草接应不上，薛仁贵只得放弃已占领的城市往大非川撤退。刚到大非川，便被吐蕃的四十万大军围住了。

青藏高原是一个地形复杂、间有起伏的高原。唐军由于快速行军，不停地由河谷地带推进至高原地带，体力消耗很大，多数人出现眩晕、心慌、腹泻等症状，战斗力大大削弱。再加上吐蕃大军四十万，唐军仅三万余人。最终，薛仁贵在大非川遭到吐蕃毁灭性打击，几乎全军覆没。

就在这一段时间，东北朝鲜半岛的形势也发生变化。高丽和百济本已纳入大唐境内，但由于管理不善，百姓屡屡叛乱，大唐的盟友新罗竟然趁机发展势力，统一朝鲜半岛的态势已经非常明显。唐朝辛苦攻下了高丽和百济，最后却给他人做了嫁衣。

吐蕃战败，高丽屡屡叛乱，让李治的执政进入了最为艰难的一段时

第十一章　母子间隙

武则天

间。再加上连年大旱，民生凋敝，皇后专权遭天谴一说在民间迅速流传开来。不仅如此，朝廷中的气氛也有了微妙的变化，长孙无忌的父亲长孙晟的祠庙竟被整修一新。此后，在废王立武问题上一直反对武则天的势力也重新抬头了，有的官员甚至暗中攻击武则天，而皇帝再不敢随意袒护。

咸亨元年六月，朝中几位官员上书，请高宗恢复各部旧有官职名称。

各部官署、官职名称，是在龙朔二年由武则天奏请李治更改的。门下省被改为东台，中书省被改为西台，尚书省被改为中台；至于官员名，尚书被改为太常伯，侍郎被改为少常伯等等。不仅如此，高宗频繁更改年号，也多是武皇后的主意。先是永徽，又是显庆，随后又改龙朔，改麟德，又改乾封、总章，改咸亨，如此等等，这种频繁更改年号的事情在其他朝代很少见。

对于武则天怂恿高宗频繁更改年号，官员们十分反感，这让他们计算年代时很容易出错。倘若哪个大臣头脑不灵光，在奏折或者皇帝面前说错了年号，还会惹出许多麻烦。可是，帝皇年号官员们不敢表示反对，便借着武则天更改过的官署名、官员名发表异议。高宗皇帝见状，只得让步，所更改的官署名、官员名恢复为旧有名字。

对此，武则天只能接受。

屋漏偏逢连淫雨，咸亨元年八月初二，武则天的母亲荣国夫人杨氏去世了，享年九十二岁。九十二岁，在当时可算是一个老寿星，此时去世并不出人意料。可是，杨氏在这一时期去世，对武则天实在非同寻常。许敬宗退休养老，已经使武则天面临朝中无人的困境，而杨氏此时离去，更是给武则天致命一击。在当时，武则天碍于皇后身份，不便和外廷直接交往，一直依靠母亲与大臣沟通。杨氏夫人老谋深算，也很懂政治，很善于为女儿收集情报，笼络支持者。此时杨氏去世，武则天便没了可以倾心依赖的人。

武则天断了左膀右臂，又遭受举国民众谴责，一下子陷入了迷茫当中。她的政敌不放松任何一个可以打击她的机会，以往她还能对此付诸一笑，可如今她再也不能就这样沉默了，否则就只能坐以待毙！

武则天的确是一个有勇有谋的女人，就在杨氏夫人去世一个月后，武则天做出了一个惊人之举，她上书李治请求避位。

其实，皇帝早动过请皇后避位的心思，如今皇后亲自开口，李治倒可以顺势应允，以平天下民愤。只是他拿不定主意，连忙命人把皇后叫到身边询问缘由。

武则天权力被夺，又逢母亲去世，显得十分憔悴。听闻李治召见，也只是穿着便装，不施粉黛，应召前往李治寝宫。刚走到李治寝宫门口，武则天便跪了下来，向李治请罪道："陛下，不要因臣妾一人失德，而使万民遭受天谴。臣妾实在不愿祸殃百姓万民，这才请求避位，以平民怨！"

武则天说着，眼泪已是一双一对儿地掉了下来。此时的武则天虽已是四十七岁的老妇人，可当年的风华犹存，再有着泪水的映衬，反而增添了别样的风情。李治看着，不觉心疼起来，温柔地对妻子道："媚娘，天旱是常有的事，有史以来天旱不知有多少回了。况且，即便是遭天谴，也是朕失德，跟媚娘有什么干系？"

"陛下治理天下殚精竭虑，怎会失德于天下？不如就让臣妾承担起所有罪责，以求天下百姓安居乐业，臣妾万死不辞，何惜皇后之位？臣妾避位之后，还请陛下另选德才兼备的女子为后，以平天下民心！"

武则天这一番话，让皇帝感动不已。自天下大旱以来，国事愈加繁杂，让李治筋疲力尽，是武皇后一直陪在他身边，倾尽全力为他排忧解难；薛仁贵大非川战败后，天下百姓对李治执政也颇多非议，又是武皇后与李治互相安慰，互相勉励。这一时期，帝后之间的感情十分浓厚，皇后为了天下社稷竟泪流满面请求避位，更是感动了李治。

李治虽然柔弱，却也是个男人，他当即拒绝了武则天的避位请求，几天后又下诏加赠武皇后的父亲武士彟为太尉、太原王，母亲荣国夫人杨氏为王妃。为了给荣国夫人杨氏举办葬礼，李治宣布罢朝三天，以示哀悼，并亲自动手为杨夫人撰写墓碑。不仅如此，李治还下诏命文武百官和内外命妇都要为杨氏吊丧，他还亲自护送杨氏的灵柩至墓地。

荣国夫人杨氏的葬礼办得可谓空前风光，武则天借助母亲死后哀荣成功地稳住了阵脚，她的皇后之位总算是保住了。此时，武则天在外廷的心腹或死或贬，或已辞官，已经没有可以真正依赖的人了。可就是在这种状况下，她还是对外戚动起手来，借荣国夫人杨氏的丧事，一举除掉了自己的外甥贺兰敏之。

贺兰敏之

　　贺兰敏之这个人物，在前文已经数次提及。对于这个外甥，武则天最初是十分看重的，再加上贺兰敏之自己也有些文才，早早便出仕为官，曾奉命召集学士刊定经史，堪称是初唐的绝佳人物。对于一再提拔自己的姨妈武氏，贺兰敏之最初也是感恩戴德，对姨妈的器重大为感激，竟叩头谢恩至流血。从此朝夕跟随，"坐为师友，入作腹心"，成了武则天跟前的大红人。

　　俊美少年，文采斐然，自然可获得他人宠爱。倘若事态一直如此发展，贺兰敏之前途不可限量。可惜的是，打从魏国夫人贺兰氏死后，贺兰敏之怀疑为姨妈所为，再也不肯唯姨妈马首是瞻，反而处处与姨妈作对。武则天对贺兰敏之虽有戒心，但她认为贺兰敏之会为利益所动，便一次次用重金高位收买他。

　　可一切事与愿违，贺兰敏之虽然聪明英俊，这一次却犯起了糊涂。他非但不领姨妈的情，反倒一次次给她难堪。

　　贺兰敏之做的第一件事，就是诱奸了太子妃。

　　在当时，皇太子李弘已经长大成人，准备纳妃。皇帝和武皇后亲自为儿子选中了司农少卿杨思俭的女儿。杨思俭为一代儒臣，与武后的母亲荣国夫人为本家，与隋朝皇室同宗不同房，这自然是名门贵族。他的女儿出身书香门第，又有殊色，可算是出任太子妃的上上人选。

　　男女嫁娶的礼仪本就繁琐，皇室婚礼，尤其是太子大婚自然尤为隆重。从正式的册立到大婚，共有纳采、问名、纳吉、纳征、请期、亲迎等六项大礼节。尤其是最后的一项大婚更是铺张，安排了七道仪式，有亲迎、同牢、妃朝见、婚会、妇人礼会、飨丈夫送者、飨妇人送者。为了准备这一项大婚，长安宫上上下下都忙碌起来，宫里宫外张灯结彩。

　　可就在大婚的前几日，武皇后得知消息，太子妃被自己的外甥贺兰敏之诱奸了。

　　原来，贺兰敏之早就对这位杨小姐垂涎三尺，早在母亲韩国夫人还在世时，便央母亲向杨思俭提过亲。不过，一生治儒学有成的杨思俭，嫌贺兰敏之太过风流，不愿将女儿嫁与他。倘若这位杨小姐没被选做太子妃，这事可能也就罢了。只因贺兰敏之已对姨妈武皇后怀恨在心，得知杨小姐被选做太子妃后，反倒生出邪念。

贺兰敏之打定主意，便在太子大婚之前施展手段强奸了杨小姐。贺兰敏之得手后，更是四处散播狂言道："太子又如何？病怏怏的，杨小姐嫁给了他，只能年轻轻地守活寡！所幸杨小姐眼界开明，又与我情投意合，早已成了我的人了！"

贺兰敏之四处散播，很快就传到武则天的耳朵里。武则天又气又急，无奈之下只好取消了婚礼，恨不得立即杀掉罪魁祸首贺兰敏之。荣国夫人杨氏当时还健在，闻讯极力袒护外孙道："那姑娘与敏之情投意合，况且又未与太子完婚，也算不得太子妃。太子的婚事，你还可以另外选择，皇帝的儿子还用愁婚事？你且放心，天下的好女子多的是，我这个姥姥一定给他物色！"

母亲求情，武则天不便发作。皇帝念及与韩国夫人母女的私情，自然也有几分袒护贺兰敏之。况且，这件事不仅关乎皇室名誉，就连儒臣杨思俭也不想被此事毁了门风，两方便忍了忍将此事压下了。

贺兰敏之若是个聪明人，此后做事定要小心一些。哪知道，贺兰敏之反而变本加厉，不久后竟然又奸污了太平公主的侍女！

太平公主是武则天最小的女儿，也是唯一活下来的女儿。自武则天亲手残杀了第一个女儿后，一直负疚在心，所以对这个小公主百般宠爱，视为掌上明珠。只可恨贺兰敏之不知天高地厚，竟把魔爪伸到了太平公主身上。

这天，太平公主去姥姥荣国夫人府上玩，碰巧贺兰敏之也在。贺兰敏之风流成性，竟打起了公主侍女的主意。贺兰敏之软硬兼施，那侍女也是性格懦弱，稀里糊涂就让贺兰敏之得了逞。

贺兰敏之强奸侍女的举动，可把太平公主吓坏了。太平公主当即回宫，跑到母亲面前一番哭诉。武则天听罢，又想起从前贺兰敏之的种种恶行，真是大发雷霆。她真想立即杀掉贺兰敏之，但思虑了一番，终于又忍下了。因为这个外甥由母亲荣国夫人庇护，武则天要杀也杀不了。

对于荣国夫人一再袒护贺兰敏之的行径，大多数人认为是老妇人与外孙贺兰敏之有私情。与外祖母通奸，实在是让人大跌眼镜的一件事。当时

荣国夫人已经八九十岁，而贺兰敏之不过二十出头，这两人通奸的确有些匪夷所思。不过，这段奸情并不是后人凭空猜测，《旧唐书》对之言之凿凿，《资治通鉴》也予以采信。对此，仍旧有许多史学家感到迷惑，有些人甚至回避不提。

其实，这件事发生在唐朝，倒也有可能。后人常说"脏唐臭汉"，唐代社会对风教问题向来持开放的态度，太宗皇帝纳弟媳为妃，高宗皇帝纳"继母"为后，皇室如此带头，民间自然更是混乱不堪。再加上荣国夫人杨氏一直精神矍铄，野心勃勃；而贺兰敏之风度翩翩，风流倜傥，两人之间通奸倒也不无可能。

有荣国夫人庇护，贺兰敏之更加为所欲为起来，甚至暗中与朝中反对武皇后的势力来往。武则天向来是个睚眦必报的人，她可以容忍外甥与自己的母亲私通，甚至容忍他奸污公主侍女，但是她绝对不能容忍他勾结反对势力，所以此事一出，武则天终于下定决心除掉贺兰敏之。

咸亨元年杨氏病殁，终于给武则天一个向贺兰敏之发难的机会。她先是向李治恳请，为母亲杨氏造佛像追福。高宗哪有不允之理？立即应允，而负责此事的人就是贺兰敏之。李治亲自拨了一笔银子给贺兰敏之，武皇后又赐大内的大瑞锦十匹，命贺兰敏之以这大瑞锦替荣国夫人追福。

为荣国夫人造佛像，可是一件富得流油的差事。贺兰敏之欣然接纳，尤其是见了御赐的大瑞锦，更是喜上眉梢。这大瑞锦，是西域进献的稀世之宝，制成衣衫，穿在身上，便可以益寿延年，造福无量。贺兰敏之知道这是稀世之宝，也不用来造佛像追福，只拿着自己制了几身衣衫。

可以说，荣国夫人真是白疼了贺兰敏之一遭。与杨氏私通期间，贺兰敏之就私下里结交了许多女子，即便是杨氏居丧期间，他也没有表现出一丝一毫的悲伤，整日穿得花红柳绿的，在家里跟歌伎调笑奏乐。不仅如此，贺兰敏之还命人用那大瑞锦给自己平日来往的女人们，每人也制了一身衣衫。

贺兰敏之的悖伦之举惹了许多人非议，武则天当即上奏高宗，开列了贺兰敏之种种罪状：第一，挪用为荣国夫人造佛像追福的瑞锦；第二，居丧期间穿吉服奏伎乐，不遵礼制。第三，诱奸准太子妃。第四，强奸太平公主的随行宫人。第五，和外祖母荣国夫人杨氏通奸。

李治见到奏章真是大吃一惊。贺兰敏之的种种行为李治早有耳闻，只因他牵挂韩国夫人、魏国夫人母女，一直充耳不闻。如今，皇后竟然主动发难，让李治很有些措手不及。不过，念及旧情，李治还是硬着头皮开口为其求情道："媚娘，敏之年幼不懂事，需你我长辈多担待。如此五条罪状，岂不是要了敏之的性命？"

武则天明白李治的心思，连忙表现出一副悲伤的模样，泪眼婆娑道："敏之忘恩负义，目无尊长，上与荣国夫人私通，下奸污公主侍女，如此无耻之徒，丧心病狂，媚娘怎敢姑息！"

李治听了，仍不想罢休："敏之毕竟是媚娘的外甥，周国公的传人，这样的丑事何必闹得天下尽知？"

"陛下不知，荣国夫人与敏之的私情，京城里早已经传得沸沸扬扬，倘若袒护反遭天下人耻笑。怪只怪媚娘，没有管教好敏之，姐姐就这一个儿子，媚娘又怎忍心？可一切应以国家社稷为重，媚娘也是无法，请陛下三思！"

武则天说完，已是泪流满面，李治再也无话反驳。贺兰敏之的姨妈都已经下了决心，他又怎好再庇护？就这样，咸亨二年（671）三月，皇帝下诏，将贺兰敏之配流雷州（今广东）。李治还下令，将朝中许多与贺兰敏之交往的纨绔子弟也流放岭南。

武则天对此当然不满意，当即暗中派人伺机杀掉贺兰敏之。贺兰敏之刚刚走到韶州，便被人用马缰勒死。押送的官员回京禀报李治时称，贺兰敏之自感罪孽深重自缢身亡。李治虽觉其中有蹊跷，却也没有加以追查。

贺兰敏之就这样死了。

假若没有武则天，贺兰敏之恐怕不会为史书所载，也不会因此而遗臭万年。其实，武则天当初对贺兰敏之的指控未必完全属实，甚至可能有夸大其词的地方。不过，真相到底如何，没有人能说得清。贺兰敏之这个人，虽说风流，却也有几分文才。他在弘文馆的时候，曾经编有《三十国春秋》一百卷，现今此书只剩下辑本一卷。不过，贺兰敏之这个纨绔子弟的形象已经深入人心，这个帽子想摘也摘不掉了。

母子间隙

贺兰敏之虽死，可他诱奸太子妃一事却在京城里传得沸沸扬扬。虽然

皇室和杨家都采取规避态度，可纸里包不住火，这件事还是传到了李弘的耳朵里。李弘得知大婚取消的真正原因后，立即病倒了。

李弘倒不是有多在意那个未过门的太子妃，真正让他无法忍受的是杨氏被贺兰敏之强奸这件事。这可真是奇耻大辱，换做一个平民百姓都无法忍受，更何况是未来的储君？

武则天是个聪明的女人，当然能明白儿子的心思，所以大婚风波过后不久，便开始张罗为李弘再度选妃。礼部闻讯立即为李治及武皇后提供备选女子，再加上家世介绍，皇帝眼花缭乱反倒拿不定主意了。最终，还是武则天帮儿子选定了左金吾卫将军裴居道之女。

裴氏女出身于河东名门，父亲裴居道原籍绛州闻喜，一度为贞观朝尚书左丞。皇帝对这个女子十分满意，立即拍手赞成。武后为太子纳妃裴氏，太子李弘却并不乐意。李弘并未见过裴氏，只是经历了太子妃被诱奸一事，他在内心对武氏家族产生了一种抵触情绪，对母亲为自己选的妃子也不甚热心。

武则天见状，便和皇帝商量，要在西京麟游县九成宫为太子建新宫，待新宫落成后再举办大婚。高宗应允，太子大婚的事情也就此放下了。

咸亨二年（671）正月初七，李治和武皇后在长安宫城度过新年后，便起驾巡幸洛阳，命李弘留守京师。李弘自小就被立为储君，受到了良好的教育，仁孝谦谨，对士大夫十分有礼貌，能体察民间疾苦，深得人心。李弘监国期间，关中旱情仍没有得到缓解，他关心民众疾苦，时常和辅佐自己的谋士商谈抗旱之道。有一次，李弘巡视军营，发现竟然有士兵因为缺粮，只能靠榆皮、蓬实来充饥，心里十分挂怀，立即命令赏赐他们米粮。

对于儿子这般仁德有识，皇帝及武皇后深感欣慰。可惜的是，李弘自幼体弱多病，常常发低烧，而且咳嗽不止，严重时甚至会咯血。据太医诊治，太子患的是一种名为"瘵"的疾病。所谓"瘵"就是肺结核，民间俗称"痨病"。这种病在当时很难治愈，患病者最终会消瘦至死。李治和武皇后担心儿子的身体，曾下旨不许李弘太过劳累，这样一来，辅佐太子的戴至德、张文瓘、萧德昭等人的权力越来越大，一些小事甚至可以由这些人全权做主。

在这几个人中，戴至德和张文瓘都是极力反对武皇后参政的。在这几个人的耳濡目染下，李弘渐渐地也反感起母亲参政来。不过，真正让这母子二人关系出现裂痕的，还是义阳、宣城两位公主的突然出现。

义阳和宣城两位公主是李弘同父异母的姐姐，母亲就是曾经宠极一时的萧淑妃。关于萧淑妃与武则天的事情，前文已经有交代，萧淑妃最终于永徽六年（655）死在了武则天的手里。萧淑妃死后，她的两个女儿义阳公主和宣城公主便被武则天囚禁于掖庭宫，至今已有十六年。

这一天，李弘不知因何事逛到了掖庭宫，突然发现了一个僻静的小院落。院落的大门紧紧地关闭着，甚至还上了重重的锁链。可是，仔细一听，从院子里传来窸窸窣窣的声音，里面分明有人。李弘突然有了好奇心，连忙询问侍从里面关押了什么人。

"殿下，从奴才进宫这院子就一直这样锁着，哪能关押着什么人？"侍从连忙回答。的确，这院子一锁就是十六年。十六年来，宫里的侍从走的走，放的放，知晓从前那段往事的人已经没有几个了。

"没人何必这么紧锁着？而且里面有声音，分明就是有人。来人，快把门打开！"李弘着急了。侍从见状也不敢阻拦，连忙上前把锁链绞开，这大门终于吱吱呀呀地打开了。

院子很大，正中有两间小房，似乎已有多年不加修缮，显得十分破败。小房的前后各有一个大菜园，里面的青菜郁郁葱葱。李弘在侍从的簇拥下迈进了院子，这才发现了站在菜园正中的两个女子。这两个女子衣衫破烂，正吃惊地朝大门这边张望，见了李弘吓得倒退了几步，一时间竟不知如何是好。

"大胆奴才，见了太子殿下还不跪下！"侍从大声呵斥。

这两个女子仍旧是云里雾里，愣愣地站在那里。正在这时，院落西南角落的小门突然打开了，慌慌张张地跑出来一个妇人。

"太子殿下！您怎么了到这里来了？这地方荒凉得很，没什么好看的，殿下还是回去吧。"

李弘也不答理，手指着菜园当中的两个女人道："我且问你，这两个人是谁？犯了什么过错被关在这里？"

"殿下，这只是两个获罪的宫女，何劳您烦心？"这个妇人说话间，眉目间竟然有些慌乱。李弘当然不傻，获罪的宫女要么就被杀掉，要么就被赶出宫去，何必非要大费周章地关押起来？在李弘的一再追问下，这妇人终于开口道出了实情："回殿下，这两个女子的确不是普通的宫女，她们

是义阳公主、宣城公主，殿下同父异母的姐妹。"

李弘不敢相信自己的耳朵，又仔细地看了看眼前的女子。两个女子已经泣不成声，那哭声让李弘肝肠寸断。

"是谁胆大包天，竟将两位公主囚禁在这里？"李弘说完就有些后悔了，能将公主囚禁在掖庭宫者，自然很有些能耐。

"殿下，两位公主的母亲萧淑妃获重罪被处死，皇后便下令将这两人囚禁在这里。"妇人连忙小声回答。

"关在这多少年了？"

"回殿下，已经十六年了。"

听到这里，李弘不禁发出一声长叹，眼角竟然也留下几滴眼泪。李弘素来仁义，更何况是自己的姐姐，所以当即发话道："算了，我不想知道那些陈年往事，两位姐姐毕竟贵为公主，不能囚禁在这里。来人啊，护送两位公主回东宫！"

侍从不敢违命，连忙将义阳和宣城二人送至东宫。李弘给两位姐姐安排了住处，暂时安顿下来。此后数日，李弘一直陪伴在姐姐身边，正是从两位姐姐的叙述中，李弘得知了十六年前那场争夺后位的血战，得知了母亲的狠毒老辣。李弘本不愿相信这个事实，可两位姐姐的境况让他无法欺骗自己。

这个发现让李弘难过，便动了恻隐之心打算帮两位姐姐一把。

义阳和宣城两位公主被囚禁了十六年，早已过了出嫁的年龄。不过，关于这两位公主的年龄，史书记载颇为复杂。《旧唐书》中认为，两位公主此时已经三十岁，而《新唐书》则认为两人已经四十多岁。可仔细考究起来，这两种说法都不符合实际情况。

义阳公主大约出生于贞观二十一年（647），宣城公主大约出生于贞观二十三年（649），所以咸亨二年时，这两位公主应该是二十多岁。当然，二十多岁在当时的确已大大超出了出嫁的年龄。至于史书编纂的三十、四十之说，应该是为了丑化武则天故意捏造。

不久后，皇帝和武皇后返回长安，李弘当即把自己的想法告知了父母。高宗皇帝得知消息后深感内疚，萧淑妃的死已经让他不舍，如今得知女儿这十几年来的悲惨遭遇，更是涕泪横流。望着痛哭流涕的丈夫，还有一心挂念义阳、宣城的儿子，武则天内心大为惊骇。她没有料想到，自己的儿子和丈夫竟然都站到了"情敌"的一边！皇帝还有情可原，他与萧淑妃毕竟曾为夫妻，孕育过一子三女，可皇太子李弘却大大不同！李弘是她的儿子，她就是为了儿子有太子之位才对萧淑妃等人下此狠手，可儿子却完全不领情！不过，这一切武则天不敢表现出来，她一边小心地安抚伤心的皇帝，一边允诺儿子马上张罗两位公主的婚事。

　　武则天并不是随口说说，她的确开始张罗义阳和宣城的婚事了，而且很快就选好了驸马，一个是叫权毅，一个叫王勖（字遂古），两个人出身名门，当时是宫廷中的侍卫。对于这两位驸马，高宗虽觉得有些委屈了义阳和宣城，不过两位公主已过婚龄，这样的年龄出嫁实在不光彩，也容不得他挑三拣四，只得答应了下来。

　　就这样，皇帝为两位公主举办了婚礼，又为两位驸马加了官，派到外地做了刺史。两位公主自然也随着驸马迁出京城。

　　义阳公主下嫁权毅后不久便死去了，没能经历后来的风云变幻。至于宣城公主，则又经历了一番跌宕起伏的人生。宣城公主的驸马王勖颇有才干，后被提拔为颍州刺史。武则天称帝后，王勖因为触怒武则天而被杀。宣城公主失去丈夫后，平平静静地一直生活了下来。直到李显再次登基称帝，宣城公主才过了几天真正的公主生活，不仅享邑千户，还被赐居公主府，设立了自己的官员僚属。

　　宣城公主一直生活到开元盛世之时，年过七十方才去世。宣城公主一生跌宕起伏，虽没有享受过太平公主那样的顶极权势，却也是寿终正寝。宣城公主死时，玄宗皇帝李隆基为这位姑母举办了隆重的丧礼，甚至亲自登上晖政门举哀哭泣。唐代公主中，享此殊荣者并不多。

　　在唐朝的这段历史上，义阳和宣城两位公主实在是可有可无，微乎其微的。不过，这两位公主的出现，却让太子李弘发现了太极宫的黑暗腐败，发现了母亲的心狠手辣。从这以后，这对母子的关系就发生了变化，甚至开始了一场场有意无意、或明或暗的较量。

许敬宗之死

　　关中大旱，以及诸多元老重臣的离去，没能撼动武则天的皇后之位。

武则天借避位之请，以退为进反而牢牢抓住了高宗皇帝的心，夫妻俩的关系也越发牢固起来。不过，武则天的执政权力已经受到限制，太子李弘的势力则进入了极度扩张的时期。他身体虽然羸弱，却很有主见，再加上心腹干臣戴至德、张文瓘辅佐，在朝中势力已远远超过了母后武氏。

咸亨二年（671），阳瓜州（今云南大理巍山一带）刺史蒙俭，纠集当地洱海部族"永昌蛮"反叛唐朝，皇帝立即下令附近州县出兵围剿。咸亨三年（672）正月，皇帝又下诏，命太子右卫副率梁积寿为姚州道行军总管率军十万讨伐叛军。梁积寿跟随太子李弘多年，一直为李弘所重用，如今高宗亲自点名由梁积寿率军讨伐，就是想借机考察一下李弘的执政能力。梁积寿不负众望，最终平息了叛乱，蒙俭最终死于乱军中。

"永昌蛮"叛乱的平息，让太子李弘在朝中的威望水涨船高，此时的武皇后却只能退居幕后。可是，一波未平，一波又起，咸亨三年八月，退休养老的许敬宗在昏迷了三天三夜之后，断了最后一口气，享年八十一岁。

许敬宗初为李治的东宫官僚，后来又成为武皇后的忠实盟友，在高宗朝可谓位极人臣。他可以随意出入禁中，骑马入朝，这样的恩遇，只有李勣才能相比。就连泰山封禅，也是他和李勣出任封禅使。武则天对许敬宗一直心怀感激，她能有如今的地位和荣耀，许敬宗功不可没。所以，即便许敬宗死后，武则天也要让他极尽哀荣。对此，皇帝没有异议，许敬宗是一品高官，后事料理当然不能含糊。所以，李治下诏废朝三日，命文武百官前往许府吊唁，并赠许敬宗为开府仪同三司、扬州大都督，陪葬昭陵。

许敬宗能有如此风光的葬礼，在李治朝所有去世的臣子中，已经是数一数二的了。当然，和李勣的葬礼比起来，还略有不及。但是，李勣毕竟为两朝元老，这是许敬宗比不得的。所以，武则天对于皇帝此番安排颇为满意。

就在武则天以为一切都会按部就班，顺利进行时，朝中一些反对的势力竟然抬起头来。许敬宗对帝后曲意奉承，对同僚就没那么和颜悦色了。许敬宗人品之差满朝皆知，生前享尽殊荣没有人敢得罪，如今人已死，官员们再不肯忍气吞声，便把许敬宗做出的丑事一一抖落出来。反对声音一出，就再也压不住了，一些官员甚至借着给许敬宗拟定谥号之时，对其大肆进行攻击。

最先站出来的就是太常博士袁思古。

在当时，给死去的官员定谥号、追封官爵，有一整套的程序。首先要由吏部负责考核官员出具一份记录死者生平的行状，再由太常博士根据这份行状提出一个谥号。太常寺并无实权，最大的权力就在于盖棺定论，给官员定谥号，而且他们定起谥号来丝毫不讲情面。当初，苏定方将军立下赫赫战功，死后却被谥号为"庄"。所谓"庄"，就是威而不猛。所以，对于许敬宗这样一个人，太常寺的官员们就更不留情面了。最终，袁思古认为许敬宗"弃长子于荒徼，嫁少女于夷落"，虽闻《诗》学《礼》，却断绝了子承父教之事，嫁送女儿也无非是为彩礼钱。对于如此名实不符之人，应当谥为"缪"。

袁思古所拟的谥号虽很刻薄，可平心而论倒也合乎许敬宗为人。至于"弃长子于荒徼，嫁少女于夷落"，也不是袁思古故意诬陷。许敬宗在为武则天效力之前，的确因为将女儿嫁给少数民族首领冯盎遭弹劾，被贬地方。至于"弃长子于荒徼"也确有其事，当时许敬宗已经六七十岁，却娶了个妙龄女子为姬妾。结果，这个姬妾生性风流，竟和许敬宗的子孙勾搭起来。许敬宗得知，竟奏请把儿子和孙子流放岭南，不久后他的儿孙便去世了。

袁思古为许敬宗拟定的谥号让许多官员应声附和，尤其是户部尚书戴至德、太常博士王福峙等，更是拍手叫好。不过也有些人表示反对，尤其是许敬宗的孙子太子舍人许彦伯，强烈要求重新改一个谥号。

对于许敬宗的谥号，武则天是极为关心的，当然不能同意袁思古的意见。可是，此时她的权力正处于低谷，许彦伯虽愿意为自己摇旗呐喊，可毕竟是个后生晚辈，在朝中根基尚浅。至于许敬宗早年的那些好友，去世的去世，致仕的致仕，如今还在朝的除了敌人，也不过和他是个点头之交而已，对于许敬宗的谥号自然也不肯发表意见。"北门学士"刘祎之倒有心帮一把，可谥号拟定是太常寺的事，他也只有建议皇帝多斟酌而已。

在这种情况下，武则天也只有请求皇帝给自己一个面子了。其实，皇帝也并不打算将许敬宗的谥号定为"缪"。许敬宗人品虽差，在官场上还是颇识进退的。尤其是在面对皇帝及武皇后时，更是有分有寸，一直被李治所赏识。不过，袁思古毕竟还有戴至德、王福峙等一干官员支持，皇帝不敢轻易驳回，只得召集在朝五品以上官员集中重议。

重议那天，皇帝及武皇后在紫宸殿接见诸五品以上官员。太子舍人许彦伯虽只是个从六品官员，由于他为许敬宗的孙子，破例参加重议。这一群官员多为四五十岁的老臣，平时为人处事也很是老成持重。可是，这些老成持重的官员，在议定许敬宗谥号一事上，却吵得脸红脖子粗。

第一个沉不住气的，就是许敬宗的孙子许彦伯。许彦伯气急败坏，高宗刚刚在龙椅坐定，他就跪了下来，请求皇帝严惩袁思古。

"陛下，彦伯祖父一生效力朝廷，不敢有分毫倦怠，只因太常博士袁思古和许家有仇，竟公报私仇将祖父谥号拟为'缪'，还请陛下明察，更改谥号。"

许彦伯话音一落，还不待高宗发话，户部尚书戴至德就站出朗声道："陛下，西晋司空何曾去世后，太常博士秦秀拟其谥号为缪丑公。何曾忠贞仁孝，遵守礼法，但却穷奢极欲，挥霍无度，因此拟谥号为缪丑。敬宗其人忠孝不及何曾，饮食男女之累却有过之而无不及，按照祖宗留下的取谥号的制度，必须依据实际品行给他评定，所以将许敬宗谥定为'缪'，也算合情合理。"

许彦伯听罢大怒，将祖父和何增相提并论他怎能接受？立即大声嚷嚷道："戴至德，祖父刚刚去世，尸骨未寒，你就跳出来说这一番话。戴至德，祖父在世时你的公道心去哪儿了？人刚离世，你就落井下石，如此卑鄙小人，你有什么脸面在这里讲忠贞仁孝？"

许彦伯的话也惹恼了戴至德，戴至德辱骂道："许彦伯，你不过借着你死去的祖父的光，做了个小小的太子舍人，可这猖狂劲儿和你祖父比起来，可是有过之而无不及啊！哈哈哈……"

戴至德这一笑，把许彦伯气坏了，恨不得立即冲上来给戴至德一个耳光。倒是有人想站出来打个圆场，但那些太常博士个个伶牙俐齿，任谁出面都是碰满鼻子灰，其他人自然再也不肯出面了。

就在局势一边倒时，一直坐在帘幕之后的武则天突然咳嗽了一声。许敬宗的死本就已经够让武则天心烦，如今这些官员们竟然落井下石，在谥号上为难许敬宗，武则天真是心潮难平。不过，武则天此时已经年近五十，说话还是很有些分寸的，她轻描淡写地说道："诸位爱卿还需心平气静，陛下今天召集你们前来，可不是为了吵架。只是，诸位还需记得，为官也是做人，做起事情来还需有些良心，嘴上自然也需积些口德才是。"

武则天这话倘若放在以前，大臣们定会乖乖领会其意愿，按照她的想法行事。可是在今天，许敬宗已死，大臣们自然也不再害怕武则天这个"光杆司令"了。所以武则天话音一落，不怕死的太常博士王福畤就站了出来，朗声道："陛下，这谥号是终身饰称，得失一朝，荣辱千载。所以，拟定谥号必须得有理有据，岂能顺风阿意，背直从曲？这样一来，礼部形同虚设，又何以激扬雅道，顾视同列？所以，臣恳请陛下依思古所拟谥号'缪'！"

　　王福畤这话说得有理有节，皇帝连忙点头称是。不过，皇帝心里也不是很能认同那个"缪"字，所以又说了些打圆场的话来。对于皇帝和武皇后的意思，大臣们心知肚明，只是不愿让步罢了。

　　最后，就在诸位官员硬着头皮死撑时，礼部尚书阳思敬站了出来。

　　"陛下，《谥法》中说过，尊贤贵义为'恭'；敬事供上为'恭'；尊贤敬让为'恭'；既过能改为'恭'。所以，臣以为可将敬宗谥号拟为'恭'。哪怕敬宗生前曾犯下错误，只要改正便皆大欢喜。"

　　阳思敬所拟的谥号，终于让皇帝找了个台阶，当即应允道："我看，诸位爱卿也别争了。依朕看，这个'恭'字倒很贴切，将敬宗谥号拟为'恭'吧！"

　　坐在帘幕后的武则天定神想了想，也同意了这个折衷方案。许敬宗死后的待遇已经够高了，在谥号问题上如果争得太狠，对他也没什么好处，只要能过得去也就算了。不过，关于许敬宗谥号的拟定，还是让武则天大受打击。正是在这次集会重议中武则天看清了自己的处境，在朝中高层官吏中支持她的人实在寥寥无几。好在皇帝给她留了点面子，总算勉勉强强让这位重臣的身后事不至于变成笑话。

　　随着许敬宗的离世，武则天在外廷真是寸步难行，而她想要改变处境的想法也变得越来越迫切了。

第十二章　再获殊荣

荣升天后

许敬宗谥号之争，让武则天感受到了自己的危机困境，可事情却并没有就此打住。几个月后，又有官员上书高宗，称许敬宗监修国史期间有意篡改历史，所载国史有诸多不实。一下子，关于许敬宗其人品行、史德问题，再次成了朝野争论的焦点。

皇帝虽然感念许敬宗为自己立下的汗马功劳，可此时时局变化，声讨声接连不断，李治当然不敢反其道而行之。无奈之下，高宗皇帝把已经退休的刘仁轨召回朝中。

刘仁轨于咸亨元年（670）正月初三上书李治，请求辞官退养。刘仁轨经战事多年，身体羸弱，李治便准了他的退养之请。可没了刘仁轨，李治总觉朝中没有重臣，便又将刘仁轨召了回来，仍任命其为宰相、监修国史，并要刘仁轨把许敬宗监修国史期间所载的不实历史改正过来。

李治召回刘仁轨，让武则天如坐针毡，以后行事更加谨慎，对高宗皇帝也是百般照料，殷勤至极，以讨其欢心。

咸亨四年，太子的新宫终于建成了，武则天便开始张罗起儿子的婚事来。李弘这一年二十二岁，太子妃早已经选好，就是裴居道的女儿。对于这个儿媳妇，高宗皇帝十分满意。裴氏虽没有倾国倾城的容貌，但是出身名门，规规矩矩，性情柔顺，是个相当有妇德的贤淑女子，将来定能成为后宫表率。六礼齐备，接下来的大婚典礼，几乎是一气呵成，待裴氏终于抬进九成宫，李弘也就完成他的人生大事了。

太子大婚，李治终于又了结一桩心愿。大婚的仪式虽然繁杂，可皇帝心情开朗，身体竟然也略微好了些。太子李弘大婚前对裴氏女不甚热心，但相处一年后，这对小夫妻也如胶似漆起来，让高宗皇帝和武皇后颇感欣慰。

过了一年其乐融融的家庭生活，武皇后和皇帝之间的关系也越发融洽起来。不过，这表面平静甜蜜的生活，却是武则天生命中最为难熬的一段日子。要知道，武则天是个有野心的女人，她不甘心做一个贤妻良母，她真正渴求的是政治权力。拥有权力时，朝廷上下对她前呼后拥，百般奉承；如今没了权力，各方反对声音就冒了出来，对她百般刁难。武则天经历了此中酸甜滋味，自然更想摄取权力。不过，在这种四面楚歌的境况中，她只得摆出贤德的姿态，暗中寻找夺权的机会。

这天，武则天在紫宸殿旁听了李治和诸大臣商议政事，然后又服侍李治回到后殿躺下小憩。李治刚刚睡稳，她就换了身便装，往后苑染织刺绣的作坊去了。李治醒来不见皇后，就独自一人研习其所作的曲子，共有《上元》、《二仪》、《三才》、《四时》、《五行》、《六律》、《七政》、《八风》、《九官》、《十洲》、《得一》、《庆云》等十余首曲子，李治对此一直甚为得意。

不知过了多久，皇帝一抬头这才发现周围已经暗下来了。内侍见状连忙准备传膳，扶李治到桌子旁坐下。接下来，有宫婢端着水盆，拿着巾帛，伺候李治洗脸洗手。

"皇后呢?"

"娘娘去后苑刺绣作坊了。"内侍连忙回答。

"叫娘娘一起来用膳吧。"

"娘娘已经用过了。"

李治听了点了点头。这时，饭菜也端上来了，鸡鸭鱼肉摆了满满一桌。李治见了就责怪内侍，大旱之年不该如此铺张。内侍听了连忙解释道："回皇上，这是皇后娘娘吩咐的，娘娘说您日夜为国事操劳，一定得多吃些。这不怪娘娘，娘娘晚膳也只用了一碗饭、一碟小菜。"

李治听了，心里不禁心潮涌动。用过晚膳，李治又在殿里看了会儿书。不一会儿，就见武则天回了寝宫。夫妻俩低声细语地谈了些话，武则天像突然想起了什么，连忙吩咐内侍将上官婉儿叫来。婉儿应声而至，她

是个容貌秀丽的小姑娘，一袭淡黄色的衣裙，映衬得她越发娇媚起来。

"陛下，臣妾早就听闻掖庭宫有一位才女，今日才召来一见。臣妾当场考她诗文，婉儿文不加点，须臾而成，而且文意通畅，辞藻华丽，真是古今少有的才女呀！"武则天对皇帝解释着，随后又转脸笑盈盈地招呼婉儿："婉儿，怎么愣着，还不快来见过皇上！"

上官婉儿听罢连忙叩见高宗皇帝，李治只是点了点头，并未在意。

"陛下，婉儿出自名门，祖父乃昔日宰相上官仪。上官仪获罪，族中女眷一律没入宫中为奴，婉儿就在其中。婉儿颇有灵气，幸亏臣妾今日得见，免了她奴婢身份，以后就让她跟在我身边了。"武则天微笑着说道。

一提起上官仪，皇帝的眼睛立即睁大了，仔仔细细地打量了一番眼前的女子。当初，若不是他一时懦弱，上官仪也不至于落得如此下场，对此李治深感内疚。内疚之余，高宗对武则天也生出了几分敬意。上官仪因废后的事情得罪了皇后，如今皇后竟然将他的孙女带在身边，如此度量非凡人可比。李治又联想到近几年来皇后侍奉自己尽心竭力，处理朝政不遗余力，更是柔情上涌轻轻地握住了皇后的手，用爱抚的目光仔细地打量起她来。

打量了许久，李治深情地说道："媚娘此等气魄，让朕自觉汗颜。这几年关中连年大旱，媚娘日理万机为朕分忧解难，真是让你受累了。过一阵子就是媚娘的五十寿辰，朕定要为你好好庆贺一番，以表朕的心意！"

在皇帝的这番允诺下，武皇后的五十大寿自然办得风光无比。八月十五日，李治借武皇后五十寿辰之机，追尊其祖先，下诏追尊高祖李渊为神尧皇帝，窦皇后为太穆神皇后；太宗皇帝为文武圣皇帝，长孙皇后为文德圣皇后。由于太宗皇帝的新名号中有一个"圣"字，武则天为了避讳上书高宗，请李治改称为天皇，自己改称为天后。

天后这个称号，是武则天绞尽脑汁想出的。在古代，一个男人能得到的最尊贵的名号是皇帝，一个女人能得到的最尊贵的名号是皇后。皇后这个名号并没有什么政治意义，扮演的无非就是皇帝的妻子而已。武则天不想退居后宫，仅仅做一个妻子，她必须要树立起自己的政治权威，改变自己在外廷的被动局面。天后这个称号对于武则天有着非凡的意义，这表明她的权力乃上天授予，其他人不得表示反抗。皇帝自然料不到武则天有此想法，竟然欣然应允，同时下诏改元上元，大赦天下。

与改元同时进行的，还有改换百官的服饰。三品以上者仍服紫袍，改饰金玉带；四品官员服深绯色袍，饰金带；五品官员服浅绯色袍，饰金带；六品官员服深绿色袍，饰银带；七品官员服浅绿色袍，饰银带；八品官员服深青色袍，饰玉石带；九品官员服浅青色袍，饰玉石带，普通老百姓服黄袍，铁带。这当然也是武则天的意思，她向来对于更改名号、服饰有些狂热的喜好。高宗一一应允，下诏颁布施行。

武皇后荣升天后，又改了百官服饰，这一折腾自然又在朝廷上下招来许多非议。此时武则天在外廷羽翼被剪除，大臣们当然不会给她留情面。为了稳固自己的天后地位，消除部分朝士心中隐隐的敌对情绪，武则天上书高宗，请高宗追复长孙无忌官爵，并准许长孙无忌归葬，陪葬昭陵。在唐代，这是大臣死后无上的荣耀。武则天甚至还提出，令长孙无忌的曾孙长孙翼袭爵赵国公。

武则天奏书一出，满朝哗然，众官员对武后的看法一下子就有了转变。当初，武则天为了夺得皇后之位，铲除了长孙无忌一派。可武则天毕竟久居于深宫之中，行事大多假手之人，与外朝并无直接恩怨，除了几个叫嚷着不许女人参政的官员，真正称得上是政敌者并不算多。如今，武则天竟然主动提出追复长孙无忌官爵，准许长孙无忌归葬，陪葬昭陵，让官员们对这位皇后的贤德明理深表佩服。

至于皇帝，早就已经有了为长孙无忌平反的心思。如今由皇后出面提出，连忙顺水推舟于九月初七下诏，复长孙无忌官爵，陪葬昭陵，并令其曾孙长孙翼袭爵赵公。虽然创伤是无法抚平的，但帝后二人却以此改变了自己的政治形象。

长孙无忌的平反，可以说是武则天卖给皇帝的一个人情。这个人情不是白白送的，作为交换，武则天请李治召回自己的侄子武承嗣袭爵周国公。武则天为后二十多年，对于外戚一直持打压的态度，这点很令高宗皇帝满意。如今不过是要找个人袭爵周国公，李治哪有不允之理？当即下诏，将武承嗣召回京师，一同被召回的还有武三思。

承嗣是武则天的哥哥武元爽之子，三思则是武元庆之子。早年，元爽、元庆对杨氏失礼，武则天一气之下将他们贬至岭南，终颠沛流离而死。父亲的死让这两兄弟意识到了姑姑的厉害，对姑姑一直百般奉承。武则天也意识到，天后之位并不能保障什么，关键时刻还需些自家人为自己

鞍前马后。就这样，李治封承嗣为宗正卿，袭爵周国公；三思则官拜右卫将军。打从这以后，武氏其他外戚也开始登场，武则天打压外戚的时期就此结束。

武氏外戚中很少有人品周正者，武承嗣、武三思均是如此，尤其是三思，善迎合武则天，颇得武则天的信任。这些人在武则天称帝后，享尽殊荣，对武则天极尽谄媚之事，对下则骄横跋扈，嚣张无度。武则天死后，这些人或抑郁而死，或被他人所诛。其中，武三思死后竟被睿宗斫棺暴尸且平其墓。这是后话。

上书建言

荣升天后，让武则天更加风光了；为长孙无忌平反，则让武则天在朝中收买了人心，她在外廷的威望也从低谷渐渐回升。更让武则天高兴的是，那个曾经预言女主武氏将取代李唐皇室的太史李淳风病逝了，仅为后世留下一本预言奇书《推背图》。

其实，武则天的担心纯属多余。李淳风知道天命不可违，天象如此，又岂非人力所能掌控？所以，自总章年间大旱后，再不肯提及女主武王的预言。

不过，经历了避位一事，武则天已经深切感受到朝中无人的无助，即便是当前，她的状况也不容乐观。当时的宰相均唯刘仁轨马首是瞻，另外几位宰相戴至德、张文瓘为太子宾客，郝处俊则一直反对武后干政，宰相中没有一个是武则天心腹。

既然外廷没有官员为自己摇旗呐喊，武则天也只有退而求其次，用心培养自己的北门学士。北门学士此时已经初具规模，以他们的官职和声望而论，在朝政中是没有什么发言权的。不过，由于武则天密令他们参决朝廷奏议和百官表书，所以在朝臣中的影响力越来越大，隐然成为朝廷新贵。

武则天的北门学士和武德年间秦王李世民的十八学士有异曲同工之妙。李世民武德四年打着学习经史的幌子开设文学馆，延揽四方贤才，每日引见与他"讨论文典"。在这些人中，最著名的有十八人，人称秦府十八学士，为首的即是日后成为贞观名相的房玄龄与杜如晦。李世民登基称帝后，这班人以从龙之功，多位列宰辅，帮助太宗李世民迅速稳定了政治局面。

武则天招募北门学士，便是援用前朝故例，为自己延揽私人智囊团，参谋帷幄。北门学士也不负武则天厚望，一直尽心尽力为武皇后出谋划策。荣升天后以来，武则天越发地想要表现出天后风范，积极地参政议政，便和北门学士一同商定了一个治国纲领，并于上元元年（674）十月二十七日上书高宗，这就是著名上书建言十二事。这十二条建议分别是：

一、劝勉农桑，轻徭薄赋；

二、免除三辅一带百姓的徭役；

三、停止用兵，以道德教化天下；

四、全国各地禁止浮巧，要求少府监所署的官营手工业作坊停止生产浮巧之物；

五、要求俭省各项工程的费用和百姓的劳役负担；

六、广开言路；

七、杜绝谗言；

八、王公以下都要学习《老子》；

九、要求父亲在世，而母亲去世时，子孙也应该服丧三年；

十、上元以前的勋官，朝廷已经发给告身也就是勋官凭证的，不再审查核实；

十一、京官八品以上的增加俸禄；

十二、长期任职的官吏，才能高地位低的可以升职。

上书建言十二事涉及政治、经济、军事等方方面面，是一份相对完善而全面的施政纲领。在这份建言中，武则天提倡农业，要求统治者广开言路、杜绝谗言，同时要求禁断浮巧，迎合高宗皇帝提倡节俭的口号。更让高宗皇帝满意的是，武则天还建言大臣们都学习《老子》。当时，李唐皇族推崇老子李耳为自己的先祖，武则天提倡尊崇老子自然很得高宗欢心。

这份建言十二事，让武则天在朝中收买了不少人心。她不仅建议免除三辅一带百姓的徭役，还为八品以上的京官增加俸禄，京城一带官员自然对天后建言推崇备至，对天后本人也是感恩戴德。武则天还建议，对于长期任职的官吏，才能高地位低者，应该予以升职。这一条，可谓是广收

人望。

武则天积极为中下级官吏争取利益，使她获得来自中下层官吏的广泛支持。即便是在她称帝以后，对于中下级官吏也是颇为照顾的。正因为如此，无数次叛乱都不能得到来自社会底层的支持，史称"上乱而下不乱"。而这也奠定了武则天的统治基础。这是后话。

值得一提的是，武则天的建言十二事还第一次将自己的触角伸到大唐军事领域来。因为她已经意识到，要想稳固地位，就必须掌握军权，这样才能在必要时威慑他人。

在军事领域的第一个建议，仍旧是用来收买人心的。武则天建议，上元以前的勋官，朝廷已经发给告身也就是勋官凭证的，不再审查核实。这一条并不引人注目，倘若不加解释，现代人也不太容易明白，可在当时对武则天却有着特别重要的意义。

所谓"勋官"，就是战斗功臣，他们虽然没有具体的职守，但可按照勋品的高低占有数量不等的土地。不仅如此，勋官本人及五品以上勋官的子弟，还有资格做实授的官。具体办法是，服役一定期限或缴满一定的资金，再经考试合格，就可以参加"铨选"，即成为候补官员。对无权无势的普通百姓来说，勋官是一个不错的晋身之阶，勋官在社会上还是很有身份的。

不过，在当时前方军将所立的军功，回到内地要一一审核，不合格的会追回政府颁发给他们的勋官告身，称为"夺赐破勋"。这对已获勋官凭证者自然是一个沉重打击。武则天认为，大唐四境武功赫赫，都是倚仗军人英勇杀敌。所以，她建议对上元前犯有罪错的勋官不再追夺勋赏。

武则天此举，表面上看轻描淡写，实际上却赢得了很多军人的支持。

武则天在军事领域的第二个建议，则是为了削弱唐军高层将领的权力。在当时，皇帝先后任命了两位儒将，分别是刘仁轨和裴行俭。刘仁轨经略辽东，屡破新罗，在朝中威望颇高。不过，因李义府之事，刘仁轨与武皇后关系很一般。裴行俭是隋朝名将之后，个人才艺兼优。出任长安令时因反对立武则天为后，被皇帝贬黜。此后，他纵横西域，治地万里，反而如鱼得水，在朝中地位不可动摇。皇帝见状，便任命其为吏部尚书。

刘仁轨和裴行俭都不与自己亲近，武则天必须想尽一切办法削弱这两人在军中的权力。由此，便提出了"息兵，以道德教化天下"的建议。

"息兵"后，这两位重量级的军方人物，权势必定会有所下降。

不过，皇帝并不愿意"息兵"，他反而渴望能够扩大大唐疆域，成就一番伟业。好在，中国古来一直以"抚民以静、止戈为武"为传统，汉武沟通西域，唐宗南征北战，就曾被宋儒评为穷兵黩武，好大喜功。就连太宗皇帝当年出兵高昌和薛彦陀，也曾受到以魏徵为首的儒臣的批评。尤其是唐军遭遇大非川惨败后，士兵待遇低下，民间反战情绪也很高。皇帝为了筹集军饷，甚至还要求群臣交纳一半的俸禄，百姓交纳人口税来赡养边兵。李治此举十分不得人心，如今一见武皇后的"息兵"提议，立即举手赞成，裴行俭、刘仁轨等将领的势力也被大大削弱。

作为女人，武则天当然也不会忘了声扬女性的权力。

在当时，父亲去世子女需服丧三年，母亲去世时如果父亲已经不在世，同样要服丧三年；但如果母亲去世时父亲仍在人世，为了表示对父亲的尊重，子女只需服丧一年。武则天认为这不合人情道理，要求父亲在世，而母亲去世时，子孙也应该服丧三年，希望借此可以提高母亲在家族中的地位。

可以说，武则天的这份建言十二事照顾到了各个方面的利益。尊崇老子，净化政治空气和社会习俗，用来迎合高宗；息兵息役，轻徭薄赋，既迎合了百姓利益，也暗中压制了对手势力；至于京官加薪、久任官吏升职，则照顾到中下级官吏的利益，笼络了人心。所以，建言十二事一出，立即受到了广大官员及百姓的支持，皇帝对于妻子的这份政治纲领也十分赞同，立即下诏颁布施行。

其实像"建言十二事"这样的文章在当时也是屡见不鲜的，仅翻一翻《唐大诏令集》和《册府元龟》的"帝王部"，就可看到几乎每个皇帝都在诏令里说过类似的话。不过，武则天的建言十二事刚好提在大灾之后，其中劝农桑、薄赋徭、给复三辅地，并禁浮巧、省力役，对于缓解灾荒起到了一定的作用。而且，武则天提出建言十二事，方案内容如何倒不重要，只要能表达自己的姿态，主动对朝政施加影响，她就已经达到了目的。

上元元年，对于武则天来说是一个开启大时代的分水岭。虽然皇帝仍在尽可能地压制她，但她的发挥空间已经比历代皇后大得多。一个长于理政、沉稳多谋的女政治家，已在大唐政坛上锻打成型。

武
则
天

逊位风波

上元年间，皇帝病越来越重，就连走路都需要人搀扶。而且，他还时常恶心，饮食也日渐减少。最糟糕的是他的眼睛。他的视力急剧下降，不能读书，就连审阅奏章也十分吃力。倘若勉强坚持半个时辰，眼睛便会疼起来。可就在此时，御医孙思邈却向高宗请求告老还乡。

孙思邈是当时著名的"药王"，医学造诣很深，有"起死回生"之术。说他起死回生，倒也不是空穴来风。

一次，孙思邈看见几个人抬着棺材在他前面走过，从棺材里滴出几点鲜血，棺材旁边有一个老妇人嚎啕大哭。孙思邈上前一问，才知道棺材里躺着的是老人刚刚难产而死的女儿。孙思邈救人心切，当即请求打开棺材。一看，产妇脸色蜡黄，一丝血色也没有，的确同死人无异，但一摸脉搏还在微微的跳动。孙思邈选定穴位进行针灸，不一会儿那产妇竟然苏醒过来，就连胎儿也顺利生产。此后，孙思邈就有了起死回生之名。

早在贞观年间，太宗皇帝就慕其美名，曾将他召至京师，授予爵位。可惜，孙思邈对金钱地位视而不见，固辞不受。显庆三年，皇帝又将孙思邈征召至京，让他住在鄱阳公主的旧府，封他为谏议大夫，又被孙思邈拒绝。直到咸亨四年，皇帝病重，孙思邈这才受命随侍在侧，帮助李治诊治。不过，孙思邈年事已高，至上元元年他已经九十多岁了。他料想自己时日无多，希望能够利用晚年著书立说，一再向李治请求归乡。

李治无奈，也只得应允。

孙思邈一离开，李治的病真是一日不如一日了，大多时间都躺在御榻上闭目养神，已不大处理政事。可是，国不可一日无君，总得找个人暂理朝政才行。李治原想把政事全都交给儿子李弘，可李弘身体病弱，一直为疾病所苦。倘若把政事全部交给儿子，怕儿子身体吃不消，大权反而会落至大臣手里。

思来想去，李治还是决定把政事交给皇后。皇后的政见、处理国事的能力都颇为卓越，对此李治一点都不怀疑。皇后虽有些野心，可在李治看来，她毕竟一个女流之辈，怎会和儿子争夺天下？所以，由皇后出面暂理朝政再合适不过。

上元二年（675）三月的一天，李治告知武则天欲逊位给她，武则天再三推辞。

"陛下，此举恐怕不妥。弘儿入主东宫多年，已先后多次监国，陛下即便逊位，也该逊位于弘儿。"武则天此说合情合理，也该是诸位大臣的想法。

"媚娘，朕此举实在是出于无奈。弘儿身子病弱，朕怎忍心给他施以重压？更何况，若果真逊位于弘儿，只怕会大权旁落。"皇帝也道出实情。

"可是，朝臣定会一致反对，逊位臣妾只怕不妥。"

武则天的担心并不是多余的，当时朝中宰相中反对天后参政的官员大有人在，其中则以郝处俊为代表。郝处俊曾任太子左中护，上元元年（674）李治又将其提拔为中书侍郎同三品，命他参知政事。

郝处俊为官清廉，在当时颇有忠正之风。有一次，李治在含元殿东的翔鸾阁召开宫廷聚会。李治一时兴起，将聚会中的音乐分为东西两班，命雍王李贤（原封为潞王，龙朔年间改封为沛王，后李治又改封其为雍王）和周王李显（原封为英王，后被李治改封为周王）各带一班，一决胜负。当时，郝处俊也在酒宴上，他见状立即劝谏李治，认为两位王子年纪尚轻，李治应该教导他们互相礼让，相亲如一，不该让他们带领乐师舞伎一决胜负。李治采纳了郝处俊的建议，那以后对郝处俊更加敬重起来。

皇帝逊位武后，可不是一件小事。在武则天看来，郝处俊是太子的心腹重臣，又素与她不睦，必定会第一个站出来反对此事。可是，皇帝对此不以为然，仍打算和大臣们商议一番再做决定。武则天虽知道大臣对反对此事，倒也想探一探大臣们的口风，趁机寻找自己的同盟者，便也就任凭李治去了。

第二天，李治就将几位信得过的大臣召至紫宸殿，把自己的打算讲了出来，征求他们的意见。武则天没敢坐在大殿上，而是偷偷地躲在了偏殿偷听。

李治接见了大臣，并不着急谈逊位的事。他先让内侍给诸位大臣看座，随后又谈了谈朝中琐事，最后才切入正题："诸位爱卿，朕最近身体每况愈下，无法理政，所以有意逊位于天后，诸位以为如何？"

一切果真如武则天所料，李治话刚说完，郝处俊就站了出来表示反对。

"陛下，《礼经》有云'天子理阳道，后理阴德'。天皇与天后好比日

与月，阳与阴，应该各司其事。只有阴阳谐调，国家才能治理。倘若陛下不遵此道，恐怕会上逆天理，下负民意！魏文帝就曾经告诫后人，在他驾崩之后不许皇后临朝。可如今，陛下却想传位给天后，实不可行，请陛下快快打消这个念头！"

李治本还觉得理直气壮，可听了郝处俊这一番话，一下子就没了主意。正在李治犹豫间，中书侍郎李义琰也站出来表示反对。

李义琰是陇西望族出身，早年中了进士，被授太原尉。由于他博学多闻，又敢于直言，被李治提拔为中书侍郎，在朝中声望颇高，朝臣对他一直推崇备至。

"陛下，郝处俊所言极是。当年，高祖、太宗出生入死，费尽千辛万苦，方才挣得这大唐赫赫基业，传至陛下仅仅三世。陛下理应谨守宗庙，传位给子孙，怎能送给他姓呢？陛下这一想法，真是令臣等伤心难过啊！"李义琰说完，就跪在了地上，再不肯起来。

大臣们见郝处俊、李义琰如此义正严词地反对高宗逊位，也都跪了下来，异口同声道："请陛下万万不可再谈此事！"

望着跪了一地的大臣，皇帝不得不反省自己的逊位提议。看来，天后虽有威德，但毕竟是后宫之主，大唐姓李，不能姓武，先帝开创的基业应该代代相传，以至无穷。

"诸位爱卿请起，朕以后再不提逊位天后之事！"皇帝信誓旦旦地说道。这一回，大臣们才放下心来。君臣又聊了几句，终于散了。

武则天一直坐在偏殿，没有发出一声。虽然她早料想有如此结果，可真正面对这样的事实，还是让她有些难以接受。她没想到诸大臣中竟无一人支持自己，全部持反对态度。不过，这也是情有可原，所谓枪打出头鸟，此时自己势单力孤，谁又敢豁出性命为自己卖力？

正在思索间，皇帝已经出现在武则天面前。

"陛下，臣妾早就说过逊位之事万万不可。臣妾上朝听政，不过是想为陛下分忧，可陛下竟提出逊位之事，这是陷臣妾于不义。大臣们本就对臣妾干政耿耿于怀，如今还不知要在私下里议论些什么，这叫臣妾如何做人？"武则天连忙离座起立，向李治诉说自己的委屈，说着说着竟然掉下了眼泪。

皇帝眼见留着眼泪的人儿，立即生出怜惜之心，一边帮皇后擦眼泪，一边柔声安慰道："都是朕做事欠妥，委屈了媚娘。日后，朕定会找个机会，和这些大臣们好好解释。"

其实，怎么解释都没用，武则天也并不希望李治真的会去和大臣解释。只要皇帝对自己打消疑虑，这就已经足够了。所以，武则天收起了眼泪，伸出胳膊搀扶着李治往寝宫去了。

逊位于武后的事情就这样被放下了。可是，李治身体虚弱，再无法理政，出于无奈，李治只得决定禅位给太子李弘。

太子李弘此时已经具备了担当天子的素质。近几年，李治每次出幸东都，都是让太子弘监国。他性情仁孝，对大臣谦和有礼，在朝中威信很高。虽然他身体病弱，可至少强过病入膏肓的高宗皇帝。禅位于太子李弘，可谓是众望所归。

武则天对于李治此举一直不很赞同，她当然不满足于当一个位尊而无权的太后。武则天的这些想法，李弘看得明明白白。他一直认为母亲执掌国政有背古礼，逊位一事传出以后，他更是处处和母亲作对，因此更失爱于武则天。可是，李治禅让皇位给太子合情合理，她即便反对又能如何？

在这种煎熬中，武则天想要夺权的渴望越发急切起来，她的内心也因这种煎熬变得狠毒起来。她恨不得向所有使自己不快的人痛下杀手，不久，她那倒霉的儿媳赵氏就撞到了她的手上，最终丢了性命……

诛杀赵妃

上元二年（675），皇帝和武则天所出的几个儿子，除了年纪尚幼的相王李轮（原为殷王旭轮，后改封豫王、冀王，后又改封号及名字为相王李轮），都已陆续完婚。

长子李弘前文已经表述，在二十二岁那年娶了裴氏女为妃。次子雍王李贤，虽已到了大婚年龄，可由于哥哥李弘一直未婚，他的婚事也就被耽搁下来。李贤可非懦弱的李弘能比，婚事虽被耽搁，却一点不影响他谈情说爱，还不及哥哥完婚，他就和宫女张氏生下了个儿子，被李治取名光顺。宫女身份卑微，自然不得做王妃，所以待哥哥李弘大婚完毕，武则天又为他选了清河房氏女为妃。

房氏是房玄龄的本家，祖父房仁裕在永徽末年废王立武之争时，一直拥护武则天为后，很受皇帝和武则天信任。房氏的父亲房先忠累官奉议郎、银青光禄大夫、宋州刺史，赠左金吾卫将军，和父亲一道陪葬昭陵。房氏父子是除了外戚宗室以外，唯一一例父子陪葬昭陵的官员。在当时，也算是享尽殊荣。

上元二年二月，雍王李贤和房氏成婚。

李贤大婚后两个月，三皇子周王李显也在高宗皇帝的安排下纳了王妃。这次被武则天所杀害的儿媳，就是周王妃赵氏。

赵氏出身名门，祖父赵绰是大唐开国功臣之一，父亲赵瑰官至左千牛将军，出警入跸，母亲则是高祖李渊最小的女儿常乐公主。常乐公主年龄与侄子皇帝相近，并且相处融洽。这样论起来，赵氏和武则天同一辈分，是高宗皇帝的表妹，周王李显的表姑母。

不过，这在当时并不能算是障碍。

赵氏的年龄和李显相仿，因是皇亲，赵氏小时候常常随母亲在宫中走动，和李显常在一起玩耍。长大后，两个人也时常一道参与皇室的庆典、筵宴或游乐，有时也在一起读书，久而久之生出爱慕之情。太子李弘看在眼中，便在父亲面前提起。李治一听是自己亲信的女儿，又是儿子中意的人，自然喜欢，当即决定纳赵氏为周王妃。

对于这桩婚事，武则天说不上赞同。原来，常乐公主身份尊贵，瞧不起并非名门望族出身的武则天，早年曾对武则天不敬，武则天对此一直怀恨心在。不过，这门亲事是李治说定的，武则天也不好反对。所谓母以子贵，赵氏马上就要成为周王妃，常乐公主自然也颇受高宗皇帝厚待。再加上近几年武皇后大权旁落，很被朝臣挤兑，常乐公主更是不把武则天这个侄媳妇看在眼里，惹得武则天十分不快，对赵氏这个儿媳自然也是怎么看怎么不顺眼。

上元二年四月初，赵氏和周王李显欢欢喜喜地成了婚。对于包括儿媳及常乐公主在内的这股异己势力，武则天十分反感。就在周王婚后的第三天，武则天就以极其迅速毒辣的手段将这一班人排挤出了朝廷中枢。

那天，周王妃赵氏按例去向婆婆请安。可惜，她来得不巧，那天武后贪睡仍未起床。赵妃并不知情，径直就进了婆婆的内寝。赵氏素来喜爱打扮，尤喜欢佩戴一些玉饰品，走路时身上的饰品就会叮当作响，远远地就能听见。所以，赵氏刚一进门，武则天就被那叮当声吵醒了。睁开眼一看，竟是那个不知天高地厚的常乐公主之女，更是气不打一处来，大声训斥儿媳失礼。

赵氏自小受宠，又颇受母亲影响，本就没有把婆婆放在眼里，开口为自己辩白了几句。这一下，武则天可发怒了，立即命人将儿媳囚禁起来，不准出来。同时传令，将赵妃的父亲贬为寿州刺史，常乐公主也勒令随行。常乐公主临行前，本打算进宫来向李治求情，被武则天派人拦在宫外。就这样，常乐公主与驸马被赶出了京城。

周王李显得知王妃被禁，心里十分着急。只可惜，这个李显远不及太子李弘内涵丰富，也远不及李贤果决而有担当。平日里，李显只会吃喝玩乐，从不过问朝廷政事。若问本领，蹴鞠是他的拿手戏，不但眼明手快，且马上功夫极好。李显还十分喜欢斗鸡，在皇室成员中，每次斗彩，他都要拔头筹。当年，王勃就因卷入了李贤与李显兄弟的斗鸡之争，写了篇《檄英王鸡》（当时李显还为英王），最终被李治赶出了京城。更要命的是，李显这个纨绔子弟还生性懦弱，向来惧怕母亲，听说王妃被禁后立即就慌了阵脚，哪里还敢出手搭救？

相比之下，周王妃赵氏胆子倒大些，她自恃出身高贵，认为武则天不能把自己怎样，带着贴身侍女就在禁宫中住了下来。武则天哪里能容忍，立即调走了赵妃的侍女，只给她生的米菜和柴盐，让她自己做饭。赵妃胆子虽大，可毕竟从小娇生惯养，衣来伸手，饭来张口，哪里会做饭？几天之后，内侍打开禁宫的大门一看，赵妃已经被活活饿死，就连尸体都已经腐烂变质。

赵妃被囚禁至死，武则天有些慌了。其实，她只想给这个儿媳一点教训，让她以后学会尊重自己。如今，眼见赵妃已死，武则天连忙命人把赵氏埋了。第二天，她又下了敕令，称周王妃赵氏为妇不德，顶撞天后；囚禁当中不思悔改，绝食身亡。

得知儿媳绝食身亡，皇帝非常痛心。他没有想到，儿媳年纪轻轻性子竟如此刚烈。对于天后，高宗虽也有不满，但他身体病弱，朝中大事都无暇顾及，更何况后宫的这些繁杂之事？就这样，赵妃白白地死掉了，再没有人来追究她真正的死因。

对于赵妃的死，最为伤心的恐怕就是周王李显了。李显对于母亲的狠

毒老辣颇为不满，可他太过懦弱，只得自己借酒消愁。这一回，他不斗鸡了，也不去蹴鞠，反而整日沉湎于酒色之中，每日昏昏沉沉，无论大事小事，都不理不睬。

看着日渐消沉的李显，武则天也觉得自己有些过火。所以，赵妃死后，她就又开始为李显重新挑选王妃了。这一次，她选中了京兆万年县的女子韦氏。韦氏祖父韦弘表，在贞观年间出任过曹王府典军，父亲韦玄贞任普州参军（今四川安岳县），都是佐杂官。出身虽说不上十分显赫，但也是关中的大户。

对于这桩婚事，李治也十分赞成。经历了赵妃一事，高宗也认为王子纳妃不一定非得名门望族的姑娘。望族的姑娘眼界高，嫁做王妃对她来说也不怎么感到荣幸，而且多不会孝奉婆母，赵妃就是一个先例。李显对此一点都不热心。好在，韦后年轻貌美，又善解人意，终于填补了李显内心的空虚。

值得一提的是，这位武则天亲自挑选的儿媳，处处以婆婆武则天为榜样。李显即位后，韦妃理所当然地成了皇后。她在李显的纵容下，政治野心高度膨胀，甚至打算效仿婆婆武则天成为下一任女皇帝。为了除掉自己称帝的阻碍，她甚至和女儿安定公主合谋毒杀了丈夫中宗李显，后被临淄王李隆基（唐玄宗）与太平公主所杀。这是后话。

第十三章　重掌大权

李弘之死

对于赵妃的死，雍王李贤和太子李弘颇为同情。

尤其是李弘。李弘十分仁慈，小时候读《春秋左氏传》时，读到楚王弑父的情节时他竟然坚决拒绝读下去，认为这不是人干得出来的事情。如今，母亲竟然将赵妃囚禁至死，虎毒还不食子呢，母亲怎能对儿媳下此狠手！更何况，李显和赵氏的亲事就是由他撮合而成，本是一片好意，哪知道竟是如此结局。

前文就曾说过，李弘自幼身体病弱，一直被民间俗称的"痨病"所扰。这种病需患者静心修养，可近几年来，李弘接连监国，尤其是高宗皇帝提出逊位于武皇后之后，李弘更是殚精竭虑参议朝政。如此一来，李弘的身体已是一日不如一日。而今，李弘得知赵妃死讯悲痛不已，病症也更加严重起来。

皇帝担心儿子，便决定带着皇后及太子前往洛阳合璧宫。李治素来不喜太极宫，认为太极宫地势低，不利于太子李弘修养身体。可他哪里料想，李弘长期患肺痨，一路风尘前往洛阳，反而会加重病情。一行人刚抵合璧宫，李弘病症发作。他不仅一直持续发烧，咳嗽得也越来越厉害，严重时咳出了血。这天，他逞强起床，不料刚到地上，双腿发软，因站立不稳，竟栽倒在地，昏晕过去。

太子妃裴氏赶紧派人向皇帝和武后奏报。皇帝闻报大惊，连忙带着皇后一同来李弘所居的绮云殿探视，并再次传来御医，在帝后的监视下

会诊。

李弘的病也不是一日两日了，众御医心里都十分清楚。不过，天皇天后如此重视，御医们也不敢怠慢，轮番上前把了把脉，查看了饮食，还把太子妃裴氏请出来细问一番，认为太子殿下先是感了风寒，再加上体质虚弱，又日夜操劳，心力交瘁，这才促使病症加重。御医们奏请太子静心调养，暂不摄理政务。

皇帝连忙遵照御医建议行事。望着昏迷中的儿子，高宗心如刀割，待李弘刚刚转醒，他立即向儿子允诺，一旦李弘身子康复，他立即逊位于李弘！李治讲这话本是想让儿子高兴一下，哪知道李弘听了这话大吃一惊。

"儿臣不敢，不敢……"李弘想要讲话，却咳嗽不止，而且咳得越来越厉害，一口血喷了出来。

"太医！太医！"高宗慌了，连忙传唤太医。太医们就候在门外，听闻召唤连忙往内室跑来。

太医们拍拍打打好一阵，李弘这一口气才转了过来。李治见状也不敢再多说，只得命儿子静心修养，不要顾忌其他。

不过，此番修养也没能使李弘的病好转。他整日辗转床榻，不断呻吟。洛阳四月，已是鲜花盛开的季节，可在李弘看来，这春意盎然的景色里，竟隐藏着无限的萧条和肃杀……

四月二十五日凌晨，李弘再度陷入了昏迷之中。御医们闻讯慌乱地跑进内室查看，只见李弘满口鲜血，似乎就要没了呼吸。御医轮番把了脉，又都从帐中连滚带爬地出来，跪在地上。

内侍宫女见状，已是哭声一片。

李治和武则天听闻太子病重的消息，连忙往绮云殿赶来。远远地，两个人就听到了绮云殿传来的痛哭声。

"你们干嘛跪在这里？还不去里面诊治？"武则天刚迈进绮云殿，就大声训斥御医。

"请天皇天后节哀，太子薨了！"御医说罢又是哭声一片。

李治不愿相信，慌忙冲进内室。只见太子已是面色发青、满口血污，伸手一触已无鼻息，果然已经去了。李治一时无法接受，眼前一黑，当即就晕了过去。紧随进来的武则天看见了这一切，眼泪也是噼里啪啦地往下掉。可李治已昏厥，她不敢放纵悲伤，连忙召唤御医抢救高宗皇帝。过了一会儿，皇帝终于恢复了神智。睁开眼，就看到了守候在自己身边的皇后。

"媚娘……"李治刚一开口，眼泪就流了下来，再也说不出话来。

此时的武则天也是悲痛不已，脸色惨白，嘴张着却说不出一个字，只一把握住皇帝的手，默默地流着眼泪……

人死毕竟不能复生，对于儿子的死皇帝虽然悲伤，却也无能为力。五月初五，皇帝口授诏书，给予太子身后极大的哀荣。李治在诏书中盛赞太子美德，称李弘虽死，但自己已经允诺逊位于他。所以，拟其谥号为孝敬皇帝。李弘是唐朝第一个死后被追认为皇帝的太子，按太常寺官员的诠释，慈惠爱亲为孝，死不忘君为敬，李弘被谥为孝敬，倒也适宜。

自太子弘薨后，皇帝因伤心过度，身体状况大不如从前，时常卧病在床，头疼不已，根本无法处理政事，就连李弘的丧事也只得全权交予天后。

对于儿子的死，武则天是十分痛心的。当然，在悲痛之余，她也暗暗地为自己庆幸。假若李弘此时不死，果真接替了李治的皇帝之位，那么自己在外廷辛辛苦苦培植的势力将会被剪除。如今，李弘一死，再没有哪个人能够强大到夺走她手中的权力，再加上高宗病重，此时的朝廷政事几乎全部落在武则天一人手中。至于那些一直反对女人干政的宰相集团们，虽对武则天有许多不满，可此时此刻也说不出什么反对意见来。

不过，武则天庆幸归庆幸，儿子的死对她的打击是巨大的。她亲自撰写了《一切道经序》，在文章中称自己每次回想起养育之情，就难以自持。为了厚葬儿子，武则天几乎倾举国之力，为儿子修建陵墓。

李弘的陵墓选址在洛阳东偃师县的景山之巅。景山处于伊洛河与万安山之间，登陵远望，群山耸立，岗峦迭起，山下伊洛如带，平畴似镜，树木葱茏，山河如画。这里还有通洛阳、连西安、入登封的大道，晋建安七子之一的曹植，曾经于此流连，写下著名的《洛神赋》。景山的确是一块难得的风水宝地，皇帝对这一墓址也十分满意。墓址选好后，武则天命蒲州刺史李仲寂主持修建陵墓。为了使陵墓极尽宏伟奢华，武则天耗费巨万，广征劳役，导致了民众不满，曾在建陵期间发生两次役夫逃亡事件。对此，武则天加罪给李仲寂，认为是他计划不周，管理不力，又换司农卿韦弘机来建陵。韦弘机接任后，把正在龙门建造石窟的能工巧匠调来，精

心设计，严格施工，这一回武则天才稍稍放下心来。

八月初，恭陵终于初具规模。恭陵坐北朝南，平面为正方形，长宽约440米，是洛阳唐陵中规模最大的一座。恭陵四周还有神墙护围，其四角有角楼建筑，四面神墙中还有神门。当时，神墙护围上的雕刻工作还为结束，但太子尸体不宜久置，武则天便于八月十九日以帝王之礼将李弘下葬恭陵，皇帝亲撰《孝敬皇帝睿德纪》，以示祭奠。

李弘没有留下子嗣，他死后不到一年，太子妃裴氏由于悲伤过度，抑郁成疾，也追随李弘去了。李治感念其贤德，追封她为哀皇后，陪葬于恭陵。

对于李弘的死，一直有传言在宫廷内外悄悄流传，认为他是被武则天所毒杀。因为一旦李弘登基成为皇帝，作为皇太后的武则天便不能继续辅政，于是"鸩杀"了太子李弘。更何况，赵妃死后仅仅十八天，李弘就突然死亡，实在给人们以许多想象空间。

李弘到底是怎么死的？是病死？还是被武则天所鸩杀？对此，史学界也一直没有定论。《唐历》、《唐会要》、《新唐书》等书认为，李弘是被母亲武则天所毒杀；《旧唐书》则认为，李弘是死于古代绝症之一的"痨病"。对此，《资治通鉴》的作者司马光认为，李弘是死因至今难明，《旧唐书》认为李弘是自然死亡，至于后来的史书《唐历》、《唐会要》、《新唐书》等记载，认为李弘是被母亲毒杀，或许是传疑。

为什么会有这种传疑？部分史学家认为，《新唐书》等史书之所以推断是武则天鸩杀了李弘，在于当时的人们很难接受一个女人篡夺政权当上皇帝的事实，整个社会对武则天抱有很深的成见。就连史官，也在编撰史书时加入了自己的好恶观念，不能如实记载。《新唐书》故意夸大义阳、宣城两位公主的年龄就是一例。

当然，我们也不能认定李弘果真为自然死亡。关于事实真相，至今没有定论。

李弘死后，大唐继任储君的问题又被提上了日程。六月初五，皇帝下诏立雍王李贤为太子，大赦天下。

李贤比李弘小两岁，容貌俊朗，身体健康，从小熟读经史，还擅长骑马打猎，是一个颇有帝王风范的皇子。李贤向往太子之位已久，随着李弘病死，李贤终于如愿以偿地进入东宫。李贤早已经看透了母亲的心，为了自保，他表面上对母亲十分恭敬，暗中却不断充实势力，培植羽翼。对于武则天来说，聪明而狡猾的李贤实在是比李弘要强大得许多的敌人……

储君李贤

唐朝的太子府就是一个小政府，官僚设置完全模仿朝廷。

依据制度，皇帝亲政由宰相辅佐，而太子监国，就应该由太子府的官员辅政。高宗时期，因为太子李弘频频监国，为了协调朝廷和太子府的关系，太子府的重要官员往往就由朝廷的宰相兼职。这样，宰相和太子之间形成一种默契，宰相既是皇帝的下属，又是太子的下属，宰相就成了太子利益的维护者。

太子李弘死后，李治命原有的东宫班底继续为新太子李贤效力。为了加强李贤的势力，上元二年九月，李治任命刘仁轨为左仆射、戴至德为右仆射，仍是同中书门下三品的实职宰相。这是十六年来李治首次任命左右仆射这样的高官，以前长期不设置左右仆射这样的高位，只命各省侍郎或者中书令参知政事。李治还令这两人同为太子宾客，以巩固太子的势力和地位。

与此同时，李治还任命张文瓘为侍中，郝处俊为中书令，同为太子宾客；李敬玄为吏部尚书兼太子左庶子，仍然担任同中书门下三品。在这几个人中，张文瓘、郝处俊向来反对武则天，至于李敬玄，则是先太子李弘的旧党。

这一班人竭力维护太子权威，反对武则天干政。表面上看，太子李贤的东宫班底十分强大，可实际上仍存在很大的隐患。原来，这一年郝处俊已经六十九岁，张文瓘七十一岁，刘仁轨七十四岁，如此老臣一旦身故，朝廷局势将又起波澜。

皇帝也意识到这种情况，便于第二年，也就是仪凤元年（676），连续提升了几个宰相。三月，黄门侍郎来恒、中书侍郎薛元超并同中书门下三品，担任宰相。不久，高宗又下令命中书侍郎李义琰入相参知政事。

这其中，来恒很有些来头。来恒的哥哥就是因长孙无忌一案，被武则天迫害流放，后来在西北战场上战死的来济。至于薛元超，前文也曾提

及，是个善于钻营的人，曾因向朝廷建议让李义府流放途中骑马而被贬斥。按理说，这个薛元超本该是武则天的人，只可惜，他向来不懂得寻找主人，被贬斥后不久竟然又结交了上官仪。上官仪被杀后，薛元超自然又被武则天再度贬斥。李义琰不久前刚和郝处俊一起反对李治委政武后，更是武后的坚决反对者。

六月，李治又命黄门侍郎高智周同中书门下三品，参知政事。高智周和武则天倒没有什么直接交往，不过他和反对武则天的郝处俊，以及被武则天迫害的宰相来济都是故交好友，现在更是担任新太子李贤的左庶子，自然不会和武则天站在一起。

李治安排这么多与皇后不和的宰相辅佐太子，显然是希望太子的势力尽快增长起来。新太子李贤也不负众望，他的声望虽不及做了近二十年太子的李弘，但他聪明，而且果断敢为，这是李弘远远不及的。

为了私下招揽人才，李贤还仿效太宗皇帝的秦府十八学士，以及武则天的"北门学士"，在被立为储君后的第二年就召集左庶子张大安、洗马刘纳言、学士许叔牙等人，对范晔《后汉书》重新加以注释。这次注释侧重于训诂音义及名物制度，征引广博，训释简当。当然，由于这本书出于众人之手，而且成书时间较短，也没经过仔细校对，存在一些错误和疏漏之处。但太子李贤此举在当时颇受称道，李治更是下诏赏赐三万匹绢帛，以示赞赏。

对此，武则天十分不悦。对于李贤此举，武则天再清楚不过，他这是在借编注之名广聚贤才，为自己培养私人班底。太子的位子还没坐热就开始张牙舞爪，全不将母亲的权威放在眼里，武则天怎能容忍？更何况，《后汉书》载有后汉大权落入皇后和外戚之手的史事，李贤偏偏选取《后汉书》做注释，更是有讥讽时政之嫌。不过，武则天此时权力被遏制，并不敢表示异议。

不久后，新太子李贤又借一件事，大大地出了风头。

仪凤二年九月，左威卫大将军权善才和右监门中郎将范怀义奉旨监修宫门，采伐树木时，误入昭陵，将陵区范围内的一棵柏树砍倒了。要知道，陵区内的一草一木都是不能动的，取土更是大罪。但是，当时陵区与非陵区界线不明，这二人只是误入，并非有意。所以，报上来后，论罪当免。

这事很快就传到了皇帝的耳中。

经过一年多的修养，李治的身子略微好了些，朝中大事小情，只要他有精力定要一一过问。皇帝素来主张仁孝，自然不能容忍官员误入昭陵砍伐树木，为此大发雷霆。于是，在第二天早朝时特地下令，要将这二人斩首。

"陛下，臣以为善才等人并非故意，且为两株树而杀二大臣，这是量刑过当，请陛下三思。"大理丞狄仁杰听罢，连忙跪了下来，为权善才、范怀义求情。

狄仁杰是并州太原（今山西太原）人。祖父狄孝绪，任贞观朝尚书左丞，父亲狄知逊，任夔州长史。狄仁杰初任汴州判佐，后被阎立本发现，认为他是一个德才兼备的难得人物，推荐他做了并州都督府法曹。仪凤年间，狄仁杰升任大理丞，他刚正廉明，执法不阿，一年中判决了大量的积压案件，而且无冤诉者，一时名声大振。如今，他见李治因私情置法度于不顾，当即提出反对意见。

皇帝听了狄仁杰这番话十分不悦，开口道："权善才、范怀义砍了昭陵树木，倘若不杀则为朕不孝。"

哪知道，狄仁杰仍旧固执己见，对李治劝谏道："陛下，善才二人罪不当死，若陛下定要杀之，就是使大唐法令失信于人。倘若今天陛下为两棵树杀了这二人，日后倘若有人盗了昭陵一抔土，陛下将要如何处置？臣不敢奉诏，就是怕陷陛下于不道啊！"

这下子，皇帝发怒了，立即命左右将狄仁杰轰出了大殿。直至散朝，皇帝怒气未消，一个人坐在书房里生闷气。恰巧太子李贤前去给李治请安，高宗便提起权善才和范怀义误砍昭陵柏的事情，让李贤说说看法。

"父皇，儿臣认为狄仁杰言之有理，若为两株树而杀二大臣，的确有些量刑过当。儿臣以为，当赦免权善才、范怀义的死罪，罚他二人三月俸禄。"李贤连忙开口回禀李治。

皇帝听了，稍稍有些不悦，开口道："若不从严惩处，后世恐怕将以朕为不孝之子。"

"父皇，误伐两棵树就要砍头，先帝若是在天有灵，恐怕会为此感到不安，这决不是对先帝的孝。更何况，法令是天子与天下共同尊崇的信条，天子自应率先垂范，岂能任意高下？此事当否，还望父皇三思。"李

贤娓娓道来。

皇帝沉默了一会儿，终于露出了笑容，"贤儿所言极是，朕也是一时之气，那就应了贤儿之请，赦免他二人死罪。不过，死罪可免，却不能只罚奉三月，朕这就拟旨将这二人除名，流放岭南。"

李贤本还为自己那一番话担心，生怕父亲不悦。如今见父亲这样说，心中一块石头总算落地。父子俩又说了些话，李贤跪安退出。

皇帝对于李贤这一番应对十分赞赏，逢人便要谈起，认为儿子有太宗皇帝遗风。对于那个犯上直谏的狄仁杰，李治反倒没放在心上。武则天自然不愿意看儿子大出风头，便在李治夸赞李贤之时，大肆夸赞狄仁杰勇气可嘉。

"狄仁杰？他当众羞辱朕，令朕难堪，的确勇气可嘉。"皇帝反唇相讥。

"陛下，犯颜直谏，自古以来就是一件难事。倘若遇到尧、舜一样的明君，倒还好办，但若遇到桀、纣一样的暴君，恐怕性命难保。仁杰之所以敢劝谏陛下，正是因为奉陛下为明君啊！仁杰虽不是名门之后，官声却一直不错，在江南为官时，不畏权势，主持捣毁了不少淫祠，深受百姓爱戴，对于此等刚直不阿的谏臣，陛下理该重用才是。"

武则天这一番话，既夸赞了李治的英明，又夸赞了狄仁杰的刚直不阿，高宗听罢欣喜收纳。不久后，便擢升狄仁杰为侍御史。

狄仁杰因祸得福，自然要感谢武则天从中周旋。要论起来，狄仁杰和武则天还是同乡，狄仁杰是并州人，武则天是文水人，两地相距不算太远。同乡之谊，再加上武则天为其说情，两个人的情意就此结下。

武则天虽得了同乡狄仁杰的好感，可狄仁杰在当时毕竟只是一个小小的侍御史，与太子的东宫班底比起来，实在是沧海一粟。高宗身体病弱虽还需她处理朝政，可新太子已把位置坐稳了，距离她交出实权的日子也越来越近了。

仪凤二年（677），皇帝又擢升太子府另一位左庶子，曾和李贤一同注释《后汉书》的张大安为宰相。

张大安是太宗皇帝旧属张公谨的儿子。张公谨曾与长孙无忌等人协助李世民发动玄武门之变。贞观初年，张公谨病死，太宗皇帝大为悲痛，封其为郯国公。张大安受父亲影响，素来忠于唐代皇室。他辅佐李贤以来，一直忠心耿耿，已成了李贤的心腹大臣之一，坚决反对武皇后擅权。高宗皇帝提拔张大安，就是希望朝中宰相集团能够齐心协力辅佐新太子，以便太子能早一天担当大任。

异己力量纷纷被提拔为宰相，武则天的日子就越来越不好过了。好在，这些新近被高宗提拔、用以辅佐新太子李贤的宰相们，也并非铁板一块，他们之间也有许多私人矛盾。譬如，新近被提拔为宰相的吏部尚书李敬玄和吏部侍郎裴行俭之间，就有着很深的成见。

裴行俭能文能武，战时是军中统领，和平时期则负责为李治选官。他选官很有一套方法，还主持改革了大唐的文官铨选制度。任职期间，他与同僚所定的《铨注选人之法》、《州县升降》、《资拟高下》等，确定了以"身、言、书、判"来选官的四条考核标准。所谓"身"，即体貌丰伟，指官员举止优雅，合乎礼节；所谓"言"，即言辞辩正，要求能言善辩，理能服众；所谓"书"，即楷法遒美，专指书法优美兼字迹清楚；所谓"判"，即文理优长，要求官员有较强的写作能力，民事裁决时说理清楚，援引法律条文精辟准确。

裴行俭的这一选官方法，为他选择了许多有识之士，如王方翼、程务挺、黑齿常之等。他向朝廷推荐的官员，仅做到刺史的就有数十人之多。裴行俭在当时与李敬玄一起为世人敬重，时人称其为裴、李。

不过，裴、李之间的关系却不很融洽。

原来，李敬玄早年曾向裴行俭引荐太原人王勃、华阴人杨炯、范阳人卢照邻、义乌人骆宾王，称赞他们的文名。但裴行俭看了这四个人后，只摇了摇头。

"敬玄，为朝廷选官当以才干见识为首，然后才是诗文。这些人虽有才华，但终有些浮躁，实在不堪重任。若非选一人，只能选杨炯。他比较沉稳，或许还有些前途。至于其他人，可能连寿终都未必有啊！"裴行俭识人的确很准，这些观察判断都被后事证实。

李敬玄听了这些话，心中大为不悦。在他看来，裴行俭这是有意羞辱自己，那以后就处处和裴行俭作对。

裴行俭选人虽是能臣，可在打击同僚上也毫不含糊。他见李敬玄处处为难自己，便指使考功员外郎易简与吏部员外郎贾言忠，上密奏告发李敬玄的罪状。

皇帝素来信任李敬玄。李敬玄博览群书，才华横溢，贞观末年高宗皇帝还在东宫做太子时，马周就把李敬玄推荐给了李治，入崇贤馆侍读。李敬玄进入吏部后，也颇受同僚爱戴，工作起来十分干练。据说，他铨选官员时，哪怕有万名备选之人，他一见之下就都能叫出名来。所以，李治认为易简与贾言忠结党营私，不仅没有加罪李敬玄，反而严厉惩治了这二人。

此后，裴行俭和李敬玄的关系就开始紧张起来。

李敬玄不仅和裴行俭有矛盾，他和德高望重的刘仁轨关系也不甚和睦。对于这些矛盾，皇帝深感头疼，武则天却十分欣喜。就是这些矛盾，分化了太子李贤看似强大的辅政班子，使皇帝及太子李贤手里的权力，像沙漏一样，一点一滴地"滑落"到武则天的手中……

吐蕃入侵

仪凤年间，大唐的国际国内形势不容乐观。东、西突厥余部多次发生叛乱，让高宗皇帝颇为头疼。最难缠的还是吐蕃，自咸亨元年（670）薛仁贵在大非川惨败后，大唐和吐蕃之间的关系一直剑拔弩张。

仪凤元年三月，吐蕃入侵大唐的鄯州、廓州、河州、芳州等地。高宗皇帝连忙下诏，命左监门卫中郎将令狐智通征召兴州、通州的士兵前去抵抗吐蕃。随后，高宗又任命周王李显为洮州道行军元帅，并州大都督殷王李轮（李旦）为凉州道行军元帅，率领工部尚书刘审礼、左卫大将军契苾何力等人一起讨伐吐蕃。当然，周王李显与殷王李轮都只是挂了个名，并没有前往吐蕃战场。

仪凤二年五月，吐蕃进攻扶州（今甘肃文县一带），唐军战败。武则天闻讯，立即给李治出主意，认为吐蕃战事非常，应该请左仆射刘仁轨率军攻打吐蕃，定能大获全胜。这一年，刘仁轨七十六岁了，不过仍旧老当益壮。抵达前线后，立即着手备战。备战，自然少不了经常快马上表向朝廷要求支持。让刘仁轨头疼的是，他上给高宗的奏章往往都会被李敬玄给压下了，根本不予上报，惹得刘仁轨十分恼火。

李敬玄此举的确做得有些过分。不过，李敬玄倒也不是个坏人，反而一直以高风亮节被人称道。如此一个文人雅士，之所以和刘仁轨过不去，倒不是因为什么深仇大恨，起初也就是文人相轻。

刘仁轨在讨伐高丽时一战成名，立即成为李治朝著名的大将，被李治委以重任。不过，刘仁轨自认为是文官出身，处处以文人自居。这一点，很让文人出身的李敬玄反感。

刘仁轨对于李敬玄，也没什么好印象。原来，李敬玄之所以能够发迹，除了最初举荐他的马周外，还曾得到许敬宗的鼎力相助。李敬玄和许敬宗关系很好，政见也与许敬宗大同而小异。正因为有着这一层，刘仁轨也处处看李敬玄不顺眼。

平日里，两个人就互相拆台，如今刘仁轨到了前线，李敬玄自然要落井下石，给刘仁轨点厉害。对此，刘仁轨很恼火，决定进行反击。他明明知道李敬玄并无将帅的才能，却上奏李治，称自己无法镇守西边，随即大大地夸赞了一番李敬玄，认为攻打吐蕃之事非李敬玄不能胜任，请李治派李敬玄前来接替自己。

李敬玄见到奏章，吓了一大跳。按理说，能得到一代名将刘仁轨的推许，本该一种莫大的荣耀。可对于刘仁轨的这番心思，李敬玄再熟悉不过。李敬玄从未带兵打仗，就连薛仁贵那样的将领都败在吐蕃大军之下，自己一个文人怎有取胜的可能？所以，李敬玄连忙推辞。

皇帝也知道李敬玄一介书生，不能带兵。只是，刘仁轨说话，李治向来重视，不敢轻易反驳。更为重要的是，李敬玄久掌吏部，已经在朝中安排了很多的人担任要职，这一点令李治十分忌讳。倘若借此机会把李敬玄支出京城，把忠心耿耿的刘仁轨调回身边，或许也是一个明智的选择。

打定主意后，李治便一而再、再而三地要求李敬玄带兵抵御吐蕃，李敬玄当然推辞。如此数次，李治终于阴沉了脸道："敬玄，一切当以国事为重。西边战事紧要，即使仁轨要朕亲征，朕也不敢推辞，你怎能如此推辞？"

李治这一番话，让李敬玄不敢辩驳，当即跪下来领旨谢恩。仪凤三年（678）正月十九，皇帝正式下诏，命李敬玄接替刘仁轨为洮河道大总管兼安抚大使，并任检校鄯州（今青海乐都）都督，率十八万大军攻打吐蕃。

为了充实反攻吐蕃的兵力，皇帝还颁发《猛士诏》募集壮士随军出征。这次征召不拘一格，百姓官吏都可以应征。后来在吐蕃战事中立下显

赫功勋的监察御史娄师德，就是应《猛士诏》从军。娄师德当年已经四十九岁，应诏时还在额头上系了块红布，对后世文人影响颇深。晚唐著名的诗人杜牧就曾仿效娄师德，应征从军。

唐军规模虽然得到壮大，但李敬玄这位文人将领，实在让人挂心。刘仁轨明知道李敬玄不会带兵打仗，却偏偏请奏要李敬玄带兵，对于结果刘仁轨一清二楚，却视十数万大唐将士的性命于不顾。刘仁轨一生忠正，但在此事的处理上的确有些不妥。

七月，李敬玄在龙支（今青海乐都南）与吐蕃交战。唐军将领张虔勖率精兵，一日连取两胜。吐蕃名将噶尔·钦陵见状，便决定诈败，一退数百里。李敬玄并不知其中有诈，命刘审礼率领先锋部队乘胜追击。噶尔·钦陵抓住时机，突出奇兵，刘审礼率军力敌可是寡不敌众，一直没能突破重围。危难之际，刘审礼连忙向李敬玄告急，可是李敬玄怯懦畏战，竟然按兵不动。

九月，刘审礼兵败被俘。

刘审礼吃了败仗，令李敬玄闻风丧胆。他再不敢前进，立即率军逃至承凤岭（今青海西宁西南千户庄），利用泥沟掩护坚守不出。承凤岭地势低洼，吐蕃军追赶而来，当即就占据了有利地形，可以居高临下。李敬玄聪明一世，糊涂一时，眼见被困却也无计可施，只能眼睁睁坐以待毙。

就在这危难之际，黑齿常之挺身而出。

黑齿常之是百济人。显庆五年，苏定方大破百济时，黑齿常之曾率部归降。可惜的是，灭掉百济后，苏定方军纪不严，纵兵劫掠。黑齿常之见状便带领一部分人逃归本部，随后又招兵买马，并接连打败唐军，一举收复二百多座城镇。直至龙朔年间，刘仁轨率军击败百济军，并于白江口一举击败日本援军后，黑齿常之才主动率所部降唐。

黑齿常之归附时，曾有官员建议刘仁轨杀掉他，因为他曾降而复叛。可刘仁轨却十分看好黑齿常之，认为他忠勇有谋，敦信重义，反而发给他粮食和武器，分兵相随。黑齿常之对此十分感激，一直追随刘仁轨至唐。

黑齿常之在当时只是一个员外（编外）将军，眼见李敬玄在劫难逃，他决定拼死一搏。打定主意后，黑齿常之率领五百人乘夜偷袭吐蕃兵营。蕃军没有料到此举，顿时大乱，噶尔·钦陵不知虚实，连忙率军撤走。

李敬玄抓住时机迅速逃走，返回了鄯州。经此一役，唐军已损兵过半。李敬玄自知无将帅之才，不敢也不愿意继续留在那里防守，就上书李治，称自己病重需回京疗养。高宗起初不加理会，可李敬玄又三番五次地上奏，李治动了恻隐之心，这才将李敬玄调回京师。可惜的是，李敬玄回京后不好好装病，反而一副活蹦乱跳的样子，李治这才得知了真相。再加上李敬玄统帅不力致吐蕃一战损失惨重，便将他贬为衡州（今湖南衡阳）刺史。稍后不久，李敬玄又被调任扬州大都督府长史。四年后，也就是永淳元年（682），李敬玄病死，享年六十七岁。

对于吐蕃一战中，立有奇功的黑齿常之，令李治和武则天大为赞赏，特地提拔他为左武卫将军，担任河源军副使。随后，李治又命娄师德召集散亡将士，前往与吐蕃对阵。

抵御吐蕃对此时的大唐朝廷来说，可算是头等大事。这天，李治特地将朝臣召入宫中讨论对策。大臣们纷纷献言献策，有人认为可以前往和亲求取和平；有人则想暂时歇兵，加强守备，待公私富足时再讨伐；有人则打算重整军队，立即讨伐。诸位官员各持己见，而且互不相让，一直没能取得一致意见。

这件事情很快就传到了太学生魏元忠耳朵里。

魏元忠是宋州宋城（今河南商丘县南）人，多年来一直安心在国子监做太学生，对于举荐做官这码事却不在意。在国子监期间，他饱读诗书，对古今用兵之事颇有些研究。所以，他得知李治征求对吐蕃战略时，立即上书李治，表明自己的看法和意见。这封上书，就是著名的《平戎三策》。

魏元忠在《平戎三策》中阐述了对阵吐蕃的几大要点，其中第一要事就是用人。他认为，在选择将领时，应当以谋略为根本，勇力为次要。说到这里，需要提一提当时朝廷选拔将领的一般方法。在当时，朝廷一般录用将门子弟和为国事而牺牲的人的家属，如此一来，真正有勇有谋者反而被排斥在外。魏元忠认为此举甚不可取。

除了用人之外，魏元忠还提倡治军赏罚分明。他认为，假如有功不奖赏，有罪不处罚，将士们就不会在战场上奋勇杀敌。最后，魏元忠还请奏李治，应该鼓励民间养马。在当时，朝廷禁止普通百姓养马，魏元忠认为出兵时全仰仗马力。所以，允许百姓养马，一旦发生战争，可以用官钱加价购买，对于提高战斗力可以起到关键作用。

对于魏元忠这几条建议，李治深以为然，立即采纳。不仅如此，他还

亲自召见魏元忠，并让他在中书省效力。

魏元忠的用兵策略，再加上娄师德的励精图治，唐军很快军威复振。此后，吐蕃多年内都没有侵扰唐朝边境。为示表彰，李治擢升娄师德为殿中侍御史，充任河源军司马，兼管屯田事宜。

由此，吐蕃的战事就告一段落了。值得一提的是，在吐蕃一战中被生擒的刘审礼，终究没能活着回来。

刘审礼有三子，长子刘俭寿，次子刘侍庶，三子刘易从。这几个儿子十分孝顺，得知父亲被吐蕃生擒的消息之后，他们悲痛万分，连忙把自己绑上绳索向皇帝请愿，要求去吐蕃赎回父亲。

见此情景，皇帝大为感动。李治素来弘扬仁孝，刘审礼有子如此，李治怎敢驳回？于是，高宗下诏，批准刘易从到吐蕃探望父亲。刘易从接旨后，立即起身前往吐蕃。哪知道，刘易从满怀希望地到了吐蕃后，却得到父亲刘审礼已经病死的消息。刘易从悲痛欲绝，整日整夜嚎啕大哭，恳请吐蕃首领归还父亲尸体。最终，吐蕃首领被刘易从的孝心所感动，把刘审礼的尸体交给了他。刘易从赤着双脚把父亲的尸体背了回来，这已经是永淳元年（682）的事了。

刘审礼是不幸的，跟着李敬玄这样胆小怯懦的统帅，致使自己孤军无援被擒。可是，刘审礼也是幸运的，有刘易从这样的儿子，虽已百年也该为此欣慰。

百官朝后

仪凤二年（677）末，刚刚进入腊八时节，武则天便在大明宫里张罗起宫廷内过年的事情来。先是击鼓驱疫，然后吃粥、泡腊八醋，等等。到了除夕夜，武则天更是亲自操办，在宫廷中上演了规模宏大的傩舞，参演者竟达千人之多，朝臣得见颇多颂扬。皇帝见皇后如此操劳，自然也要亲力亲为。哪知道，刚刚忙过了除夕夜，他就病倒了。

李治生病本是稀松平常的事情，可这一次生病，却病得很不是时候。一来，吐蕃战事吃紧；二来，朝廷文武百官及诸夷酋长要于初四进京朝拜天皇和天后。这一病，恐怕李治再也无力登上大明宫那高高的光顺门。高宗无奈，只得将武则天叫到身边，要她代自己接受百官朝拜。武则天先是安慰了李治一番，随后欣然接纳。

这次朝拜，对武则天来说可是意义非常。显庆年间，武则天册封为皇后时，也曾在太极宫肃义门接受群臣朝拜。不过，那毕竟只是一个朝拜皇后的仪式，并没有过多的政治意义。可这一次，武则天却是要代表高宗皇帝，代表大唐皇室单独接受文武群臣的朝拜。

初四一大早，武则天在宫女服侍下穿上祭服，又佩戴上天后金冠，乘坐凤辇浩浩荡荡地前往光顺门。光顺门外，皇室子孙、文武百官及诸夷酋长正在等待着天后的到来。武则天抵达后，在侍从的搀扶下登上光顺门，百官立即跪下叩拜。朝拜结束后，武则天在大明宫内设宴款待。

这次朝拜，大大提升了天后的威望，朝中支持武皇后参政的势力渐渐地有所抬头。对武则天更为有利的是，仪凤三年（678）九月，侍中张文瓘病逝了，享年七十二岁。李治闻讯大为悲痛，追赠他为幽州都督，谥号为"懿"，并命其陪葬昭陵。

张文瓘这个人很值得一提。他为人清正廉明，办事特别认真。咸亨年间他升任大理寺卿后，上任不到十天，就把多年堆积下来的四百余件疑案审理清楚了，使许多冤案都得以平反昭雪。更令人钦佩的是，张文瓘还经常巡视狱情，使罪犯们少受刑罚之苦，免遭不白之冤，因此而得了"张青天"这个绰号。

上元二年，张文瓘被李治任命为侍中，再也不管大理寺的案情。囚犯们得知这一消息后，都大放悲声，痛哭不止，其情其景感人至深。张文瓘身为一个主管刑狱的宰相，经他审理定罪的犯人，竟对他有如此深厚的感情，这真是举世罕见的一大奇事。

对于张文瓘的死，武则天自然是庆幸的，庆幸自己少了一个如此强大的敌人。不过，武则天素来爱才，虽与张文瓘有矛盾，但对于如此忠良之臣还是十分敬重的。所以，闻知张文瓘病逝的消息后，武则天也深为惋惜。

张文瓘死后两个月，黄门侍郎、同中书门下三品的宰相来恒也去世了。眼见着昔日同僚一个接一个辞世，右仆射戴至德不堪悲痛，竟然也病重了。一个月后，也就是调露元年（679）正月二十九日，戴至德与世长辞。

武则天

　　戴至德和张文瓘一样，辅佐前太子李弘多年，素来反对武皇后干政，和武则天关系不睦。对于戴至德的死，武则天自然也是庆幸的。

　　至此，朝中反对武则天的重臣中，除了刘仁轨、郝处俊外多是新贵，太子李贤的辅政班子已经遭到了致命的打击。随着李贤势力的削弱，武则天在朝中的影响力却与日俱增。

　　永隆元年（680）年正月十九日，武则天再次代替皇帝，登上洛阳城门，宴请诸王诸司三品以上官员及各州的都督刺史。武则天几次三番代替皇帝出面飨宴群臣，使大臣们的内心里发生了多微妙的变化。这以后，朝中官员中，投奔武则天者越来越多，在武则天的鼎立帮助下，这些人很快就成为朝廷新贵，其中最为炙手可热的两个人就是侍御史狄仁杰和黄门侍郎裴炎。

　　前文曾经提到，狄仁杰因为权善才和范怀义误入昭陵，砍伐树木一事犯颜直谏高宗皇帝，最终因武则天求情，高宗不仅不加怪罪，反而擢升其为侍御史。侍御史就是要弹劾官员不法之事，狄仁杰有胆量顶撞高宗皇帝，自然不会害怕那些朝廷官员。

　　第一个被狄仁杰弹劾下去的官员，是曾监修恭陵的司农卿韦弘机。

　　司农卿主要掌管国家粮食积储，同时也兼顾营造皇室宫殿。韦弘机在司农卿任职期间，监修了宿羽、高山、上阳等宫殿，建造得十分奢华。狄仁杰认为，韦弘机修建如此奢华的皇宫，耗费了国家巨大财力，此举是在引导皇帝奢侈无度，实不该继续担任司农卿。

　　狄仁杰也清楚要弹劾韦弘机很有些难度，很可能会在高宗那里碰钉子。所以，他在弹劾前曾深入调查韦弘机，发现他在主持营建宫殿时，曾纵容家人贪占公物。高宗无奈，只得将韦弘机免官除名。

　　紧接着，左思郎中王本立也撞到了狄仁杰的枪口上。

　　王本立的官职不高，可他善于逢迎，很快就得到了皇帝的恩宠。他恃宠骄横，滥用权力，朝廷百官都畏惧他。狄仁杰却不管这些，大胆上奏揭发王本立的罪行，要求李治严加惩处。哪知道，皇帝打从心里喜欢这个会拍马屁的王本立，竟不加追究。

　　这天，李治身体有恙不去上朝，只召了几个大臣来紫宸殿内议事。狄仁杰便又对李治提起弹劾王本立之事。

　　"仁杰，国家正值用人之际，官员有些小过错本也难免，朕以为就不必追究了吧?"李治仍为王本立说情。

狄仁杰听了,立即朗声反驳道:"陛下,国家虽缺人才,但绝对不缺少像王本立这类人!陛下为何爱惜有罪的人,置大唐王法于不顾?假若陛下一定要赦免王本立,那就请先将臣流放到荒无人烟的地方,作为将来忠贞之臣的鉴戒吧!"

李治听罢无以辩驳,当即下诏严惩了王本立。

狄仁杰接连弹劾朝臣,很大程度上扭转了朝廷上的奢侈、逢迎、恃宠弄权的风气。皇帝对于狄仁杰,也越发地敬重起来,不久后就擢升他为度支郎中。

狄仁杰虽有升迁,但官职并不显赫。相比之下,黄门侍郎裴炎的升迁,可谓是一飞冲天。

裴炎出身于著名的"洗马裴"氏家族,仕途生涯很顺利,历任要职,从伏州司仓参军到起居舍人,一直做到黄门侍郎。裴炎很有些野心,对于极受李治敬重的刘仁轨颇有些忌惮,自然对太子李贤的辅政班底也没有好感。孤立无援中,他发现了武则天日渐增长的权势,便主动示好,投靠了过去。

武则天正是用人之时,对于主动投靠的官员哪有拒绝之理?当时,朝中宰相接二连三死去,出现大量宰相空缺,武则天便向李治举荐了裴炎。永隆元年(680)四月,皇帝下诏,命黄门侍郎裴炎同中书门下三品,成为实职宰相。与他一同被提拔的,还有黄门侍郎崔知温、中书侍郎王德真。崔知温是个好好先生,向来保持中立姿态;至于王德真,与皇太子李贤也并不亲密。

朝中的宰相集团经此调整,使武则天的权力得到了迅速扩张。至同年五月,李治下诏命太子李贤监国。可此时,名义上是太子监国,可皇权实际上大多把握在武则天的手里。没有了张文瓘、来恒、戴至德等人,武则天得以大张旗鼓地从后宫走进外廷,太子李贤的储君之位,渐渐地陷入了危机之中。

第十四章　高宗驾崩

术士明崇俨

　　李治向来不迷信丹药和神力。显庆二年，皇帝还曾对诸臣调侃，若真有神仙炼制丹药，可助人长生不老，为何如今不见一个长生不老之人？可是，自从太子李弘死后，李治竟也犯起了糊涂，开始尝试服起丹药来。

　　为了寻找术士炼丹，皇帝还亲自下诏广征方士合炼仙丹，先后找了将近百人。这其中，最为著名的术士，就是明崇俨。

　　明崇俨并不是一个普普通通的江湖术士，他出身平原士族，父亲明恪曾担任豫州刺史。乾封初年，明崇俨应举入仕，任黄安丞。当时，明崇俨可谓是远近闻名，据说其医术高超，有起死回生之力。不仅如此，他神通广大，还有役使鬼神之能，更善于炼制丹药，他的丹药曾奇迹般地治好了某刺史千金的绝症。

　　皇帝闻讯，连忙将明崇俨召入宫中。一番商谈后，李治认为明崇俨果真名不虚传，立即授以冀王府文学之职。不久后，更是擢升其为正谏大夫，特准许他随意出入宫廷，侍奉李治。

　　武则天常在宫廷内驱魔降鬼，早年曾因和道士郭行真在大明宫行巫蛊之事，险些被李治和上官仪废黜。如今，皇帝明目张胆地转求神明，武则天行事倒也方便了许多，常常请明崇俨入宫为自己驱魔降鬼。这样一来二去，明崇俨便和武则天混熟了。

　　明崇俨官职卑微，虽新近被提拔为正谏大夫，也不过是个五品官，和京城的高官相比实在是微不足道。而且，明崇俨品行不佳，见风使舵奉迎帝后，很被朝中显贵所不耻。被排挤出朝廷中枢的明崇俨，就这样投靠了器重他的武皇后。

在当时，明崇俨可是武则天的能臣。由于明崇俨吹嘘自己可以役使鬼神，便常常借鬼神名义向皇帝陈述对时政的看法，而李治往往都会予以采纳。有这样一个人安置在高宗身边，武则天自然可以左右皇帝的想法。

皇帝对太子李贤态度的转变，最初就是因为明崇俨。

调露元年（679）年三月初三上巳节，皇帝和武皇后在洛阳宫宴请郝处俊、薛元超、李义琰、高智周等几位近臣。李治身体仍旧病弱，可三月初三实在是个特别的日子。三月初三，寒气未尽，乍暖还寒，是最容易得病之时。为了祈愿健康，这一天人们都要临水沐浴，驱除身上的晦气。洛阳及偃师风俗，这天还要吃鸡蛋。据传吃过鸡蛋，家宅才牢靠，才不会受到外人或鬼祟的侵扰。高宗这样一个病秧子，自然不敢小觑这个上巳节，当天便把近臣召至宫中，一同祈愿健康。

明崇俨下通鬼魅，上通神灵，自然也被李治召来赴宴。

这天，皇帝心情大好，头也不晕了，眼也不疼了，薛元超连忙称道，认为是大喜之日，冲了天皇的病气。

明崇俨一听，立即表示反对道："陛下生就一副福相，今日风疾好转，并非是大喜之日冲了病气，而是陛下大福为今日喜庆添色啊！只需徐徐调养，陛下风疾不日之内必将好转，实乃我大唐上下之福！"

明崇俨这话说得实在好听。郝处俊和李义琰觉着这人太过花言巧语，可是却不敢义正词严地驳斥，倘若如此，岂不是道皇帝是无福之人？所以，这几个人只能随声附和道："崇俨兄好眼力，天皇洪福齐天，自是天皇陛下大福为今日添色！"

皇帝听罢，更是喜上眉梢。这一喜，李治就有点犯糊涂了。宴会结束，李治把明崇俨一个人留下来，要他品评一下几位皇子的面相。

明崇俨对时政的兴趣远远大于诊治病情，常和李治臧否人物，评论政事。如今李治叫他品评皇子面相，明崇俨也不推辞，思索了一番故意压低了声音道："陛下，说到面相，倒是英王哲容貌颇似已故的太宗皇帝，有人君之相；最为年幼的相王旦，也很有尊贵之气。"

英王李哲，就是周王李显，这段时期他被李治更改封号及名字为英王哲，不久后又复称周王李显。至于相王李旦就是殷王李轮，皇帝不久前改

其封号和名字为相王旦。明崇俨说了英王和相王的面相，却独独不说太子李贤。李治心急，连忙问李贤的面相如何。

明崇俨听罢摇了摇头道："至于太子，唉，不说也罢。臣以为太子庸劣，实在不堪继承大统，苍生从此多难了。"

听罢这话，李治满面的喜色全无。如此明目张胆的点拨和提醒，皇帝哪能不明白？武则天瞧出了李治的脸色，忙大声呵斥明崇俨道："大胆狂徒！皇子面相岂容你胡乱下此断语？也不怕惹是生非，快快退下！"

明崇俨见状不敢狡辩，连忙退下。李治坐在那里不发一言，明崇俨的这番话已经让他乱了心智。这一次，武则天倒没有落井下石。她毕竟是李贤的母亲，倘若此时落井下石，反倒陷自己于不仁不义。

"陛下，依臣妾之见，此事不该轻信明崇俨。贤儿监国期间，颇受诸臣好评，何来庸劣一说？在兄弟几人中，贤儿当是最有出息的。"

李治听了，点了点头。他是三个儿子的父亲，对儿子自然也有些了解。在他眼里，李贤的确不是那么不堪之人。经武则天这一番宽慰，心里舒服了许多，此后再不提及此事。

明崇俨的这一番话，很快就在宫廷内外迅速传播起来。而且，很快就传到了太子李贤的耳朵里。一个术士居然敢这样肆无忌惮地议论当朝太子，背后一定有人指使！思来想去，李贤断定，这个指使的人必定是自己的母亲。

明崇俨这番话，到底是不是出自武则天指使，已经无从查考。不过，这番话的确很大程度上使李贤乱了阵脚。李贤自确信母亲欲加害自己后，时而情绪消沉，时而暴躁易怒，就连辅佐他的心腹大臣都明显感觉到了他的反常。

不久后，又一则传言甚嚣尘上，终于击溃了李贤的心理防线。传言称，太子李贤根本就不是武皇后的亲生儿子，他的生母是韩国夫人！这则传言是在武则天的一手操控下流传开来的，而且传得也不离谱。

李贤是皇帝和武则天在拜谒昭陵途中小产所生。在当时，身怀六甲的武昭仪本不该在寒冬腊月一路颠簸地前往昭陵，这对孕妇及胎儿都十分不利。更何况，在当时，一般怀有身孕的妇女是不允许参与敬神、拜庙、祭祖等活动的，武昭仪前往昭陵的确有些不妥。

与此同时，武则天的姐姐韩国夫人正获李治宠幸。那次前往谒昭陵，韩国夫人就曾陪同武则天一同前往。假若李贤果真是韩国夫人所生，为何武则天要认作自己的儿子？要解释这一点很容易，韩国夫人没有名分，又是寡妇，生孩子定会招致非议。更何况，这孩子还是她和高宗所生，她自己难堪不说，皇帝与武昭仪也会难堪。于是，武则天就将这个孩子认作自己的儿子。

这则传言有鼻子有眼，到如今仍有部分人认为，李贤的母亲就是韩国夫人。不过，试想一下，倘若李贤果真是韩国夫人所出，为何直到李贤出任太子后才有传言？更何况，武则天怎么会容忍情敌的儿子升为皇储太子？若李贤非她所生，以她当时的力量，完全可以安排李显出任太子。

不过，这则传言在当时混淆了许多人的视听，尤其是李贤。李贤已经因为明崇俨评论面相之事，怀疑到自己的母亲。如今传言自己不是武则天的儿子，更是恐惧不已，寝食难安。东宫的一些势利官员听到这个谣言后，也都认为李贤早晚会被废黜，依附于他定会连累自身。渐渐地，李贤的东宫班底也开始人心涣散。

就在此时，东都洛阳突然爆出了一个人命大案，明崇俨突然被盗贼杀死了。明崇俨和书僮身上各中十数刀，而随身所带的几张银票完好无损。杀人而不抢财物，自然是和明崇俨有过节之人下的毒手。

洛阳城一下子轰动了。

武则天闻讯，立即派御史中丞崔谧等人查勘此案。明崇俨的案子，一拖就是一年多。这一年来，崔谧到处搜捕嫌疑犯，可最终也没能找到真正的凶手。一些迷信的人说，明崇俨为奉迎帝后，役使鬼神过于苛刻，因此被鬼杀了。更多的人则认为明崇俨不该泄漏天机多嘴多舌，得罪了太子，被太子派人杀了。

明崇俨没有白死。

一年多以后，太子李贤就因被怀疑刺杀了明崇俨，被天后赶下了储君之位。至于为武则天立下大功的明崇俨，武则天和皇帝并没有亏待。高宗皇帝特别下诏，追赠明崇俨为侍中，谥"庄"，并擢升他的儿子明珪为秘书郎。值得一提的是，明珪虽有这样一个不知天高地厚的父亲，他却得意平安度过了此后的纷乱年月，至唐玄宗开元年间已升任怀州刺史。这是后话。

废黜李贤

　　太子李贤终究有些年轻，明崇俨一死他就乱了阵脚。他清楚自己如此境地都是母亲造成的，稍有疏忽就会卷进母亲设置的更为残忍冷酷的圈套中去。为了自保，李贤一反常态，尽量少参与朝政，更不肯和母亲接近。

　　就在这对母子关系日益僵化时，太子属官中的典膳丞高政突然又搅和进来。

　　典膳丞，主管东宫太子饮食，只是一个八品小官。不过，担任典膳丞的高政来历非同寻常。高政的祖父为高士廉，是长孙皇后和长孙无忌的舅舅。这二人父亲早死，便由高士廉抚养成人。高士廉德高望重，早在李世民还为秦王时，就主动将外甥女许配李世民，即长孙皇后。当年，长孙一族被清洗，高家受牵连。皇帝后来追复长孙无忌官爵，高家也才得以重振门楣。不过，此时的高家已今非昔比，再不能和长孙无忌执掌朝政时的日子相提并论。这笔账，高政自然全都记在武则天的身上。

　　高政官职虽不高，可常有机会接近太子李贤。为了让太子李贤对武则天生出厌恶之心，高政常在李贤面前搬弄是非，添枝加叶地讲述那段惨痛的历史。久而久之，李贤对母亲的恨意果真加深了，与此同时恐惧感也越来越重了。

　　被怀疑和恐惧所控制的李贤，越发地不理智起来。他再不找人编撰书籍、讨论学问，也不再操练武功，对于朝政更是不理不睬，而是整日沉溺于犬马声色之中。那段时间里，李贤的生活可谓是穷奢极欲到了顶点。他时常带着人马驰骋在秦岭的林中狩猎，或者在太极宫的禁苑中与臣子们打马球。不仅如此，他还喝酒作乐，甚至沉迷男色，亲近他的家奴赵道生。为了表示宠爱，李贤还越制将太子宫中的许多金帛都送给了赵道生。

　　一些曲意奉承者见太子如此，更是挖空心思讨其欢喜。曾与李贤一同注释《后汉书》的刘讷言也投其所好，专门撰写了《俳谐集》，也就是搞笑文章来讨好太子。

　　对于太子及一些属官的作为，素来支持李贤的官员实在大受打击。太子属官多为正人，内心都不大赞成武皇后专权。他们眼见李贤纵情声色颇为不满，可又怕事情声张出去，于太子不利，只得偷偷劝谏，对外则装作不知情。

不过，并不是所有官员都能忍受太子此番作为。不久，司议郎韦承庆的一纸上书，终于将李贤卷入了更为巨大的漩涡中无法自拔。

韦承庆是李贤的东宫属官，为太子司议郎，专掌规谏太子一事。他为人恭谨，此次上书完全是为太子考虑。他在上书中劝告李贤，"居处服玩必循节俭，畋猎游娱不为纵逸"。韦承庆的上书还是有所保留的，至少他没有提及李贤沉迷男宠一事。不过，李贤的一些荒唐事还是被抖落出来了。

皇帝和武则天此时正在巡幸东都，留李贤监国。武则天得知此事后，命北门学士写了《孝子传》和《少阳正范》，希望太子能够潜心阅读，规范言行。

对于母亲的干涉，李贤大为不满。他不敢反抗，干脆就对母亲的干预不理不睬。武则天见状，便召太子赴东都，以便督促他改邪归正。可惜的是，李贤即便身在东都，也仍旧像往常一样，沉溺于声色犬马之中无法自拔。他的宫殿中，一天到晚都是丝竹之声和女人的欢笑声。其实，李贤内心中清楚此举并不可取，这只是他消极反抗帝后的一种表现而已。慌乱与悲愤中，李贤写下了他唯一传世的诗篇《黄台瓜辞》。

"种瓜黄台下，瓜熟子离离。一摘使瓜好，再摘使瓜稀，三摘尚自可，摘绝抱蔓归。"

这首《黄台瓜辞》与曹植的《七步诗》有异曲同工之妙。曹植在诗中发出了"相煎何太急"的感叹，李贤在《黄台瓜辞》中也奉劝母亲"三摘犹自可，摘绝抱蔓归"，希望她不要对亲生儿女赶尽杀绝。

这首《黄台瓜辞》一经写出，便在东都广泛传播开来，很快就被武则天得知了，武则天对此大发雷霆。于是，她暗中观察李贤的不当之举，很快就发现了他狎昵男宠的事。

在当时，狎昵男宠并非大事，只是有伤风化而已。不过，武则天还是命令宰相裴炎、薛元超，会同刚由宰相降为御史大夫的高智周审查这件事。裴炎素来和武皇后亲近，薛元超见风使舵，见武皇后势力大增，也立即投奔武皇后。唯有高智周反对皇后干政，可自己刚刚被降职，哪里还敢和皇后作对？所以，刚刚被任命查办此案，他就接二连三地向李治辞官，

对案件不表示任何意见。哪知道，李治不仅没有应允他辞官，反而擢升他为右散骑常侍。但高智周不愿意再做官了，仍一再请求告老还乡，李治无奈只得应允。

高智周不表态，这件案子实际上就由裴炎和薛元超二人主审。这二人办起案子可谓不遗余力，立即就捉拿了男宠赵道生。大刑之后，赵道生供认了李贤沉湎声色的恶行，甚至还招供，明崇俨就是李贤勾结盗贼所杀！

如今看来，明崇俨应该不是李贤所杀。赵道生之所以如此招供，恐怕是主审的裴炎及薛元超的意思。赵道生本没什么骨气，又抗不住严刑拷问，只得遵从主审官意愿，让招什么招什么。裴炎得到供词后，立即带人前往东宫搜查，结果在东宫的马坊之中居然搜出了几百领甲胄！

按照唐制，为了防止京城发生叛乱，兵器运入京城时要由卫尉卿清点数量，再交由下辖的武库署保管，不允许个人以及官员私藏武器。当然，这制度执行起来并不很严格，诸王府还是藏有一定武器的。更何况，李贤身为太子，存有一定数量的甲胄器仗也是情有可原。不过，武则天有意将李贤赶下储君之位，便要求裴炎等人将此案定位谋反。皇太子如此不德，杀害朝廷命官，阴谋反叛，实在是罪大恶极！

李治得知李贤杀人、谋反的事，立即病倒了。他清楚武则天的做事手段，为了救儿子一条性命，他连忙将武则天召至寝宫，商谈最后的处置意见。

"媚娘打算如何处置贤儿?"李治躺在病榻上，有气无力地问道。

"陛下，臣妾知晓陛下的心思。只是贤儿为人子怀逆谋，天地所不容，实在无法赦免啊!"武则天有些激动地回答道。

"可是……"李治想要为儿子求情。

"陛下，你我素来宠爱贤儿，可他竟然生了谋反之心，倘若现在不加惩罚，叫你我二人有何颜面见天下苍生？依臣妾之见，将他废为庶人，流放巴州吧。"武则天道出了自己的想法。李贤毕竟是自己的儿子，她也不忍杀他。

就这样，李贤保住了一条性命。

永隆元年八月二十二日，皇帝正式下诏，废太子李贤为庶人，流放巴州。次日，李治下诏，立左卫大将军、雍州牧英王李哲（即周王李显）为皇太子，大赦天下。

李贤获罪，他的诸多属官也跟着遭殃。

第一个被问斩的，就是李贤宠幸的那个户奴赵道生。随后，太子洗马刘讷言也因为给李贤编写《俳谐集》，遭到皇帝训斥。在李治看来，以《六经》教人犹恐冥顽不化，身为太子洗马竟主动进俳谐鄙说，终将李贤引上邪路。李治盛怒之下，将刘讷言流放至振州（今海南三亚）。

至于那个在李贤面前挑拨是非的高政，武则天本打算狠狠处置，可李治看在舅舅长孙无忌的面子上，决定把高政交给他的父亲处置。哪承想，高家自经历了上一次灾祸之后，早已经吓破了胆子，认为皇帝此举是在试探自己。结果高政刚进家门，他的父亲高真行、堂伯高审行就一起上前将其乱刀捅死。即便死后，他的堂兄高璇又把他斩首，弃尸于路上不管不顾。

皇帝本想袒护高政，才将他交由家人处置，可他最终却惨死在亲人手里，这真比被武则天杀死还要悲惨百倍。皇帝得知后，真是怒火中烧。他当即下令贬高真行为睦州刺史、高审行为渝州刺史。高家不仅族人被贬官，也因亲人自相残杀而声名扫地，煊赫一时的高家终于破败下去，再没有回天之力。

这次事件中死于非命的还有曹王李明。曹王李明因与李贤交好，被武则天押送至黔州软禁了起来。黔州都督谢祐见武后权势日盛，为了讨好武后，他竟逼迫李明自杀而死。皇帝对此十分惋惜，免了黔州都督府所有官员的官职。

对此，黔州都督谢祐并不担心。在他看来，自己如此忠心为武皇后卖命，武皇后定会再度提拔自己。可惜的是，谢祐没能等到那一天，不久后李明的儿子李俊、李杰就暗中要了他的脑袋。直到几年后，这起谋杀案才真相大白。原来，李家由于获罪被抄家时，官员们在李家发现了一个刷着油漆，上面写着"谢祐"字样的夜壶。仔细辨认一番才知道，这个夜壶就是谢祐的脑壳做的。

对于东宫旧属，武则天从了李治意愿，一律宽大处置。不过，武则天还是把李贤的心腹左庶子张大安赶出京城，贬为普州（今四川安岳）刺史。那些未获罪的太子宫属官们，一个个高兴得手舞足蹈，唯独右庶子李义琰引咎哭泣，认为太子如此全是自己的责任。两年后，李义琰便称病告老还乡。

李贤被废除后不久，裴炎和薛元超分别被提升为侍中和中书令。至此，朝中绝大部分官员都已经投靠至武皇后旗下，武则天在朝中的地位已经坚如磐石。

开耀元年（681）十一月初八，废太子李贤启程前往巴州。此后，李贤就再没能离开那闷热潮湿的地方。由于被贬为庶人，往日陪侍在侧的人大多离开了他，唯有房妃仍然在身边，陪伴他度过生命中最黑暗的岁月。

太平大婚

开耀元年（681），磕磕绊绊多年的大唐皇室有了一件大喜事，李治与武则天最疼爱的小女儿太平公主出嫁了。

太平公主自幼聪慧敏锐，还似她母亲一样活泼开朗，敢想敢为，不愿受人约束。见女儿如此性格，武则天很是喜欢，很小就让她和几个哥哥一起接受教育，她的封邑也不薄，与四哥相王李旦相同。太平公主也不让母亲失望，她学习经史过目不忘，年龄少长就多谋善断。再加上她是武则天唯一的女儿，年龄又最小，武则天对她更是百依百顺。

太平出嫁那年，已经十六岁。这在当时，虽也是适婚年纪，可终归有些年长了。公主的婚事之所以被拖延，一来是因为李治和武则天喜爱女儿，有意多留在身边几年；二来，则是因为吐蕃的和亲之请。

前文曾经说过，自咸亨元年（670）薛仁贵在大非川惨败后，大唐和吐蕃之间的关系一直剑拔弩张。至仪凤年间，大唐和吐蕃更是短兵相接，因宰相刘仁轨和李敬玄互相拆台，文官出身的李敬玄被迫出任统帅，致使唐军惨遭失败。此后唐军一直处于被动，直到娄师德收集散亡将士，励精图治，使大唐军威复振后，吐蕃才主动与唐和解，多年都没有侵扰唐朝边境。

永隆元年（680），吐蕃突然来唐，要求与唐和亲，并直接要求大唐将太平公主远嫁吐蕃。

和亲是当时中原王朝安抚周边少数民族政权的常用手段。汉高祖刘邦率大军攻打匈奴，在白登山（今陕西大同）被围七天，几乎丧命，后来贿赂匈奴阏氏（王后）才得以解围。刘邦脱险后，连忙将公主嫁给匈奴单于，才赢得了汉初北部边疆的和平。

太宗皇帝在位时，也曾和吐蕃结亲，将宗室女文成公主配与吐蕃赞普松赞干布。文成公主聪慧美丽，自幼受家庭熏陶，学习文化，知书达理，主动应征嫁给赞普松赞干布。

贞观十五年（641）正月十五日，文成公主入吐蕃与松赞干布完婚。松赞干布亲迎到青海，并在逻些（今拉萨）特地修筑了宫城，作为公主寝宫居住。这座寝宫就是著名的布达拉宫。

文成公主从大唐带去了大批生产工具、菜种、医疗器械以及经史、诗文、历算、医药和工艺等书籍，她还亲自教当地妇女丝织刺绣等。永徽元年（650），松赞干布病逝，文成公主一直居住在西藏。这段时期，她还从内地引进蚕种，皇帝应她之请还派遣一批酿酒、造纸等工匠入吐蕃传授技艺，为大唐与吐蕃文化交流作出很大贡献。

永隆元年（680），文成公主逝世，吐蕃王朝为她举行隆重的葬礼。为了继续联姻，吐蕃便于当年遣使者入唐，请求另娶一位公主续婚。当时，皇帝几位年长的公主均已出嫁，唯一没有出嫁且在适婚年龄的，就是他和武皇后的掌上明珠太平公主。

吐蕃的和亲之请，让李治和武则天大伤脑筋。他们当然不愿意将最为钟爱的女儿远嫁，可当时大唐和吐蕃关系微妙，唐军和吐蕃数次交锋皆败下阵来，如今好不容易维持了短暂和平，若断然拒绝，后果不堪设想。最终，还是武则天灵机一动，想出一个绝妙的好主意来。

事情还得追溯到咸亨二年（671）荣国夫人杨氏病逝的事情来。荣国夫人病逝后，武则天十分悲痛。当时道教盛行，道教认为，长辈去世后，晚辈入道观做道士为长辈祈求冥福，长辈在阴间才可以安息。武则天是个孝顺的女儿，有心为母亲祈福，可毕竟自己贵为国母，叫她放弃手中的权力出家，她实在做不到。为了表示对母亲的哀思，并祈求冥福，武则天便请年幼的太平公主代替自己出家做道士。那一年，太平公主年仅六岁。一个六岁的孩子，武则天自然不舍得送入道观，所以仍旧将她留在宫中，偶尔有祭奠荣国夫人的仪式，太平公主才会变身成道士以示哀悼。

为了拒绝吐蕃的求婚，武则天决定在女儿的道士身份上做文章。她当即下令，把公主府第改建为太平观，同时还把高祖第十子、于咸亨三年死去的徐王元礼的王府改建为女观，也命名为太平女观。因为都是改造工

程，没多久就改造完毕。武则天立即命太平公主搬进徐王府，并命为观主。

这下子，皇帝终于有理由拒绝吐蕃的和亲请求。他称太平公主在外祖母去世时，为报答外祖母慈恩，已经入观做了道士，立誓不再成婚。李治又命礼部官员带吐蕃使者前往公主府及徐王府一一观瞧。吐蕃使者见此，也无可奈何，只好回国复命。

这以后，太平公主的婚事就被拖延了下来。所幸的是，一年后唐军在黑齿常之的率领下，取得了唐蕃战争中的一场大胜，有力扭转了战局。从此吐蕃败绩连连，黑齿常之守边七年，吐蕃再没敢进犯。

边疆平定了，太平公主也就可以离开道观出嫁了。不过，李治病弱，武则天又忙于政事，反倒把公主的婚事置之脑后。此时的太平已经长成一个亭亭玉立的少女，父母虽不挂心她的婚事，她却开始为自己考虑了。

这天，李治和武则天召诸位皇子、公主入宫用膳。太平公主入宫时，竟穿了武官的服装。身着紫色长衫，头上戴着皂罗折上巾，腰间系一条玉带，纷砺七事样样不缺。所谓纷砺七事，就是男性官员佩在腰间的物品，有算袋、刀子、砺石、契苾真、哕厥、针筒、火石袋等七件物品。公主不仅身着男装，还在李治和武则天面前且歌且舞，一副欢喜的模样。

皇帝见女儿如此装扮，哈哈大笑，并对女儿说道："女子又不能当武官，你怎能打扮成这样？"

太平听了笑着回道："父皇，我不能当武官，您可以将它赐给驸马呀！"

李治和武则天听了，笑得更厉害了。不过，笑过之后，两个人都明白了太平的女儿心思。就这样，为太平公主挑选驸马的事情被提上了日程。经过层层筛选，李治最终选中了薛绍。

薛绍出身河东大族薛氏，父亲为三品光禄卿薛瓘，母亲则是太宗皇帝和长孙皇后的嫡出女儿城阳公主。论起来，薛绍还是李治的亲外甥，倘若能与太平公主成婚，就是亲上加亲了。薛绍这个人年轻俊朗，自小便与太平公主熟识，两小无猜，太平对他也甚为满意。

对选薛绍为驸马，武则天最初也是同意的。可当她得知薛绍哥哥薛顗之妻萧氏出身不够高贵后，突然变卦了。在武则天看来，萧氏是一个"田舍女"，根本没资格和自己的女儿做妯娌。高宗皇帝急忙从中劝解道："媚娘，萧氏出身还算不错，算起来她是隋炀帝萧皇后、太宗皇帝宰相萧瑀的侄孙女儿啊！"

萧氏出身虽不很高贵，可比起武则天来，真是绰绰有余了。武则天听罢，连忙微笑着掩饰道："臣妾怎会不知？只要他薛颢不挑我们就成了。即便他真是个田舍女，只要薛绍人好，我也不去管他们！"

就这样，武则天的不满烟消云散。

武则天打消了不满，薛家却仍为此疑虑重重。

薛家兄弟父母双亡，薛家大事小情都由长兄薛颢做主。在薛颢看来，太平公主是武皇后的独生女，天皇天后宠得厉害，他怕这位公主太过刁蛮不讲理。大婚后，这位公主在薛家撒起泼来，谁敢拿她如何？

更何况，当时公主多半品德不佳，公主出嫁后的败德之事甚多。早年，高祖皇帝的女儿永嘉公主嫁给了窦奉节后，就曾跟有妇之夫杨豫之淫乱私通；太宗皇帝的女儿高阳公主嫁给房遗爱后，还偷偷和僧人辩机私通。这些事在京城人尽皆知，谁知道太平公主会不会重蹈永嘉、高阳的后尘？

忧虑之中，薛颢只得前去请教族人前辈薛克构。薛克构当时正任户部郎中，在薛家族人中声望颇高。

"皇帝的外甥娶皇帝的女儿，这是国和家的事。只要你们恭谨行事，没有大碍。"薛克构道。

"俗话说得好，'娶妇得公主，无事取官府'。娶了个公主过门，就等于平白生出个官府来管着咱们薛家，的确是件令人畏惧的事情啊！"薛颢仍旧放心不下。

"事已至此，我们薛家也只能笑纳了。"薛克构强挤出一点微笑，似乎是在安慰薛颢。

薛家的确不能反对，薛绍毕竟是高宗皇帝钦点的驸马，太平公主与薛绍的婚事就这样定下来了。

婚事既定，择日成礼。

开耀元年（681）七月初八，十六岁的太平公主出嫁。武则天为维持国母形象，平日生活起居刻意节俭。但在太平出嫁一事上，她却极尽奢华，颇费了些心思。

太平公主的婚礼在京兆万年县衙举行。不巧的是，由于县衙大门狭

窄，公主豪华的翟车竟无法通过。翟车，即古代后妃乘坐的以雉羽为饰的车子。武则天见状便命人拆掉县衙大门，却被李治制止了。原来，这县衙的大门是由宇文恺建造，不能拆。但是，公主大婚含糊不得，李治便下令拆掉县衙的大墙，使翟车得以进入县衙举行婚礼。婚礼当夜，自兴安门至宣阳坊，张灯结彩，火把相连，就连路面两边的槐树都被火把烤焦了。

婚后，太平公主和薛绍生活得十分幸福，生育了两男两女。期间，太平公主安分守己，并未有不轨事件传出。可惜的是，七年后公主和驸马被迫卷入朝中政治纷争中，驸马薛绍成了牺牲品，被武则天下令活活饿死。太平公主大受刺激，此后走上了追逐权力的道路。这是后话。

皇帝驾崩

太平公主的婚礼空前风光，着实让皇帝兴奋了一番。大婚后几日，李治又在宫内设宴，与群臣作诗庆贺。几天下来，高宗就因劳累过度，再度病倒了。这一次李治可真是病魔上身，比以往任何一次都厉害，御医和术士各司其职，绞尽脑汁想要治好李治的病，可一直不见疗效。李治无奈，只得宣布由新太子李哲（即李显）监国。

自武则天逼死赵妃后，李显的性格变得越加懦弱起来，尤其惧怕母亲。所以李显监国期间，朝中大事多由天后处置。武则天担心李治身体，每天处理完朝事就陪侍在高宗身边，亲自侍奉药物汤水。此时的武则天已是五十九岁的老妇人，可精神矍铄，身体硬朗，如此操劳仍不觉疲累。

开耀二年（682）年正月，李唐皇室又添喜事。太子李显的长子出生。高宗皇帝大喜过望，亲自赐名重照。重照满月那天，李治更是下诏改元永淳，大赦天下。李治还和武则天商量，打算立皇孙重照为皇太孙。

对此，武则天没有表示异议。可没过几天，李治又生出一个新主意，打算为刚出生两个月的皇太孙置府署和官属，且比照中书门下尚书三省而配置僚属，就像东宫一样。这在当时是不合礼制的。武则天本想反对，但转念一想，李治此举就是想把李家天下一直安排下去，使之代代相传，永久不替。自己本就因参政擅权被众臣质疑，提出反对不太合适。

武则天不表态，并不意味着别人不反对，吏部郎中王方庆就是第一个站出来反对的官员。王方庆上书高宗，称晋惠帝和齐武帝都曾立过皇太孙，但是皇太子的官属同作皇太孙的官属，并没有太子在东宫而另立太孙宫府的先例。所以，置太孙重照官署实在不妥。

武则天把王方庆的意思告知高宗，李治立即急了，反驳道："没有先例，就不能由朕首创吗?"

"陛下，所谓三王不互相承袭礼仪，陛下如若要首创，也没有什么不可以!"武则天见状连忙劝慰高宗。有天后这一番话，李治心里宽慰了不少。不过，皇帝见有大臣反对，疑虑自己此举不合乎古法，最终作罢。

李治这一病，持续了半年多也不见好转。为了修养身体，李治下诏巡幸东都洛阳，四月初三从京师长安出发。当时，关中正闹饥荒，米价每斗涨至三四百钱，两京之间的路上死尸横七竖八。李治因出行匆促，准备不周，竟有随从人员在中途饿死。李治一行刚抵洛阳，洛阳就下起了连绵大雨，洛水泛滥，接着又瘟疫流行。饿死、病死的百姓不计其数，尸体枕藉，甚至发生人吃人的惨状。

屋漏偏逢连淫雨，就在大唐天灾不断时，已经降唐的突厥余众建立了后突厥政权，起兵反唐。李治无奈，命裴行俭为金牙道大总管带兵讨伐。哪知道，裴行俭病症缠身，还未出发便溘然去世，享年六十四岁。

出师未捷身先死，常使英雄泪满襟。裴行俭内外双修、出将入相，是皇帝的名将兼能臣，他的病逝给高宗不小的打击。皇帝特追赠他为幽州（今北京城西南）都督，谥曰"献"。

武则天虽与裴行俭有隙，但由于裴行俭文武兼备，且工于草书，对其十分欣赏。在武则天的建议下，高宗下诏命裴行俭用百卷素绢，草书《昭明文选》一部。书成后武则天反复披览，十分欣赏。如今得知裴行俭辞世，武则天在悲痛之余也松了口气。

永淳元年，的确是多灾多难的一年。可就在内外交困之时，皇帝突然萌发了遍封五岳的想法，并立即下诏命人在嵩山南营造奉天宫。皇帝的想法不难理解。他自知时日无多，想要封嵩山向天祈福，延年益寿。对此，武则天只温婉地劝阻，希望等李治身体好些再去封禅。

皇帝这一想法，引起了监察御史里行李善感的强烈不满。所谓"监察御史里行"，就是指编外御史。李善感在奏章中进谏称，李治当年封禅泰山，向上天报告太平，此后吉兆频出，堪称美事。可近几年以来，粮食歉

收，饿殍遍野，四夷交相侵犯，此时身为一国之君当恭敬思索治国之道，消除上天降下的灾害。这种时候，皇帝却广造宫室，并提出封禅，实在是大大不妥，令天下百姓感到失望！

李善感这一番话句句在理，可是也难听之极，并不比当年褚遂良指责李治与武昭仪乱伦逊色。李治得知后怒不可遏，可怒气过后，又深为钦佩李善感的犯颜进谏。自褚遂良、韩瑗死后二十年，朝廷内外官员一直没有敢直言上谏者。当然，李治并没有因这一番劝谏停止封嵩山的打算，但他却宽恕了李善感的激烈言辞。

朝中官员及天下百姓闻知此事后，认为李善感此举是天下太平的征兆，将之称为"凤鸣朝阳"。

皇帝封禅嵩山的想法最终没能成行。刚刚在洛阳宫度过了新年，身体就一日不如一日。永淳二年（683）六月，李治的眼睛竟然失明了。百般诊治无效的情况下，御医秦鸣鹤打算铤而走险。

秦鸣鹤是刚刚被启用的御医，是来自罗马帝国的景教徒。景教是早期基督教的一个分支，唐初开始在中国传播。他不仅带来了最初的景教，也把西方的医术带至大唐。秦鸣鹤认为皇上失明是因为风邪上逆，压迫视神经，可用出血疗法以通经络。所谓出血疗法，就是用针刺头皮放血，这样或许会有疗效。

秦鸣鹤刚把自己的治疗方法说出来，就被武则天厉声喝止了。在当时，传统医学对外科手术态度非常保守，在天子头上刺血被视为危险行为，武则天怎能容忍御医此种荒唐提议？

可是，李治求医心切，哪里还顾得上医治方法，反倒愿意一试。有李治应允，秦鸣鹤便大胆地行起他的"针灸术"来。他小心地取出两根银针，刺进李治头顶上的脑户和百会两个穴位，暗红色的血液立即就从针尖下涌了出来。针灸完毕，皇帝睁开眼睛，突然发现眼前明亮了许多！

武则天见状大喜道："陛下洪福齐天，这是上天的赐予！"因为欣喜，武则天的声音都有些颤抖。话毕，她连忙吩咐人重赏秦鸣鹤。

皇帝眼疾好转的确是个好兆头，这让李治和武则天高兴了好一阵子。可惜的是，这好兆头并没有持续多久，李治当时病入膏肓已经是不争的事实。

这天夜里，皇帝突然梦见了自己的父亲。太宗皇帝仍旧是一副英姿勃发的样子，他远远地站在李治面前，表情时而严肃，时而温和，似乎想要和儿子诉说些什么。李治见状，连忙走上前去，可父亲只淡淡地看了他一眼，转身便走了。

醒来后，李治仔细回想一番，便明白自己已经是时日无多了。

十二月初四，李治下诏改元弘道，大赦天下。皇帝本打算登则天门楼宣诏，可气逆不能上马，只得命百官入宫在殿前宣诏。当天夜里，李治便在贞观殿陷入昏迷。贞观殿为皇后的正殿，管理后宫诸多事宜，一般专作为皇后的宫室。武则天为方便照顾皇帝，便将李治安排在贞观殿陷下。武则天泪眼婆娑地守候在李治身边，眼见李治陷入昏迷，心痛不已。

武则天的抽泣惊醒了昏迷中的皇帝，他勉强睁开眼睛，深情地望了皇后一眼。几十年来，李治和武则天相扶相持，期间虽有不快，可夫妻感情还是十分深厚的。李治随后使劲地伸出手臂，扬了扬，武则天连忙一手握住。

"媚娘，帮朕宣裴炎进宫……"

武则天明白，高宗宣裴炎是要安排后事，连忙命人召裴炎进殿。

李治病重，几位宰相一直不敢离开皇宫。要知道，皇帝临终时，必然对后事有所交代，对重臣口述遗诏。能够在场聆听遗训者，便可称为顾命之臣，将来也将成为继任新君的股肱之臣。相较裴炎，皇帝更加器重的是左仆射刘仁轨。只可惜，刘仁轨一直在西京留守，不能东来。余下几位宰相中，以裴炎最稳重，李治要草拟遗诏，托付后事，自然得选裴炎。

没多久，裴炎就来到了李治病榻前。李治命他免跪拜，还在御榻前给他赐了座。

"裴爱卿，朕今日召你来，是要托付后事，草写遗诏。"李治声音喑哑地说道。

裴炎听罢，悲从中来，不觉留下两行热泪，哽咽道："皇上不过偶染小恙，过不了多久就会康复，怎么竟说出这种话来？"

"不用劝慰朕了，朕的寿辰已满，心里比谁都清楚。快备纸笔吧，趁着朕还有最后一点力气，把遗诏写下来。"

裴炎知道时间不能耽搁，连忙命人准备纸笔。一切准备停当，李治这才一字一顿，口述遗诏。

遗诏开头，李治免不了自谦一番，称自己治国三十多年，才德浅薄，

愧对先皇的嘱托。接着，李治要求自己死后七日下葬，皇太子可在下葬那天在灵柩前登基即位。太子服丧可遗照汉制，一日代替一个月，服丧二十七日即可。至于军国大事，有拿不定主意的，由武皇后决断。

裴炎逐字逐句一一记下，写罢仔细检查了一番，这才交付李治。李治拿出玉玺，让裴炎用印，裴炎一一照办。

终于，遗诏全部完成，皇帝长长地舒了口气，安稳地睡了过去。待人上来查探鼻息，竟没一丝气息。

皇帝李治就这样驾崩，享年五十六岁。

皇帝执政期间还是有些建树的。李治执政三十五年，期间全国人口大增，国家疆域也在不停地拓宽，国力也较贞观年间有了大幅增强。李治还很重视法律建设，我国现存最完整的成文法典——著名的《唐律疏议》于永徽年间由长孙无忌等大臣修订而成。不过，在很多史学家眼中李治是个"昏懦"的皇帝。之所以这样评价他，一来因为他才智不如父亲太宗皇帝，二来则是因为他在当政期间将大权交给武则天，最终导致武则天改唐为周。

历史就是这样喜欢捉弄人。这个平稳地做了三十五年的皇帝，就这样被历史忽略了。虽然，他在唐朝所有皇帝当中政绩比较显著，也是除了玄宗皇帝（李隆基）以外在位时间最长的。但在高宗李治前后有两个太过耀眼的皇帝，一个是文治武功的太宗皇帝李世民，一个就是中国历史上唯一的女皇帝武则天。

第十五章　太后临朝

尊为太后

李治驾崩，对武则天来说无疑是一个巨大的打击。两个人毕竟已是三十年的夫妻，情分不浅。李治生命中的最后几年，虽然多是在病榻中度过，可即便是李治一句话不说地躺着，她也感到心里踏实。如今，这个陪伴了自己三十年的丈夫离开了，让武则天感到一种侵入骨髓的孤单。

不过，武则天毕竟不是一个寻常女人。在她心里，远有比情分更重的东西。此时，她内心里已经生出了做皇帝的心思。谁说女子不可做国君？她就是要颠覆历史，做前所未有的女皇帝！所以，她不敢放任悲伤，而是全身心地投入到权力争夺的漩涡当中，拼力一搏。

李治驾崩后第二天，武则天向天下昭告了这一噩耗，同时将先帝遗诏颁布天下。

对于皇帝的遗诏，武则天颇为欣慰。李治并没有忘记武则天，要求日后在军国大事有拿不定主意的交由武则天决断。也正是这一条，最终导致武则天改唐建周，对此后世史学家颇多谴责之语。

其实，李治此举情有可原。李显是李治第三个儿子，生性懦弱无能，行事也十分荒唐，李显素来喜好斗鸡走马等游戏。李治和武则天巡幸洛阳时，曾下诏命李显监国。可是，李显整日骑马打猎，对于宫中堆积如山的奏章不闻不问。刘仁轨见状苦口婆心地上书劝他收敛，可他全当耳旁风。

儿子昏庸如此，皇帝一百个不放心，对辅政大臣自然也多了几分忌惮之心。李治即位之初虽励精图治，还是被长孙无忌、褚遂良等辅政大臣钳

制，儿子不问政事，恐怕更易生变。于是，李治特命武则天辅佐儿子，在大事情上有个主张。

李治的算盘打得不错，可想法毕竟有些天真。李显虽昏庸，但对于母亲干政素来是反对的。武则天的野心已经满朝皆知，李显再糊涂，也不会把权力主动交给母亲手中，更何况他早年的妃子赵氏就是死在武则天手下！

对此，武则天一清二楚。为了改变被动处境，武则天偷偷传话给裴炎，让他想尽一切办法，给自己争取一些掌权的时间。

对于武则天的命令，裴炎还是有些犹豫的。皇帝健在时，裴炎主动投靠武皇后无非是想壮大势力，与那些朝中元老重臣分庭抗礼。如今，皇帝驾崩，武皇后如此热心权势，怕不是好事。可是，裴炎向来与新帝李显不亲近，且李显昏庸无道，一旦掌权自己这个顾命大臣恐怕就得下台。裴炎是一个有野心的人，自然不愿就此罢手，关键时机只得与武皇后结成同盟，互助互惠。

十二月初六，裴炎上书武则天。他在奏章中称，嗣君还未受正式册封，不宜发号施令。所以，请天后在嗣君册封前暂理朝政，各项政章当以"天后令"的形式，下达到门下省执行。

裴炎的这一建议，可帮了武则天大忙，并最终改写了大唐历史。其实，按照以往的惯例，皇帝驾崩后，太子只要已经成年，便可以立即指掌大权。裴炎却突然从中作梗，把大权交付天后，而且天后政令下达的门下省，正是由裴炎任侍中。这样一来，整个朝廷都处于武则天与裴炎的控制之下。

对于裴炎的提议，李显心怀不满，可又不敢有半点异议。不仅仅是李显，就连宰相集团都没有一人敢表示反对态度。德高望重的宰相刘仁轨，此时正远在西都长安，鞭长莫及。尚在东都的几位宰相，都是前一年由武则天亲自举荐的。这几个人分别为黄门侍郎郭待举、兵部侍郎岑长倩、吏部侍郎魏玄同、秘书员外少监兼检校中书侍郎鼓城人郭正一。

当初，武则天举荐这几位官员时，皇帝很有些犹豫。这几个人资质尚浅，官位品级也不高，都是四品官员。而在当时，只有三品官才能当宰相，也就是"同中书门下三品"。如今，若是要四品官"同中书门下三品"，实在有些不妥。

武则天向来喜欢在名号上做文章，她当即建议更改称号为同中书门下"平章事"。所谓"平章"，即为评议辨别，引申为断决处理，同中书门下平章事，即在中书门下省断决处理政事，行使宰相实权。如此一来，官位品级的问题迎刃而解。

武则天打破了原有任相资格的限制，使四个资质尚浅的四品官平步青云，顿时跻身宰辅行列。这几位都不是名门出身，能够成为宰相真是难如登天。所以，对于苦心提拔他们的天后武氏，即便不是感恩戴德，也不敢轻易忤逆行事。

嗣皇帝李显和诸位宰相都不反对，武则天便心安理得地掌管起朝事来。她要做的，当然不是暂时代替李显处理朝事，而是要抓紧时间为自己创造更为有利的时势环境。对武则天来说，四五天的时间太短，她需要的时间还要再长一些。好在，权力正在她手中，要拖延些时日，并不很困难。

四天后，武则天将正在为高宗皇帝守丧的李显叫到自己跟前，母子俩相互说了些安慰话，武则天将话题引至正题。

"这几日你憔悴得厉害，日后大唐江山社稷都指望你一人，你须多多保重身体，不要太过劳累。"

"多谢母后挂心，儿臣记下了。"李显连忙回答道。

"你操劳成这幅样子，我又怎能放心？你若信得过母后，不妨在守丧期间将国事交予母后，待二十七日守丧期满，再全心操持国事吧。"武则天对儿子一副关怀备至的样子。

李显当然明白母亲的真正意图，可他又怎能拒绝？一旦拒绝，定会惹出更大的乱子来。好在二十天并不长，这天下早晚还不都是他的？所以，李显点了点头，乖乖地听从母亲安排。

李显的确不聪明，要知道，当时的武则天完全可用二十天时间改变一个朝廷的未来走向。

弘道元年（683）十二月十一日，李显登基称帝，即为中宗皇帝。中宗登基，武则天理所当然地被册封为太后。由于有约定在先，朝中大小政事都由武则天决断。为了安抚李显，武则天立太子妃韦氏为皇后，又擢韦氏的父亲普州参军韦玄贞为豫州刺史。同时，她还任命韦家远亲左散骑常侍韦弘敏为太府卿、同中书门下三品。

　　为了安抚李唐皇室，中宗李显的册封典礼刚刚结束，武则天就颁布了一道诏令，大封李唐皇子皇孙中地位尊贵者。高祖第十一子泽州刺史韩王李元嘉被授太尉，第十四子襄州刺史霍王李元轨则被加位司徒，第十九子鲁王李灵夔为太子太师，第二十二子滕王李元婴为开府仪同三司，同时追赠已薨的高祖第十八子舒王李元名为司空。

　　对于太宗皇帝的儿子，武则天也没有亏待。太宗皇帝第八子越王李贞被封为太子太傅、第十子纪王李慎被封为太子太保，以示尊宠。不仅如此，武则天还有意拉拢一批一直被李唐皇室疏远的宗室远亲。淮安王李神通之子李孝逸就被武则天破格提拔，甚为亲近。

　　这些李唐宗室子孙突然被尊为太尉、三司、太师、太傅、太保等极高品级官员，对太后武氏自然也感激不已。

　　对于配合自己的几位"平章事"宰相，武则天也加以提拔。郭待举、岑长倩、魏玄同由品级较低的"同中书门下平章事"升为"同中书门下三品"。由于郭正一对武太后不甚热心，武则天便罢其宰相之职，转为国子监祭酒，随后命刘景先顶了缺，担任侍中。与此同时，武则天还特意提拔"北门学士"之首的刘祎之为中书侍郎，倚为心腹。

　　至于为自己立下大功的裴炎，武则天当然不会亏待。当时，唐朝实行三省制，中书省出令，门下省审核，尚书省执行。裴炎就是门下省的侍中，负责政令执行前的最后审核，所以宰相集体议政的地点政事堂就设在门下省。由于政治环境复杂，武则天更需要一个负责起草诏书的官员，而裴炎也有意前往中书省。就这样，武则天当即将裴炎调任为中书令，掌握出旨权。由于裴炎是全朝唯一的顾命大臣，武则天更是命令将宰相群议的政事堂由门下省迁往中书省。

　　此举在当时引起不小的轰动，裴炎在当时可谓红极一时。裴炎作为顾命大臣，每次宰相开会都由他主持，无形之中就成了首席宰相。除宰相外其他官员如要前来政事堂议事，也得经过裴炎同意。渐渐的，政事堂再无事可议，全由裴炎一人决断。武则天这样安排，不仅卖裴炎一个人情，还有意削弱门下省的审核封驳权。在当时，门下省不仅可以反驳大臣提议，甚至还可以反驳皇帝的任命。这样一来，武则天即便做出不合制度的安排，也会减少许多阻力。

　　对于远在京师的刘仁轨，武则天也不敢怠慢。

十二月二十一日，武则天亲自写了一封书信给刘仁轨。她在信中嘱咐刘仁轨，要他主管西都的留守事务，并把刘仁轨喻为汉代萧何，希望他忠心效力于自己。可是，刘仁轨不愿意做武则天的合谋者，反而上书太后称自己年老体衰，不能胜任留守职务。不仅如此，他还冒死以吕后祸败刘吕两家的史实相谏，希望太后不要过于干涉朝政。

武则天接到刘仁轨的奏章大发雷霆。可怒气过后，她打从心底里又对刘仁轨生出几许敬佩之情。更何况，刘仁轨是元老重臣，自己若想有所作为，必须想尽一切安抚他，这样也可以安定京师一些大臣对她的惊惧之心。于是，武则天又写了一封书信，并命侄子武承嗣亲自送去。

武承嗣自承袭周国公后，一直被武则天重用。武则天把他安置在身边，担任秘书监多年，私下里常常叫他为自己办事。这一次，去长安抚慰刘仁轨事关重大，武则天便找到了武承嗣。在这封信中，武则天向刘仁轨表示，只因嗣皇守丧无法理政，自己才代他亲政。一旦嗣皇守丧期满，自己必将归政嗣皇。对于刘仁轨讽谏的"吕氏干政"，武则天表示既惭愧又欣慰。在信的最后，武则天又称赞刘仁轨"节操忠贞，始终不变，作风刚直，古今少有"，希望刘仁轨能以匡正补救大唐为怀，继续担当守卫西京的大任。

刘仁轨见武承嗣亲自送信，已是十分吃惊。待看完武则天的亲笔书信，更是惊讶得说不出话来。太后的作为的确有些不妥，可既能如此善待自己，还怎能推脱？就这样，刘仁轨接受了武则天的安排。

对于办事有力的武承嗣，武则天也授予礼部尚书一职。

安置好朝中重臣，武则天又于十二月二十九日下诏，派左威卫将军王果、左监门将军令狐智通、右金吾将军杨玄俭、右千牛将军郭齐宗分别到并、益、荆、扬四大都督府，与当地的都督府官员一起主持镇守事务。

对于羽林军，武则天也有安排。一个月前，武则天本已下诏，命程务挺为单于道安抚大使，招讨突厥阿史那骨笃禄等部。如今高宗驾崩，武则天便又将程务挺留了下来，和张虔勖分掌左右羽林军，稳定东都政局，以备不测。

程务挺、张虔勖与宰相裴炎关系亲密，自然都肯为太后出力。

十二月二十九日，已经是嗣皇帝李显守丧的最后一天。可是，在过去的短短二十几天里，无论是中央还是地方还是军队，都已经被武则天安排

得滴水不漏，嗣皇的权力早已经被架空。武则天表面上归政中宗，可实际上等待着他的，是将成为傀儡皇帝的命运。

废黜中宗

高宗皇帝驾崩后不久，关于皇帝的后事安排，朝中大臣出现了很大争论。以陈子昂为代表的一部分官员上书太后，认为应将高宗皇帝就近葬在洛阳。

陈子昂是当时著名的诗人，诗风质朴、刚健，颇受东西京文人推崇。他于开耀年间中了进士，被授麟台正字，即是专管国家机密文件的官员，官职虽不高，却有机会接近皇帝，上书言事颇为方便。

对于陈子昂这一提议，有许多官员表示反对。他们认为李唐龙脉在西京长安，且高宗生前也表示，希望能够归葬关中故土，应按照先皇凤愿行安葬之礼。就在两相争持之际，武则天出面调解，并最终决定护送高宗归葬关中。

诏书下达后，武则天即命人在关中选择风水宝地，为高宗修建陵墓。经过一番挑选，最终选在西京长安西北的风水宝地梁山。武则天任命吏部尚书韦待价负责兼修，按照"因山为陵"的葬制，将梁山主峰作为陵冢，在山腰凿洞修建地下玄宫。为了赶工期，前后共动用了二十多万劳力，昼夜施工，终于在六个月内完成了主体工程。

嗣圣元年（684）五月，武则天派人护送高宗灵驾回长安，八月正式下葬梁山地宫，即为乾陵。埋葬高宗后乾陵营建工程继续进行，因高宗弥留前表达了对西京长安的怀念，武则天要求高宗陵墓仿京城长安的格局设计营建，这是唐陵中唯一一例。

值得一提的是，在高宗皇帝灵柩西回之前，武则天还特地为与自己相处了三十年的丈夫，一字一词地撰写了《高宗天皇大帝哀册文》。

文曰："瞻白云而茹泣，望苍野而摧心。怆游冠之日远，哀坠剑之年深。泪有变于湘竹，恨方缠于谷林。念兹孤幼，哽咽荒襟。肠与肝而共断，忧与痛而相寻。顾慕丹楹，回环紫掖。抚眇嗣而伤今，想宸颜而怆昔。寄柔情于简素，播天音于金石。"

对于丈夫的去世，这个六十岁的老妇人表达出了无尽的眷恋和哀伤。而对于新即位的储君，武则天则满腹疑虑，发出了"念兹孤幼，哽咽荒襟"、"抚眇嗣而伤今"的感慨。

对于中宗皇帝，武则天的评价十分中肯。不仅武则天这样认为，一些辅政大臣也是此种看法。中宗李显继位时已经二十八岁。可惜的是，已近而立之年的他，无论是学识还是品行，与诸多兄弟有很大差距。做皇子时，他就不学无术，无德无才。晋为太子后，更只知玩乐，终日游猎戏耍。这样一个不肖子，的确难当大任。

不过，中宗皇帝却不这么认为。他自认是个有道明君，见权力被母亲掌控，便打算组成自己的势力集团，与母亲分庭抗礼。可是，逐一挑捡朝中大臣，与己亲近者甚少，又让李显陷入为难。就在这时，李显的皇后韦氏出面了，建议丈夫提拔自己的父亲韦玄贞为侍中，同中书门下三品。

前文曾经提及，这韦氏一族并不是关中显贵，韦玄贞原任普州参军，因女儿荣升为皇后，他才从一名蜀地小吏一跃为豫州刺史。韦皇后见婆婆操持大权，很为丈夫捏一把汗，便打算提携娘家人，将擅权的太后逼退至后宫。对于这个建议，中宗皇帝十分认可，他甚至还想起了自己奶妈的儿子，打算把这个平头百姓一举提拔为五品官。

中宗皇帝有了想法，还需由裴炎草拟诏书。他刚把这一想法告知裴炎，就遭到了裴炎的强烈反对。

"陛下，韦刺史任期未满，且从未在中央担任要员，突然提拔为侍中，恐怕不妥。一来他还不熟悉政务，二来这也不合乎任用官员的规范。"

中宗皇帝对裴炎亲近太后，早就生出怨恨，所以瞪了裴炎一眼道："有什么不合乎规范的？韦玄贞有大功于社稷，是朕最值得信赖的人，援例特进，有何不可？"

裴炎当然不肯让步，高声抗辩道："陛下如非要加封，特进任为闲散官可也。侍中位高权重，须随才录用，这是太宗皇帝于武德七年定下的章程。陛下新近即位，还是应该照章办理，不能随意紊乱祖宗法度。"

裴炎说李显乱了祖宗法度，可让李显大动肝火，他当即大吼道："裴炎，朕乃皇帝，这大唐江山都是我一人的，即便我想把天下送与韦玄贞，也没什么不可，又何惜一个侍中之职！你赶紧拟诏，否则朕处置你抗旨不尊！"

武则天

中宗皇帝这句话，实在是荒唐之极。裴炎权倾朝野，又有太后垂青，自然不怕这傀儡皇帝，所以也不和李显争辩，立即前往太后处禀报。武则天得知事情前后，怒中有喜，这一回，终于被她逮到机会，可以名正言顺地废黜这个昏庸的皇帝了！

第二天一大早，中宗皇帝就接到太后手谕，叫他前往乾元殿早朝。与此同时，朝门外等候上朝的文武大臣也得到通知，今日早朝改在正殿乾元殿举行。按照惯例，乾元殿是朝议大事的地方，只有在元旦、除夕，以及太子即位或立后等大事的时候，才在乾元殿朝会。文武百官不明就里，可也只得前往乾元殿，不知将要发生什么事情。

突然更改上朝地点，的确有些反常。李显也暗想，此举或许和昨日裴炎之间的对话有关。不过，他私下已与韦皇后商定，即便裴炎不奉诏，他还是得向群臣宣布，将岳父韦玄贞召入京师，做自己的左右股肱。眼下朝臣多为太后心腹，自己左右辅弼乏人，必须冒险而为之。可惜，李显实在高估了自己的力量，也太小瞧了自己的母亲。

李显刚刚到乾元殿，还不待他宣布擢升岳父为侍中的诏令，乾元殿就被羽林军团团围住了。裴炎与中书侍郎刘祎之、羽林将军程务挺、张虔勖带领两支人马，从大殿两边旁门而入，直上丹阶。裴炎和刘祎之都是武则天的心腹大臣，尤其是刘祎之，他是"北门学士"之首，又与豫王李旦有着亲密的关系，他曾经两次担任李旦王府的司马。有这样的双重身份，刘祎之当然赞成废黜中宗，改立李旦了。至于程务挺、张虔勖，早已唯裴炎和武太后马首是瞻。

望着眼前的羽林军，还有来势汹汹的裴炎和刘祎之，中宗皇帝似乎已明白了什么，全身竟不知所以地抖起来。阶下分两班站立的文武百官，也一个个惊得目瞪口呆。

"程务挺、张虔勖，你们快呵斥众人退下！"李显颤抖着声音呵斥道。

程务挺、张虔勖二人并不答话，只是走到李显龙椅左右，悄然站定。倒是裴炎，在李显面前抱拳鞠躬，然后开口道："陛下，臣奉太后之命，前来宣太后口谕。"

裴炎说完，从怀中掏出诏书，朗声念道："大行皇帝尸骨未寒，朝廷政局未定。在此危机时刻，嗣皇帝却任人唯亲，刑赏由心，甚至败坏制度，紊乱朝纲。如此昏庸无德，不能为一国之主，着废为庐陵王，恢复李哲原名！"

李显的名字一直在"哲"与"显"之间频繁更改。为太子时称李哲，登基称帝后改回李显。如今被废黜，自然又要改成李哲。不过，人们对于"李哲"这个名字并不熟悉，所以文中多用李显这个名字。

裴炎念完，便示意程务挺、张虔勖扶中宗下殿。李显不愿就范，挣扎着反问道："太后擅权，竟违背先帝遗诏，祸乱朝廷。朕到底犯了什么罪，竟使你这一班大臣背弃？"

李显话音刚落，大殿旁侧的幕帘后，突然响起威严的呵斥之声："你要把天下让与韦玄贞，这难道不是大罪？如此重罪恕不可赦！"

听了这话，李显无话可说。这话他的确说过，虽然只是一时气话。可此时此景，解释已经无用。就这样，李显被羽林军架着走出了乾元殿，幽禁在别殿。

这一天，是嗣圣元年（684）二月初六。这是李唐皇室继玄武门之变之后的第二次成功政变。不同的是，玄武门是以弱胜强，而这次是以强胜弱，而且兵不血刃。随着李显被废，他的皇后韦氏及儿子皇太孙李重照也被废，其余韦氏家属流配岭南。

值得一提的是，韦后的父亲韦玄贞并不是一个热衷于权谋的人。他为人很淡泊，喜欢游山玩水，只因女婿的一句话，最终被流放到钦州，客死他乡。韦氏的四个兄弟中，有两个弟弟经不起折腾，也死在了钦州。

这次政变过后，武则天与宰相集团及羽林军的关系更加紧密了。为表彰功臣，武则天重赏了程务挺，他的儿子程齐之也被封为尚乘奉御。在程务挺的请求下，武则天还擢升他的弟弟，原州司马程务忠为太子洗马。

当然，武则天不能对每个参与者都施重赏，这便引起了一些羽林军的不满。

一天，十几个参加废黜中宗的骑兵在酒坊里饮酒，议论着废黜中宗的事。这些人边喝边谈，谈得越来越尽兴。这时，其中一位士兵带着几许醉意发牢骚道："兄弟们冒着风险拥立了新皇帝却没得到什么封赏，早知道会这样，还不如拥立庐陵王当皇帝！"

他的话音一落，众人斥喝戏笑，也没把他这句话当真。不过却有一人不发一言，反而偷偷地从酒坊里溜了出来。

出了酒坊，他立即跑至玄武门，称有要事向太后禀报。武则天立即接

纳了他，这个人便将事情原委讲述了一遍。武则天怒不可遏，当即下令逮捕这些人。就这样，这些饮酒的羽林军还没离座，就全被逮捕，关进了狱中。

第二天，在酒桌上发牢骚的士兵被斩首，其他人以知而不报被处以绞刑。至于告密者，则被授予五品官职，十几名同伴的性命为他换了一身浅绯金带的新官袍。

这位新晋五品官的升发之道，当然被众口骂了个狗血喷头。然而更多的人在道貌岸然地指责该人行为的同时，也都发现了一条升官的捷径。打从这以后，大唐兴起了一股强大的告密之风，发展到极致后，才有了告密铜匦及酷吏。

这是后话。

傀儡睿宗

废黜李显的第二天，也就是嗣圣元年二月初七，太后武则天正式下诏，由豫王李旦继承皇位。同时，她还立李旦的嫡妃刘氏为皇后，立李旦的年仅六岁的嫡子李成器为皇太子，改元文明，大赦天下。

李旦是武则天和高宗皇帝最小的儿子，曾名李轮、李旭轮。他的封号也频频更改，初封殷王，后改封豫王、冀王，后又改封相王。高宗末年，仍封豫王，并改名为李旦。李旦自小便受父母宠爱，性格十分文静柔弱，为人也很谦逊和蔼，而且好学工书。在武则天的四个儿子中，他是最具学者气质的一个。从来就没有将王位、权力放在心上，更不去想自己将来有可能做皇帝的事。

这一年，李旦已经二十二岁。这二十二年来，他从未离开过母亲，无论武则天去哪里，都会带着他。对于母亲，他既惧怕，又有几分依赖，对母亲极其顺从。对于李唐皇室近几年频繁发生的变动，兄长们或死或废，或监国或称帝，他也不闻不问，只是冷眼旁观。说起来，李旦并没有天子之才，但他却有做人的自知之明。他不像李显，没有天子之才却狂妄自大，刚坐上龙椅就得意忘形，最终身败名裂。

诏书下达后，武则天又以嗣皇帝不熟悉政务，加之大行皇帝的梓宫尚未奉安，并没给李旦举行正式的登基大典。没有正式登基，李旦连皇帝的宫殿都无权入住，只能居于"别殿"。每日，李旦都在别殿中为父亲守丧，一切政务都交由母亲处理。此时的武则天已经是六十一岁的老人，每天亲临紫宸殿接见群臣，在殿前挂张浅紫色帷幕，过起了"垂帘听政"的"帝王"生活。

对于此时的武则天来说，做"垂帘听政"的太后远远不够，她要改朝换代，做空前绝后的女皇帝！可是，在男尊女卑的封建社会中，一个女人要做皇帝简直是不可能的事情。虽然武则天政治天赋极高，可真要盗攘天权，登上皇帝宝座，还是困难重重。为了达到自己的目标，武则天需要做的事情还有很多很多。这其中，最为紧要迫切的就是除掉她诸多儿子中，真正有帝王之才的李贤。

李贤有勇有谋，为了除掉他，武则天已于四年前将他由皇太子贬为庶人，流放巴州。为了斩草除根，武则天于二月初九下诏，命左金吾将军丘神勣前往巴州，检查防守李贤的住处，以防他被人利用。当然，武则天的目的不会仅止于此。丘神勣临行前，武则天偷偷将丘神勣召入宫中，命其逼杀李贤。

丘神勣是唐初功臣丘行恭之子，这一年刚刚被武则天提拔为左金吾将军，对太后自是感恩戴德，百依百顺。他领会了太后的意思，立即启程前往巴州。抵达巴州后，丘神勣便将李贤囚于石室当中，迫令其自杀。李贤自知求生无望，最终于三月初五日自杀身亡，时年三十一岁。

李贤死后，在当地草草下葬，武则天心里的一块石头终于落了地。可是，李贤毕竟是她的儿子，亲手杀子的滋味并不好受。为了减轻罪恶感，也为了昭告天下李贤已死，武则天率文武百官于显德门为李贤举行了"举哀"仪式，追封他为雍王。一直陪侍在李贤身旁的房妃也恢复了雍王妃的身份，但仍被留置在巴州。

房妃一生颠沛流离，多年后与儿女回京后，随即被幽入禁中。李贤年长的两个儿子李光顺和李守义不久即为酷吏所陷，双双身亡。女儿长信郡主降为县主，不知所终。李贤最幼小的儿子李守礼承袭了父亲的雍王爵位，与房妃同在禁中十数年。直到武周圣历年间，相王李旦才将这对母子解救出来。睿宗景云二年，房妃病重，奏请睿宗皇帝追赠李贤为章怀太子，睿宗允许。房妃也以章怀太子妃的身份终老一生。

丘神勣逼死废太子李贤，可不是一件小事。为了遮掩，武则天当然得在丘神勣身上做文章。她下诏称丘神勣误传旨意，杀害了废太子，将其贬为叠州刺史。杀害废太子，竟然只予以这么轻的处罚，武则天此举实在有些欲盖弥彰。没过多久，被贬叠州的丘神勣就官复原职了。

对于已经废为庐陵王的李显，武则天先是贬至房州（今湖北房县），几天后又迁到均州。对于高宗皇帝的另外几个儿子，武则天也不敢轻视，下诏将杞王李上金徙封毕王，翻阳王李素节徙封葛王。不久后，武则天又改封毕王李上金为泽王，授任苏州刺史；葛王李素节为许王，授任绛州刺史。这样，将他们调离从前的封地，离开了故地上营造的人脉势力，影响力也大大被削弱。

对于朝中的宰相班子，武则天也一再做调整。二月二十五日，武则天下诏任命太常卿、检校豫王府长史王德真为侍中；中书侍郎、检校豫王府司马刘祎之同中书门下三品。这两个人都是武则天的心腹重臣。到了五月，武则天更是任命自己的侄子礼部尚书武承嗣为太常卿、同中书门下三品。对于另外一个侄子武三思，武则天也提拔他担任兵部尚书。其他的侄子如武攸暨、武攸宁、武攸归、武攸望等，随后也都统统加官进爵。武则天这样安排，是在扶持自己的直接亲信。之前的那些宰相与裴炎的关系太过亲密，让武则天觉得不安全。

经过这一番调整之后，武则天终于可以真正独断朝纲，她的政治生涯由此翻开了崭新的一页，史称"则天朝"。

新朝廷就该有新气象。九月初六，武则天下诏改元光宅，改东都为神都，改洛阳宫为太初宫。不仅如此，武则天还更改皇旗为金色，朝廷衙门及官职名称也全部更改。

三省名称更换如下：尚书省改为文昌台；中书省改为凤阁；门下省改为鸾台；尚书左仆射改称文昌左相；尚书右仆射改称文昌右相；中书令改称内史；侍中改称纳言。

六部名称更换如下：吏部改为天官；户部改为地官；礼部改为春官；兵部改为夏官；刑部改为秋官；工部改为冬官。

除此以外，武氏还将御史台改称为左肃政台，增置右肃政台。左肃政台负责监察京师百官及军队调动，右肃政台则主要监察地方各州，对全国的掌控空前加强。至于各省、寺、监的名称也全部更改，新名称十分华丽与典雅，也充满了小女人的柔媚情调。

对此，李唐宗室和部分朝臣大惊失色。高宗皇帝已经入葬，嗣帝睿宗已经成年，太后此时不仅不归政，还要大肆更改李唐皇朝的礼制，太后野心已经满朝皆知。

对于太后的野心，武则天的侄子们可是满心欢喜，尤其是承袭周国公的武承嗣。为了替姑姑造势，他奏请追封武家先祖为王，并立武氏七庙。在古代礼制中，立七庙是天子才享有的权利，其他王公大臣家最多也只能立五庙。武则天当然乐于光宗耀祖，当即打算照办。

裴炎得知此事后，对太后的不满终于爆发了。

裴炎支持太后废黜中宗李显，无非是为了权力。太后掌权得在幕后，在外廷她需要一个得力大臣统领全局。这个大臣，自然就是裴炎。可如今，她一再破格提拔武氏子弟，削弱了裴炎作为首席宰相的权力。自己机关算尽劳心劳力换来的，竟然是这样的结果！一旦武则天改朝换代，自己这个外姓的权臣早晚会被排挤出朝廷，这是裴炎不能够接受的。

这天紫宸殿议政后，裴炎留了下来，待周围大臣退出后，他才开口对武则天说道："太后，臣以为不可妄自追封先祖，更不可建七庙。太后母临天下，应当凡事至公，倘若有违祖制建立七庙，恐怕会如汉朝吕氏家族一般败落啊！"

裴炎也以吕后讽谏自己，令武则天十分不快，她当即反驳道："吕雉是把权力交给活着的亲属，所以才会失败。我要建七庙，不过是追尊亡者，这有什么关系！"

"凡事都要防微杜渐，怎么能恣意妄为，如此随便呢？"裴炎仍旧坚持。

"算了，裴爱卿，容我想想再议吧。"武则天挥了挥手，示意裴炎退下了。裴炎见状也不敢坚持，只得退下了。

这一次争执无果而终。

这是裴炎第一次和武太后唱反调，武则天由此也已经看清了裴炎的政治态度。此后不久，武则天就任命左武卫大将军程务挺为单于道安抚大使，防备突厥。表面上看，武则天是对程务挺委以重任，可实际上她只是想把和裴炎关系过于密切的程务挺调离京师。程务挺统领羽林军，一旦发生肘腋之变，武则天很难应付。所以，就在武氏宗庙还没建成的时候，程

务挺就已经率军远离京师了。

九月二十一日，武则天追尊了自己的祖先，只是把七代祖减为五代祖。五代祖克己为鲁靖公，高祖居常为太尉、北平恭肃王，曾祖俭为太尉、金城义康王，祖华为太原安成王，父士馥为魏忠孝王。武则天下诏，将五代祠堂立于文水。

武则天此举，令李唐宗室子孙人人自危。武则天追尊先祖，距离改朝换代已经不远了。可是，李唐王朝经过三代皇帝之后，龙子凤孙们已经没有了祖先的骁勇，面对武则天的举措，只能在心里愤愤然，没有一个敢站出来反对。

至于朝臣，武则天虽为所欲为，却一直尽量照顾朝臣的利益，对他们多加封赏。再加上当时已有告密之风，朝臣畏惧身边人告密，就更不管这闲事了。至于宰相裴炎，虽对太后不满，却也不敢公然与太后决裂，也只得隐忍下来，以待时机。

李唐的皇子皇孙及诸多宰相臣子不敢反对，并不意味着所有人都会眼睁睁地看着武则天改朝换代。仅仅八天之后，江南烽烟再起，英国公李敬业以匡复为名在扬州起兵，旬日间就聚了十余万人马，"则天朝"第一次陷入了重大危机之中……

扬州暗涌

英国公李敬业，是太宗及高宗朝权臣李勣之孙。

李勣一生戎马生涯，能谋善断，于贞观十五年（641）被太宗皇帝征为兵部尚书，封英国公。显庆年间，李勣在"废王立武"风波中，支持立武昭仪为后，此后武则天对其一直颇为善待。高宗东封泰山时，李勣任封禅大使。在途经他的故乡时，武则天还亲自去看望他寡居的姐姐，赐给衣物，还封为东平郡君。

总章二年（669）李勣病卒后，他的孙子李敬业承袭了他的英国公之位。这个李敬业，就是这次扬州起兵的主角。

李敬业自幼练武，射艺过人，能走马如飞，长成后曾随李勣南北征战，十分勇猛。历任太仆少卿、眉州刺史，袭爵英国公。嗣圣元年初，他收受贿赂被告发，被武则天贬为柳州司马。他的弟弟李敬猷同样失意官场，因受哥哥牵连也被免职，连一个小小的盩厔（今陕西周至）县令都没能保住。这两兄弟心比天高，自认是英国公李勣之孙，本应被朝廷重用，最终竟落得如此下场，为此愤愤不平。

愤愤中，两兄弟一同前往扬州散心。跟他们一同前往的，还有前盩厔尉魏思温。

魏思温原为朝中监察御史，因犯法被贬为盩厔尉。结果，刚刚到任不久，就又再被贬。魏思温是个文人，又有政治头脑，经过此一番连续贬黜，他对朝廷也生出几许不满之心。

也许是命中注定，这三个人刚刚抵达扬州后不久，就遇到了骆宾王、唐之奇和杜求仁。

骆宾王是当时著名的诗人，与王勃、杨炯、卢照邻合称"初唐四杰"。他七岁能诗，有"神童"之称，著名的咏鹅诗就是他七岁时所作。这首诗，流传至今，几乎家家的小孩子都会背诵。

骆宾王早年生活窘困落魄，永徽年间为道王李元庆的幕僚。道王叫他陈述才能，他不愿意自我炫耀，竟辞不奉命。后来，他历任武功主簿、长安主簿，侍御史等。调露二年（680），他出任临海县丞，却郁郁不得志，便决定弃官游广陵，刚好于嗣圣元年游历至扬州。

至于唐之奇原为给事中，后因事被贬为括苍（在今浙江丽水）县令；杜求仁原为詹事府司直，是前宰相杜正伦的侄子，被贬为黟（今安徽省黟县）令。

这几个人同病相怜，鬼使神差地碰到了一块儿。自认不是庸碌之辈，对于即将赴任之职都是满腹牢骚。可是，倘若不去赴任，又有杀身之祸。绝望之中，这几个人突然萌生了一个想法——起兵造反。当时，武则天正忙于改朝换代，宗室子弟人人自危。此时，若打出"匡复"旗号，宗室旧臣必会响应！

这几个人一拍即合。因李敬业为功臣之后，袭爵英国公，在几个人中资历最高，被推为首领。魏思温头脑最为灵活，则被公推为军师。

魏思温的头脑的确灵活，他清楚要想发兵起义仅仅靠他们这几个人是远远不够的，必须要拉拢朝中大员作为自己的后盾。魏思温原在京城任职，在京城结识了很多官僚朋友，其中关系最亲密的当属监察御史薛仲

璋。薛仲璋与魏思温曾经共过事，两人意气相投，也对太后专权不满，愿意共举大业。

薛仲璋只是一个御史，并没有多少实权，他的舅舅却是朝中大员中书令裴炎，可谓权倾朝野。魏思温得知裴炎与武太后之间有矛盾，又有薛仲璋牵线搭桥，便打算趁机将裴炎拉拢入伙。

事情巧得很，就在李敬业打算拉拢裴炎入伙前，京城洛阳内正在流传一首童谣：一片火，两片火，绯衣小儿当殿坐。童谣中的"一片火，两片火"，就是个"炎"字；"绯衣小儿"则是一个"裴"字；"当殿坐"在当时也就是当皇帝！所以，这则童谣的意思就是，裴炎要当皇帝！

这首童谣朗朗上口，很快连洛阳的小孩也都满街唱开了。而裴炎自己，也是野心勃勃，他早有心让太后还政睿宗，他当然也清楚太后也早对他产生不满。

对于裴炎和武太后之间的矛盾，魏思温认为可以利用。打定主意后，李敬业立即写信给困境中的裴炎，希望他能够加入自己的"匡复"大业！

可是，裴炎毕竟是裴炎，他已不是热血青年，他考虑的要比李敬业等人多得多。当初他和程务挺帮助太后废中宗，的确是要拥立李旦。如今眼见睿宗只是个傀儡，他当然愿意促使太后早日归政。可是作为朝中的首席宰相，他不屑和这些落魄的小儿辈为伍。更何况，裴炎认为凭借自己的力量完全可以促使太后归政，也不希望起兵谋反致使天下大乱。况且，李敬业等人一旦辅佐睿宗成功，自己的功劳也会被他们分去一半，这有违他最初的打算。

所以，裴炎并不打算加入。他只淡淡地回复，匡复是人心所向，只是朝中事紧，一切还需从长计议。

裴炎虽没加入，可有他这句话，李敬业等人的心里也踏实了，也终于敢最终放手一搏了！

要想起兵，必须有坚实的大后方。几个人认为，扬州为最佳。不仅远离京都，又是富庶之地，便于前期筹备活动。至于举事之后，在这里招兵筹粮又很容易。就这样，几个人在扬州日夜密谋起兵大计。

当时，扬州正控制在都督长史陈敬之手中。陈敬之与武太后关系还算亲近，自然不肯轻易交出扬州城。为了筹集力量一举夺下扬州，军师魏思温很快就想到了一个绝妙的方法。他写信给薛仲璋，要他请求出使江都

（今江苏镇江一带）巡视。待薛仲璋到了江都，再派雍州人韦超到他那里去告变，说扬州都督府长史陈敬之谋反。这样，薛仲璋就可以名正言顺地把陈敬之杀掉，扬州的军政大权就握在匡复党手中了。

当时，武则天正令御史到各地监察官员的风纪，对薛仲璋出使江都的请求，立即准奏。八月，薛仲璋抵达江都后不久，就以御史身份逮捕陈敬之，并杀了他。州府参军孙处行发现了他们的阴谋，也被他们杀害。接着，李敬业奉诏前来担任扬州司马，并称高州（今广东高州）的蛮夷酋长冯子猷谋反，太后命他率领扬州兵马讨伐。薛仲璋就势命令打开府库，取出盔甲武器，将囚犯和工匠们组织起来，同时招兵买马，组建了一支军队。

就这样，李敬业等控制了扬州的军队，打着匡复庐陵的旗号宣布叛变。他在扬州设置了三个府署，分别为匡复府、英公府、扬州大都督府。李敬业自称匡复府上将，领扬州大都督。他还任命唐之奇、杜求仁为左、右长史，李宗臣、薛仲璋为左、右司马，魏思温为军师，骆宾王为记室。

不久后，李敬业等人又觉得"匡复庐陵"的旗号有些不妥。当时，庐陵王李显远在湖北房州，怎么可能联络得到扬州？所以，李敬业又找到一个貌似李贤的人，扬言李贤并没有死，而是逃来扬州，并要他领兵推翻武氏。

一切商议已定，接下来最重要的就是摇旗一呼，吸纳更多人加入到起兵队伍中来了。这件工作自然得由记室骆宾王完成。很快，一篇极尽谩骂之能事的《讨武檄文》出炉了。骆宾王在第一段就列举了武则天的三大罪状。第一，与太宗、高宗父子乱伦，残酷迫害高宗皇帝前皇后王氏；第二，杀姐屠兄，弑君镇母；第三，包藏祸心，图谋不轨意欲称帝。

接着，骆宾王称赞英国公李敬业起兵是"气愤风云，志安社稷，因天下之失望，顺宇内之推心，爰举义旗，誓清妖孽"。

在这篇檄文的最后，骆宾王号召天下民众道："南连百越，北尽三河；铁骑成群，玉轴相接。海陵红粟，仓储之积靡穷；江浦黄旗，匡复之功何远！班声动而北风起，剑气冲而南斗平。暗呜则山岳崩颓，叱咤则风云变色。以此制敌，何敌不摧？以此图功，何功不克？公等或居汉地，或协周亲；或膺重寄于话言，或受顾命于宣室。言犹在耳，忠岂忘心。一抔之土未干，六尺之孤何托？倘能转祸为福，送往事居，共立勤王之勋，无废大

武
则
天

君之命，凡诸爵赏，同指山河。若其眷恋穷城，徘徊歧路，坐昧先几之兆，必贻后至之诛。请看今日之域中，竟是谁家之天下！"

　　这篇檄文骈四俪六，词双句偶，义正词严，气势磅礴，仿佛长虹凌空，扣动心弦。天下的反武势力莫不闻檄扼腕。人们奔走相告，闻风而动，一时间竟聚集了十余万人马。这十余万人马，进可攻洛阳，退可据守南京，扬州叛乱呈现出一幅星星之火可以燎原的态势。

　　望着风云突变的军事危机，武则天有些慌了。武则天一生面临的考验并不少，可这是专门针对她的战争和动乱，这还是她平生第一次遇到……

第十六章　太后扬威

徐氏起兵

扬州兵事一起，武则天便召集群臣，整日在武成殿内商议对策。李敬业叛党人众，武则天短时间内需筹集数十万大兵，并不是一件简单的事。

这天，君臣才议了个头，李敬业叛军的《讨武檄文》就递进来了。

武则天素来轻视李敬业。李敬业无才无学，不过是靠着爷爷门荫出身，整日只知耍耍刀枪棍棒，还能写出什么文章？所以，她并不看，用手指了下刘祎之道："刘爱卿，你给我读读。"

刘祎之一听是檄文，清楚里面没什么好话，忌讳繁多。可是，太后点名叫他念，他又不敢不从，也只得硬着头皮念了起来。

"伪临朝武氏者……"刘祎之刚念完这一句，连忙打住了，拿眼睛看了看武则天。

武则天正襟危坐，见刘祎之看着自己，似乎在征求意见，不禁微笑着道："怎么停住了？既是檄文，话自然难听，何况又不是你所写，只管念给我听就是。"

刘祎之得到首肯，这才大着胆子念了起来。骆宾王的讥讽辱骂十分恶毒，先是乱伦，后又毒杀亲子、丈夫，最后又乱政。骆宾王的确聪明，那尖刻的刀子专拣要命的地方剜。刘祎之越念心越慌，就连旁边听着的朝臣也一个个噤若寒蝉，生怕太后发怒众人倒霉。

终于，刘祎之念完了。他小心地收起了檄文，低眉顺眼地看着武则天。

"是什么人写的这篇檄文?"武则天看着裴炎问道。

"回太后,此人名叫骆宾王,曾为临海县丞。"裴炎赶忙回答。

"裴爱卿,这都是你们宰相的过失啊!"武则天重重地叹了口气道。

裴炎听了这话,吓得大气不敢出,生怕太后要为难自己。

"这个写檄文的骆宾王真是才华横溢,可此等才子不被朝廷重用,反被乱党所用,这难道不是你们宰相的过错?"

武则天这一句话,大出裴炎及诸臣所料。在这种情况下,武则天竟有心情欣赏敌人的檄文,称赞其文笔,并责备宰相不能识人用人。这个女人的镇定自若让在场的每个男人都自愧不如。

武则天能够夸赞骆宾王文笔,并不代表会对叛党手下留情,对于叛军的镇压活动正在她的紧急谋划中。她做的第一件大事,就是收回了李敬业的李姓,让其复姓徐。李敬业本就姓徐,只因太宗皇帝感念其先祖徐世勣公德,这才赐姓为李。如今他既已反叛,自然不配再姓李,李敬业就又重新做回了徐敬业。

一个徐家人,要想匡复李唐皇室,听起来动机就不会有最初那样光明正大了。

更让武则天欣慰的是,这个徐敬业虽有勇名在外,可对军事阵仗却是一窍不通。武则天的镇叛大军还没出发,他自己就犯了一个致命的错误。

扬州地理位置十分优越,这毋庸置疑。徐敬业控制扬州后,进可攻洛阳,退可守南京,可是在选择进或退的时候,徐敬业犯起了糊涂。军师魏思温认为,起义大军打着匡复李唐皇室的旗号,起兵后当率军直指洛阳,让天下人看见,义军志在勤王,这样就会有四方人马前来响应。况且,武则天在短时间内很难调集大量兵马抵御,如此乘虚而入或许可以一举拿下洛阳,成就伟业。

可是,为徐敬业立下大功的薛仲璋却不同意进兵洛阳。在他看来,南京是个宝地,有王者之气,且有长江天险。所以,薛仲璋认为大军宜转攻常州、润州(今江苏镇江),这两地富庶,且人口密集,待站稳脚跟后,再率军北上洛阳。

徐敬业生就不是一个能成大业之人。在他看来,能夺下李唐江山当然最好,可即便不能,能在江南一隅建立一个小朝廷,然后再图进取之策也没什么不好。所以,他打算采纳薛仲璋的想法,进攻润州、常州。

对此，魏思温竭力反对，他劝阻徐敬业道："义军此时只可攻洛阳，万万不可转攻金陵！如今，山东豪杰因武氏专制，心中愤怒惋惜，得知将军起兵的消息，都自动蒸麦饭为干粮，以锄头做武器，就等着义军的到来。我们若不乘这种形势建立大功，反而退取金陵自求建造巢穴，必定会造成人心离散！更何况，兵力合在一起则强大，分散则削弱，我们若分兵润、常二州，失败就在眼前了！"

魏思温不愧为军师，他的这番分析句句在理。可惜的是，徐敬业并没有采纳他的看法，反而下令，命唐之奇守扬州，弟弟徐敬猷（即李敬猷）率领五千人攻和州（今安徽和县），自己则带大兵南渡攻润州。

就是这一步棋，最终导致徐敬业的惨败。

徐敬业起兵打的是反武复唐的旗号，他若一鼓作气朝关中杀来，这一地带一马平川别无抵挡，而武则天对这种军事威胁也没有经验，且朝廷整顿兵马也需要很长的时间。徐敬业大军果真北上，可能还会有唐朝宗室响应，他就能成为真正的勤王之师。可他此时却选择下江南攻掠，这和草寇行径有何区别？

只是，历史没有如果可言，徐敬业的大军还是浩浩荡荡地渡过长江，朝润州进军了。

说来也巧，负责守润州的刺史正好是徐敬业的叔父，李勣的儿子李思文。徐敬业攻打润州前，曾几次企图拉他一起叛变，可被李思文拒绝。不仅如此，李思文还派人向武则天火速告急。待徐敬业大军渡江攻润州，李思文更是奋力拒守，终因寡不敌众兵败被俘。

这是徐敬业起兵后的首次大捷，魏思温提议杀李思文祭旗，却被徐敬业拒绝了。李思文毕竟是他叔父，徐敬业有意留他一命。不过，他还是和叔父开了个不大不小的玩笑，他嘲笑叔父是武氏走狗，应改姓武，所以给他取了个新名字——武思文。

放了李思文，总得另杀个人祭旗，徐敬业便把目光落在同时被俘的润州司马刘延嗣身上。哪知道，刘延嗣和魏思温是旧相识，经魏思温求情，徐敬业只好赦免了他，将他与李思文一同关进监狱。

最终被用来祭旗的是曲阿县令尹元贞。尹元贞得知润州被围后，率一县之兵前往救援，兵败被俘。尹元贞在徐敬业军中没有熟识的人，这一次徐敬业终于可以大大方方地杀了尹元贞。尹元贞至死不降。

　　就在徐敬业为攻下润州沾沾自喜时，洛阳的镇叛大军已经蓄势待发。武则天在短短七天之内，竟召集了三十万大军。

　　光宅元年（684）十月初六，武则天亲自任命梁郡公李孝逸为左玉钤卫大将军，扬州道行军大总管，左金吾卫大将军李知十为副，率大军前往讨伐徐敬业。

　　李孝逸在前文曾经提及，是被李唐皇室疏远的宗室远亲。他是淮安王李神通之子，自幼聪明好学，善作文章，被封为梁郡公。高宗末年，历任给事中，四迁益州（治今四川成都）大都督府长史。武则天有意提拔李唐宗室远亲，所以和他颇为亲近。如今太后有难，李孝逸也甘愿挂帅为太后效力。

　　说起来，李孝逸并不是领兵打仗的材料。武则天之所以任命他，倒不是因为糊涂。李孝逸毕竟是李唐皇室子孙，又颇有些名望。任命他为统帅，徐敬业"匡复李唐皇室"的旗号自然就名不正言不顺，镇叛的李孝逸反倒成了勤王之师。

　　武则天也清楚李孝逸的半斤八两，所以特地安排侍御史魏元忠负责监军。

　　魏元忠就是在仪凤年间向高宗皇帝上书《平戎三策》的太学生。打从那以后，魏元忠就走进了武则天的视野，一直被武则天所看好。

　　永淳元年（680），高宗皇帝巡幸洛阳时正闹饥荒。由于路上草寇盗贼太多，武则天便命魏元忠做车驾检校官，负责行程中的帝后行驾保安。魏元忠没有军权，这个任务让他很有些头疼。冥思苦想之后，魏元忠起身前往赤县监狱，那是专门囚禁重犯的地方。

　　原来，魏元忠此前得知这里有一位重犯，是当时江湖上的老大，在江湖中无人不知，无人不晓。他在狱中找到这名囚犯后，亲手为其解开枷锁，请求其为自己保驾护航。这位江湖老大倒也爽快，当即答应了下来。就这样，他们二人一道陪随皇帝的车队，终日大吃大喝，沿途指指点点，自得其乐。

　　魏元忠这一招借艇割禾，果然帮他顺利完成任务。从长安到洛阳几百余里，本是危险重重，可由于有江湖老大护航，附近的土匪、恶人都不敢动皇帝车队的一根毫毛。虽然由于这次东巡决定十分仓促，一路粮草准备不足，曾出现了扈从士兵饿毙路上的事情。但这与魏元忠无关，他的任务算是漂亮地完成了。

魏元忠因才任能之举，让武则天对其十分钦佩。将魏元忠安插到李孝逸的大军中，负责监军，武则天再没有什么可担心的了。

一切准备妥当，李孝逸即率三十万大军向扬州进发。

徐敬业得知李孝逸大军南下的消息后，连忙于润州渡江北上，屯兵在高邮（今江苏高邮）的下阿溪，又命他的弟弟徐敬猷率兵进驻淮阴（今江苏淮阴），又命别将韦超、尉迟昭屯兵都梁山（位于今江苏盱眙南）。徐敬业、徐敬猷、韦超三路大军布成犄角之势，共同抵抗唐军。一场巅峰对决蓄势待发……

平定叛乱

李孝逸的确不会领兵打仗，大军刚抵临淮（今安徽泗县一带），偏将雷仁智初战失利。这是李孝逸与徐敬业第一次交锋，这次惨败吓坏了李孝逸，此后他按兵不动，再不敢向前进军。

负责监军的侍御史魏元忠见状，生怕李孝逸贻误战机，连忙对李孝逸加以劝说。

"孝逸大将军，天下安危的关键就在于这一举。国家长期安定，百姓厌恶战争，正专心等着乱人被平定的消息。何况，将军如此按兵不动，也会使朝廷失望。到时候，朝廷若追问起来，将军拿什么作为逗留不前、贻误战机的理由？"

李孝逸虽不会用兵，却也不傻，立即就被魏元忠一语点醒。他很清楚武太后的性格，若果真因为自己平叛失败，自己定不会落得好下场。进也是死，退更是死，还不如硬着头皮往前冲，或许还有一线希望。于是，李孝逸率军继续前进，并在几日后就取得了一场像模像样的胜利，杀掉了敌军大将尉迟昭。

尉迟昭是一个名不见经传的小人物，不过在当时的徐敬业军中，还算得是一员猛将。

徐敬业号令起兵后，楚州司马李崇福率所部山阳、盐城、安宜（今江苏淮安、盐城、宝应）三县响应，唯有盱眙人刘行举占据县城，不肯从

命。武则天得知此事后，曾下诏任命刘行举为游击将军，任命他弟弟刘行实为楚州刺史，共同抗击徐敬业。

盱眙县城虽不大，地理位置却十分重要。隋唐大运河（不是现在的京杭大运河）的通济渠就与淮河交汇于盱眙，然后沿淮河到山阳县（今淮安楚州），通邗沟，入长江，是隋唐时期漕运中枢和南北交通要道。盱眙县境内有座都梁山，地势高，易守难攻，是一个军事重地。徐敬业要想成事，就必须将盱眙收入囊中。大将尉迟昭见状主动请缨，带领数千人马攻打盱眙。他不仅武功精湛，带兵打仗也有些谋略，几日后就拿下了盱眙，此后在军中威望更高了。

李孝逸大军南下时，徐敬业已经派尉迟昭和韦超率两万大军在都梁山驻守。都梁山居高临下，易守难攻，把住这一关卡，唐军势必难行。

十月二十四日，李孝逸的大军抵达都梁山下，尉迟昭奉命率数千人前去迎战。

自偏将雷仁智首战失利后，李孝逸一直害怕与敌人正面交锋。这一次，敌军大将尉迟昭带军前来，更让李孝逸吓破了胆子。可想起魏元忠所言，李孝逸也只得硬着头皮，命副大总管马敬臣亲自率军一万迎战尉迟昭。

李孝逸的胆子虽小，可他手下的唐军却个个历经锤炼、训练有素，比起徐敬业几日间召集的"乌合之众"，要精良得多。更何况，有副大总管马敬臣亲自带兵迎战，唐军士气高涨，最终取得大胜，并且斩杀了敌军大将尉迟昭。

斩杀了都梁山先锋，接下来就该集中兵力攻打都梁山了。哪知道，军中一部分将士见都梁山地势险恶，认为强攻必定会造成大量伤亡。与其如此，不如留下一部分军队把守，让大部队直逼江都，一举端掉徐敬业的老窝。关键时刻，另外一个重要人物一举定乾坤，这个人就是支度使薛克构。

薛克构就是太平公主驸马薛绍的族人。当年，薛绍的哥哥薛顗对于这门婚事有疑虑，曾向族人前辈请教，这位前辈就是时任户部郎中的薛克构。这一次，他以支度使随军出征，主管军资粮草。

薛克构虽多年在户部任职，对于用兵打仗也颇有些见解。薛克构认为，韦超虽占尽地理优势，但是所率士兵并不多。倘若留兵把守，不仅进攻江都的力量被削弱，留下的军队也未必可以拿下韦超。所以，应该集中兵力攻打都梁山，大家齐心协力，一定可以一蹴而就，这样淮阴、高邮的敌军必然会望风瓦解。

李孝逸虽胆小怕事，不会用兵，但是却能听从属下的正确意见。况且，唐军刚刚斩杀了敌军大将尉迟昭，士气正高。就这样，李孝逸采纳了薛克构的建议，集中兵力攻打都梁山。

都梁山之战，的确是一场硬仗。叛将韦超见敌众我寡，坚守不出，都梁山久攻不下。武则天得知消息后，生怕李孝逸指挥不利，误了大局，连忙于十一月初四派左鹰扬卫大将军黑齿常之为江南道行军大总管，增援李孝逸。李孝逸大军闻讯，士气大作，立即再攻都梁山。这一次，韦超招架不住只得弃都梁山逃命去了。

攻下都梁山后，李孝逸军内诸将又出现了分歧。李孝逸以及一部分将领认为，应该乘胜追击，集中全部兵力攻打徐敬业。李孝逸认为，只要徐敬业失败，则徐敬猷不战自擒。可若先攻打徐敬猷，徐敬业肯定会引兵救援，那时唐军会腹背受敌，陷于险境。

·对此，魏元忠却另有看法。在魏元忠看来，徐敬业大军虽是乌合之众，但其人数众多，可凭险死战。到时候，唐军必定会损失惨重。相比之下，徐敬猷根本不懂战事，而且势单力孤。大军一到，立刻就可以攻破，徐敬业即便想救也来不及。舍弃弱者不攻，先去与徐敬业硬碰硬，魏元忠认为乃下下之策。

对于魏元忠的看法，李孝逸最终采纳。他当即带兵进攻淮阴的徐敬猷，徐敬猷果真一举即被击败，连忙只身逃走。

徐敬业见犄角阵只剩下了自己这一角，不胜其愤。他当即下令沿下阿溪布防，要与李孝逸一决高下。

十一月十三日，李孝逸大军直抵下阿溪北岸驻下，与徐敬业隔溪相望。为了取得先机，李孝逸命前军总管苏孝祥率兵五千，趁着天黑乘坐小船渡溪偷袭徐敬业。哪知道，徐敬业早有准备，已派唐之奇率军埋伏在江边。不待苏孝祥渡上岸，唐之奇就发起了突然袭击，唐军士兵淹死者过半，苏孝祥也在乱军中被流箭射死，左豹韬卫果毅成三郎被俘。

这一战，徐敬业士气大涨。徐敬业还派人将喜报送达各个分军营中，共同庆贺开战大捷。唐之奇为了鼓舞士气，还当众斩首了一部分战俘，并

称左豹韬卫成三郎为唐军统帅李孝逸。成三郎临行前大喊道："我是果毅成三郎，不是李将军。官军已大批到达，你们覆亡就在眼前。我死后，妻子儿女蒙受荣耀，你们死后，妻子儿女被籍没为奴婢，你们最终不如我！"

喊毕，成三郎毅然受刑。

初战失利后，李孝逸又数次派军攻打徐敬业，都以失败告终。渐渐的，李孝逸又生了撤退之心。魏元忠见状，连忙思索破徐敬业之法，而且还真被他想到一个绝妙的主意。当时正是冬季，一般刮北风，而且芦苇干燥，假若加以火攻，必定可以打败徐敬业。

李孝逸得闻此计，很有些犹豫。行军管记刘知柔却在旁边大声叫好，并主动请缨，要求迎战徐敬业。李孝逸见状，只好让刘知柔带兵迎战。为了引诱敌人出动，李孝逸专门写下战书，邀徐敬业在溪岸列好阵形，决一死战。徐敬业当然不示弱，调动了全部主力军准备对决。结果，徐敬业大军一等再等，站在野外整整一天，刘知柔都没有发起进攻。一天下来，徐敬业的队伍已经人困马乏，就连阵都变得混乱起来。

刘知柔认为时机已到，连忙命人点火，并凭借顺风的优势，乘机杀过了下阿溪。徐敬业猝不及防，军心涣散，再加上没料到李孝逸会采用火攻，结果损失惨重，几近全军覆没。徐敬业清楚已无力回天，带着妻子儿女投奔润州，准备从海路逃往高丽。

十一月十八日，徐敬业到达海陵地界。可惜，天公不作美连续几日狂风大作，徐敬业等人根本无法出海。他的部将王那相见大势已去，便砍下徐敬业、徐敬猷的脑袋向唐军投降，希望将功赎罪。此后不久，唐之奇、魏思温也先后被唐军斩获。

至于骆宾王，一直下落不明。有人说他死在乱军之中，尸骨不寻；有人说他投水自尽；也有人说他在灵隐寺出家为僧；也有人说他隐姓埋名浪迹江湖，默默而终。无论骆宾王是死是活，都无法再兴风作浪，成就大业了。

徐敬业的叛乱就这样被迅速平定，前后不到四个月。由此可见，武则天多年执政已得人心，哪怕是地方士族势力也多站在武太后一边，在叛乱发生后，江淮各州县顽强抵抗徐敬业大军就是最好的说明。相比之下，徐敬业打着匡复之名，却一心希望在金陵营造小朝廷，让天下人看清他是假勤王，是真叛逆。实力本已不及，先机又复丧尽，现在连他的匡复旗号都成了空谈，徐敬业失败已是必然。

徐敬业的叛乱，毁了他祖父李勣一生心血。李勣立功三朝，功勋赫赫，就是想为子孙后代攒下点基业。他临终前曾再三嘱托弟弟，严厉教导这些儿孙，以免家族受辱。只可惜，他虽预见在先，仍不能使徐家免遭大难。此后，徐氏宗族惨遭清洗，就连李勣都没能幸免。武则天下诏追削了李勣的官职封爵，还掘墓砍棺，恢复其本姓徐氏。徐姓一族唯一幸免于难的就是润州刺史李思文。李思文不仅没受牵连，反而被提升为司仆少卿。当初，徐敬业曾把这个叔父改姓为武，武则天感念他平叛有功，果真就赐他姓为武。

对于平定有功的李孝逸，武则天进授为镇军大将军，转左豹韬卫大将军，改封吴国公。至于屡屡为李孝逸出谋划策的魏元忠，武则天也没有亏待，先是擢为司刑正，不久又升任洛阳令。

另外需要提及的，还有在扬州叛乱之初立下大功的监察御史薛仲璋。薛仲璋在关键时刻请求出使江都，为叛军夺取扬州立下大功。而裴炎作为当朝宰相，对监察御史有控制之权，更何况薛仲璋又是他的外甥，他怎能不知情？所以，自扬州叛乱发生后，武则天就密切关注朝中的动向。还不待平定叛乱，她就找了个借口，杀掉了权倾朝野的裴炎。

诛杀裴炎

武则天和裴炎曾经是伙伴，可随着中宗李显下台，他们的同盟关系便开始瓦解。

武则天废黜中宗，最终目的是要改朝换代，做史无前例的女皇帝。而裴炎，则是想借拥立睿宗之功，做一个权倾朝野的顾命大臣。这两者之间是矛盾的，而胜者只能有一个。

为了让武太后将大权归还睿宗皇帝，裴炎想了许多办法，他甚至还偷偷设计了一场兵谏。

当时，李唐皇室尊奉道家始祖老子李耳为祖先，对于道教十分重视。武则天并不姓李，自然不必附庸风雅，私下里信奉的还是佛教。东都洛阳的佛教十分盛行，北魏孝文帝曾在洛阳城南十三公里的伊阙，建了大量窟

龛、佛塔，此后历代统治者，如东魏、西魏、北齐、北周、隋朝帝王，皆派人在龙门修建佛像，至唐朝已经颇负盛名，也就是龙门石窟。

其实，这里本不叫龙门，它的古称为"伊阙"。因为这里香山和龙门山两山对峙，伊河水从中穿流而过，远望犹如一座天然的门阙，"伊阙"之名由此得来。至隋炀帝时期，杨广曾登上洛阳北面的邙山，远远望见了洛阳南面的伊阙，认为这里风水极佳，简直就是真龙天子的门户。此后，龙门一称就渐渐取代了古称伊阙。

龙门山清水秀，景色宜人，是当时洛阳的名胜。而武则天信奉佛教，又一心渴望做真龙天子，自然特别钟爱这处龙门石窟。所以，每逢天气晴朗，又有了心情，她必定会前往龙门游玩参拜。

裴炎的这次计划中的兵谏，地点就选在了龙门。

当时，裴炎的亲密好友程务挺已被武则天调离洛阳，裴炎要想在后宫起兵，似乎不大可能。太后若离宫游幸龙门，进行兵谏就容易得多。而当时，武则天正有出游龙门的计划，日期都已经确定。可惜的是，天不助裴炎。到了武则天计划出游的日子，天公不作美，竟连连下雨，武则天无奈只得取消了游幸计划。

裴炎的兵谏计划就这样破产了。

或许是兵谏走漏了消息，裴炎兵谏破产后不久，洛阳城内就流传起了一则童谣：一片火，两片火，绯衣小儿当殿坐。关于这则童谣的含义前文已经详细解释过，就是说裴炎要做皇帝。这则童谣像瘟疫一样在长安洛阳蔓延流行，很快就传到了武则天的耳朵里。武则天对裴炎早有戒备之心，如今得闻这一童谣，更是产生了除掉裴炎的心思。但是，武则天怕打草惊蛇，只称这是无聊文人编造谣言惑众，不过是想挑唆朝殿起乱而已。

裴炎得知太后这一番话，才稍微放宽了心思。

兵谏不成，并没有使裴炎打消逼谏太后的打算。相反，裴炎在此后的一段时间里，反而处心积虑寻找机会，试图将武则天赶出外廷。而且，这个机会很快就来了，那就是徐敬业的扬州叛乱。

扬州叛乱事发后，武则天每日召集群臣商讨应对之策。裴炎作为一国宰相、顾命大臣，武则天自然得征求他的想法和意见。哪知道，裴炎开口不提平叛之事，反倒说了这么一番意味深长的话。

"太后，臣以为扬州叛乱可不战而平。"

武则天听罢，喜上眉梢，连忙追问道："哦？裴爱卿有何高见？"

裴炎似乎稍微犹豫了一下，旋即鼓起勇气朗声解释道："太后，徐敬业此番起事，打着匡复李唐皇室的旗号。如今皇帝年长，不亲政事，这才被徐敬业等人抓住把柄，起兵闹事。所以，太后此时若能归政皇上，叛乱自可不战而平，这是大唐江山社稷的福分啊！"

武则天原以为裴炎能讲出什么锦囊妙计来，没想到竟是这样一番话，当即大发雷霆。"裴炎，国难当前你怎能说出这等话！先帝驾崩不久，皇帝又心性文弱，我以国家社稷为重，这才勉为其难代理朝政。况且，徐敬业等人狼子野心已昭然若揭，你竟为这众叛党说情，到底是何居心！"

这下子，裴炎再不敢说话了，他的霉运也跟着就来了。

几日后，监察御史崔詧突然上书太后。他在奏章中称，裴炎身为顾命大臣，大权在握，若没有谋反之心，为什么会请求太后归政？

这封上书，不知道是崔詧主动所奏，还是受武太后暗中指使。总之，崔詧给武则天提供了一个绝妙的借口。她立即命左肃政大夫骞味道、侍御史鱼承晔将裴炎逮捕入狱，严加审理。骞味道和鱼承晔早已揣摩透太后的心思，所以自然一切遵照太后的意思办。

裴炎入狱，引起了在朝许多官员的关注。裴炎在朝中多年，很多文武重臣都是由他推荐，和他有莫逆之交的也不在少数。而且，当时正是战乱时期，大战在即却诛杀重臣，势必会引起人心浮动。所以，许多官员劝裴炎给太后认个错，也许可以脱祸。哪知道，裴炎早已经看清了自己的处境。武太后野心勃勃，哪能允许自己这个有"异志"的大臣存在？即便这次幸免于难，恐怕能活的日子也不多了。所以，裴炎只觉心灰意冷，淡淡地说道："宰相下狱，哪里还能活着出去！"

就这样，裴炎自己放弃了努力。

眼见裴炎如此，凤阁侍郎胡元范坐不住了。他当即上书武则天，在奏章中称裴炎是社稷重臣，悉心奉上。不仅如此，他还为裴炎担保，说裴炎绝对不会谋反。

有胡元范带头，接下来上书为裴炎求情的人越来越多。侍中刘景先、吏部侍郎同平章事郭待举等也纷纷为裴炎辩解。眼见着几位宰相为裴炎求情，武则天生怕战乱期间人心有变，连忙召见群臣加以安抚。

"诸位爱卿，关于裴炎谋反案，我已有确凿证据，只是卿等不知道

而已。"

胡元范当然不相信武则天能有证据，当即反驳道："太后，裴炎忠心耿耿，若他果真谋反，那么臣等也是反贼了。"

胡元范这样说，让武则天很不好回答。为了安抚群臣，武则天闪烁其词道："元范，我知道裴炎谋反，也知卿等不反。"

武则天就是想直接明了地告诉其他人，自己只是有意杀裴炎，他人过责均不追究。这样减少打击面，或许更容易下手。哪知道，武则天这一番话还是没能说服大臣，此后为裴炎求情的奏章更是雪片一样飞来，让她无法招架。

就在这个关键时机，武则天想到了远在西京的刘仁轨。

刘仁轨历事三朝，在朝中威望颇高。更为重要的是，刘仁轨素来与裴炎不和，裴炎曾数次打击排挤刘仁轨，被刘仁轨所忌恨。所以，假若能得到刘仁轨的支持，这件事情就好办得多了。打定主意，武则天立即派郎将姜嗣宗前往长安，探听刘仁轨的态度。

对于裴炎谋反一案，刘仁轨早有耳闻。他清楚，这无非是武太后卸磨杀驴而已。当然，裴炎也实在不是什么正人君子，他伙同太后废黜中宗，才造成如今这种局面。所以，刘仁轨心中倒也有些幸灾乐祸。

当然，刘仁轨不敢在姜嗣宗面前表现自己的喜怒，只淡淡地说道："老夫久居长安，不知神都发生的事情。还要劳烦嗣宗给我讲讲，这竟是怎么回事？"

姜嗣宗见状，连忙从头到尾讲述了一遍。末了，为了展示自己的远见卓识，竟意味深长地对刘仁轨说道："嗣宗早已发现裴炎有谋反的迹象，此人狼子野心，绝非善类啊！"

刘仁轨讨厌裴炎，对于姜嗣宗这种落井下石、见风使舵的小人也没什么好感。所以他话题一转，竟转到了姜嗣宗身上。

"哦？难道嗣宗早知裴炎有意谋反？"

"正是！"姜嗣宗斩钉截铁道。

"真是后生可畏，想不到嗣宗竟有此等识人眼光，难得难得啊！"刘仁轨微笑着夸赞道。

"仆射过奖了！"姜嗣宗笑开了花。能讨得刘仁轨一句夸赞，是很大的荣幸。

这两人又谈了些话，刘仁轨才坐下来写了奏折，写毕请姜嗣宗代呈太后。刘仁轨交付的差事，姜嗣宗想求都求不来，连忙欣然应答。就这样，姜嗣宗喜滋滋地回洛阳复命，满以为武太后会封赏自己，哪知道一场灾祸从天而降。武则天看罢刘仁轨的书信，竟下令将姜嗣宗拉出去绞死！

"太后，嗣宗所犯何罪？还请太后明示！"姜嗣宗吓破了胆子，颤抖着声音问道。

"姜嗣宗，你果真不知？"武则天问。

"臣果真不知啊！"姜嗣宗带着哭腔回答道。

"那好，我今天就让你死个明白。你是不是告知刘仆射，说你知道裴炎要谋反？仆射在信中说得明明白白，你明知裴炎要谋反，却知情不报！"

就这样，姜嗣宗被"名正言顺"地绞死在都亭。

其实，武则天知道姜嗣宗死得冤枉。裴炎谋反本就是强加的罪名，姜嗣宗所犯的就更是"莫须有"之罪了。可是，既然刘仁轨看他不满，自己也不便留他。况且，有他做铺垫，要杀裴炎也就容易得多。

十月十八日，裴炎被斩于都亭驿前街，家财籍没，亲戚流放岭外。

裴炎这一辈子，做过的亏心事说来也不少，尤其是他帮助武则天废黜中宗之举，更让他遗臭万年。不过，裴炎总体说来也算是一个比较正直的人。裴炎死前被抄家时，官兵发现他的家中竟然一贫如洗，储存的粮食还不足一石，围观者莫不赞叹。正因为裴炎廉明如此，因裴炎坐罪而被流放的亲友们，对裴炎竟没有半句怨言。不仅如此，他的亲友还在裴炎临刑前为他送行。裴炎大为感动，他看着因他坐罪的亲友，发出了重重的一声叹息："各位亲友，你们做官本都是靠着自己奋斗，我没有尽一分之力。哪知道，如今你们却要因我流放边荒，实在可悲可叹呐！"

裴炎活着的时候说不上正气凛然，死倒是死得慷慨激昂，是他一生中最光明磊落问心无愧的时候。刀过人头落，则天朝的首位权臣就这样殒命。因裴炎一心拥立李旦也就是睿宗，李旦即位后就平反了裴炎冤案，同时赠太尉，益州大都督，谥号"忠"。不仅如此，睿宗还专门下制称赞他："文明之际，王室多虞，保义朕躬，实著诚节。"

裴炎之死是李唐武周换代之际发生的一件牵动政治全局的大案，此后，武则天放开手脚开始了大规模的清洗活动，一大批拥护李唐皇室的权臣或贬或杀，其中就包括大唐杰出的军事将领程务挺。

程务挺之死

　　裴炎的死只是武则天诛杀权臣的一个开头。这个口子一打开，武则天就放开手脚开展了大规模的清洗活动，力图在最短的时间内解决乱局。

　　带头挑事的凤阁侍郎胡元范首当其冲，被武则天流放到琼州（今海南琼山县），结果死在流所。第一个响应的宰相刘景先也不能放过，先贬吉州（今江西吉安）长史，后被酷吏陷害入狱，自缢而死。吏部侍郎同平章事郭侍举也被罢相，贬为太子左庶子。郭侍举是高宗病重之际，由武则天亲手提拔上来的低品级宰相之一。郭侍举对武太后素来敬重，只可惜在裴炎一事上拂逆了太后的意愿，仅仅做了一年半的宰相。不久后，郭侍举又贬岳州刺史。

　　在这些或贬或死的文武官员中，最令人扼腕的还是程务挺。

　　程务挺是当时唐军将领中最为杰出的一位，他从小便随父亲程名振东征西讨，以勇力而闻名军中，在军中颇有威望。永隆年间，随着裴行俭愤愤中退出军政界，程务挺一跃而成为大唐第一勇将。

　　裴行俭退出军政界，与时任中书令的裴炎有直接关系。

　　永隆二年（681）正月，突厥阿史那伏念自立为可汗，与阿史德温傅连兵反唐。高宗皇帝命裴行俭带兵讨伐，程务挺受命一同出征。在这次征讨途中，裴行俭曾向突厥首领阿史那伏念许诺，只要他肯投降，便可以保其性命。阿史那伏念最终投降，突厥余部尽平。眼见裴行俭再立大功，裴炎十分妒忌。再加上裴炎与程务挺关系亲密，他想彰显一下程务挺的军功，便上书高宗皇帝，认为阿史那伏念被张虔勖和程务挺打得落荒而逃，最终因穷窘而投降。这种降将，一旦形势对其有利必然复叛，所以应该斩草除根。高宗皇帝听信了裴炎的说法，当即下旨将阿史那伏念等诛杀。

　　阿史那伏念的死，使裴行俭许下的诺言无法兑现。裴行俭为此耿耿于怀，此后一直称病不出。

　　没有了裴行俭，程务挺理所当然地成了大唐第一名将。而程务挺也确有几分真本事，他抗击突厥，扫平叛乱，被提拔为单于道安抚大使、左武卫大将军，俨然已是唐军的擎天支柱。

程务挺因与裴炎是故交，得闻裴炎下狱后，连忙上书武太后为其申冤。程务挺原以为，自己握有军权，曾和裴炎为太后立下大功，说话该有些分量。哪知道，在武则天的眼睛里没有谁是不可或缺的，她也从来没有真正信任过任何人，尤其是手握军权的武将。武则天不过是想找个借口除掉裴炎而已，倘若有人表示异议，那就是和自己有异心，自然也是要被除掉的。

而程务挺，在武则天眼里就是一个有异心的人。程务挺不仅与裴炎是故交，他过去还与徐敬业手下的叛将唐之奇、杜求仁要好。更为重要的是，程务挺是大将，在军队中权重位高，他若有异心就情况严重了。

在武则天的授意下，很快就有人密报，称程务挺伙同徐敬业谋反。武则天当机立断，命左鹰扬将军裴绍业火速奔赴军中，处置此事。

裴绍业是程务挺军中偏将，他胆小怕事，不懂得领军打仗，却很擅长钩心斗角之事。历史就是如此惊人地相似。当初，程务挺背叛了主帅裴行俭，得以成为大唐第一名将。如今，裴绍业也背叛了程务挺投靠了武太后，他要做的就是斩杀程务挺，以求得到更为光辉灿烂的前程。

对于裴绍业突然到来，程务挺并没有放在心上，以为是武太后惮于自己的威权派来使者安抚而已。哪知道，裴绍业一至军中立刻宣太后令，将程务挺斩于军中。程务挺就这样稀里糊涂地死在了他坚守了半生的战场上，死讯传开，对程务挺闻风丧胆的突厥人喜出望外，欢宴数日。但是，突厥人敬重程务挺的勇猛善战，特地为他建祠，敬之为神，每次出师前必然前去祷告。

诛杀了程务挺，令军中许多正直人士不满，其中和程务挺关系亲密的王方翼更是为此愤慨不已。

王方翼这个人前文曾经提及。当年，武则天为了打击长孙无忌一派，大肆诛杀长孙无忌一族，长孙无忌的远亲赵持满也被处斩，暴尸于城西。赵持满死后，族人畏于形势不敢为他收尸，最终前去为他收尸的就是王方翼。

对于王方翼，武则天是十分敬佩的。

王方翼正直有气度，眼见朋友暴尸街头毅然挺身而出，置生死于度外，这种义举十分难得。而且，王方翼政绩卓著，担任肃州（今甘肃酒泉）刺史期间，将当地各方面事业处理得井井有条。他还拿出自己多年来

积攒下的一点私财在水边建造了水碾、水磨，百姓前来加工米面，只收一点加工费，加工费则用于赈济饥民。肃州百姓非常感激他，还特地为他立碑颂其德政。

王方翼不仅政声颇佳，还是当时的一员名将，曾多年率军守卫大唐西域，抵御突厥叛军。永淳二年（663），王方冀奉召进京，高宗皇帝还设宴款待他，席间还亲自查探他的战伤，下令褒奖。

武则天是个爱才之人，对于王方翼这样的人才自然有几许怜惜之心。只可惜，王方翼毕竟是废后王氏的亲属，又于程务挺亲近。所以，武则天在诛杀程务挺的同时，又下了一道诏书，将王方翼逮捕入狱，不经审判就流放崖州（今海南海口）。

就在前往崖州的路上，王方翼抑郁而终，享年六十三岁。

程务挺、王方翼都是守卫西疆国土的大将，立有许多战功。对此，武则天再清楚不过。可是，越是有功劳、有才干的文臣武将，越是会被武则天所忌惮。因为这些人一旦存有异心，就会成为武则天的巨大威胁。为此，她只能开刀问斩，这对于她也不能不说是一大损失。

不过，武则天也并不是凡异己者必杀。裴炎十七岁的侄儿、时任太仆寺丞的裴伷先就曾忤逆太后，却被武则天所赦。裴伷先年纪虽小，可胆量并不小。他见伯父裴炎被处死，便上书武太后，称有话要对太后讲。

武则天见表后立即召见了他，并先发制人责问他道："裴伷先，你的伯父谋反，难道你还要前来申诉冤情？"

裴伷先义正严词地对回答道："太后，臣前来求见是有几句忠言要说，哪敢申诉冤情？太后为李唐宗室的媳妇，先帝驾崩后一直把持朝政，随意更换皇嗣，排斥李氏皇族，大肆加封武氏族人。臣伯父裴炎忠于社稷，反被诬告谋反，戮及子孙。对于太后的所作所为，臣实在感到可惜！还请太后早日归政皇上，退居后宫，这样还可保全武氏宗族。不然天下一变，就再没有挽救的可能了！"

裴伷先虽有些年少气盛，可这一番话在当时看来，却也是句句在理。不过，武则天并不把这个十七岁小子的胡言乱语当回事，她大声呵斥道："你小小年纪懂得什么？竟敢到这里和我胡说！来人啊！给我把这小子拉出去！"

随侍在一旁的侍卫、宦官心里一直为裴伷先捏着一把汗。他们清楚，裴炎谋反罪行不轻，裴伷先如此胡闹简直就是找死。如今，太后不想严惩，只叫将裴伷先轰出去，侍从连忙跑上前来一把架起裴伷先，使劲儿地往外拉。哪知道，裴伷先根本不领情。他不仅打坠儿不走，还反复对武太后大声喊道："太后，今天若是听了臣这一番话，还不晚啊！"

武则天看他那一副执拗的样子，终于发怒了。她命左右把裴伷先打了一顿，还下令把他流放到瀼州（今广西上思县）。说起来，裴伷先的行为按唐法当斩，再加上他是裴炎的侄子，死上十次也不为过。可是，武则天对于当面指责她的裴伷先尽量不加重刑，可见她对人才的怜惜之心。

相比之下，武则天十分鄙视那些势利小人。但是，在当时往往是小人对她极表忠诚，甚至为她立下大功。对于这些人，武则天又不能不赏，但是她也尽量不让这些人太得势。

在诛杀裴炎、程务挺一案中，凤阁舍人李景谌立了大功。当时，李景谌仅为中书省五品官员，武则天为示表彰将其破格提拔为宰相。不过，仅仅半个月后，武则天又罢免了他，只给他换了个司宾少卿的闲曹。

至于第一个揭发裴炎谋反的崔詧，武则天也破格任命为宰相。而崔詧当时也仅是一个五品官，创下了大唐开国以来最低职事官拜相的纪录。不过，崔詧的宰相也没做多久，后被武则天寻个由头罢免了宰相之职。

骞味道在审查裴炎一案时，可谓办事有力。裴炎死后，武则天将其提拔为中书令，取代了裴炎的位置。

不过，骞味道这个中书令的位置也没有坐多久。当时，有一个官员因故被贬职，就到骞味道那里去申诉。骞味道不敢承担责任，便把脏水全泼到太后身上，称这个处置都是太后下达的，即便要申述也要找太后。当时，另一位宰相刘祎之也在场，他听了骞味道这番话十分不满，当即向那位官员解释，这个处分是他向太后奏请的。言外之意，凡事出了错，他这位宰相可以负责。武则天得知此事后，当即把骞味道贬为青州（今山东潍坊一带）刺史。

就这样，几个为武则天效力的投机小人并没有获得重用。他们被贬黜后，武则天就又提拔了另外一批官员。这些人并没有唯太后马首是瞻，但也没有明着反对她执政，武则天根据他们的官职和才能——充实到朝廷中枢。其中，积官尚书裴居道、右肃政大夫韦思谦、鸾台侍郎魏玄同、天官尚书韦待价为同凤阁鸾台三品。另外，武则天又提拔冬官尚书韦苏良嗣为

武则天

维言，岑长倩为内史。

这班人大多出身寒门，与山东贵族或关陇集团毫无渊源。在以往，这些人是很难进入权力核心的，可是武则天用人不拘一格，而且对寒门士子特具青眼。这些人的提拔，使武则天执政下的朝廷中枢更加规整充实。

这一年，留守西京的老臣刘仁轨于正月底辞世，享年八十四岁。

刘仁轨恭谨好学，博涉文史，虽身为文官却能在古稀之年为国家建功立业。尤其在白江口海战中，刘仁轨充分发挥了军事将领的指挥和作战才能，使他成为中国战争史上为数不多海军名将。刘仁轨不但智勇双全，还有较高的政治才能，他为人忠厚、正直、勤勉，且直言敢谏，是当时唯一一位出将入相的权臣。

刘仁轨之前曾与武太后有隙，自武则天独揽朝政后，刘仁轨则改变态度，甚至还为武太后做事。对于臣服于自己的刘仁轨，武则天也颇为照顾。刘仁轨死后，她下令为其废朝三日，令百官赴吊。为使刘仁轨死后极尽哀荣，武则天又下诏赠其为开府仪同三司、并州大都督，陪葬乾陵。

从武则天对待刘仁轨的态度来看，若朝臣能够抛除"母鸡司晨"的成见，真心臣服于她，她也不会如此大肆诛杀反对派，武则天执政时的悲剧也不会一演再演了……

第十七章　垂拱而治

收纳男宠

平息了徐敬业叛乱，又诛杀了裴炎、程务挺，武则天终于可以理所当然地把持朝政，而大臣们对此再也不敢表示异议。于是，武则天又改新年号以作纪念。她以《尚书·武成》篇中的一句话，即"惇信明义，崇德报功，垂拱而天下治"所表示的意义改元"垂拱"。垂拱元年就是公元685年，那年武则天六十二岁。

六十二岁的武则天，已经是一位老妇人了。不过，她保养得很不错，每天都要花很多时间在养生和美容上。为了调制出上好的美容护肤品，她还专门挑选了几个人制作香粉和胭脂等。武则天的美容品常用常新，珍珠粉、玉簪粉、玫瑰膏等，不仅制作工序繁杂，使用起来也有很多讲究。不过，再好的护肤品也无法抵挡岁月的侵袭，武则天真的老了，再不是那个初入宫廷，被太宗皇帝称为"媚娘"的小女子了。

眼见着自己一点点衰老，武则天变得烦躁起来，夜里常常失眠，只好叫太医为自己诊治调理。太医望闻问切一番，诊断太后是阳明火盛，肝火上炎，开了些清热泻火的药。药是服了，可没有一点效果。

这件事，很快就被千金公主听说了。

千金公主是武则天的大恩人。太宗皇帝驾崩后，武则天被迫削发为尼，为了联络远在深宫中的高宗李治，她曾写下一首《如意娘》，意图交给李治。这首小诗，最终就是由千金公主传达到的。武则天再度入宫后，对于这位大恩人一直不敢冷落。而千金公主虽说是高祖女儿，但由于生母

身份低微，在皇族中从没受到重视，也没享受好待遇。所以，千金公主对于武则天也一直十分亲近，两个人时常往来，关系不错。

千金公主在当时，一直以包养男宠闻名。说起来，也怪不得这位公主，她的婚姻生活十分坎坷。少女时候，她下嫁延州刺史温挺，结果婚后不久温驸马就得病身亡。后来，太宗皇帝又招郑敬玄给妹妹做驸马。没过一年，这位新驸马也得了场病，一命呜呼。此后，千金公主克夫之说不胫而走，公主再想招驸马真是难上加难。

千金公主婚姻屡遭打击，却也不愿意做寡妇，再加上她性格开朗活泼，便大胆地包养起男宠来。当人问起此事时，千金公主更是毫不讳言，甚至常向人津津乐道自己的情事，且以同时供养几个男宠为荣。

千金公主衣食无忧，皇室纷争又牵涉不到她，再加上有男宠陪侍，日子过得十分快乐悠闲。她虽年纪和武则天相仿，看起来要比武则天年轻得多。所以，当她得知武则天正在为衰老担忧时，连忙入宫求见太后。刚刚走到武则天寝宫前，就被上官婉儿拦住了。

"公主，太后刚刚睡下了，你我到外间说话吧。"上官婉儿已经随侍在武则天身边多年，一直悉心照料太后的饮食起居。她生怕千金公主惊扰了武则天，连忙将公主拉到了外间屋子。千金公主常常来宫里走动，婉儿和她的关系也十分亲密。

公主仔细询问了太后的近况，婉儿只是摇了摇头。这阵子太后一直为政事所扰，脾气十分暴躁。千金公主听了这话，却是意味深长地笑了一笑。

"怎么，公主有治太后贵恙的方子?"上官婉儿连忙问。

"我是过来人，当然知道太后贵恙所为哪般。太后玉体乃是女体，亦即'阴'，可她却日理万机做男人做的事情，自然就会致使阴阳失调，最终生病。治这种病只有一个方法，而且非常简单，即玉体吸阳，以补阴气。"千金公主像模像样地对婉儿解释道。

上官婉儿此时已经二十出头，又是聪明之人，没等千金公主说完就已经羞红了脸，嗔道："公主休要胡言，太后是什么人，怎容你这样亵渎?"

千金公主哈哈大笑道："你还小，许多事还不明白。太后虽贵为万金之躯，但毕竟是个凡胎肉体的女人，你就在一旁等着看我好戏吧!"

婉儿望着千金公主，只是将信将疑。不多久，武则天睡醒了，婉儿和千金公主走进里殿。千金公主先是叩拜一番，这才在武则天床边坐下来，两个人聊着私话。这两个人无话不谈，所以公主也不避讳，很快就说到了正题上。

"太后心系天下安危，太后健康则系于天下。所以，臣妾斗胆请太后纳一男侍，以慰太后。"

武则天听罢并不发怒，只是笑着问道："看来，你如此容光焕发，全都是因为男侍?"

"太后，您不要拿我取笑。不过，臣妾真认为这是保持身心健康的秘方。臣妾已为太后觅好一名男宠，姓冯，名小宝。假若太后应允，他今晚便可入宫。

武则天微微一笑，表示默许，冯小宝就这样进了宫。

说起来，冯小宝只是洛阳街头一个卖野药的。冯小宝卖药很有一套，他先是天南地北神侃一通，把他的药吹嘘成灵丹妙药。随后，他就脱去上衣，赤膊舞棒。由于冯小宝个子高大，身体结实，而且正值壮年，耍起棒来也是虎虎生威，很有些阳刚之气。看了他的棒术，就会有人情不自禁地买下药物。

千金公主无意中看到了正在耍棒的冯小宝，立即为之心动，不久后便收入自己府中作为男宠。而冯小宝果真非同一般，十分懂得取悦女人的方法，成为公主最为钟爱的男宠之一。为了取悦武则天，千金公主更是忍痛割爱，愿将冯小宝献给武则天。而冯小宝为了那唾手可得的荣华富贵，更是极尽所能去取悦武则天。

不久后，武则天的脸上就泛起了年轻女性的光泽，那种久违的清新朝气又从她体内滚滚而出。而对于带来这一切的冯小宝，武则天十分宠爱。为了让冯小宝合乎情理地往来后宫，武则天决定让冯小宝出家为僧，以讲佛的形式入宫总会方便一些。

冯小宝出家本为方便入宫，寺庙自然不能太远。武则天查访了一番，最终选定了白马寺。白马寺位于洛阳城东十二里处，北依邙山，南望洛水，始建于东汉永平十一年（68），是佛教传入中国后建造的第一座寺院。不过，几百年来，白马寺数建数毁，在当时规模形制并不大。为了让冯小宝风风光光出家，武则天命人重建白马寺，并命冯小宝出任白马寺住持。这样，既能掩饰冯小宝的男宠身份，又可陶冶他的性情，培养参政的

能力。

经过工匠们连天加夜的施工，很快一座规模庞大的新白马寺建成了。其朱栏玉户，雕梁画柱，自不待言。冯小宝专门在佛殿旁边设立了一个聚会厅，以便他和手下开会、宴饮，并美其名曰"讲经堂"。

不久后，武则天又认为冯小宝的名字难登大雅之堂，便给他改名"怀义"，同时改姓氏为"薛"，让太平公主的驸马薛绍以叔父之礼相待。

经过这一番修饰，冯小宝摇身一变就成了白马寺大住持薛怀义，此后我们对他也以薛怀义相称。不过，薛怀义毕竟是个市井无赖之徒，稍一得势便有些把持不住了。他恃恩骄横，常常殴打士民，聚众犯法，人不敢言。望着这个不可一世的大和尚，右台御史冯思勖坐不住了，他自告奋勇，几次三番上书太后，请求严惩薛怀义。

薛怀义得知后，便决定好好整治一下冯思勖。

这天，薛怀义从皇宫出来，恰好遇见了冯思勖。薛怀义抓住机会，冲到冯思勖面前大肆辱骂，以图激怒冯思勖。冯思勖也是个硬骨头，既然敢做就敢当，他毫不示弱，当即与薛怀义对骂起来。薛怀义气急败坏，忙命随从僧人殴打冯思勖，待御史台火速赶到后，冯思勖已被打得奄奄一息，而薛怀义一伙早作鸟兽散。

事后，御史台也抓了几个打人凶手，但主犯薛怀义却逍遥法外。而冯思勖在家足足养了三个多月才能上朝。

对于薛怀义的所为，武则天也略知一二，但一律纵容。武则天需要这个男人，而且像历代帝王宠幸爱妃一样地宠爱他，千方百计满足他骄横的要求。经此一事，官员们看清了太后的心思，尽量避免和薛怀义正面冲突。而薛怀义也乐得四处宣扬武太后对他的宠幸，弄得这则丑闻人尽皆知。

对于献上薛怀义的千金公主，武则天颇为感激。几年后，李唐宗室几乎被酷吏诛杀殆尽，就连李贤两个较年长的儿子也没能逃脱一死。相比之下，千金公主却一直得享太平，武则天甚至收她为义女，改其姓为武，称"安定大长公主"，她的儿子还娶了武承嗣的女儿为妻，一家人极尽恩宠。

复政风波

武则天终究是武则天，在她眼里没有什么比政治权力更重要。所以，即便是在宠幸薛怀义之时，她也一刻没有放松对朝政的把持。自从裴炎死后，武则天一直疑神疑鬼，对身边的官员很少有真正信任者。在那个时代，正如她怀疑的那样，无论是李唐皇族，还是朝廷官员，几乎所有的人都反对她，她面对的是众多或明或暗的敌手。

为了巩固自己的地位，窥探诸多官僚之间的隐秘，武则天想到了一个绝佳的方法。垂拱元年（685）二月初七，武则天突然下诏，要求朝堂所置的肺石及登闻鼓旁边不用官府派人把守。有上朝鸣冤者，由御史直接受理，呈递太后。

所谓肺石，就是一块红色的石头。若百姓有冤情上告，就得站立在肺石之上，那样就有专门人员来询问案情，并负责审理。至于登闻鼓，就是悬挂在朝堂外的一面大鼓。凡要直言谏诤或申诉冤枉者均可挝鼓上言。

对于武则天此举，后世颇多否定，认为她是鼓励告密钳百官之口，以便实行独裁。但是，在皇权制度的背景下，任何一个皇帝实际上都是独裁者，只是程度不同而已。尤其是武则天这样一个欲做皇帝的女人，她需要通过这种方式密切关注民间及朝廷上下的想法，如此她才能针对各种麻烦迅速做出反应。鼓励上访的口子一开，战战兢兢的并不是老百姓，而是各级官员。而这，也正是武则天用来控制官员的办法。武则天的高压手段逐渐见效，政局也逐步稳定下来。

垂拱元年八月初五，李唐皇室再添喜讯，睿宗皇帝的德妃窦氏生下一子，取名隆基。窦德妃出身名门，曾祖父为太宗皇帝母亲窦皇后的堂兄窦抗，祖母则是高祖李渊的二女儿襄阳公主。早在李旦还为相王时，窦氏就进入相王府，她相貌姣好，性格温婉，被李旦纳为妃子。李旦即位称帝后，窦氏被晋封为德妃。李隆基是李旦的第三个儿子，由于其时窦氏正受睿宗宠爱，这个儿子的出世也显得非同一般起来。

随着皇子隆基的诞生，朝臣中关于睿宗皇帝亲政的呼声也水涨船高。睿宗皇帝已经二十四岁，早已经到了可以独当一面的年龄。况且，当时天

下太平，武则天再把持朝政的确有些说不过去。武则天也意识到这一点，便打算复政于睿宗皇帝。武则天当然不想真的把大权交还给睿宗，这只是她以退为进，缓和内外矛盾的一步棋。就在诏书下达前，她还命武承嗣前去探睿宗的口风。

这天，睿宗正在东宫内读书，见武承嗣前来慌忙前去迎接。李旦打从心眼里讨厌武承嗣，可武承嗣是太后面前的红人，他一个傀儡皇帝可不敢得罪。

"承嗣兄，是什么事劳您大驾？"

"皇上，臣此次前来是特地给您道喜的！臣刚从太后那里得知，太后欲诏令天下，还政于陛下。"武承嗣一边说，一边偷眼观瞧李旦的表情。

李旦一听也大出意外，有些不敢相信自己的耳朵。

"太后真的要还政于我？"

"臣亲耳听闻，岂会有假？"武承嗣皮笑肉不笑地说着，随后又斜睨着眼睛看了看李旦。

李旦一看到武承嗣这幅表情，立即就明白了怎么回事。李旦也不糊涂，连忙对武承嗣道："朕还年轻，朝中诸事有很多不懂的地方。太后辅政多年，文治武功天下可视，还请承嗣兄劝劝太后，收回成命继续摄政吧！"

听了李旦这一番话，武承嗣心满意足。两人之间又谈了些闲话，武承嗣这才起身告辞，回去向太后复命。

武承嗣离开后，李旦孤坐在屋中陷入了沉思。李旦已经二十四岁，说他不想执政，那是假的。但他深知太后的这一宣告很可能是做个姿态，自己若真的答应下来，以后绝对不会有好下场。止在李旦沉思之时，皇后刘氏以及德妃窦氏得知复政的消息，双双前来贺喜。这两个女人虽同是睿宗后妃，却鲜有争风吃醋的时候，关系十分亲密融洽。哪知道，睿宗此时好似被兜头浇了一盆凉水，情绪一落千丈，闷着头不吱声。

"陛下，太后归政本是喜事，陛下为何闷闷不乐？"刘、窦二人关切地问道。

"皇后、窦妃，你二人有所不知。太后此举，不过是想给自己找个借口而已。否则，为何偏偏叫武承嗣前来？他来不过是为了探探朕的口风。朕若真的应了，恐怕就会向诸位皇兄一样遭到不测。"

刘氏、窦氏经睿宗这么一点醒，也立即就明白了怎么回事。这两个人没少和婆婆打交道，对于婆婆的为人还是颇为了解的。尤其是刘氏，经常要去婆婆面前请安，每一次都是小心翼翼，生怕自己成了第二个赵妃惨死在婆婆手中。也正因为如此，刘氏一直期望着睿宗能够早日亲政，那样自己这个皇后就不至于整日提心吊胆地过日子。只可惜，太后没有真心归政的想法，睿宗的亲政也就变得遥遥无期了。

垂拱二年（686）正月，武则天像模像样地发布懿旨，称皇帝业已成人，自己意欲退身修德，所以特别下诏复政于皇帝。睿宗当然不敢受命，他早已经准备了一套托词，坚决恳请太后收回成命。武承嗣也抓准时机，恳请太后为国家社稷着想，继续摄政。经过这一番作秀，武则天继续名正言顺地把持朝政。

这种双方的辞让，其实已经毫无意义，朝臣也清楚武则天不是真心交权。对此，朝臣虽不敢明目张胆地表达异议，可私底下的议论却很多。其中，李唐宗室成员更是愤愤不平，一个李家儿媳把持朝政，架空当朝皇帝，这成何体统？武则天当然也有预感，所以对李家人防范甚严。

武承嗣了解姑姑的心思，便趁机上书太后谗毁李孝逸有谋反之心。

李孝逸和武则天关系还不错，曾在扬州叛乱中被武则天所利用，后被封为左豹韬卫大将军、吴国公，在当时的李唐宗室中很有影响力。武则天虽有意亲近李孝逸，却不能完全信任他。如今，武承嗣上书谗毁，武则天便顺水推舟将李孝逸降为施州刺史（今湖北恩施）。不久后，武承嗣又唆使人诬告李孝逸在益州时曾自解"逸"字，说："走绕兔者，常在月中。月既近天，合有天分。"

其实，武则天很清楚李孝逸的为人，要他谋反他还没有那个胆量。这一切，不过是自己的侄子耍的小聪明罢了。不过，李孝逸这个人留着总不能让人放心，武则天念及他有功于己，便免去他的死罪，发配儋州（今海南儋县）。

李孝逸到儋州不久，便含恨而死。

就在李孝逸发配到儋州前，雍州新丰县（今陕西临潼）突然发生一件奇事，一座三百尺高的小山突然从土地中钻了出来。诸位官员为讨好武太后，纷纷称这是吉兆，武则天便下令将新丰县改名为庆山县，四方人士纷纷表示祝贺。

哪知道，就在武则天打算利用"吉兆"为女皇帝制造舆论时，江陵人俞文俊却上书太后，认为突然长出山峰乃是凶兆。在他看来，山峰凸起是地气不和所致，就如人气不和身上长出疣赘那样。对于出现凶兆的原因，俞文俊则解释为太后"以女主阳位"，反易刚柔，最终使地气塞隔出现灾祸。在上书的最后，俞文俊则警告太后应归政皇帝，否则必定会大祸临头。

俞文俊这封上书语言直白，把武则天气个半死。可是，俞文俊只是个儒生，并没有在朝中任职，武则天不能和他计较，只将他流放岭南。

俞文俊只是个小人物，可就是这样一个小人物也要反对武则天，可见当时朝廷内外的反对力量有多强大。为了安抚睿宗皇帝，也为了安抚天下人心，武则天于次年下诏，将睿宗皇帝的几个儿子都封为亲王。这一年，睿宗已有五子。由于睿宗长子李成器已被立为太子，武则天便将睿宗另外四子封王。其中成义为恒王，隆基为楚王，四子隆范为卫王，五子隆业为赵王。

武则天大肆加封睿宗之子，俨然把睿宗的帝王之尊抬得高高的。可实际上，睿宗皇帝尊荣再盛，也不过是一个徒唤奈何的旁观者，眼睁睁地看着母亲武则天一步步走上权力的峰巅。

铜匦登场

自从置肺石、设登闻鼓之后，武则天对朝臣的控制力已加强了许多。不过，武则天并不满意，不久后她又制定了《垂拱格》，以图提升监察御史的特权。《垂拱格》规定，监察御史上可弹劾宰相，下可监控百官，而且独立于三省之外，只对皇帝负责。这就是说，监察御史弹劾官员不经过本部门长官，而是直接对皇帝负责。

不过，监察御史毕竟只是官员中的一少部分，仅有御史来监察武则天觉得还不够，这样也不足以构成巨大的威慑力，她必须要彻彻底底地了解整个社会的方方面面。武则天有了要求，自然就会有人努力思索解决之法。垂拱二年（686）三月，御史鱼承晔之子鱼保家上书太后，请求太后设置铜匦。

所谓铜匦，就是一个内部结构复杂的意见箱。统治者可以将它放在朝堂前，用来搜集天下人的建议和告密。为了便于信息归类，铜匦共分为四部分，每部分都漆成不同颜色，分别为青、红、白、黑四色。其中青匦在东，名为"延恩"，专门用来收集养人及劝农的建议，同时也收纳颂赋、求仕进的帖子；红匦在南，名为"招谏"，用来收集论时政得失的各类意见；白匦在西，名为"申冤"，专门收集百姓陈述冤屈的上书；黑匦在北，名为"通玄"，用来收集天象灾变的预言，或者是进献军机密计的告密信。

为了规范投书行为，武则天下令设置"知匦使"，指派正谏大夫和垂拱元年新设立的谏官"补缺"、"拾遗"各一名，专门掌管此事。对于投书者，这些人要先验明正身，然后才被允许投入。至于每日收集到的意见书以及密信等，武则天则另设"理匦使"两名，由御史中丞等官员专门处理收集到的意见。

铜匦设置后，前来投书者并不多。武则天为了更大限度地窥探官场态势，鼓励更多人进京告密，便下诏要求各级官员不得过问告密详情，沿途还要为告密人提供驿马、供给五品官员标准的伙食，抵达京城后还要为他们安排住宿。

这样一来，告密者可以顺利抵达京师，不至穷困于途、潦倒于市，更防止了地方官从中作梗。百姓见状踊跃进言，一时之间四方告密的人蜂拥而来。对于告密者，武则天一律亲自接见。对于告密者检举的地方官贪污弄权、怠政渎职等事，武则天也一一详查。如果所告的情况属实，更会按等次授予官职，即使所告者不实也概不问罪。

在这些密告之事中，有很多是不方便由朝臣处理的。于是，武则天有意搜寻适合的人选，培植为自己的亲信，专门处理告密一事。索元礼是武则天慧眼相中的第一匹"千里马"。

索元礼原本是一个胡人将军，他因告密受到了武则天召见，而且因所告之事经查属实，被直接任命为五品官员，负责审理钦定的"制狱"。索元礼性格残忍，人性极差，他每审一人，必定会牵连出数十乃至上百人来。对此，武则天却认为索元礼办案有力，曾数次召见他，并大加奖赏。

需要一提的是，索元礼经手的案子中，有一桩十分大快人心，那就是鱼保家通贼案。

鱼保家就是铜匦的发明者。铜匦设立后，朝臣上下无不人心惶惶，对

这个心灵手巧的发明家十分不满。愤恨之余，便有人往铜匦中投书告发鱼保家"通贼"。

鱼保家"通贼"并不是空穴来风。原来，当年徐敬业起兵反唐时，鱼保家曾帮助徐敬业制造刀剑弓弩，在战斗中给唐军不小的打击。徐敬业败亡后，鱼保家因无人告发而幸免于被追究。按理说，这种有前科的人应该低调一点儿，以免惹上麻烦。可惜，鱼保家政治敏感性却未免太差，竟制造出铜匦惹得众人大怒，他过去那点"光彩事"自然就被翻了出来。

索元礼生性残暴，要审鱼保家真是小菜一碟。他见鱼保家不愿招供，当即命人搬出自己发明的刑讯逼供的法宝：狱持。

所谓"狱持"，就是一个铁笼子。不过，这个铁笼子的构造很特别，在它顶部有一个仅能容纳头颅的小口，旁边还有一块上粗下锐的小木橛。犯人若不招供，就可以将这个小木橛"楔"进犯人头部。

这种新奇的刑具把鱼保家吓得屁滚尿流，当即招供了通贼之举。

证据确凿，武则天便下诏杀了这个"作茧自缚"的发明家，对于办理有力的索元礼则是一番重赏。

索元礼屡次受赏，使一些奸诈之徒受到启发，他们争相效仿，酷吏数目据增，其中最为知名的就是酷吏周兴。

周兴出身寒门，本身也很能干，可是碍于出身始终得不到提拔。直至铜匦设立后，周兴终于迎来了呼风唤雨的时代。为了能办理几件惊天动地的大案，周兴豢养了几百门徒，每找到一个陷害目标，便捏造出统一的罪名，让门徒在各地同时告发，且告发出来的内容一模一样。这样一来，被告无法辩解，再加上难受大刑，最终只得屈打成招。

周兴因为办案有功，最终被擢升为秋官侍郎（刑部侍郎）。

索元礼、周兴这一批酷吏兴起后，朝臣及各地宗室大臣人人自危，个个胆寒。人与人之间再没有了信任可言，哪怕是自己身边最为亲近的人，也可能会出卖自己。武则天的当红宰相刘祎之，就是被自己的亲密下属出卖，最终被赐死的。

刘祎之素来与武则天亲近，出任其北门学士十数年。不过，刘祎之毕竟是儒学之士，和天下士人一样不能接受武太后"牝鸡司晨"这件事。而且，刘祎之曾经做过睿宗皇帝的老师，师生两人关系融洽，所以刘祎之一直期望睿宗皇帝能够真正掌权。

这天，刘祎之在与凤阁舍人贾大隐闲聊时，想起被囚后宫的睿宗皇帝，突然发出了这样一句感慨："太后既然打算废昏立明，哪里还用得着临朝称制呢？还不如立即归政给皇上，以安天下之心。"

这个贾大隐本是刘祎之的心腹，只可惜在武则天政治高压下已被扭曲了人性。待刘祎之离开后，贾大隐便入宫将此事密奏给武太后。

刘祎之是武则天一手提拔的，并且对其委以重任。这样一个心腹权臣背叛自己，是武则天无论如何都不能接受的。很快，就有人发现了这对"亲密君臣"的裂痕，铜匦之中自然而然就有了刘祎之接受贿赂，甚至和已故大臣许敬宗小妾私通的告密信。

既有人告密，武则天理所当然地把刘祎之拘捕下狱，责成肃州刺史王本立进行审讯。

王本立这个人前文曾经提及，他在任左思郎中时，因善于逢迎、恃宠弄权被狄仁杰弹劾。高宗皇帝有意袒护，无奈狄仁杰据理力争，高宗只得严惩了王本立。不过，王本立实在是个擅长溜须拍马之人，后又被武则天提拔，出任肃州刺史。

王本立很清楚武太后的心思，既然刘祎之已经被太后所恶，王立本自然不必留情面。对此，睿宗皇帝十分担心。李旦虽懦弱，可老师毕竟是因为自己而入狱，他不能坐视不管，思虑良久，李旦终于鼓足勇气上疏为刘祎之申辩。

刘祎之的亲友得知睿宗亲自上书为其求情后，无不欢欣雀跃，认为太后定会网开一面。哪知道，刘祎之得知后竟长叹了口气道："太后临朝独断，最忌讳归政一事。我已有让太后归政皇帝之心，而皇帝又上书为我求情。如此一来，只能加速我的死。皇帝此举，是好心做了坏事。不过，能为皇帝而死，也是我的福分。"

刘祎之毕竟是一位儒生，虽已做了武则天幕僚，心里装的还是天下。

垂拱三年（687）五月初七，武则天下令，称刘祎之反对帝王权威，命其在家中自尽。就在王本立宣读武则天的敕令时，刘祎之竟然微微一笑道："不是经凤阁鸾台起草，怎能称作敕令？"

原来，刘祎之就是凤阁侍郎，工作就是起草诏敕。而刘祎之，根本不承认武则天敕令的权威性。不过，不管刘祎之是否承认敕令的合法性，他的死都已成必然。临刑前，刘祎之神色安然自若地沐浴，随后还亲笔写表

向太后谢恩。写毕，他才毅然自尽而亡。

可以说，刘祎之是武则天心中的一块伤疤。此后，有关于刘祎之的一切都变得敏感起来。不久后，在朝中任职的郭翰、周思钧得见刘祎之临刑前所写的这篇文章，夸赞其文思泉涌，瀚字华章。武则天得知消息后，立即将郭翰贬斥为巫州司法，周思钧降职为播州司仓。

此后，对于太后把持朝政，再没有谁敢私下里议论了。

武则天虽大肆使用酷吏、鼓励告密，严厉打击对自己称制不满之人。可她对于真正有才干之人，还是十分敬重的。当时，朝中宰相中，如裴居道、韦思谦、苏良嗣、韦方质、韦待价、魏玄同等人，都是名声政绩颇好的名士。

当然，这些人内心中也不赞同武太后执政，武则天也清楚这些大臣基本上都和她有着不可调和的矛盾。所以，武则天又利用酷吏对这些手握权力的正人君子严密监控，一旦有嫌疑就予以贬斥甚至砍头。

可是渐渐的，武则天心中的天平开始倾斜。在她的纵容下，大唐的酷吏越来越多，除了索元礼、周兴以外，丘神勣、万国俊、来俊臣、鱼承晔、傅游艺、王弘义、侯思止、郭霸、李仁敬等人也纷纷加入酷吏队伍，并在此后数年活跃于政坛，在他们手下死掉的冤魂不计其数。这是后话。

修建明堂

酷吏当道，武则天手下的朝廷官员变得服帖了许多。官员听话了，武则天的胆子也大了起来。很快，司礼博士周悰上书武则天，请太后设立武氏七庙，并将李唐太庙减为五室，认为如此才能慰天下人之心。

周悰的上书，可算是帮武则天投石问路。武则天并不表态，只将周悰的奏章交于朝臣议论。武则天的不表态，实际上就是一种态度。朝臣对此很明白，不敢多发一言。关键时刻，倒是出卖刘祎之的贾大隐挺身而出。贾大隐上书太后，认为只有皇帝家的宗庙才可立为七室。周悰明知故犯，居心叵测，欲陷太后于不义，应该斩首。

武则天当然没有杀掉周悰，虽是小人，可只要于己有用，武则天当然还是要留一留的。

贾大隐此举，倒不是因为他忠于李唐皇室，否则他也不会出卖刘祎之。只是自刘祎之死后，朝臣对其非议颇多，贾大隐为洗刷卖友求荣的恶名，只好铤而走险，试图通过反对武氏建七庙收买一部分人心。贾大隐当然也不敢得罪太后，所以不久后他又上书请太后建明堂。

贾大隐的确够聪明。武则天早就有修建明堂的想法，希望凭借明堂的神化意义，达到长期执政乃至登基称帝的目的。所以，武则天接受了贾大隐的建议，并命北门学士们讨论明堂的兴建方案。

要建明堂，最困难的就是确定明堂形制。儒生们为这间明堂，前后争吵了一百多年，也没吵出个眉目。乾封二年，高宗皇帝为了修建明堂，命人绘制明堂草图，儒生大臣们就为此争吵了一年多。

武则天不想在明堂形制上浪费时间，索性把诸儒甩在一边，只命北门学士在最快时间内拿出兴建方案。北门学士领会了武则天的意愿，很快就绘制出了明堂草图，并制定出详细的兴建方案。武则天甚为满意，正月十一日，武则天下令拆除乾元殿，欲在此殿基上兴建明堂。

眼见着明堂即将破土动工，武则天的心情也出奇地好了起来。这天，武则天正在宫中闭目养神，突然听到门外一阵喧哗声。不一会儿，薛怀义手捂着脸跑了进来，扑通一声跪在地上，带着哭腔向武则天请安。

"你的脸怎么了？快给我看看。"武则天一看薛怀义的样子，就知道他吃了亏，连忙扶起薛怀义关切地问道。

"太后，都是那个苏良嗣给打的！"薛怀义十分委屈地说道。

原来，薛怀义入宫时，是从皇宫前门进来的。他自恃有太后宠幸，根本不把朝廷官员放在眼里，竟大摇大摆地穿过门下省的大厅，往武则天的宫院去。薛怀义经过时，偏巧被门下省侍中苏良嗣看见了，苏良嗣忍无可忍，终于发作了。

"秃和尚，你进来干什么？"苏良嗣明知故问。

薛怀义听到这么一声，稍稍愣了一愣。待他反应过来，连忙捋胳膊，卷袖子，要与苏良嗣比试比试。要比摔跤，苏良嗣当时不是薛怀义的对手。可是，人家苏良嗣的脑子可比薛怀义灵光得多，他当即招呼左右侍卫，七上八下就将薛怀义制服了。

"怎么？你一个秃和尚还要和我动手？"苏良嗣故意挑衅，随即左右开弓扇了薛怀义十来个嘴巴。薛怀义眼睛瞪得比牛还大，可侍卫们个个力气

过人，薛怀义无法挣脱，只能任苏良嗣为所欲为。

苏良嗣打完，仔细地理了理衣裳，这才转身离开。待苏良嗣走得远了，侍卫们才放开了薛怀义。

薛怀义受了委屈，又不甘示弱，这才跑到武则天面前大诉委屈。他原以为武则天定会怜惜自己，好好惩治苏良嗣。哪知道，武则天听了只是大笑，一边嗔怪道："谁告诉你从前门进来的？你应当从后门进来才是啊。"

"那姓苏的就是看不起我，越被他看不起，我就越要从前门进来！"薛怀义不依不饶。

"好了好了，别和他一般见识。"武则天充满爱怜地安抚薛怀义道。

"太后，那你就这么任由那姓苏这样侮辱我？"薛怀义这回可不服了。

武则天听了，倒也觉得不能让薛怀义这么白白吃了亏。不过，武则天这一时期虽任用酷吏随意杀人，可对于这些当面提意见的大臣，只要不是让她归政，不管多难听她都愿意包容。所以，她并不想因此而杀掉苏良嗣。为了安抚薛怀义，给薛怀义一颗甜枣吃，她连忙开口向薛怀义应诺道："你若真想从前门出入，也不是没有办法。这些日子，不是正打算修建明堂吗？不如就交由你来修建好了，那样你可以随意出入宫，任谁都说不出什么了。"

薛怀义是个聪明人，当然知道修建明堂是个有油水的活，当即喜笑颜开应承了下来。因为几个巴掌，得了如此有油水的差事，他觉得还挺合算。

垂拱四年（688）正月，明堂破土动工，参与修建的工匠多达数万人。从此以后，薛怀义便可以公然进入于宫廷后院，诸官员心中有许多不满，不过对此也不多议论。一来，他们是惧怕武太后淫威，况且周遭酷吏横行，一定得管好自己嘴巴。二来，身为儒臣讨论男宠之事，实在太失体统。正所谓非礼勿视，非礼勿言，岂能不尊孔圣之教？

不过，也有不怕失体统，更不怕丢脑袋的人。这个人就是御史王求礼。

王求礼这个人一向恪尽职守，官虽不大，可他的倔犟脾气举朝皆知。垂拱元年三月天降大雪，许多朝臣为了取悦太后纷纷上表，认为季春下雪是天降祥瑞，应好好庆贺。武则天正欲下旨全国庆典，王求礼却唱起了反调。他上书反驳，认为季春下雪是灾难。季春万物本已复苏，可一场大雪冻得禾苗枯死，百姓们青黄不接，饱腹无物，怎么能称做作祥瑞？所以，当务之急，该是做好赈灾准备。

王求礼的话如同一盆凉水朝武则天当头浇下。不过，武则天还算开明，她听取了王求礼的建议，取消了耗资巨大的庆典。

王求礼就是这样一个耿直之人。如今，他见薛怀义打着修建明堂的名义随意出入宫廷，便上书武太后，请求太后阉割薛怀义。

阉割薛怀义，简直就是一大笑谈。可王求礼却把这事看得极为严肃，他在奏疏中对此做了详细解释。当年太宗皇帝时，有胡人罗黑黑善弹琵琶，太宗皇帝十分欣赏他。为了能够经常召他入宫，太宗特地下旨将罗黑黑阉割。如今僧人怀义虽有巧思，奉旨建明堂，却也不宜出入禁苑。所以，太后应该将薛怀义阉割，这样才能保住"宫女的贞节"。

王求礼的这则奏章让武则天哭笑不得。武则天当然不会阉割薛怀义，不过她也没把王求礼怎么样。她仍旧以绝顶聪明的态度处之，那就是置之不理。而薛怀义，照样每天在宫中大摇大摆，谁也不能拿他怎样。

不过话说回来，薛怀义还是有一点手艺的。而且有修缮白马寺在先，薛怀义对于修建明堂也有几分了解。再加上大唐境内能工巧匠很多，又有各部官员督办，所以明堂修建起来十分顺利。

垂拱四年十二月，明堂落成竣工。这座明堂高 91.43 米，周长 93.3 米，共分三层。最底层按照四季划分，四方各用本方的颜色，这一层主要用来布政；中层则按十二时辰划分，主要用来祭祀；最顶层则为圆顶，由九条龙捧起，在最顶端则安置铁凤，铁凤高达一丈，全部用黄金装饰。明堂内还有上下贯通的巨木中桩，作为斗栱梁架依附的主干。明堂的规模和复杂程度超过唐两京所有宫殿，内外丹漆珠玉，雕饰十分豪华，武则天对此十分满意，将其命名为"万象神宫"。

王求礼又就大举修建明堂劳民伤财，上书武则天，称如此穷奢极欲，挥霍金银，完全是历史上无道昏君的做法，与夏桀的瑶室、殷纣王的琼台没什么区别。这样是不符合明君圣主的法度的。他还以上古轩辕黄帝所住的茅棚草舍举例，认为轩辕黄帝朴素节俭，照样把国家治理得井井有条，国泰民安。

王求礼这番话的确很有道理，可武则天急于用明堂给自己造势，对于王求礼的劝谏仍旧置之不理。

　　不仅如此，对于修建明堂有功的薛怀义，武则天还借机重赏，封他为左威卫大将军、梁国公。这下子，薛怀义的身份和地位一日冲天，满朝文武甚至都不敢直呼其名而尊称他为"薛师"，就连武则天的侄子武承嗣和武三思对薛怀义也是恭敬有加。武承嗣有一次在路上碰到骑马的薛怀义，竟然为他牵马缰绳。

　　这天，薛怀义闲来无事，骑着御马，信马由缰，在洛阳城内四处乱转。走着走着，迎面突然行来一行人马，拿枪挎刀，簇拥着一顶八抬大轿迎面而来。

　　薛怀义知道是某位大官的轿子，却也不肯让路，仍旧大摇大摆地走在路中间。大队兵马迤逦而来，到了薛怀义跟前突然停了下来。轿帘掀起，武承嗣竟然从轿子里笑嘻嘻地钻了出来。下了轿子，他一路小跑来到薛怀义跟前，牵着薛怀义的马缰绳，边走边对马上的薛怀义说："薛师，您怎么有空到这里玩？"

　　薛怀义坐在马上，见武承嗣这么一副模样，倒有些不好意思。

　　"来人啊，还傻站着干什么，还不快快把轿子抬开，给薛师让路！"武承嗣对自己的家丁官兵吼道。众人愣了一愣，慌忙把轿子抬开，给薛怀义让出一条路来。

　　薛怀义坐在马上，真有些小人得志起来。他也不下马，也不客气，任凭武承嗣为自己鞍前马后，卑躬屈膝，独自坐在马上逍遥。多了许久，薛怀义这才开口对武承嗣道："承嗣，你这是要进宫吧？快别误了你的大事！"

　　武承嗣恭恭敬敬地回道："薛师您先请，您不走，承嗣也不敢走呀！"

　　听了这话，薛怀义心里更是乐开了花，这才骑着马悠哉游哉地走了。走了好远回头一看，那武承嗣竟然还站在原地行注目礼！

　　武太后的侄子们都如此对待薛怀义，那些朝中的势利小人对待薛怀义就更是奴颜婢膝了。其中御史张嵩谄事薛怀义都到了无以复加的地步。每次，一见薛怀义入宫，这张御史必跟在身后，为薛师行奴仆之礼。薛师上马下马，张御史便急急去趴在地下，好让薛师可以踏着他的后背上马。

　　当然；在谄媚薛怀义的这一些小人中，也有比较体面的，如进士出身的宗楚客。

　　宗楚客在当时虽有些文名，但毕竟只是个小吏。为了讨好薛怀义，他竟然称薛怀义为"释迦重出，观音再生"，并表示要亲自为薛怀义写本传记，以传世人。薛怀义自然没有亏待他，再加上这个宗楚客是武则天堂姊的儿子，后来竟被武则天提拔为内史。即便在后来的中宗朝，善于拍马的宗楚客也官员亨通，直做到了宰相。至玄宗天宝年间，大诗人李白在路过宋城梁园一带时还娶了宗楚客的孙女宗氏夫人。李白一生四婚，二娶相门之女，这是李白一生中颇为得意的事，娶宗氏夫人就是其中一桩。这是题外话。

值得一提的是，明堂落成后数年，武则天又命薛怀义在明堂之北主持修建"天堂"。这座天堂形制更甚，一共分为五层，在第三层上就已经可以俯视明堂了。天堂内还供奉了一尊大佛，这尊大佛大得惊人，它的一个小指就能容纳数十人。明堂和天堂构成了洛阳城辉煌壮丽的景观，其设计与施工能力已达到封建社会的最高水平。明堂、天堂建成后，武则天数次在这里举行国家大典，允许百姓入内参观，在当时颇负盛名。可惜的是，就在"天堂"落成后不久，这两座富丽堂皇的建筑便在一个晚上化为灰烬。这是后话。

第十八章　血雨腥风

宗室起兵

就在明堂破土动工后不久，武则天的侄子武承嗣亲自导演了一出闹剧。

垂拱四年（688）四月，雍州人唐同泰向武则天上表进献一块刻有"圣母临人，永昌帝业"的瑞石，称这块石头是从洛水中捞上来的。

百官得知，纷纷上表祝贺。而武则天，也乐得用这块石头做文章，立即将这块石头命名为"宝图"。"宝图"一说出自《周易·系辞》，书中有句话为"河出图，洛出书，圣人则之"。这句话就是说，黄河里曾发现图符，洛水里曾发现过文书，这些都是上天授意于人间的真命天子，这个天子临朝，必然会德高功盛，国泰民安。

不久后，武则天又觉得"宝图"不够神圣，便又下诏把其改称为"天授圣图"。不仅如此，她还把洛水命名为永昌洛水，又封洛神为显圣侯。为了表示对洛水的崇拜，她禁止百姓在洛水打鱼、垂钓，并把"宝图"的出处称为"圣图泉"，把出图那个县改名永昌县。

事实上，并没有什么"天授圣图"。据史书记载，这块石头乃是武承嗣亲手制造。他先是命人找来一块白石，又把紫石砸成粉末，搅拌上药物，填在白石里，最后再刻上"圣母临人，永昌帝业"八个大字。一切准备停当，武承嗣这才找了个名叫唐同泰的人献给武则天。对于武承嗣的小把戏，朝臣再明白不过。可是，太后表现得如此热心积极，他们哪敢怠慢，只得违心地上表称贺。

就在神都洛阳沉浸在天降祥瑞的"喜悦"中时，太子通事舍人郝象贤陷入了巨大的危难之中，他的家奴竟然状告他谋反！

郝象贤是郝处俊的孙子。郝处俊前文曾经提及，他是高宗朝的中书侍郎，为人颇为正直严谨。高宗欲逊位于武则天时，郝处俊强烈反对，使武则天未得摄政。就因为此举，官修史书对郝处俊极为称颂，使他得以青史留名。

不过，武则天也因为此事与郝家结了怨。

对于郝象贤谋反一事，有人认为是郝家奴仆了解武太后与郝家有隙，想借告密之风升官发财；也有人认为，此事就是由武承嗣策划和指使，想要置郝氏族人于死地。对此，武则天也略知一二，可她想抓住这个时机，震慑天下那些和郝处俊态度相近的官员。就这样，武则天下诏命周兴来审理此案。

周兴清楚武太后和郝家的过节儿，郝象贤谋反与否并不重要，重要的是帮太后出这口恶气。一番大刑下来，郝象贤谋反一案，竟被问成了灭族之罪！

对此结果，郝家人愤愤不平，连忙到朝堂鸣冤。接待郝家人鸣冤的是监察御史任玄殖，他认为郝氏家族在朝中权势不小，郝处俊的舅舅许圉师为朝中高官，郝象贤本人也为太子宫属官，便大着胆子上书武太后，称郝象贤没有谋反事实。

武则天哪能白白放过了郝象贤？所以，她当即罢免了任玄殖的官，维持灭族原判。

垂拱四年（688）四月十一日，郝象贤被押赴法场。郝象贤绝望之际，极口痛骂武则天滥杀无辜，又骂太后与和尚薛怀义秽乱宫闱，将宫中的污秽丑闻悉数抖落出来。围观者先是目瞪口呆，随后竟大声喝起彩来，刑场陷入了一片混乱。郝象贤趁乱，索性夺过围观者正在挑卖的木柴，殴打在场的刑官。惊叫声，喝彩声，此起彼伏。负责维持秩序的金吾卫士卒无奈，一拥而上将郝象贤乱枪捅死。

郝象贤总算在自己临终前出了口恶气，可他的先祖却因此遭殃。武则天得知此事后，下令肢解郝象贤的尸体，并下令把其父母以及爷爷郝处俊的坟墓挖开，毁棺焚尸。风光一时的郝家就此没落。由于郝象贤行刑前开口痛骂，给酷吏们不少启发。那以后，每要杀人，定先以木丸塞口，免得

再这样大骂。

灭了郝家，并不能让武则天收手。在武则天眼中，真正棘手的是那些既尊且贵的李唐皇室子孙。

唐宗室至高宗皇帝去世，已积三世。当时健在的宗室诸王，主要是高祖的子侄、太宗的子侄。就像历代王朝一样，当时健在的这些亲王已经形成了朝外之朝，他们有宽阔的封邑封地，有庞大的官属家奴，在百姓中间的影响力也是非同小可。一旦他们与朝廷相抗衡，定会使武则天的统治陷入到巨大的危机当中。

而在当时，武则天意欲改朝换代的举动已经越来越明显。一旦王朝易手，这些人将不复为风光无限的宗室王，其后果如何，不堪闻问。正因为如此，他们是武则天改朝换地的死敌，对此，武则天也一清二楚。

不过，武则天虽有诛杀李唐宗室之心，却不敢轻举妄动。没有一个名正言顺的借口，只能使自己招致天下人反对。她思虑一番，当即决定打草惊蛇，引蛇出洞，等着李唐宗室集体站出来反对自己。那样，她反而可以一举将其歼灭。

而要打草惊蛇，拿这块石头做文章是再合适不过的了。

垂拱四年五月，武则天突然下诏，要于这一年十二月亲拜洛水，去接受上天的授图。为此，她命令各州的都督、刺史，以及李唐宗室子孙做好准备，要于拜洛水授图大典之前十天赶往神都。

武则天此举可谓一箭双雕。一来，她以授图大典为由，为自己做女皇帝造舆论。她要明目张胆地告知天下人，她就要做皇帝了，而这个皇帝之位是上天封授，任何人无法改变。二来，她也想以此激起李唐宗室子孙心中的不满，更要让李唐宗室子孙为此恐惧、害怕，最终促使他们做出忤逆的举动。而武则天，则可以抓住机会将他们一网打尽。

一切正如武则天所料。当武则天大造舆论，准备取代李氏王朝自己称帝时，李唐宗室子孙再也无法安静下来了。宗室内各种谣言四起，甚至有谣言称，武太后召集李唐宗室子孙前往洛水参加授图典礼，就是打算在授图之日将李唐宗室屠戮于洛水畔！就这样，李唐宗室子孙自发地团结到一起，准备以武力推翻武则天的统治。

最先联络其他宗室，准备起兵者是绛州刺史韩王李元嘉。

李元嘉是高祖皇帝李渊的儿子，早年就号称神童。相传，他可以同时左手画圆，右手画方，目数群羊，口诵经史，兼成四十字诗，还可以用脚写出五言绝句，六件事一起完成。李元嘉在当时声望颇高，高宗皇帝驾崩后，武则天为了安抚宗室，还晋封李元嘉为太尉，这是全国最高的官职。

李元嘉很清楚武则天想要干什么，他当然不愿意拱手将天下让给李家的媳妇。所以，他和他的儿子通州刺史黄公李譔给各个宗室写了封信，信中称："内人病浸重，当速疗之，若至今冬，恐成痼疾。"

表面上看，这就是一封普通的家书。信中称，自己的妻子病得很严重，需要及时治疗。倘若拖到今年冬天，恐怕就治不好了。可仔细玩味，这封信可不同寻常。这个"内人"并不是指李元嘉的妻子，而是武则天。他要告诉宗室子弟，武则天妄想做皇帝，病得不轻。所以，我们得及早下手控制她，如果到了冬天，也就是武则天召集宗室子弟参加授图大典时，就来不及了。

当时，各个宗室正在为武则天洛水授图心慌不已，如今接到李元嘉的书信，更成了惊弓之鸟。可是，痛定思痛，宗室们反倒下定了决心。反正伸头也是一死，缩头也是一死，还不如和武则天争个鱼死网破。

就这样，在韩王李元嘉牵头之下，宗室之间的反武同盟就结成了。

这些密谋叛乱的宗室王分别有：绛州刺史韩王李元嘉、青州刺史霍王李元轨、邢州（今河北邢台）刺史王鲁王李灵夔、豫州刺史越王李贞、通州（今四川达县一带）刺史黄公李譔（李元嘉之子）、金州（今陕西安康）刺史江都王李绪（李元轨之子）、范阳王李蔼（李灵夔之子）、博州（今山东聊城东）刺史琅琊王李冲（李贞之子）等。

仅仅结成同盟还不够，李元嘉还要激发宗室诸王的雄心。所以，他当即让儿子李譔制造了一封睿宗皇帝的玺书，玺书中只有短短几字："朕遭幽执，诸王宜各发兵救我。"玺书制定完毕，被李元嘉送给诸王传看。

越王李贞的儿子博州刺史李冲看到这封玺书后，认为这封玺书只牵涉到皇上个人，不能很好地调动宗室诸王。所以，他当即另造一封玺书，称"神皇欲移李氏社稷，以授武氏。"见到这封玺书后，诸王群情激昂，纷纷表示，甘愿为李唐社稷江山肝脑涂地。

除了宗室诸王，李唐公主也有参与谋反的，其中要以高祖皇帝第七女常乐公主为代表。她接到李冲伪造的玺书后，对使者说："你回去告诉主人，如今他只许向前，绝对不能后悔。如果，你们宗室诸王还是男人，早

就该起兵了，怎么会等到今天？隋文帝杨坚篡夺北周天下时，尉迟迥作为周皇室的外甥都能起兵相州，维护周皇。更何况你们都是宗室皇亲，怎能坐视不管？"

这番话说得慷慨激昂。由此，我们也可以一见唐代女子的果敢和坚毅。中国能在唐朝出现历史上唯一的女皇帝，或许也和这种时代风气有关吧。

不过，诸王虽决议起兵，但因各自间地域分散，路途遥远，书信联络大费时日。所以起兵进展很慢，一直难有统一指挥和统一行动，甚至连一个统一的起事日期也没能约定。起兵之事，拖得越久，就越容易走漏风声。

很快，宗室诸王谋反一事就被泄露了出去，而向武则天告密者不是别人，正是李元嘉的侄子李蔼。

李蔼也是这次宗室谋划政变的一个核心人物。李蔼最初也是跃跃欲试，甚至曾对李贞说，只要四方一起响应，肯定能够成功。可是，时间一久，他当初的雄心壮志被消磨光了。他一想到起兵失败的后果，就不寒而栗。为了保全自己的性命，将功赎罪，李蔼便把宗室起兵的计划全盘报告给了武则天。

堡垒最容易从内部攻破，有了李蔼这样一个内鬼，李唐宗室诸王立即陷入了巨大的危机之中……

大开杀戒

诸王叛乱，正中武则天下怀。

武则天早有准备，接到李蔼的告密后，还不待诸王揭竿而起，就命丘神勣率大军前往山东讨伐。丘神勣就是在武则天暗示下，逼死废太子李贤的酷吏。当初，他因此事遭贬，可不久后又官复原职，并被武则天委以重任。这一次，武则天更是派他率军镇压宗室叛乱。

垂拱四年八月十七日，丘神勣的大兵还未抵达山东时，博州刺史李冲对此做出了反应。他认为事已泄露，应该拼死一搏。他立即致函各王迅速进兵京都，自己则带领刚刚招募来的五千兵勇率先攻打博州（今山东聊城）治下的武水县。

武水县令郭务悌听说李冲反叛，连忙跑到魏州求援。魏州莘县县令马云来得知后，连忙带着一千七百将士进入武水城，帮助郭务悌闭城拒守。

李冲初战即受阻，很有些恼火。好在李冲还有些头脑，他命人用草车塞住武水县城南门，想借着风势用火攻城。只可惜，人算不如天算。李冲点火后，风向突转，李冲军不仅被自己放的火阻挡住了去路，反而烧伤了自己的兵马，只好急退。

在当时，人们常常把一些难以解释的现象归结为天意。此次风向突然，就被李冲的手下干将董玄寂解释为：琅琊王与国家交战，意欲谋反，得不到上天保佑。

李冲得知此事后，当即杀死了董玄寂。只可惜，一切都已无法挽回，李冲大军军心涣散，不仅不听从李冲指挥，反而一哄而散，李冲身边竟只剩下几十个家丁。李冲无奈，只好前往博州。刚刚抵达博州城门，他就被守门者杀死。

李冲由起兵至被杀，仅仅只有七天。

待丘神勣大军抵达博州时，博州官兵素服出迎，并且奉上叛党李冲的人头。丘神勣并不领情，他大开杀戒，不仅城内官兵无一幸免，就连无辜百姓也多遭屠杀。若早知如此，城内官兵、百姓或许也愿意与丘神勣放手一搏，争个鱼死网破吧？

李冲起兵之前，宗室诸王已决议发动起兵。可待李冲率先起兵后，他们却又犹豫起来。真正响应李冲号召起兵的，只有李冲的父亲——越王李贞。

李贞得知儿子李冲起兵时，已经是八月二十五日。当时，朝廷派来镇压的大军已在路上。为了声援儿子，李贞还是硬着头皮起兵了。李贞好学，长于文史；好武，长于骑射，又有行政能力。在当时的皇族中与纪王李慎齐名，号称"纪越"，声望颇高。所以，李贞登高一呼，应募者居然达七千多人。李贞当即将这些人分成五营，以王府长史裴守德为大将，统中营，其余赵成美、闾弘道等分统诸军。

姜还是老的辣。李贞不仅声望高，还很会拉拢人。宣布起兵后，李贞便把女儿良乡县主嫁给了裴守德。这下子，李贞大军上下一心，首战即告捷，攻下了上蔡（今河南驻马店），随后又分掠附近州县。

李贞虽胜，却无法真正声援儿子。当时，豫州府治在汝南，距离博州很远。就在他们攻下上蔡后，李冲败亡的消息就传过来了。

与此同时，武则天已命左豹韬卫大将军曲崇裕为中军大总管，夏官尚书岑长倩为后军大总管，凤阁侍郎张光弼为主帅，率兵十万讨伐李贞。几天后，朝廷镇压的大军就赶到了。越王李贞寡不敌众，当即溃败。李贞眼见大势已去，上吊自尽。左豹韬卫大将军曲崇裕便割下李贞的头颅，送神都请功。

对于李贞、李冲父子，武则天毫不留情面。她下旨削越王父子的职位和爵位，并将他们从皇族谱牒中除名而改姓"虺"。"虺"就是毒蛇。太宗皇帝的嫡系子孙，竟成了毒蛇猛兽，可见武则天怨毒之深。

诛杀了这二人后，武则天还不收手。机会难得，稍纵即逝，更何况武则天是个善于利用机会的人。所以，她当即命监察御史苏珦彻底清查李唐皇室密谋的情况。

苏珦是雍州人，明经进士出身。他为人正直，敢言，在朝中很有些美名。苏珦经过一番审讯，并没有找到诸王反叛的证据。

当时，朝中很多人都清楚太后意图清剿李唐子孙。于是，有人密告苏珦与韩王、鲁王等诸王串通，要求太后严加惩治。武则天得到密信，便将苏珦召入宫中责问，苏珦直言争论，始终不肯改变自己的看法。武则天清楚苏珦的为人，也不想加害于他，便对他说："苏珦，你是个才德高雅的读书人，用来做御史不太合适。这个案子，你就先放下吧，我对你另有任用。"

就这样，武则天把苏珦派到河西监军，改由周兴等人审理此案。

周兴最拿手的就是审理大案、要案，尤其是这种牵涉众多的谋反案。周兴很快就从缴获的密信中找到了诸王通谋的证据。这些贪生怕死、心存观望的王爷，果然被常乐公主说中——虚生浪死，取笑后代。于是，被杀的被杀，赐死的赐死。李唐皇族无论高祖一支，还是太宗一支，也无论亲王、郡王，全都喋血国门，悬首西市。死后也都和李贞父子一道姓了"虺"。当然，常乐公主夫妇也在劫难逃。

对于那些没有参与密谋者，武则天也不放过。太宗皇帝第九子纪王李慎，生来谨慎，虽不满武氏，却没有参与其事。武则天对他的确区别对待，免他一死，充军巴州，只可怜李慎却死在了槛车中。这个生性谨慎的李慎也被改姓了"虺"。

值得一提的是，越王李贞起兵时，曾派使者约申州（今河南信阳）刺史东莞公李融一起起兵。李融匆促间不能响应，在属官逼迫下逮捕了李贞的使者上报。武则天最初对他颇为赞赏，升他为左赞善大夫。可惜，李融这个左赞善大夫没做几天，就于十月十四日被武则天斩于闹市，家产抄没。

李唐宗室起兵失败，不仅使宗室子孙惨遭屠杀，就连诸王治下的百姓也大受牵连。其中，越王李贞治下的豫州百姓，要判罪的有六七百家，籍没官府充当奴婢的有五千人。新任豫州刺史狄仁杰见状，连忙上书武则天，告知豫州百姓实被连累，并无谋反之意。在奏章的最后，狄仁杰还说了这样一句话："太后，臣想明白上奏，可这样似乎是在为叛逆的人申辩；可是，臣倘若知而不言，又恐有悖于陛下仁爱怜悯的本意。"

武则天素来欣赏狄仁杰，便下诏将这些百姓流放丰州（今内蒙古五原南）。流徒们前往丰州的途中，途经宁州（今甘肃宁县一带）时，受到了宁州父老的热烈欢迎。

原来，狄仁杰在弘道元年（683）曾出任宁州刺史，深受宁州百姓爱戴。一次，右台监察御史郭翰受命前往陇右诸地巡查，每到一处都要接待为数不少诉冤的百姓，百姓对当地官员颇多怨言。可待郭翰转入宁州境内，宁州百姓无不颂扬狄刺史的德政，郭翰深为感动。回京后，郭翰当即向武太后推荐狄仁杰。垂拱四年（688）春，狄仁杰被擢升为冬官侍郎（工部侍郎）。宁州百姓得知此事后，喜形于色奔走相告。可待狄仁杰离任进京时，百姓又都依依不舍，甚至失声痛哭。

宁州百姓怀念他们的狄刺史，如今见狄刺史所治的豫州百姓经过，自然倍觉亲切。流徒们也感激狄仁杰的救命之恩，便互相搀扶着在宁州百姓为狄仁杰立下的功德碑前痛哭。押解官员也被其感动，破例允许宁州父老的请求，在宁州"设斋三日"招待流徒。

狄仁杰做了豫州刺史，的确是豫州百姓之福。只可惜，豫州百姓的福分还薄。狄仁杰这个豫州刺史没做多久，就因张光弼的谗言被贬。

张光弼就是这次平定越王李贞之乱的统帅，当时正在豫州清理越王李贞余党。事情起因于张光弼的手下将士。这些将士依仗有功，想向狄仁杰勒索钱财，被狄仁杰断然拒绝。

　　张光弼得知此事后，质问狄仁杰道："怎么，你一个地方官还敢轻视全军的主将？"

　　狄仁杰不甘示弱，回敬张光弼道："在豫州作乱本只有一个越王李贞。可现在，一个李贞死了，却已经出现一万个李贞！"

　　"你这话什么意思？"

　　"张光弼，你统兵三十万前来豫州，所要杀的只有一个越王李贞。可是，大军赶来后，你却放纵军士凶暴抢掠，杀降报功，血流成河，这样的为害已抵得上一万个李贞！我只恨自己没有尚方宝剑杀你，我虽死也视作回家一般！"狄仁杰义正词严，痛斥张光弼，根本没把这个上司放在眼里。

　　狄仁杰所言句句是真，张光弼无言以对。

　　回京后，张光弼就给狄仁杰使起了绊子。他上奏武太后，称狄仁杰不恭顺。当时，张光弼因平定叛乱有功，已被武则天提拔为宰相。宰相有言，武则天不好反驳，当即把狄仁杰降职为复州（今湖北沔阳西南）刺史，入为洛州司马。

　　不过，狄仁杰还算幸运。相比之下，裴承先、骞味道的下场，就难堪得多。

　　裴承先是高祖皇帝的外孙，时任殿中监（宫廷总管）。因他与江都王李绪过从甚密，武则天把他和李绪一同杀掉。

　　至于骞味道，可是武太后跟前的红人，曾助太后诛杀裴炎有功，时任宰相。不过，这一新同盟当时已宣告瓦解。恰巧有人密告骞味道有罪，武则天便命侍御史周矩负责审理此案。

　　说起来，骞味道和周矩很有些渊源，两个人曾是上下级，常在一起办事。对于周矩，骞味道从未放在眼里，还常训斥他，说他办不成什么事。周矩屡受骞味道冷嘲热讽，对其积怨很深。他在狱中对骞味道说："你常骂我办不成事，今天我就为你办一件事。"

　　就这样，骞味道和他的儿子骞辞玉被处死。

　　诛杀了李唐宗室，又把手边几个碍眼的大臣除掉，武则天于垂拱四年十二月，率领朝中百官和京外奔赴的官员前往洛水，举行拜洛受图大典。大典毕，武则天又去南郊祀天，祭罢天又御临明堂，和百官群臣相见。不久后，武则天又改封嵩山为神岳，封嵩山神为"天中王"，拜嵩山神为太师，加拜神岳大都督。在一系列大型活动之后，群臣为武太后加了个"圣母神皇"的封号。仔细玩味，这个封号其实已经是个皇帝的封号了，只是江山还未易帜罢了。

为了加快易帜进程，武则天在这一番歌舞升平过后，又掀起了一番杀戮热潮。连州别驾、鄱阳公李湮，辰州别驾、汝南王李炜，广汉郡公李谧，汶山郡公李蓁，零陵郡王李俊等皇族十二人也被牵连进来，统统被杀。杀戮至此，李唐无论皇室、宗室已被杀得七零八落。

值得一提的是，武则天在这一番杀戮中，还杀了一个很特别的人物。这个人就是太平公主的驸马薛绍。

诛杀薛绍

薛绍与太平公主于开耀元年（681）成婚。

当时，唐宫廷公主的名声一直不好，公主出嫁后的败德之事甚多。不过，太平公主与薛绍青梅竹马，所以婚后的太平公主安分守己，两人生活甜蜜幸福，已经育有两男一女。假若没有李唐宗室的这次起兵，太平公主或许会一直安心地做好妻子母亲，踏踏实实地过自己的小日子。可是，太平公主是武则天的女儿，注定将成为一个不平凡的女人。

前文曾经说过，在太平公主与薛绍成婚前，武则天对薛绍哥哥薛顗之妻萧氏的出身十分不满，曾有意逼薛顗休妻。后因高宗劝解，这才罢休。打从这以后，薛顗和武则天一直不睦。如今，薛顗眼见武则天把持朝政，将睿宗皇帝权力架空，对武则天更是多了几分怨恨。

博州刺史琅琊王李冲起兵时，薛顗正在任济州刺史（今山东长清县西南）。李冲为了广泛发动宗室，壮大自己的声势，曾写信薛顗，要他一起加入讨伐武则天。薛顗是城阳公主的儿子，再加上平日与李冲也很有些交情，所以见信大喜，连忙招兵买马响应李冲起兵。

谁知，李冲还没打到济州就宣告失败。薛顗是个识时务的人，他当即决定隐瞒自己曾参与起兵一事，还把知情的录事参军高纂杀掉灭口，企图蒙混过去。

天下没有不透风的墙，薛顗参与谋反一事，还是被人告发了。而负责审查此案的，正是酷吏周兴。

周兴是何许人也？他生怕案子不够轰动，便将一切能牵涉其中的人都牵扯进来。于是，他奏报武太后，称有案犯供述，李冲起兵时，准备响应起兵的不仅有薛顗，还有他二弟薛绪、三弟薛绍。

薛绍就这样被牵连入狱。

薛绍入狱时，太平公主正怀着她和薛绍的第四个孩子。眼见驸马被捕，太平公主挺着大肚子直闯皇宫。太平公主是个倔强女子，她见到母亲后，既不求情，也不哭泣，反而昂着头和母亲抗辩。

"母后，薛绍若果真犯了死罪，那是他罪有应得，女儿绝对不会为他求情。可是，您该给他一个申辩的机会，至少也要说清来龙去脉。倘若驸马冤死，后世史官笔下，可大有文章可做了。"太平公主很了解母亲的脾气，专捡母亲在意的话说。

"放肆！薛绍兄弟早已承认谋反一事。他们召集人马，只等虺冲杀到济州，便要开城门接应。此等逆贼，你怎能不明就里为他求情？别以为我平日娇着你，宠着你，你就可目无王法！"武则天果真怒了。

太平公主听到这里，竟然冷笑道："母后可知周兴其人？周兴的衙署就是一座阎王殿，犯人若不招供，他就会施以酷刑，让人活着比死更难熬。重刑之下，谁能不招？"

"周兴的为人我清楚，可薛绍兄弟谋反，确是事实。"武则天仍旧坚持己见。

"母后！女儿乃薛绍之妻，薛绍有没有谋反，女儿比周兴更清楚！"太平公主的语气终于软了下来，因为着急，眼眶竟有些红了。

武则天看了看女儿隆起的肚子，似乎也生出了一丝怜悯，淡淡地对女儿说道："你先回府去吧，薛绍的事情你再容我斟酌斟酌。"

太平公主听了这话，长长地叹了口气。

"女儿怨只怨生在了帝王家，这些政治纷争，想躲也躲不开。最终，女儿连驸马也不能保，且看着他惨死在一个酷吏手上。"

太平公主说完，便转身离开了。

其实，武则天很了解薛绍的为人，知道他未必参与哥哥谋反。可是，薛顗、薛绪她是非杀不可的，何苦给自己留下这样一个仇家？更何况，武则天向来习惯于对亲人开刀，这一点并不是从薛绍开始，更不会在薛绍这里结束。要知道，女人要成就大事，非比男人的心更狠不可。

更为重要的是，武则天此时已有改朝换代的想法，对于驸马薛绍原本显赫的出身，就有些看不上了。她希望女儿能够与武氏子弟联姻，这样自己改朝换代之后，才可以给女儿一个名分，女儿才能安安稳稳地过好后半生。

要与武氏子弟联姻，武则天自然就得除掉薛绍这个驸马。不过，太平公主毕竟是武则天最为钟爱的女儿，看在女儿的面子上，她还是给薛绍留了一个全尸，将他活活饿死在狱中。至于薛顗和薛绪，则被下令处斩。

薛绍死后不出一个月，太平公主就生下了她和薛绍的第四个孩子，是个女儿。此后，太平公主一直托病不出。她不能原谅母亲的狠毒绝情，独自一人沉浸在丧夫之痛中无法自拔。武则天为了安慰女儿，还不待这个外孙女满月，就下诏将其封为万泉县主。武则天还打破唐公主食实封不过三百五十户的惯例，将太平公主的封户破例加到一千二百户。

渐渐的，太平公主的心平静下来，也看清了自己周围的人和事。感情在政治面前是相当脆弱的，如果没有政治权力，生命甚至都难以保障，感情更是无从谈起。所以，无论是母子亲情还是夫妻恩情，在政治利益面前，都是不堪一击的。而她，作为大唐公主，作为武则天的女儿，作为一个母亲，她必须得对自己的余生负责。

就这样，太平公主和母亲冰释前嫌。

母女关系和好如初后，武则天为安抚女儿，又开始为女儿寻起下一任驸马来。其实，武则天心里早就有了人选，这个人就是她的侄子武承嗣。武承嗣袭爵周国公，时任宰相，一直对武则天忠心耿耿。假若能把女儿嫁给武承嗣，两家亲上加亲，武承嗣自然更会死心塌地为自己卖命。这样，太平公主虽是李唐公主，却也是武家的媳妇，即便改朝换代，她也是周国公的夫人，自然可以避免陷入政治纷争。

对于这门亲事，武承嗣是一百个愿意，能够再往上攀一步，这是再好不过的时机。可惜的是，当武则天问及女儿意愿时，太平公主却以武承嗣身体不好为由，一口回绝了。

其实，武承嗣身体倒没什么大毛病，看起来还是生龙活虎的。太平之所以不想嫁武承嗣，是因为看不起武承嗣这个人。

武承嗣是个地道的小人，使出浑身解数讨好武则天，甚至亲手炮制什么"圣母临人，永昌帝业"的宝石，这才引发了宗室之乱。当然，太平公

主也清楚，母亲才是整个事情的主谋。但是，母亲毕竟是母亲，太平对她可以说是爱恨交织，她根本没有办法去恨母亲。所以，武承嗣在太平公主眼中，就成了替罪羊，成了一个十恶不赦之徒。

更让太平公主无法容忍的是，武承嗣和当时朝中横行的酷吏关系不错，和周兴更是称兄道弟。而这个周兴，就是薛绍一案的主审。武承嗣和周兴有了这么一层关系，太平公主又怎么能再跟他夫唱妇随同床共枕？

武则天毕竟还是心疼女儿，见女儿不肯，自然也不想强求。而且，武承嗣离政治核心太近，也太热衷政治投机了。武则天不想女儿被朝政牵连，此事也就不了了之。

太平公主的婚事就这样被暂时放了下来。一年以后，武则天才再次为女儿选驸马，这一次选中的仍是武氏子弟，是武则天的堂侄武攸暨。

武攸暨是武则天堂兄武怀运的儿子。武怀运和哥哥武惟良都被武则天所杀，武惟良的妻子善氏更是被荣国夫人杨氏活活打死。可如今武则天想要改朝换代，极需武氏族人，便将惟良和怀运的几个儿子统统赦回。当时，武攸暨官至右卫中郎将。

武攸暨生性恬淡，沉谨和厚，不会主动卷入政治斗争。而且，武攸暨还是一个标准的美男子。不过，当时武攸暨已经成婚，妻子很年轻也很健康。为了扫清障碍，武则天立即派人到武攸暨家去，逼武攸暨的妻子自尽。

武攸暨虽心有不忍，可姑姑的狠毒老辣他是清楚的，再加上续娶之妻太平公主不仅美貌，又是姑姑唯一的女儿。若有幸做得太平公主的驸马，自己也可保住后半生的富贵平安。就这样，武攸暨眼睁睁地看着爱妻惨死，而他再度恢复单身。不久后，武攸暨就光明正大地把太平公主娶进了门，风风光光地做了回驸马。

这是太平公主的第二次婚姻。

太平公主和武攸暨并不相爱，所以在这次婚姻期间，她大肆包养男宠，甚至还与朝臣通奸。好在，武攸暨这个人性格懦弱，对于太平公主的所为十分宽容。就这样，两个人在一起生活了二十二年，共育有二男二女。这是题外话。

丽景门之狱

在对李唐宗室子孙及部分朝臣的大清洗中，酷吏队伍逐渐发展壮大起来。对于酷吏的选拔，武则天不重门第出身，也不在乎官员的德行文才，她遵循的就是实用标准，就是要能够巩固统治的工具。在她选拔出的诸多工具中，来俊臣后来居上，很快就取代了索元礼、周兴的地位，成了大唐第一酷吏。

来俊臣出身穷苦，父亲来操不务正业，常以赌博为生。据说，来操本因家贫娶不到老婆，后来在与同村另一个赌徒蔡本赌博时，竟赢得了蔡本的妻子。来俊臣本是蔡本的儿子，只因年纪尚幼，便由母亲带入来家，并认来操做了父亲。

在这样环境中长大的来俊臣，很有些继父遗风。他年轻的时候曾外出游历，在路过和州（今安徽和县）时被官府无故以盗窃罪捉拿入狱。来俊臣为图保命，便在狱中上告，诬陷捉他的人想谋反，以求脱罪。

来俊臣此举，表现得十分聪明、果断。在当时，谋反乃非同小可之事，是政治要案。所以，来俊臣一告，和州刺史东平王李续只好立即提审。可是，本就没有什么谋反案，来俊臣只是不想稀里糊涂死在狱中，所以也就没有再闹下去，只是敷衍李续。李续也清楚其中虚实，便打了来俊臣一百大板，随后将他释放。

李续此举还算宽容，可来俊臣对李续却由此怀恨在心。

此后不久，李唐宗室集体谋反，武则天开始大肆清洗李氏宗党。很快，来俊臣就得知了江都王李绪被斩的消息。江都王李绪乃高祖皇帝第十四子霍王李元轨的儿子，和本节所提的东平王李续非并同一人。东平王李续乃是太宗皇帝第十子纪王李慎的长子。而李慎，前不久已在流放巴州的途中惨死。

来俊臣得知了江都王李绪被杀的消息后，突然灵机一动，他意识到自己复仇的时机来了。他向铜匦中投了一封密信，谎称在和州时发现了东平王李续谋反之事，上报官府，却被刺史李续报复。武则天当然不会放过这个机会，李续最终被武则天诛杀。对于来俊臣，武则天亲自召见，夸赞他

忠义可嘉，赏赐甚厚。不仅如此，武则天还提拔来俊臣做了司刑评事。

司刑评事为从八品下的官员，主要负责调查被告，起草判决书和管理监狱。官职虽不高，可处于特殊时期的来俊臣却做得如鱼得水。武则天认为来俊臣是个能人，不久后就又提拔他为御史中丞，加朝散大夫。

为了让武太后满意，来俊臣处处揣摩太后心思，处理起案子来也十分迅速。他仔细查看武太后与朝中大臣的关系，凡有不顺从太后者，他必定构害别人下狱，然后轮番使用各种酷刑，"穷治至死"。

来俊臣办案的确有些手段，为此他还亲自著下《罗织经》一书，洋洋数千言，详细介绍制造假案的七个步骤。例如，什么样的人最合适诬陷；怎样诱使犯人承认反状；怎样让犯人牵出更多的人，如此等等，都是行之有效的理论。《罗织经》被酷吏们奉若经典，纷纷如法炮制，朝中的冤假错案层出不穷。此后在酷吏们的罗织下，忠奸、曲直、善恶全被颠倒，朝廷上下一片乌烟瘴气。

可是，武则天还嫌不够。为了让来俊臣等更方便办案，武则天竟在丽景门内专门设置了一个监狱，称为"推事院"。在当时，丽景门内是朝廷诸省、府、卫、馆等的办公场所，另有内坊，左、右春坊等供官员居住。在丽景门内设置监狱，的确可以提升酷吏们的办案效率。此后，武则天只要得到密状，就都交由来俊臣等人审理，而犯人自然也都被关进"推事院"。

"推事院"可不是一个普通的监狱，能够进入"推事院"者，不是朝中大员，就是宗室子孙，可无论地位有多显赫，进入"推事院"者基本就没有生还的可能了。当时，推事院内有一套完备的刑罚用具，如，"定百脉"、"突地吼"、"死猪愁"、"求破家"、"凤凰晒翅"、"驴驹拔橛"等等，不一而足。进入"推事院"的人不一定都被动刑。可来俊臣定会摆出刑具来，让犯人参观。犯人看了，无不胆战心惊，大多数不需上刑就会自动招认。招供的结果，自然就是死。可在"丽景门"内，死总比活着要好。

渐渐的，来俊臣杀人杀上了瘾。假如碰到朝廷大赦，来俊臣就叫狱卒擅自将犯人杀死。所以，丽景门建立之后许久，竟没有一名犯人能够在入狱后生还。另一名酷吏王弘义见状，便戏称丽景门为"例竟门"。"竟"，即完结，表示进入此门之人例皆没有生还的希望。

这，还真是一个贴切的名字。

王弘义和来俊臣一样，也是因告密发家。早年他在赵州一带游历时，发现乡间父老聚在一起作佛事。王弘义灵机一动，便诬告百姓谋反。官府闻讯赶来，当即杀死二百多人，而王弘义则因此当上了游击将军。

王弘义是个纯粹的流氓无赖，这种性质却很适合做酷吏，很快就爬上了殿中侍御史的位置。一次，武则天接到密告，称胜州（今陕西靖边）都督王安仁谋反。胜州是当时的边塞重镇，都督谋反非同小可，武则天当即派王弘义前去审查。

王安仁当然没有谋反，所以并不招供。气急败坏的王弘义当即砍下了他的脑袋。不仅如此，王弘义还大肆搜捕王安仁的儿子，把他儿子的头一并砍下。这对父子的头被王弘义装进盒子，准备带回洛阳请赏。返回洛阳的途中，王弘义在汾州稍作停留，与汾州司马毛公一起喝酒吃饭。吃着吃着，王弘义忽然怒喝毛公起身离席，随即砍下毛公的脑袋，用枪挑着进了洛阳。

王弘义的残暴狠毒人尽皆知，在当时可谓令人闻风丧胆。

丽景门有了来俊臣、王弘义这一班人把持，果真也就成了"例竟门"了。他们唯恐案件不够轰动，试图将每一件经手的案子都办成大案、要案、谋反案。不久后，还真有一个谋反重犯撞进了他们手里，这个人就是徐敬业的弟弟徐敬真。

徐敬真是徐敬业最小的弟弟，并没有参与徐敬业起兵。不过，徐敬业起兵失败后，他还是被其牵连，流放绣州（今广西桂平一带）。徐敬真耐不住寂寞，竟偷偷逃了回来，准备投奔突厥。路过洛阳时，徐敬真偷偷拜访了旧相知洛州司马弓嗣业和洛阳令张嗣明，这两人很同情徐敬真的遭遇，便给他许多银两，护送他离开洛阳。

可惜的是，徐敬真离开洛阳后不久，就被官兵捕获。得知此讯后，弓嗣业立即上吊身亡。张嗣明不愿赴死，便带着一线希望和徐敬真一道被关进了"例竟门"。

来俊臣、王弘义好久没有接手谋反案，更何况主角还是徐敬真。在他们的引诱下，求生心切的张嗣明和徐敬真诬告了许多朝中大臣。

徐敬真招供，秋官尚书张楚金、陕州刺史郭正一、凤阁侍郎元万顷、洛阳令魏元忠等人曾与徐敬业串通谋反。张嗣明由于和徐敬业关系不够亲

密，却也想戴罪立功，便诬告平定李贞起兵有功的张光弼。

张光弼前文曾经提及，就是在豫州和狄仁杰起争执，被狄仁杰比作一个万个李贞的凤阁侍郎。此时，他已贵为宰相。张嗣明为了保命，称张光弼在征讨豫州时，曾私下议论王者受命的征验、天象变化，得出的结论便是，张光弼在朝廷和叛逆者间脚踩两只船。

徐敬真和张嗣明这一番招供，很使来俊臣满意。既然案犯供认不讳，接下来的处斩也就顺理成章。

永昌元年（689）八月初四，徐敬真和张嗣明被处死，一同被处斩的还有张光弼。张光弼仪仗军功，目中无人，武则天早有杀他之心。

十天之后，被徐敬真牵连的张楚金、郭正一、元万顷、魏元忠也被押赴刑场。这四个人中，元万顷乃北门学士出身，和武则天关系还算亲密。至于魏元忠，更被武则天所倚重，曾帮助李孝逸平定了徐敬业叛乱。所以，武则天并不相信元万顷和魏元忠会和徐敬业谋反。所以，在执行死刑前，武则天突然派凤阁舍人王隐客骑快马传话赦免了这四人。

赦免的喊声传到刑场，张楚金和郭正一高兴得跳跃欢呼，元万顷则痛哭流涕，哭拜太后不杀之恩。唯独魏元忠，他仍安坐自如，不动声色。直到王隐客宣读了太后的赦令，他才慢慢起来，以跪拜之礼拜了两拜。而脸上，却始终没有忧愁和喜悦的表情。

这一天，原本阴云密布，厚厚的乌云似乎压的人喘不过气来。可待王隐客宣读了赦令后，阴云突然散去，阳光重又普照大地。

魏元忠、元万顷等人，由此成了"例竟门"的一个特例。

被徐敬真诬告谋反的，还有彭州长史刘易从。

刘易从前文曾经提及，他十分仁爱孝顺。仪凤年间，刘易从的父亲刘审礼被吐蕃所俘，刘易从为救父亲前往吐蕃，并赤着双脚把父亲的尸体背了回来，使刘审礼得以归葬故土。刘易从不仅孝顺，而且忠诚谨慎，颇受百姓爱戴。可就是这样一个人，却被徐敬真诬告谋反，被捕入狱。

八月二十九日，刘易从在彭州（今四川彭州）被处死。周围的百姓和官吏得知刘易从将被处斩后，都怜惜他无罪，纷纷从远近各处奔赴刑场。在当地，有扔衣为死者求冥福的传统。为了给刘易从求取冥福，百姓们争先恐后脱掉自己的衣服，仍在地上。这些衣服扔得满街都是，总价值竟已超过十万。

刘易从的死，着实令人扼腕叹息。

眼见着来俊臣、王弘义屡立功勋，周兴不甘落后，连忙罗织罪名陷害朝臣。就在刘易从被处斩前后，周兴诬告地官尚书魏玄同有意谋反，武则天令其自尽。

魏玄同自尽前，监刑御史房济曾劝导魏玄同，建议他也告密，以求得太后召见，那样还可以为自己申诉，保得性命。魏玄同听罢长叹了一声道："被人杀死和被鬼杀死，又有什么不同？我魏某绝不做那告密之人！"说罢，魏玄同安然自尽。

魏玄同死后，周兴又罗织罪名，诬告右武卫大将军燕公黑齿常之谋反。黑齿常之一生战功显赫，武则天终没能怜惜他，反而将他送进了"例竟门"。

十月初九，黑齿常之上吊身亡。

永昌元年，是一个充满血腥的年代。六十六岁的武则天，为了实现她的帝王梦想，已诛杀了太多无辜。由于"例竟门"就设置在丽景门内，许多官员入朝办公时，就势被关入"例竟门"。为此，官员每次入朝前，都要与家人诀别："不知道是否还能再相见？"

全国上下，人心惶惶。

武则天的倒行逆施引起了许多人的不满，就在这时，陈子昂冒死上谏，公开反对酷吏滥刑。

陈子昂是梓州射洪（今属四川）人，出身于富豪之家。他少年时轻财好施，慷慨任侠，直到成年后才开始发愤攻读，二十四岁即中了进士，时任麟台正字。麟台正字是九品官，一个九品小官却能上书武则天，实在勇气可嘉。陈子昂在上书中直称酷吏为"寡识大方"的刀笔吏，是"图荣身之利"的小人，他还指责武则天信任酷吏，乃是"爱一人而害百人"，最后恳请武则天能够禁止滥刑。

武则天当然没有因此禁止滥刑，对于激烈上书的陈子昂，她也没有加罪。对于这种正直的儒臣，武则天素来有几分敬畏之心。

在当时，公开反对滥刑的除了陈子昂，还有司刑丞徐有功。

徐有功本名弘敏，字有功。可是，人们都习惯称呼他的字。徐有功以宽大为治狱原则，很少对犯人用刑杖。他在担任蒲州司法参军期间，没有杖责过一名犯人。对于那些被酷吏诬陷的人，徐有功尽量为他们平反，前

后挽救了上百家人的性命。有一次，徐有功在朝堂上和武则天争辩有关刑狱的事，被武则天加以斥责。可是，徐有功神色不变，不仅不改初衷，争辩得反而更加坚决。最终，武则天只得让步。

武则天了解徐有功的为人，此后对他更多了几分敬重。

在当时，和徐有功一样执法公正的还有杜景俭、李日知等人。不过这几个人和数十位酷吏比起来，实在是沧海一粟。这一时期，死在酷吏冤狱手中的人数不胜数，而且多是干臣良将和无辜百姓。对此，武则天心里十分清楚。可是，既然杀戮能帮她清除迈向帝位的障碍，她当然不会手软。做为一个掌权者，令人生畏要比善良更重要。

经过这一番杀戮，朝野已经没有反对势力能对武则天形成威胁。距离武则天改旗易帜、登基称帝的日子已经不远了。

第十九章　改唐为周

女皇登基

永昌元年（689）正月初一，武则天在新近落成的明堂内举行盛大的宴飨仪式。武则天穿戴帝王礼服，第一个献祭品，其次为睿宗皇帝及太子。祭祀典礼完成，武后登上则天门，宣布大赦天下。此后，武则天又接连驾临明堂，施行政教，颁布教诲百官的政令，并在明堂宴赏群臣。

此时，朝廷上下一片歌舞升平，各国使节也纷纷前来朝贺。在一片称颂之声中，武则天又向前迈出了决定性一步，她下诏追尊父亲魏忠孝王武士彟为周忠孝太皇，母亲杨氏为周忠孝太后。太皇、太后已经是皇帝及后妃的称呼了。不仅如此，武则天还将父母在文水的坟墓称为章德陵，在咸阳的坟墓称为明义陵，并设置了崇先府官员。

诏书发下，朝堂内外，一片波澜不惊。

这一步投石问路，给武则天吃了颗定心丸。这一切表明，她完全可以大胆地进行下一步了。

永昌元年十一月初一，武则天又在明堂内举行宴飨仪式。这一次，在诸多受祭帝王中，武则天的父亲周忠孝太皇赫然在列。在受祭皇后中，自然也有武则天的母亲忠孝太后杨氏。

随后，武则天大赦天下，改元载初，并宣布使用周历纪年。

在当时，还没有公元纪年，纪元方法一般使用夏历，就是我们常说的农历、阴历、殷历，用六十甲子以纪年。至于年代，则用当时帝王的年号为准绳，比如唐贞观九年、唐永徽三年等等。武则天意欲改唐为周，便决

定使用周历，改永昌元年十一月为载初元年正月，以十二月为腊月，夏历正月为一月。

这一次，仍旧没有朝臣表示异议，想尽方法溜须拍马者倒是层出不穷。

为了讨好武则天，凤阁侍郎宗秦客改造"天"、"地"等十二个字进献给太后。宗秦客是武则天堂姊的儿子，他的弟弟就是前文提及的，要为薛怀义写传记的宗楚客。这兄弟俩都善逢迎，而且青出于蓝胜于蓝。对于堂外甥宗秦客的这一番心意，武则天十分领情，下令推行。后来，她还在这十二个字中，选中了一个"曌"字，作为自己的名字。

"曌"，即"照"。两个字读音和意思都相同，但是结构却很特殊。"曌"，联想起来就是日月当空，发出光芒万丈。在武则天看来，这才该是一个帝王该有的名字。为了避讳，武则天又下诏改称"诏"为"制"。

眼见着宗秦客为太后立下大功，时任司刑少卿的周兴不愿落后，连忙奏请废除唐朝帝室亲属的家族名册。薛怀义见状，也紧随其后。载初元年七月，薛怀义和东魏国寺和尚法明撰写《大云经》四卷，并将其进献给武则天，称武则天乃称勒佛降生，当取代唐代帝王做人间的主宰。

武则天刚刚取名为"曌"，《大云经》便称她是弥勒佛降生。这样一来，武则天立即化身为慈悲为怀、普度众生的弥勒佛，如日月当空一般，给芸芸众生带来了光明和幸福。对于《大云经》的这番阐述，武则天十分满意，当即将《大云经》颁布天下，并要各州建大云寺一座，寺内各藏《大云经》一部，并要求各寺高僧定期开坛讲经。

一时间《大云经》传遍大江南北，"女主将王天下"的舆论鼎沸朝野。

改朝换代的前夕，武则天又对李唐皇族及旧臣进行了一番清洗。首先落入武则天手里的，就是高宗皇帝的两个儿子隋州（今湖北随县）刺史泽王李上金和舒州（今安徽舒城）刺史许王李素节。

李上金为宫女杨氏所出，地位虽低下，但毕竟是高宗第三子。至于李素节，则是当年宠极一时的萧淑妃所出，很被高宗所爱。自武则天被册封为后，李素节也被高宗所远。这两个人虽一直远离朝廷中枢，可在当时仍旧很有号召力。

载初元年四月，武承嗣指使周兴罗织罪名告发李上金和李素节谋反，命人押解入东京洛阳。

李素节自幼目睹母亲惨死，族人惨遭武氏屠戮，清楚自己此行必死无疑。他从舒州出发时，途中遇到有人因遇丧事而痛哭。李素节见状，感慨道："病死也是福分，还哭什么呢？我即便想要病死，也无从得到啊！"

四月十三日，李素节在龙门被吊死，享年四十三岁。武则天下令以庶人之礼下葬。素节的几个儿子李子瑛等九人也被周兴罗织罪名杀害，仅有李琳、李瓘、李璆、李钦古四个人因为年纪小，被长禁雷州。

李上金得闻素节被杀后，吓得魂不附体，自尽身亡。上金死后，他的七个儿子被流放显州，其中李义珍、李义玫、李义璋等都被酷吏罗织罪名杀害，仅剩李义珣一人幸存于世。上金和素节一死，高宗皇帝的几个儿子中，仅有武则天所出的李显、李旦二人存活。

载初元年八月，武则天又对李唐宗室及旧臣大开杀戒。

八月十一日，太子少保、纳言裴居道入狱被杀。二十日，武则天杀尚书左丞张行廉。二十八日，武则天又杀南安王李颖等皇族十二人，又用鞭子将已故太子李贤的两个儿子李守义、李光顺活活打死。至此，唐朝皇族几乎已被清除殆尽，再没有谁能够对武则天称帝造成威胁，武则天称帝的呼声也水涨船高。

载初元年九月初三，侍御史傅游艺领着九百多名"关中百姓"联名上表，请求武太后改国号为"周"，并建议让皇帝李旦改名为武旦。

傅游艺是酷吏出身，当时已经六十一岁。他入仕虽早，可是三任县尉，两历主簿，一直都是地方小吏。直至告密风起后，他才被武则天提拔为侍御史。傅游艺年龄虽老，可仕进之心十分积极。为了讨好武太后，他突发奇想，组织拉拢了九百多人请求武则天登基称帝。

对于傅游艺之情，武则天不敢贸然应允，只得假意推辞。不过，她当即提拔傅游艺为给事中。

这个提拔，是个再明显不过的信号。一时间，文武百官、帝室宗戚、远近百姓纷纷上表，请求武太后改国号、"赐"皇帝改姓武。短短两天之内，上表者竟多达六万余人。为给太后称帝造势，群臣绘声绘色地讲述所见祥瑞，称有凤凰从明堂飞入上阳宫，还有数万只赤雀飞集朝堂。

睿宗皇帝李旦见状，终于也坐不住了。睿宗被囚多年，很少参与朝事，尤其在刘祎之死后，睿宗对于朝事更是不发一言。如今，眼见朝臣轮番请求太后登基称帝，李旦也不敢怠慢，连忙上表恳请母亲荣登大宝，并

请母亲赐姓为"武"。

睿宗皇帝此举当然不是本意，可这却也是他当时唯一的出路。有睿宗皇帝出面恳请，武则天终于可以名正言顺地改朝换代了。

九月初七，武则天同意了皇帝及群臣的请求，一切水到渠成。

九月九日，武则天登上则天门，宣布国号由唐改为周，同时改元天授，大赦天下。

九月十二日，群臣为武则天上尊号为"圣神皇帝"，武则天正式称帝。一国不能有二主，武则天既已做了皇帝，睿宗李旦就得退位。所以，武则天降李旦为"皇太子"，改"李"姓为"武"姓，同时改名字为"轮"，李旦的皇后刘氏也降为妃。

九月十三日，武则天又下令在洛阳立武氏七庙。早在光宅元年(684)，武则天就有了立七庙的打算，这一愿望终于得以实现。据传，武姓出自周朝王室周平王的幼子姬武，武则天对此加以利用，当即和周朝王室攀起了亲戚。她追尊周文王为"始祖文皇帝"，周文王妻子姒氏为"文定皇后"。至于姬武，则被武则天追尊为"睿祖康皇帝"，他的妻子姜氏尊为"康惠皇后"。

追尊完了"假亲戚"，当然还得封"真亲戚"。由于武氏子弟对武则天登基称帝帮了不少忙，武则天也不再追究当年兄弟们对她的睚眦小隙。于是，继武士彟及以上五代先人被追尊为皇帝之后，武则天又追赠几位伯父为王，其中伯父武士让为楚僖王，武士逸为蜀节王，他们子孙也均被加封，其中武懿宗被封河内王，武嗣宗被封临川王。至于另一位叔伯武士棱的孙子，太平公主的驸马武攸暨则被封为千乘王。

对于同父异母的哥哥武元庆，武则天追谥其为梁宪王，他的儿子武三思则袭封梁王。另一位哥哥武元爽则被追谥为魏德王，他的儿子武承嗣袭封魏王。由于武承嗣在武则天改朝换代中立有大功，武则天加封武承嗣邑千户，又封武承嗣的儿子孙武延基为南阳王，武延秀为淮阳王。

武则天不仅加封武氏子弟官爵，还将自己的老家文水县改为"武兴县"，武兴县百姓世代免除赋税，县令待遇则与京畿重地县令待遇相同。

对于拥立武则天称帝有功的大臣，武则天绝对不会亏待。其中，带头上书请求改唐为周的侍御史傅游艺更是坐着火箭蹿升，很快就被提拔为鸾台侍郎、平章事。傅游艺仅仅一年内，就由九品官做到三品官，穿遍了青、绿、朱、紫四种颜色的官服，被时人称为"四季作"官。不仅如此，武则天还给傅游艺赐姓为"武"。同样享有赐姓待遇的还有岑长倩、张虔勖以及丘神勣。

经历了这一串令人眼花缭乱的大赦恩诏，武则天改唐为周的进程全部完成。武则天十四岁入宫，当时只是满怀希望地想见天子，想把自己一生的幸福托付给当朝天子。哪知道，其间经历的种种，最终将她推向了皇帝的宝座。站在则天门上俯视群臣、眺望大好河山的那一刻，武则天突然意识到，自己已经成为皇帝，天下人的荣辱和性命在她眼中渺如沙粒。

这一年，武则天六十七岁。她成了中国历史上唯一一位女皇帝，也是登基时年龄最长的皇帝。

请君入瓮

随着酷吏的残酷打压，武则天登基前后，朝中的政局已经逐步稳定下来。不过，新的问题也随之产生，由于酷吏的倒行逆施，朝中上下对酷吏以及武则天产生了不满情绪。其中，大学士王循之因为害怕酷吏，甚至假称父母年迈多病，请求告假还乡照顾双亲。

对于王循之的乞假还乡，御史中丞李嗣真颇为悲愤。在他看来，酷吏横行不仅使朝臣人人自危，更离间了君臣之间的关系。因此，他慷慨激昂地上书武则天，请求武皇禁止滥刑。李嗣真在上书中告知武皇，所谓的告密，其内容虚妄的多，属实的少。而且，酷吏的审查程序不合法律。当时，管理刑狱的官员可以单独一人外出办案，审讯既定当即可以执行，不再重审。李嗣真认为，将这等生杀大权交予臣下，很容易出现滥用刑罚的状况，不是周密慎重的办法，甚至可能是国家的祸害。

李嗣真这番话句句在理，而武则天也意识到了朝臣的不满，为了安抚人们的怨恨情绪，武则天终于动了诛杀部分酷吏的心思。

作恶多了，总是要遭报应，而且结果往往是作茧自缚。

第一个遭到报应的，就是丘神勣。丘神勣逼死章怀太子李贤，又在镇压博州叛乱时杀死成千上万无辜的百姓，诬陷数千官宦人家参与谋反，最终惹得天怒人怨。天授二年（691）二月，有人借着李嗣真上奏之机，密

告丘神勣谋反。

登基之前，武则天对丘神勣一直偏袒有加，可这一次她却将丘神勣交由酷吏处置。丘神勣本是酷吏出身，当然清楚酷吏的办案流程。而且，他对各种酷刑也了如指掌，对于可能加诸于身上的酷刑，他当即生出无比的恐惧。所以，还不等主审官员展示刑具，丘神勣已经吓得魂飞魄散，悉数招供。

案情既实，武则天便下令以谋反罪将丘神勣处斩。人们得知丘神勣即将处斩，纷纷从全国各地赶来，要亲眼目睹这大快人心的盛况。由于围观的人众多，监斩官不得不临时加派了许多人手，将丘神勣"护送"至刑场。待到得刑场，丘神勣被刽子手砍掉了脑袋，围观民众无不拍手欢庆。

丘神勣死后不久，"四季作官"的傅游艺也被人诬告谋反，被捕入狱。傅游艺因拥立武则天有功，曾被擢升为宰相，他的哥哥傅神童也擢升为冬官尚书。兄弟共蒙皇宠，可谓荣华富贵至极。只可惜，傅游艺毕竟才薄识浅，每次议政的时候都是诚惶诚恐，可即便如此他还是常常闹出笑话，弄得武皇很下不了台。所以，傅游艺只过了四个月的宰相瘾，便被武则天从相位上拉下来，降为司礼少卿。

武则天并没有亏待傅游艺。司礼少卿虽是个四品官，但由于傅游艺是银青光禄大夫，所以仍享受正三品官的待遇。傅游艺本不热心朝政，又是个脸厚心宽之人，如今落得清闲自在，他反而更加飘飘然起来。这天晚上，傅游艺甚至梦见自己穿着王侯般的华丽衣服，登上了湛露殿！

这是何等的荣华富贵！

此后，傅游艺一直陶醉在这个虚幻的荣光里，并认为这是个好兆头，大肆对自己的亲戚朋友吹嘘。

在当时，臣下未经敕许，绝不可擅自进入皇宫。当然，臣子要做梦，帝王是不能干涉的。可是，位居显要者做了这种梦后又到处吹嘘，就实在有些不谨慎了。傅游艺的做法就极不谨慎。对于傅游艺洋洋自得的吹嘘，有些人仅仅是嫌恶，立即避而远之。有些人则对他的快速升迁眼红，如今又见他骄傲自大的样子，更是反感和嫉妒。嫉妒之余，便有人把这件事密奏给武则天，并称傅游艺有叛逆之志。

俗话说"日有所思，夜有所梦"，傅游艺的这个梦就是他谋反的最佳证据。武则天当即下诏，剥夺了傅游艺的官爵和"武"姓（当时，他已被武则天赐姓武，即武游艺），并把他投入狱中。

傅游艺也是酷吏之一，很清楚自己接下来将要面对什么。对此，他无比恐惧，整日在狱里踉跄徘徊，一副魂不守舍的样子。几天后，傅游艺在一阵欷歔之后，自缢身亡。就这样，他不仅没能登上湛露殿，反而一下子坠入了万丈深渊。

就在傅游艺、丘神勣接连死去的同时，朝中也发生了一件令人扼腕叹息的大事。一直坚决反对酷刑的徐有功被酷吏诬告下狱。

由于徐有功提倡宽刑公正，来俊臣、周兴等人一直将他视为仇敌一般。对此，徐有功并不放在心上。他处处以法律为准绳，试图拯救更多的人于水火之中。为此，徐有功甚至将手伸进了来俊臣的地盘。

天授二年七月，右玉钤卫大将军张虔勖被人诬告谋反。张虔勖对武则天有功，曾被赐姓为"武"。可惜，武则天并不因此怜惜他，她接到密奏后当即把案子交给来俊臣审理。

来俊臣办案都是一个套路。他照例给张虔勖动了大刑。张虔勖知道招认即死，所以拒不招供。一个偶然的机会，侍御史徐有功前往丽景门"推事院"内办事，被张虔勖看见了。张虔勖像是抓住了救命稻草般，当即向徐有功自诉冤屈，而徐有功也答应他向武皇代为申诉。

这件事就发生在丽景门内，当然逃不过来俊臣的眼睛。来俊臣暴跳如雷，他不能容忍在他的地盘发生这种事情，当即命令狱卒砍下张虔勖的脑袋，更将其尸体剁成肉酱。发泄私愤后，来俊臣这才吩咐人伪造现场，并称张虔勖承认谋反后畏罪自杀。

对于多管闲事的徐有功，不仅来俊臣恨之入骨，其他酷吏的积怨也很深。所以，这一群酷吏联起手来，试图将徐有功置于死地。

机会很快就来了。当时，道州刺史李行褒兄弟被酷吏诬陷，罪当灭族。徐有功认为两兄弟罪不当死，便多方为他们辩护。结果，徐有功没能成功，两兄弟仍不免一死。周兴见状，便诬告徐有功故意为谋反囚犯开脱，应当斩首。

就这样，徐有功被送了"例竟门"。徐有功入狱可谓凶多吉少，朝中正直之士不禁为其牵肠挂肚。所幸的是，武则天了解徐有功的为人，并不让周兴、来俊臣等酷吏审案，只将徐有功关押几日，随即罢免了他的官职。

　　徐有功被罢官，朝廷上下无不扼腕叹息，对于诬告徐有功的周兴更是多了几分怨恨之心。结果，就在徐有功被免官后不久，有人故意报复周兴，往铜匦中投了封密信，称周兴曾和丘神勣一同商议谋反。

　　武则天接到密信后，将周兴谋反一案交由来俊臣处理。但凡来俊臣接手的案犯，还没有哪一个经审是清白的。来俊臣不会放过任何一个立功的机会，哪怕对方是自己的同僚周兴。

　　说来也巧，来俊臣接到武则天密旨时，周兴正在来俊臣家里喝酒。来俊臣看完武则天的密旨后，不动声色，而且装出一副谦卑的模样，向前辈周兴请教了这样一个问题。

　　"贤兄，如今我手里仍有不少犯人，其中几个特别倔犟，用尽酷刑都不肯招供，不知贤兄有什么好办法？"

　　周兴见来俊臣向自己讨教，捻着胡须微笑着说："为兄的确经历了不少大案，问案的手段也不少。其实，要想犯人招供很简单，你只要拿人不当人，就不怕他是铜头铁汉。"

　　来俊臣听了也微微一笑，随即又开口说道："那就请贤兄给我略举一二，如何？"

　　见来俊臣如此谦卑，周兴不禁得意忘形起来，他兴致勃勃道："那好，我就给你举一例简单易成的。你可以拿一个大瓮放在炭火上，谁不肯招认，就把他放在大瓮里烤。如此一来，还怕他不招？"

　　"不愧是贤兄，这个办法真是妙极了！"来俊臣喜笑颜开。

　　说罢，来俊臣当即转身吩咐人准备大瓮，并在其四周燃上炭火。很快，手下人抬来了一个大瓮，并依照吩咐在大瓮周围外壁点燃起熊熊炭火，烤得整个厅堂的人禁不住流汗。周兴眼见着自己的发明，很有些自得地说道："有了这个火瓮，再嘴硬的犯人，不出一刻钟也是非招不可的。"

　　来俊臣点头称是，随即站起身来，对周兴躬身一拜，道："贤兄，我刚刚接到太后密旨，有人告发周兄谋反。你如果不老实招供，只好请你进这个瓮了。"

　　周兴听罢，早已吓得魂飞魄散，当即跪在地上，表示愿意招认一切罪行。来俊臣也不怜悯这位"贤师"，将周兴定为死罪上报武皇。

　　对于周兴，武则天心里还是了解的。他的品行虽残暴，但并没有谋反之心。更何况，周兴也曾为武则天立下汗马功劳，便赦免了周兴的死罪，将其革职流放岭南。周兴本为自己保得一条小命庆幸，哪知道因他做的坏事太多，冤家太多，刚刚走到半路就被人暗杀了。

周兴的死大大地鼓舞了民心。

周兴死后不久，索元礼也被武则天所杀。索元礼的死与周兴有异曲同工之妙。这个告密发家的人也被别人告了密，而且派去审理此案的也是他的老朋友。索元礼审案，最拿手的就是给人犯戴上铁笼子，再把楔子一根根打进去，直至犯人脑浆流出。于是，他的那位老朋友也问他，要不要把那顶铁笼子戴上？索元礼赶忙说不用不用，对全部罪名供认不讳。

罪名既实，索元礼很快就被处斩。

酷吏队伍连续损兵折将，使满朝文武大大地松了口气。不过，武则天虽抛弃了部分酷吏，此后仍怂恿来俊臣、万国俊等人滥用刑法，打击政敌。所幸的是，武则天很少授予这些酷吏较高的官职，就是在执法机构的上层管理中，她也保留了杜景俭、李日知等一批执法公正之人，以牵制酷吏们的势力。酷吏政治已经走上了下坡路，这是不容置疑的。

皇嗣之争

武则天改唐为周后，武则天的侄子武承嗣自然而然地瞄准了皇太子的位置。当时，皇帝李旦已经被降为皇太子，可谁都知道，武则天要想让武周天下延续下去，必定得挑选个真正的武姓人。此后，武承嗣就开始了与李旦长达数年的皇嗣争夺战。

立谁为太子，全凭武则天一句话。所以，武承嗣不断派人向武则天游说、乞请；同时极力讨好武则天和其宠臣，努力争得他们的支持和赞同。

不过，武则天一直不为所动。

天授二年（691）九月，武周王朝建立已经整整一周年。武承嗣认为，自己必须抓住时机，奋力一搏。当然，这件事武承嗣自己不好开口，自己的几个兄弟胆小怕事，也不愿意为武承嗣出头。就在他左右为难之际，他突然想起了傅游艺。

当初，傅游艺带领九百多名"关中百姓"联名上表，请求武则天登基称帝一事，给武承嗣留下了极其深刻的印象。如今，自己为何不仿效傅游

艺，找几个人联名上奏武皇，请立自己为太子呢？

主意已定，武承嗣立即找来自己的心腹凤阁舍人张嘉福，让他为自己想办法。张嘉福不负重托，很快就纠集了数百人，选洛阳人王方庆为代表，一同上书武则天，请求立武承嗣为太子。

这天，武则天正在宣政殿埋头批阅公文，隐约听见宫门外有吵吵嚷嚷声。她头也不抬，只问上官婉儿是何人在宫外喧哗，婉儿忙示意近侍出去看看。不一会儿，近侍跑了回来，称一个叫王方庆的洛阳人带领数百人聚集在午门外，要求立武承嗣为太子。

"竟有此事？"武则天搁下毛笔，抬起头问。

"他们还准备了联名的奏表，请皇上过目。"近侍跪在地上举着奏表说。

"哦？拿来给朕看看。"武则天一听，突然来了兴致，接过上书认认真真地看了一遍。这王方庆的理由并不新奇，只是说既然武氏为皇帝，就不应该以李氏子孙为皇嗣。这些道理武则天早就清楚，可是对于改立一事，仍旧拿不定主意。

想到这里，武则天立即命上官婉儿召岑长倩、格辅元等几位宰相前来宣政殿，共同商议此事。

几位宰相还没有入宫，就已经听说了王方庆请愿一事。数百人聚集在午门外，挥舞着拳头大声喊叫，声称不立魏王武承嗣为太子就誓不罢休。如此一番折腾，洛阳上下哪个还能不晓？

对于王方庆的小把戏，岑长倩心里再清楚不过。

岑长倩是高宗末年武则天亲手提拔的宰相，武则天登基称帝时，还亲自赐其姓为武。不过，岑长倩虽一心为武则天效力，却一直不买武承嗣的账。他见王方庆这架势，就知道这是有组织、有预谋的行为，而其背后操纵者非武承嗣莫属。在岑长倩眼中，武承嗣是个十足的小人，虽尊为宰相，上对武则天、薛怀义卑躬屈膝，溜须拍马，下对诸多朝臣飞扬跋扈，在他手中冤死者不计其数。所以，当武则天问他对此事看法时，岑长倩一点都没给武承嗣留情面。

"皇上，太子此时就在东宫，竟有人要求另立皇嗣，实在是荒唐。还请陛下严词谴责这一班人，让他们尽快散去吧！"岑长倩时任文昌右相、同凤阁鸾台三品，他说话还是很有些分量的。

武则天听了这话，没有说什么，只是把目光投向了另外一位宰相地官尚书、同平章事格辅元。

格辅元原任左肃政大夫，刚刚于三个月前被提拔为宰相。他资历虽浅，却不惧权贵，立即大声附议岑长倩道："皇上，臣以为岑大人所言极是。更何况，立储乃国之根本，岂是臣民能随便妄议的？动辄结党请愿，实在不是国之福分啊！还请陛下彻底查清此事，严惩上书者，以安天下臣民之心！"

格辅元说罢，其余几位宰相也点了点头。武承嗣平日里骄横跋扈，把这几位同僚都给得罪了，谁都不愿说他的好话。武则天见状也没了兴致，挥了挥手命这些人退下了。

宰相虽竭力反对立武承嗣为太子，武则天却仍旧拿不定主意。为了安抚王方庆，武则天赐给他一个腰牌，日后若想入宫面见武皇，可以拿着腰牌随意出入，守卫绝不敢拦截。王方庆得到腰牌后欣喜若狂，武承嗣也认为这是一个好兆头。姑姑既然赐予王方庆腰牌，就说明她有改立皇嗣之心。有了王方庆这一枚棋子，自己要想夺得太子之位，还是很有希望的。

不过，武承嗣也清楚，有岑长倩、格辅元等人拦在武则天面前，坚决反对改立皇嗣，姑姑要想有所动作还很困难。所以，武承嗣一方面命王方庆趁热打铁，每隔一段时间就要进宫一次，请求太后改立皇嗣。另一方面，他又私自勾结来俊臣罗织罪名，打算将岑长倩、格辅元一举除掉。

来俊臣是何许人，对于罗织罪名真是轻车熟路。不久后，就有人往铜匦中投了密信，称岑长倩、格辅元之所以坚决反对立武承嗣为太子，是打算光复李唐天下。武则天接到密信，大吃一惊，她最忌讳的就是大臣和她明里一套，背里一套，当即将案子交由来俊臣办理。

来俊臣阴谋得逞，当即将岑长倩、格辅元逮捕入狱，就连岑长倩的儿子岑灵原也被牵连进来。武承嗣为了趁机除掉与自己不和的司礼卿欧阳通、鸾台侍郎同平章事乐思晦等十多名朝臣，就让来俊臣捏造这些人参与谋反的罪证。

一番大刑用过，岑长倩、格辅元等人对谋反一事供认不讳，同时也依照来俊臣的指示，一一供认"同谋"。很快，欧阳通、乐思晦等十多名朝臣接连入狱，并在大刑下招供了谋反一事。唯独欧阳通是个硬骨头，来俊臣对他用尽了毒刑，可他始终不承认参与了谋反。来俊臣无奈，便假造他

服罪的口供。

一起谋反大案就这样告破。天授二年十月，岑长倩、格辅元、欧阳通等人被处斩于西市。

搬开了岑长倩、格辅元等绊脚石，武承嗣终于可以再次向皇嗣之位发起冲击了。他命王方庆每隔一两天就要进宫一次，请求武皇改立皇嗣。王方庆得了腰牌，又有武承嗣撑腰，胆子自然也大了起来。那以后，王方庆有事没事就要进宫求见武则天。

幽居东宫的皇嗣李旦，眼见着王方庆一次又一次地进宫，心里别提有多担心了。可是，他不敢面对这公然的挑战，只是躲在宫内不住地唉声叹气。好在武则天由于王方庆频繁入宫已生了厌恶之心。武则天年纪大了，每日的政事就够她忙了，王方庆如此不识趣地来添乱，当然不会让武则天喜欢。

这天，武则天正在和凤阁侍郎李昭德商议朝事，王方庆又大摇大摆地进宫来了，李昭德一见就皱起了眉头。

李昭德是京兆长安人，父亲李乾佑曾任御史大夫，作风强干，后因与褚遂良不和被其陷害。李昭德继承了父亲强干遗风，做起事来雷厉风行，武则天便提拔他为凤阁侍郎。李昭德与武承嗣不合，又素来讨厌王方庆这种小人得志之徒，如今一见当即劝谏道："皇上，王方庆恃恩骄横，乱议朝纲，臣以为应该加以严惩，否则恐会为天下人所议论。"

这一番话正中武则天下怀，她点了点头道："昭德所言极是，朕这就把这个王方庆交予你，打他一顿，给他点颜色看看。"

李昭德心中大喜，当即挥手叫上来两个侍卫，把王方庆脚不沾地地拖了出去，一直拉到先政门。李昭德一声令下，侍卫们抡起廷杖朝王方庆身上打了过去，打得王方庆皮开肉绽，杀猪般地嚎叫。李昭德生怕王方庆日后再被武承嗣所用，所以不叫侍卫停手，竟活生生地将王方庆打死了。

李昭德确认王方庆已死，这才心满意足地起身回宣政殿复命。武则天得知消息，很有些惋惜地对李昭德说："昭德，王方庆罪不至死。他的话本有些道理，只是对于是否改立皇嗣，朕一直拿不定主意。"

李昭德听了这话十分不满，当即朗声道："陛下怎能说出这等话？先帝是陛下的丈夫；皇嗣又是陛下的儿子。陛下自己拥有天下，自当传给子孙作为万代家业，怎能用侄子？况且陛下受先帝临终重托，如果将天下交给武承嗣，先帝在天之灵怎会安生？"

李昭德这番话情理交融，不仅对武则天晓以君臣大义，又大肆渲染了夫妻之情，母子之情，听得武则天连连点头，最终放下了改立武承嗣为太子的念头。

武承嗣得知此事后，对李昭德愤恨不已。对此，李昭德根本不予理睬，一年后，李昭德又上书武则天，认为武承嗣既为亲王，又为宰相，权势太重，建议武则天罢免武承嗣的宰相职务。

武承嗣资质愚钝，这一点武则天很清楚。武承嗣在任宰相期间虽一直帮武则天排除异己，为武则天登基称帝造势，实际上并没有治国之才。如今既有李昭德请奏，武则天顺势就罢免了他的宰相之职。武承嗣被罢相，真是悲愤交加，连忙到姑姑面前恶意攻击李昭德。哪知道，武则天不仅不为所动，反倒说了这么一句话："承嗣啊，朕自打用了李昭德后，才能睡上安稳觉。所以，你在这里就不要多说了。"

武则天话都说到这份儿上，武承嗣再也无计可施。

第一轮的皇嗣争夺战就这样以武承嗣的惨败告终。武承嗣不仅没能成为皇嗣，还丢了自己的宰相之位，真可谓赔了夫人又折兵。

大开科举

随着岑长倩、格辅元、乐思晦等人被诛杀，武承嗣被罢相，朝中宰相之职出现了大量空缺。为此，武则天命李昭德参知政事，同时又起用被贬为洛州司马的狄仁杰为地官侍郎、起用裴行本为冬官侍郎，两人均同凤阁鸾台平章事。

狄仁杰可算是武则天的老相识，待其入京后，武则天更是亲切地召见了狄仁杰。武则天怕狄仁杰忌恨上次遭贬之事，为了洗脱自己干系，便对狄仁杰道："仁杰啊，你在汝南时，很有善政，看来朕贬黜你是不当之举。无奈，当时朝中小人接连诬陷你，混淆了朕的视听。如今你再度回朝，这是朕的福分。至于诬陷你的人，你可想知道他的姓名？"

被武则天称之为小人的，就是在豫州滥杀无辜的张光弼。张光弼此时已被处死，武则天当然不再有忌讳。哪知道，狄仁杰恭手谢道："陛下，

您若认为我有过失，还请您准许我改过；倘若陛下认为我没有过失，这又是我的幸运。所以，对于那些诬陷之人，仁杰认为没有必要知道。"

武则天一边听一边点头，对狄仁杰的光明磊落更加钦佩起来。

就在狄仁杰入相之时，曾经被诬告谋反的魏元忠，也被武则天再度启用，出任御史中丞。与魏元忠同时入朝的还有娄师德。

娄师德前文曾经提及，是个文武全才的传奇性人物。他十八九岁就中进士，被授江都县尉，上元年间升任监察御史，已是当时最为年轻的高级文官了。当年吐蕃犯边，娄师德更是弃文从军奔赴前线，他收拢散卒，使唐军重整旗鼓，立下了显赫战功。武则天十分敬佩娄师德，登基称帝后将娄师德提拔为左金吾大将军兼丰州都督，甚至亲笔写信慰问。

如今，朝中用人，武则天下诏将娄师德召回京师，担任侍郎，并为凤阁鸾台平章事。由于娄师德治军有功，武则天又命他以宰相职务兼官河源、积石、怀远等军及兰州、河州、鄯州、廓州检校营田大使。

由于娄师德身兼数职，武则天怕他劳累时常加以慰问犒赏，君臣关系十分融洽。

更值得称赞的是，娄师德这样一位中枢宰相，一个文武兼备的大将军，性情却十分温和，他器量宽存，从不和人计较争执。和他同任宰相的李昭德素以脾气倔强著称，当时没少欺负娄师德。有一次，两人一同上朝。娄师德身体肥硕，走起路来不慌不忙，李昭德却是个急性子，不一会儿就把娄师德落下一大截。他回头看娄师德不紧不慢的样子，真是怒发冲冠，当即骂道："你这个乡巴佬，能不能走快点！"

娄师德听了，也不恼怒，反而笑着回答："我不去做乡巴佬，谁还能做呢？"

这件事在当时被传为美谈。

狄仁杰、娄师德等人入相后，朝中政局为之一振。不过，武则天仍不满足。她清楚，想要励精图治、建功立业，依靠酷吏是根本做不到的。可当时如狄仁杰、娄师德这样的能臣又太少，且朝中、军中都急需用人。为了充实官员队伍，武则天大开科举之门，她要破除旧套，要不拘一格地选拔真正有用之人。

所谓科举，就是古代读书人参加的人才选拔考试，是当时朝廷选拔官吏的一种制度。由于采用分科取士的办法，所以叫做科举。魏晋南北朝时期，官吏选拔推行九品中正制，即以门第为考校官员的主要标准。科举考试打破了这一制度，它以文章诗赋取士，重才学而不重门第，使一大批有才华的寒门之士得以入仕。

科举考试始于隋朝，当时的考试内容以时务策为主，即有关国家政治生活方面的政治论文，也叫策问。在当时，科举考试虽还是草创时期，但它把读书、应考和作官三者紧密结合起来，揭开了中国选举史上新的一页。

唐代太宗皇帝时期，仍旧沿用隋代的科举制。太宗皇帝在考试的内容、方法上，以及对考生的录用、授官方面都进行了不少改革。不过，太宗皇帝虽主张凭才学任官，却又不愿太多的寒士通过考试获取高官。所以，当时选官首在贵族特权荫封制。所谓"荫封制"，即勋臣、外戚、宗室以及高官的子孙，一旦出生即是官，而且都是高官。相比之下，通过科举考试入仕的寒门进士，往往只能做到九品官。可即便如此，太宗皇帝还是设置种种关卡，仅使很少一部分人得到官品。每次应诏参加考试的学子多达两千人，可最终只能录取几人为进士，最多也二三十人，此所谓"栓树只生三十枝"。

所以，武则天以前的官僚制度仍被士族地主把持，寒门庶族备受排挤。对于寒门子弟，武则天有一种天生的好感。为了打破门第观念，不拘一格选拔治世贤能，武则天不仅大开科举，还对科举考试进行了一系列的改革。

隋朝的科举考试，主要考策问，太宗皇帝后来又加入读经史一部，但主要还是策问。武则天认为，策问流于表面，大多只是泛泛而论，并不能真正切中时弊。所以，武则天将考试内容加以扩充，第一要考贴经，第二要考杂文两篇，成文、诗赋各一篇，最后才考策问。这其中，杂文两篇最能全面考察考生的知识、文才，以及对时事的分析能力，对于选拔人才有着十分重要的意义。

武则天不仅改革了考试内容，对于科考的公平性也很重视。在当时，科举考试是寒门子弟入仕的唯一渠道，事关荣华富贵，科场舞弊也就应运而生。而且，当时的考卷都由考生写上自己的姓名、籍贯，也不加保密，便有一些才低品劣的考生以钱开路，贿赂考官在阅卷时帮自己改错为对，提高等次，以求榜上有名。

对于一部分考官来说，这也是一条生财之道，当时的考场营私舞弊已成平常。

武则天得知此事后，便降旨一道，要求考生在参加考试时要自糊其名，暗考以定。所谓"糊名"，就是考生在试卷上写上姓名、籍贯后，要用纸糊住。此后，考场营私舞弊现象大为减少，科举考试关防的糊名之法从此诞生了。

武则天不仅通过科举考试选人，还常通过其他途径破格用人。据记载，武则天曾多次下诏求贤，要求地方官把那些"其才广度，沈迹下僚，据德以仁韬声幽闭，怀辅佐之器"的人才全推举上来，千万别让姜太公那样的人遗漏在草泽中。

为了使举荐选人制度更加完备，武则天还专门派遣"十道"官前往地方专门负责选人。此后，一大批科举考试落榜者、私塾先生及各种自学人士被发掘，他们甚至不需经过考试，直接就可被授予官职。由于官职有限，武则天还增加如评事、拾遗、被阙等官职，由这些未经考试的人担任。即便如此，武则天仍觉不够，便又设置了员外官。所谓"员外官"，即编制之外的及第士人。这些人暂时没有官职，却可以和正官一样享受俸禄。这样一来，吏部铨选的官员人数大大增加。武则天登基称帝以前，每年大约选官千人以上，可自她称帝后，每年被选用的官员激增至五万人。此后，武周时期的荐举制、自荐制等人才选拔方式逐渐完善，出现了选拔人才不拘一格的盛举。

武则天大量任用寒门子弟，引起了现任官员和贵族子弟的不满。于是，有人写了首打油诗加以讽刺，诗曰："补阙连车载，拾遗平斗量；把推侍御史，碗脱校书郎。"把这首打油诗稍微解释一下，就是"补阙接连不断需要用车载，拾遗平平常常得用斗才能称量；至于侍御史，更是得用耙子才能堆拢，校书郎多得似乎是用一个模子脱出来的"。

这首小诗形象生动，在当时流传颇广。不久后，一个被荐举的小官沈全见状，觉得如此还不够，便又在末尾加了一句："糊心存抚使，眯目圣神皇。"这一句，借用了老子"播糠眯目"的典故，既讽刺了负责推荐的抚使都被浆糊糊住了心窍，又讽刺了女皇武则天已经被灰土眯住了眼睛。

由于小诗流传太广，御史纪先知奉命前去调查。前四句的作者他没能找到，却抓住了写出后两句的儒生沈全。最终，沈全以诽谤朝政获罪，先要在朝堂上施以杖刑，然后再交由刑部处罚。

武则天得知此事后，却当即制止了，她笑着对纪先知劝解道："纪爱卿，朕以为此事就算了吧。只要是你们自己称职，又何必怕人家说话？所以，应该宽免他的罪，不要和他计较了。"

纪先知听罢，大为惭愧。

后来，明代著名思想家李贽读唐书，读到这个故事后不禁拍案叫绝，随即在旁边批了十个字："胜高宗十倍，中宗万倍矣！"

武则天识人纳谏的行为，的确堪称典范。

不过，这首打油诗的确也说明了当时的问题。随着武则天放开手脚，广开仕途，越来越多的寒门子弟涌进了官吏队伍，已经出现了用人过滥的问题，而且其中确实存在很多投机为官者。为了驾驭急剧膨胀的官吏队伍，武则天下诏，为官者不能枉受国家俸禄，在位者要胜任其职，倘若有官员不称职，甚至造成损失者，轻者革职，重者诛杀。就这样，一些想过官瘾的浅薄之徒没上任几天便丢了脑袋，官吏队伍清明了许多。

值得一提的是，此后数年，也就是长安二年（702），武则天还首次开创了武举，招收天下武艺高超之人。武举考试的科目主要有马射、步射、平射、马枪、负重等。应诏参加武举的考生都来源于乡贡，由兵部负责主考，选其中优秀者授予官职。

经过这一番选拔、整顿，武则天已经筛选出不少的文武大臣，其人数并不比贞观时少。如她在称帝期间任用的主要宰相魏元忠、狄仁杰、张柬之等人，都是中国历史上名扬千古的官员，为后世开元盛世的出现作出了巨大贡献。开元盛世年间的名相姚元崇、宋璟、张九龄和文坛巨擘刘知几等，都是这时期通过科举制度选拔出来的杰出人才。这是后话。

第二十章　冤狱再起

冤狱再起

长寿元年（692）一月，武则天擢升被周兴诬陷遭贬黜的徐有功为秋官郎中。出乎意料的是，对于武则天的提拔，徐有功非但不感恩戴德，反而坚持推辞不干。武则天十分不解，便询问他缘由。徐有功忧心忡忡地对武则天解释："陛下，臣听说鹿在山林里奔走，命运却掌握在厨师手里，这是由事物的趋势所决定的。倘若臣出任秋官郎中，仍旧会像往常一样重罪轻罚，终会因此受牵连而死。"

武则天清楚徐有功这番话的用意所在，由此也更加敬佩他的为人。所以，武则天坚持授官给徐有功，徐有功最终接受。

朝中正直之士闻知此事，精神不觉为之一振。不过，徐有功的返京并没能改变朝中局面。就在他返京后一个月，朝中冤狱再起。武承嗣和左台中丞来俊臣罗织罪名，状告朝中素来与他们作对的宰相狄仁杰、任知古、裴行本及司礼卿崔宣礼、前文昌左丞卢献、御史中丞魏元忠、潞州刺史李嗣真等七人谋反。

这是武周王朝建立以来的第一桩谋反大案，武则天当即把这七人送入"例竟门"，交由来俊臣处理。

狄仁杰突然遭此大难，还有些回不过神来。虽然他清楚酷吏当道，随时都会出现不测。但他没有想到，这一天竟然来得这么快，而且是被诬以谋反！但是，狄仁杰很快就清醒冷静过来了。他毕竟是法官出身，曾任大理寺丞多年，如今同僚七人身陷囹圄，时局对己非常不利，要想扭转局面，就必须保存力量，只有先将自己置之死地，才能求得生的一线希望。

来俊臣审案犯，无非是先用重刑逼供，要犯人招认一切罪行。如果犯人拒不招供，接下来的刑罚会越来越重，直到将犯人的身体和精神完全拖垮。而且，这种时候的重刑，往往都是惩罚性质的。因为即便犯人不招供，来俊臣也一样能制造出假供，最终将犯人送上断头台。

狄仁杰十分清楚来俊臣审案的惯用伎俩，知道此时自己无力回天。好在，他知道当时狱中有这样一条规定，就是"一问即承"则可以不受刑，更可以罪减一等。这原本是酷吏们为了迅速取得口供而制定的办法，不过在当时经由武则天批准，已经成了不能更改的法律条文。狄仁杰知道留得青山在，不怕没柴烧的道理，所以早就已经打定主意承认谋反。

在这七位官员中，来俊臣首先提审的就是狄仁杰。

"狄大人，竟能在这里见到你，真是难得。大人德高望重，俊臣不好用刑，想必大人也清楚'一问即承反者可减死'这一条吧？所以，还请大人招供罪行，在下也省些事，也免得大人多受皮肉之苦。不知大人意下如何？"

狄仁杰早就有了主意，如今见来俊臣这么问，连忙回答："来大人的一番美意，在下心领了。大周革命，万物更新，仁杰为唐朝旧臣，甘从诛戮。所以，在下谋反是实。"

来俊臣一听，很有些吃惊。这可是谋反大罪哪，哪有承认得这么干脆利落的？可转念再一想，来俊臣不由得点了点头。狄仁杰毕竟是大理寺丞出身，如此选择倒是合情合理。

就这样，狄仁杰乖乖地承认了罪状，并在供状上画了押。

由于狄仁杰态度恭顺，又主动承认了罪行，来俊臣有意优待他，便把他关押到一间单独的牢房中，解下了镣铐，一日三餐倒也颇为照顾。来俊臣此举，不仅是对狄仁杰主动招供的奖赏，也有意做给任知古等人看。

任知古等人素来信服狄仁杰，知道他足智多谋。如今，狄仁杰主动招供罪行，他们知道狄仁杰一定有什么打算，因他绝对不会轻易用自己的生命和名节开玩笑。所以，他们也都效仿狄仁杰"一问即承"，因此也都没有受刑。

这几个人中，唯有魏元忠宁折不弯，拒绝承认谋反。

魏元忠为人正直，对于来俊臣等人怨恨已久，对于武承嗣这等溜须拍

马之人更是厌恶至极。就在入狱前，魏元忠还因讽刺郭霸，被朝臣誉为刚正之人。那时，魏元忠不幸染疾。魏元忠的属下监察御史郭霸为了巴结他，连忙前去探望。郭霸起初只是一个县丞，因善逢迎，被武则天擢升为监察御史。为了表达为魏元忠的忠诚，郭霸竟然亲口尝魏元忠的粪便，随后告知魏元忠道："大人的粪便是苦的，一定没事。假若粪便像果味般带有甜味，那才值得忧虑。"

郭霸把溜须拍马做到如此地步，堪称极致。哪知道，魏元忠根本不买郭霸的账，不仅如此，他见郭霸如此小人模样，反而更加厌恶起他来。对于小人，魏元忠从不留情面，人前人后没少侮辱郭霸。

来俊臣和武承嗣虽不至尝人粪便，可那副走狗嘴脸和郭霸也是异曲同工。对此等小人，魏元忠宁死也不会低头。

来俊臣见魏元忠比较棘手，便把他交由另一位酷吏侯思止负责审理。侯思止起初也是好言相劝，哪知道魏元忠仍旧义正词严誓不屈服。侯思止终于动怒，命令把魏元忠扔在地上，倒着拖他，哪知道魏元忠不仅不招，反而辱骂侯思止道："怪只怪我时运不济，竟从驴背上掉了下来，脚挂在足镫上，被驴拖着走！"

侯思止听罢愈加发怒，命狱卒接着拖他，不准停歇。魏元忠被拖得不堪忍受，对侯思止怒声道："姓侯的狗贼，你若需要我魏元忠的脑袋，你就直接砍下，何必让我承认谋反呢？我魏元忠誓死不反，你做什么都是徒劳！"

就这样，魏元忠受了不少皮肉苦，可如他所说，他始终没有招认谋反。

魏元忠不招认，这并不是什么难题。几天后，来俊臣伪造了魏元忠的供词，连同狄仁杰、任知古等人的供词一同上呈武则天。

武则天得到供词，大吃一惊。她没有想到，狄仁杰、魏元忠等人果真会谋反。难道，就因为自己是个女王，朝臣注定不会对大周忠诚不二？即便这些人都是自己亲手栽培加以提拔，到头来都会恩将仇报？

当时，武周王朝正是百废待举，急需用人之际。狄仁杰、任知古、魏元忠可都不是一般人，都是武则天的股肱之臣。倘若把这几个人全部处斩，朝臣中的真空如何弥补呢？可是，这七人谋反是事实，个个都承认谋反并画了押，难道还有什么错！只要是谋反，杀无赦，这是一条铁律。

就这样，几个人都被定成了死罪，只等武则天最后下令处斩。

在等待的日子里，还发生了几件大事。

第一件，就是王德寿因为对狄仁杰有事相求，出现在了狄仁杰的面前。

王德寿官职卑微，仅仅是一个判官，也就是来俊臣手下一个跑腿的。这天，王德寿溜进了狄仁杰的单人牢房，左右看了看，才满脸堆笑地对狄仁杰道："狄大人认罪态度好，死罪定可减免了，真是喜事！"

狄仁杰看了看王德寿，知道他此次前来必是有事，便要他讲明来意。

"狄大人真是神机妙算，德寿此次前来果真有事相求。德寿官职低，每日被上级驱使，真是苦不堪言呀！大人若是愿意帮我这个忙，德寿没齿不忘！"

"仁杰已为罪臣，哪里还能帮大人什么忙？"

王德寿见状，连忙小声道："我这个忙，只有您能帮上。德寿也没有什么野心，就是想做个稍微大点的官，少受些委屈。可如今，那夏官尚书杨执柔恰好挡住了我的官路，大人您只需把杨执柔牵连到你们一案中去，其他的事德寿一人就可搞定！"

话音刚落，狄仁杰突然怒目圆睁，盯着王德寿的眼睛道："天神在上，地神在下，仁杰做事向来光明磊落，我本就没有做出这样的事，怎能再加害他人，做那卑鄙的告密小人？那样，还不如叫我去死！"

狄仁杰说罢，立即把头朝旁边的柱子上猛力撞去，顷刻间血流如注，鲜血溅得王德寿满脸满身都是。

王德寿也是酷吏出身，什么阵势他没见过？可他还第一次见到如此悲愤欲绝、大义凛然的一张脸。王德寿吓得双腿发软，满脸煞白，连忙说道："大人，您这是何苦？就当我没说，您快别往心里去……"

王德寿嘴里一边说，一边急急地退出了牢房，生怕狄仁杰再做出什么激愤之举伤到他。

王德寿此番受挫，并没有就此丧失信心。为了讨好狄仁杰，攻破他的心理防线，王德寿此后常来狱中探望狄仁杰，好吃好喝好招待，试图收买狄仁杰。

狄仁杰虽没答应王德寿的请求，却清楚眼前这个小人大有用处。此后，他一直假意和王德寿周旋，使王德寿对其更加热心起来。不久后，狄

仁杰便利用了这个小人，进行了一次自救行动。这是后话。

就在狄仁杰等人关押之时，殿中侍御史霍献可还做了一件遭人唾骂之事。

原来，霍献可是此次入狱的崔宣礼的外甥。他得知崔宣礼招认了谋反之事，生怕牵连到自己，竟然恳求武则天，要武皇立即杀掉崔宣礼，否则他就死在武皇面前。

霍献可说到做到。他见武则天没有立即下旨斩杀崔宣礼，一头朝宫殿的台阶撞去，顷刻间血流如注，把地面都浸湿了。武则天没有想到霍献可竟会做出这等事，大为受惊，连忙命人把霍献可拉了下去。

此后，霍献可为使武则天看到他的伤疤，便用绿帛包扎伤口，略为显露于帽子下面。这样，才能让武皇时常想起他的"大义灭亲"之举。

望着霍献可那个扎眼的绿帛，又看了看手中的这些认罪书，武则天陷入了矛盾之中。倘若说武则天不够信任崔宣礼、任知古、裴行本、卢献及李嗣真等人，可对于狄仁杰和魏元忠，武则天却是十分了解的。尤其是狄仁杰，说他会谋反，还真让武则天难以相信。只是，手中的认罪书确确实实，难道狄仁杰果真背叛了自己？

就在武则天左右为难之际，狄仁杰做出了一个自救之举，使整个局势突然发生了变化。

仁杰申冤

狄仁杰、魏元忠等七人的谋反案，让武则天大为伤神。这天，武则天正将这七人的供状展开在案，一一审夺，突然有人来报，称狄仁杰的儿子狄光远前来求见。

一听是爱臣之子，武则天当即准见。

狄光远一进殿，就跪在地上对武则天叩头不止，口口声声说父亲是冤枉的。

"狄光远，你父亲的供状就在案上，怎么可能还有冤情？"

"陛下，父亲写下供状乃是被逼无奈！臣这里就有父亲血书一封，还请陛下过目！"狄光远说罢，忙从怀里掏出一块棉布片，递给了武则天。

这块棉布片的确是狄仁杰所写。

前文曾经说过，狄仁杰承认谋反只是假装顺从，一直伺机向武则天呈递申冤信。后来，他见王德寿常来巴结自己，便从被子上撕下一块棉帛，写下血书一封，称他和几位大臣均是被诬告，因害怕受刑这才招供。他们一贯精忠为国，对武皇绝无二心，请武皇为其昭雪冤情。

狄仁杰写罢，将这封血书塞在棉衣里面。待王德寿再来探望，轻描淡写地请求王德寿把棉衣交给家里，因天气热了，要家人帮他去掉丝绵做成单衣。

王德寿当即答应了下来。走出狱门后左右捏了捏，没发现什么异常，便将这衣服送还狄家。狄家清楚这件衣服非同寻常，连忙拆开检查，果真发现了血书。狄光远不敢耽搁，连忙带着血书求见武皇，向武则天伸冤。

武则天对此早有疑虑，看罢血书更觉疑团重重，连忙召来俊臣进宫问个究竟。

来俊臣一见血书，大呼不妙。可他毕竟也是经历些风雨的人，所以仍装出一副不慌不忙的样子，回奏武则天道："陛下，狄仁杰、任知古等人确有谋反之举，臣已经将他们的供词上交陛下，还有他们亲自画的押，这还有错？"

"是不是你对他们用了刑？"武则天仍旧不相信。

"陛下，臣几乎没有逼问他们，他们自己就承认了。如今，这几人都住在单人牢房里，每日三餐颇受优待，连他们的头巾和衣带臣都准许他们继续佩戴，哪曾受到一丁点的虐待？陛下如果不信，可派人去狱中视察。"来俊臣的话倒也有几分真实。狄仁杰等七人，除了魏元忠外，其他人的确没有受刑，至于头巾和衣带等都好办。

武则天当然想看个究竟，立即派通事舍人周琳去狱中视察，让他回来后详细禀报。

通事舍人是一个从六品的小官，主要负责皇帝周遭的迎来送往、接待慰问等杂事。通事舍人官职虽微，却很有前途，毕竟是皇帝身边的人，被委以重任的机会多。

这一次周琳接到的差事，分量就不轻。

来俊臣生怕事情泄露，连忙赶在周琳之前回到丽景门，当即给狄仁杰、任知古等人发还巾带，然后让他们排成一行站在西面等着周琳来视

第二十章 冤狱再起

327

察。来俊臣安排这一行人站在西面，还有一番特别的用意。当时，太阳正要落西，周琳前来视察众人，需要由从东向西看，刚好是逆光。再加上狱里的光线又暗，站在逆光里就更看不清楚了。

看不清楚，这就是来俊臣追求的效果。

后来的事实证明，来俊臣根本没有必要做这番手脚，因为周琳连看都没敢看。

周琳不仅官小，胆子也小。对于来俊臣，周琳再清楚不过，知道他专门以罗织罪名、陷害忠良为己任。而且，在周琳眼中，来俊臣极为神通广大，他陷害宰相都能如此得心应手，要弄死他这个小小的通事舍人，简直就是动一动手指头的事。

所以，周琳的这次视察，完完全全成了来俊臣的一场"秀"。周琳认真听取来俊臣对案犯的情况汇报，敷衍性地到狱内转了一转，然后就要打道回宫。来俊臣见周琳如此配合，连忙称狄仁杰等人对上呈血书之举十分悔恨，要写谢死表，请求皇帝法外开恩。周琳不敢拒绝，乖乖等来俊臣炮制了谢死表，这才离开。

周琳回宫后，自然按照来俊臣的意愿向武则天——汇报，并把狄仁杰等人所写的谢死表上呈武皇。武则天听了周琳的汇报，又看了看谢死表，这才相信了狄仁杰等人谋反是实。这件案子反反复复已把武则天弄得心力交瘁，她再也不想被它烦恼，当即判处狄仁杰等七人死罪。

朝臣闻知，不禁扼腕叹息。

距离狄仁杰等人被处决的日期越来越近了，朝中正直之士暗地里流泪，却又帮不上一点忙。最终，一个不到十岁的孩童挺身而出，扭转了局势。

这个孩童名字不详，只知道他是前一年被杀的鸾台侍郎、同平章事乐思晦的儿子。乐思晦被杀后，少年被没入宫中为奴。少年眼见父亲被来俊臣陷害至死，心中愤恨不已，对来俊臣恨之极深。如今，他见来俊臣又欲陷害狄仁杰等七位大臣，当即决定铤而走险。他声称有紧急事情要奏报武皇，最终得到了武则天的接见。

武则天知道这个少年是乐思晦的儿子，便严厉地责问他道："你的父亲犯法是实，且已经被正法，难道你还想为他翻案？"

少年望着朝堂之上的老妇人，竟没有一点畏惧之色，从容应答道：

"陛下，臣父已死，臣家也已破败，对此臣不想多说什么。臣只可惜，陛下的法律已被来俊臣等人戏弄，陛下却浑然不觉。来俊臣想陷害谁，就诬告谁谋反，倘若有人不承认，那就严刑逼供，以致冤死狱中的比比皆是。陛下，四海之内哪有几人是真正反叛朝廷的？无非都是来俊臣用陛下的法律邀取功名罢了。"

武则天听罢，早有怒色，当即呵斥道："你小小年纪，懂些什么！"

少年听了，不卑不亢地回应道："臣年纪虽小，可此番话句句是真。陛下倘若不相信臣的话，那还请陛下找一个最信任的朝臣，就说他有反意，然后把这个大臣交由来俊臣等审问。要是他不承认谋反，臣愿用生命抵偿！"

听到这里，武则天终于从这个孩童的话中悟出了什么。

第二天，武则天召狄仁杰、任知古、魏元忠等七人进宫，她要亲自审问几位案犯。对此，来俊臣很有些措手不及，可他不敢忤命，只得派人押送狄仁杰等进宫受审。几个人来到武则天面前，齐刷刷地跪下。数月的牢狱之灾使这几人没了往日的抖擞之态，一个个看起来老态龙钟。武则天看在眼里，心里竟也有几分怜惜。

"卿等是不是已经承认谋反了？"武则天发问。

"陛下，臣等的确已经承认。"

听到这里，武则天似乎有些失望。她看了看狄仁杰，又看了看其他人，开口道："朕自问待你们不薄，你们因何谋反？"

"陛下，臣身受皇恩，忠于陛下，愿为朝廷肝脑涂地，怎么会谋反？臣等并无谋反之志，可当初若不招供恐怕早就死在酷刑之下了。臣等招认谋反，就是想留着一口气向陛下您表明忠心啊！"

"上次周琳视察，你们为何还要写谢死表？"武则天又问。

"陛下，臣等并没有写过谢死表。不仅没写，听都没听过。"

武则天听罢，脸上竟显露出几分欣喜。她当即命内侍把来俊臣交来的谢死表交给每个人看，大家都异口同声地否认是自己写的。武则天又让他们写了些字，仔细对了笔迹，果真是伪造的。

就这样，狄仁杰等人被免了死罪。

让人难以理解的是，来俊臣编造罪名，伪造谢死表，已经构成欺君之罪。可是，武则天不仅没有没有追究他的责任，还让来俊臣"反咬"了一

口。来俊臣眼见到手的肥羊逃出了手心，心有不甘，当即上书武则天，称裴行本的罪行十分严重，恳请武则天将其处死。就在这关键时机，秋官郎中徐有功提出了反对意见，认为英明的君主有使臣下再生的恩惠，来俊臣此举有损君主恩信。

就这样，裴行本保住了一条性命。

性命是保住了，官职却保不住了。武则天把罪行"严重"的裴行本、李嗣真流放到岭南，把情节轻微的狄仁杰、任知古等人贬官外任。其中，狄仁杰被贬彭泽令，任知古被贬江夏令，崔宣礼被贬夷陵令，魏元忠被贬涪陵令，卢献被贬西乡令。

轰轰烈烈的武周王朝第一大案就此告终。这虽不是个令人欢心雀跃的结果，可终还可以慰藉一些朝臣之心。此后，接连有大臣上书武则天，认为酷吏为害日深，建议武则天实行仁政。

第一个上书的，是右补阙朱敬。

朱敬是文官出身，他的奏疏文采颇佳。他认为皇帝任用酷吏，本用来禁止不同意见。如今既已登基称帝，且人心安定，应该减省刑罚。对于朱敬的建议，武则天十分认可，亲自赏了朱敬三百段帛作为奖赏。

继朱敬上书后不久，侍御史周矩也上书武则天，劝谏武则天减缓刑罚，施行仁义。这一次，武则天虽没有对周矩进行赏赐，但也采纳了他的意见。

在当时，武则天对于酷吏政治已经有了厌烦之心。由于鼓励告密，当时的告密事件接连发生，官员之间相互攻击，各种诋毁、诽谤、诬陷层出不穷，就连一些芝麻小事也被闹上公堂，使得武则天颇为不满。

在诸多芝麻小事中，有一件很值得一提。

长寿元年五月，右拾遗张德喜得贵子。张德是中年得子，自然意义非凡，为了庆贺一番，他决定准备桌酒席宴请同僚。在当时，要置办桌像样的酒席可是个难事，倒不是张德家境困窘，只因武则天当时有到禁令，禁止天下屠杀牲畜及捕捞鱼虾。可是，这酒宴上要是没了鱼肉，再喜庆的事也会减色几分。所以，张德决定铤而走险，命下人偷偷杀了只羊，招待同僚。

这桌酒席置办得很不错，许久未尝羊肉的同僚们真是感激不尽，酒宴上大吃大嚼好一顿。哪知道，张德如此推心置腹，仍旧有小人不领情。张德的同僚补阙杜肃就是一个。杜肃见张德宴席中有羊肉，已触犯了禁令，便偷偷把一块羊肉揣入怀中作为证据。当天夜里，他赶制了一封奏表，将此事告发。

第二天一大早，武则天就见到了杜肃的这篇奏章。她看了看奏章，又看了看站在群臣中的张德，突然点到了张德的名字。

"张爱卿，听说你喜得贵子，朕很为你高兴！"

张德连忙跪下叩谢，可心里却已生疑。夫人生子一事，只几位同僚知晓，一夜之间连皇帝都知晓，恐怕不是好事。

一切正如张德所料，武则天下一句就问他，酒宴上的羊肉是哪儿来的。张德一听，真是叩头如捣蒜，连忙请求皇上宽恕。

"张德啊，朕的确禁止屠宰牲畜。不过凶吉大事，也不只是在杀掉这一两只羊的事情上。但你今后请客，也需要选择人，别把什么人都请到家里吃饭。"武则天说完，把杜肃的奏表递给了张德。此时，站在旁边的杜肃十分惭愧，恨不得立即找个地缝钻进去。打从这事以后，再没有人敢结交杜肃，有耿直者甚至见面即啐他的脸。

杜肃告密不成，举朝上下为之精神一振。

此后不久，监察御史严善思大胆上书武则天，认为自垂拱年间酷吏横行，朝中已积压太多冤案、错案，请求武则天为其平反。这一次，武则天没有拒绝，命严善思一一审查。严善思不负众望，以一己之力，为八百五十多个因诬告服罪而死者平反。

此后，肃政台（御史台）即逐渐走向没落，来俊臣因此也大受打击。不过，来俊臣毕竟为武则天立下大功，武则天当时仍旧需要来俊臣帮他钳制朝中高官，便故意保留了这一颗棋子。但是，此后的来俊臣一直麻烦不断，他也嚣张不了几时了。

诛杀二妃

时间转瞬即逝，很快就到了长寿二年（693）正月初一。武则天照例宴飨万象神宫，这一次他以魏王武承嗣为亚献，梁王武三思为终献。

皇嗣李旦坐在东宫里，眼睁睁看着武氏子弟抢了自己的位置，而自己

和妃子都被囚禁宫中，心中不禁感慨万千。可对此，他不敢发出一言，因为他当时的处境实在太险恶了。一方面，母亲对他充满戒心，有李唐皇嗣坐在自己跟前，作为武周皇帝的她自然得百般提防。另一方面，武承嗣仍旧没有放弃做大周皇帝的目标，他不仅绞尽脑汁地想办法讨武则天的喜欢，更偷偷关注李旦，试图将他彻底赶下皇嗣的位置。李旦为此心情抑郁，整日愁眉苦脸。刘妃和窦妃了解他的苦衷，平日里对他百般体贴照料。可令李旦没有想到的是，仅仅一天之后，他又失去了陪伴他数年的刘妃和窦妃。

刘妃和窦妃的死，还得从一个名叫团儿的奴婢所起。

团儿长相不错，而且能说会道，很善于见风使舵，取媚主子。团儿原在武则天身边做事，很被武则天信任，便将她派到东宫去侍候太子李旦。团儿当时正是情窦初开，与李旦相处日久便有些想入非非了。更何况，李旦此时虽被囚禁，可毕竟是个太子。她知道武皇当年也是在艰难时攀附上了高宗皇帝，后来高宗继位她才能青云直上。如今，自己的容貌不输武皇当年，若能攀附上太子，将来不愁荣华富贵。

有了这样的打算后，团儿一直有意勾引李旦，可惜李旦一直不为所动。团儿并不气馁，反而变本加厉起来。这天，团儿精心打扮一番，趁着李旦睡午觉，竟偷偷溜进李旦的寝宫。她蹑手蹑脚地上了李旦的床，轻轻地给李旦宽衣解带。李旦半睡半醒间，突然意识到事情不对，睁开眼睛一看竟是团儿！

对于团儿，李旦素来没有好感。倒不是团儿这个姑娘有多惹人讨厌，只因她是武则天派来的，在李旦眼里她就是个奸细。平日里，他对团儿虽然温和，可都不过是敷衍而已。如今，团儿主动投怀送抱，谁知这是不是母亲设下的圈套？

想到这儿，李旦哪还有一点淫邪之念，一把就推开了团儿。团儿有些意外，似乎受了天大的委屈般，眼圈都红了。不过，团儿不愿就此收手，她狠了狠心，反倒脱起了自己的衣裳，不一会儿就只剩下了一件小肚兜。

李旦见状，真是又气又急，一下子跳下床，头也不回就离开了。

团儿一个人坐在床上，又是羞，又是气，眼泪不争气地掉了下来。团儿没有想到，李旦这个高等囚犯竟然敢这样对待她，枉她还一片深情！可是，勾引太子这种事，团儿不敢四处声张，她只好穿上衣服，悻悻地离去了。

这件事，李旦也没有声张，就连对最亲近的刘、窦二妃都没有说，他最想的就是大事化小，小事化了。

团儿勾引李旦这件事，还真不是武则天所安排。不过，李旦早已经成了惊弓之鸟，这可真是"一朝被蛇咬，十年怕井绳"。此后，李旦对于团儿更加提防起来，即便见面，也是目不斜视，看都不看团儿一眼。

团儿满心欢喜，竟成了这样的下场，真是深受打击。渐渐地，团儿心中萌发了报复的想法，这团怒火越烧越烈，终于迫使团儿做出了一件惊人之举。

团儿是个女人，女人被男人伤害后，往往把怨气撒到情敌身上。团儿的情敌，自然就是李旦的妃子刘氏和窦氏。团儿年纪虽小，可也略微知道当年武则天陷害王皇后的办法，于是，一个可怕的阴谋酝酿成熟了。她偷偷地用小刀雕刻了两个小木人，在小木人身上写上"武曌"两个字，然后就找了机会分别藏在刘、窦二妃的床下。

自从李旦被拉下皇位幽禁东宫后，刘、窦二妃同时被禁，日子很不好过。她们很羡慕那些平常夫妻，就是吃糠咽菜，也能恩恩爱爱，心里踏踏实实地过日子。而她们，虽享尽荣华，日子却是如临深渊，如履薄冰，不知道什么时候就有飞来的横祸。对于造成这一切的婆婆，她们的确恨之入骨，可同样也怕得要命。这种仇恨，她们只能深埋在心里，半句也不敢向外人说。至于压胜之事，她们的确想过，可宫内上下都是武皇的眼线，她们哪有胆子付诸实践？

刘、窦二妃确实没有这样的胆子，可女婢团儿有。被情所伤的女人，简直可比毒蛇猛兽。

团儿准备好一切，便向武则天密报，称刘妃、窦妃在东宫实施压胜，咒武皇早死。武则天对刘、窦二妃早有心提防，知道这两个女人巴不得自己早死。李家的媳妇如果突然对于武皇天下有了感情，那才是奇怪。所以，武则天对此事深信不疑。

武则天想要杀掉的人，还没有哪个杀不成。她不仅想杀掉二妃，也想借机看看太子李旦的反应。

在长寿二年（693）一月初二日，也就是武则天宴飨万象神宫后的第二天，刘妃和窦妃前往嘉豫殿朝见武则天。武则天面露微笑接见了两个儿

武
则
天

媳，并简单地问了两句话，便将他们打发了出去。

此后，两个妃子再就没有了下落。

刘妃和窦妃前往嘉豫殿时，李旦就有种不祥的预感。他静静地坐在宫内，等着二妃回来。可是一直等到天黑，仍没有二妃的影子。这一夜，李旦通宵未眠。

第二天天刚蒙蒙亮，李旦就带着几个人前往嘉豫殿寻找，却被武则天拦在宫外。武则天派人告知李旦，称两位妃子早已离开嘉豫殿，以后不曾来过，请太子出宫去寻找。

太子李旦不敢忤命，只得退出。

事已至此，李旦明白发生了什么事，知道二妃已遭毒手。而凶手，正是自己那热衷于权力的母后。母亲不动声色地处死两位无辜的妃子，目的就是为了警告他。李旦虽然悲愤不已，可仍旧不敢将怨恨流露出来。他命人把二位妃子的房子整理好，依照原样。然后，他命令东宫任何人再不许谈论此事，即便是他的儿女也得保持沉默。刘妃和窦妃死时，她们孩子还很年幼，其中李隆基年仅九岁，玉真公主才只有两岁。

李旦看了看眼前年幼的儿女，默不作声地去了书房，看书、下棋，好像什么事都没有发生一样。李旦正在下棋时，武则天突然传令命他过去陪她吃饭。李旦不敢违命，仍然是和往常一样，看起来十分恭顺、平静，他没有问二妃的事，而是和母亲讲了一些养生之道，讲了自己在书法、文字上的研究心得。

看着眼前的李旦，武则天竟有些害怕。二妃惨死，他竟能表现得如此平静，实在是深不可测！武则天怕虽怕，可她清楚一切都在她的掌控之中，谅这个儿子也掀不起什么风浪来。所以，武则天也是什么都没发生过的样子，也不询问二妃之事。

母子俩一团和气地吃了饭，又谈了些话，武则天才放李旦回东宫。

李旦刚刚回到东宫，就觉得肚子里一阵翻腾，当即把刚刚吃过的饭菜全部吐了出来。他双手捶墙，泪下如注，可却没有发出一点声音。李旦呕吐，倒不是因为母亲在饭菜中给他下了毒，而是因为他的内心已经中了毒。

俗话常说，树倒猢狲散。二妃一死，她们的族人也都遭了殃。就在窦妃失踪后不久，窦家家奴竟密告窦妃母亲庞氏行巫蛊之事。庞氏和她的女儿一样，哪有胆子对武皇不利，她不过祈求神明能为族人消灾驱祸而已。

武则天得知此事后，下令将庞氏处斩。他的儿子窦希为救母亲，便找徐有功诉冤，结果徐有功被其牵连，以徇私偏袒恶逆罪犯之罪入狱，按罪当处以绞刑。武则天当然舍不得杀掉徐有功，便将其削除名籍。在徐有功的坚持下，武则天对窦德妃家人网开一面。庞氏得以减免死罪，和她的三个儿子一同被流放岭南，窦德妃的父亲润州刺史窦孝谌则被降职为罗州司马。

二妃惨死，表面上看只是女婢团儿的报复之举。可是，仔细一想，若没有武则天对李旦夫妻的防备之心，团儿奸计也不能成行。在当时的情况下，即便没有团儿，武则天早晚也会找到借口除掉二妃。

至于团儿，也不过是个悲剧人物。二妃死后不久，团儿的奸计被告发，武则天一点情面都不留，命人用绳索把她勒死了。此后，关于二妃的真正死因，以及二妃的下落，再没有一人知道，二妃失踪就此成为历史上一个无头谜案。

李旦复位后，仍旧挂心二妃离奇失踪一事，曾下令将刘妃和窦德妃二人失踪的嘉豫殿全部挖掘一遍，却始终未发现两位妃子的遗体或任何蛛丝马迹。窦德妃的儿子李隆基为寻母亲遗骨，更命人将周围的水池、深井都挖了，又把地砖翻开掘地三尺，也没能找到母亲的遗骨。

最终，这对父子只得在洛阳南郊建造了两座空陵，睿宗追赠刘氏为肃明皇后，窦氏为昭成顺圣皇后。这是后话。

李旦谋反

二妃的死，给李旦的打击很大，可历经风雨磨难的他竟然全部隐忍下来。可李旦如此隐忍，还是没能使武则天高兴。在武则天看来，李旦越是这样忍而不发，越说明他内心仇恨之重。在仇恨的驱使下，他定会做出某些小动作以求报复。

为防李旦反抗，武则天加紧了对李旦的监视，还下令降皇孙成器为寿春王，恒王成义为衡阳王，楚王隆基为临淄王，卫王隆范为巴陵王，赵王隆业为彭城王，以削弱李旦的势力。不仅如此，武则天还令诸王离开各自

的王府，一律集中到宫中居住。

就这样，太子李旦和几位皇孙都被武则天幽禁宫中，处于她的严密监视之下，此后任何大臣不得随便前往东宫。

不过，太子毕竟是太子，朝野上下关心太子的大有人在。不久后，前尚方监裴匪躬和内常侍范云仙偷偷溜进了东宫，和李旦详细商谈了一些事情。这些人具体谈了什么，我们不得而知，即便是武则天也不知道。但是，依武则天猜想，定没有什么好事。所以，武则天当即下令，将裴匪躬和范云仙腰斩于街市。此后，她更是公然下令，没有她的特许，谁也不许私见皇嗣。

裴匪躬和范云仙的死，给诸多朝臣敲响了警钟，由此朝臣看清了女皇内心中的天平倾向。尤其是武承嗣，他更是欣喜若狂，认为自己夺取嗣位的机会近在眼前，只差最后一击！武承嗣的确有几分小聪明，他清楚如何才能扳倒李旦。不久后，就有人往铜匦中投了封告密信，称太子李旦意欲谋反！

谋反本就是重罪，更何况还是太子！武则天不敢耽搁，连忙命来俊臣审理此案。来俊臣审理谋反大案最为得心应手，如今有幸审理太子谋反案，更是让他摩拳擦掌，跃跃欲试。他就地在东宫架起了刑堂，上至太子妃嫔，下至宫婢内侍，人人都得受审。受审的目的当然只有一个，招认太子李旦谋反的事实。

由于李旦不得与朝臣见面，当时他身边已经没有什么人了。除了几个妃子，数十宫婢内侍，也就是一些太常乐工了。这些人虽久居宫中，却也都了解来俊臣的为人。所以，大多数人还不待来俊臣用刑，就都招供了李旦谋反的罪状。即便谋反，也是太子李旦谋反，和他们这些奴才什么干系？他们宁愿保得一条性命，哪还顾得上大唐皇嗣的安危？

来俊臣审案时李旦正被关押在偏殿中，大堂上的一字一句他都听得清清楚楚。宫婢内侍纷纷承认太子谋反，李旦听着听着，难过得几近绝望。

对于母亲，李旦的确满腹仇恨，可在这仇恨之间还掺杂了李旦太多的爱。李旦不同于其他皇子，他年龄小，性格懦弱，打从出生后就一直没离开过母亲身边。对于母亲，他有一种与生俱来的依赖感，母亲在他心目中的地位是任何人都不可撼动的。可是，随着母亲登基称帝步伐的加快，李旦不得不目睹了太多亲人死亡的场面。到如今，母亲为保皇位，甚至还欲置他于死地。这一发现让李旦觉得痛苦，这痛苦直锲入他的内心。有生以来第一次，李旦感受到死亡竟与自己如此接近。

死亡，的确越来越近了。东宫内的宫婢内侍大多都已招供，只剩下几个太常寺乐工还未审理。来俊臣当然没把这些人放在眼里，不过是一些杂耍卖艺的，要得到几句口供再容易不过。哪知道，他就是在太常乐工这里碰了钉子。

让来俊臣碰钉子的乐工名叫安金藏。

安金藏原是安国胡人，由于他的父亲安菩归附了唐朝，并被唐朝政府特封的五品定远将军，安金藏就成了唐人。安金藏很擅长音律，因此成为负责宫廷祭祀乐舞的太常寺的乐工。他平日里沉默寡言，和太子李旦也不见如何亲密，谁都没有想到，就是这样一个"不见亲密"的乐工，竟肯为了太子李旦舍弃性命。

来俊臣审问安金藏时，并没有料到安金藏竟有此等忠心。他只要求安金藏供认李旦的谋反罪状，哪知道安金藏不仅断然拒绝，还一字一顿地对来俊臣道："小人可以作证，太子并没有谋反，各位大人万万不可诬陷太子。"

来俊臣一听，真是不敢相信自己的耳朵，他面露微笑，颇有些玩味地看了看安金藏，开口道："你？你一个小小乐工，凭什么可以为太子作证？照你这么说，朝堂之上如此众多的内侍宫婢都是说假话了？"

安金藏当然清楚自己说话的分量，突然有些懵住了。可随即，他的目光越发坚定起来，大声对来俊臣说道："太子的确没有谋反，诸位大人如果不信，我安金藏愿意剖心明证！"

安金藏话音一落，来俊臣哈哈大笑起来。在他眼里，怎会有人愿意剖心，以证明一个窝囊皇子的清白？哪知道，就在来俊臣大笑之时，安金藏竟夺下一名侍卫的佩刀，朝自己的胸膛刺去！一刀下去，匕首已刺入胸膛，刹那间鲜血四溅。安金藏目光坚毅，手握匕首又向下拉开尺许长的口子，五脏皆出淋漓一地。

这种场面若发生在丽景门大狱内，实在是司空见惯，比之更惨烈者也是俯拾即是。可是，如今这一幕却是发生在太子东宫内，众人哭的哭，喊的喊，整个东宫都陷入了慌乱中，局势再也不被来俊臣所控。

来俊臣在东宫审案竟惹出了人命，这事非同小可。不一会儿，武则天

就得知了消息，当即命来俊臣中止审讯。李旦毕竟是她唯一留在身边的儿子，她不能不挂心。至于安金藏，武则天急招御医诊治，要求御医务必救回安金藏的性命。御医们得知安金藏如此壮举，更是决议挽救，几人把安金藏围在中间，小心翼翼地将他的内脏放入腹中，然后用清洁的桑皮线缝合伤口，又敷上最好的疗伤药。

安金藏昏迷了一天一夜后，终于苏醒过来。武则天得知其性命无碍，心里很是高兴，决定亲自去探望。安金藏虽已获救，身体还很虚弱，即便如此他仍勉力支撑，向武皇陈述太子李旦的冤屈。

望着眼前的安金藏，武则天的心渐渐变得柔软了。

武则天的心软，倒不是因为她有多善良，她是从尸山血海里一路走来，什么样的人没杀过？一个小小的乐工，其性命本无足轻重。可是，安金藏的勇敢和质朴，却深深地打动了武则天。在满朝文武眼睁睁地看着太子被人陷害无能为力的情况下，就是这个卑微的小人物挺身而出，甘心用性命为太子做担保。此等忠贞之举，朝廷上下有几人能做得出？更何况，安金藏剖心以证的，恰恰就是武则天最小的儿子李旦。

看着安金藏苍白的脸，武则天的心里真是五味杂陈。这一次，她终于卸下了权力的重压，以一个母亲的姿态重新审视小儿子李旦。沉默良久，她开口对安金藏说了这样一句话："金藏，怪只怪我有子而不能自知，最终连累得你受苦，这都是我的过错。"

这是武则天第一次当众承认自己的错误。

武则天既已认错，太子谋反案也搁置了下来，李旦总算逃过一劫。如果没有安金藏挺身而出，后果如何不堪设想。对于安金藏，李唐皇室真是感激万分，中宗李显再度登基后，立即将安金藏封为右骁卫将军，并在东西二岳立碑表彰他的忠义。待玄宗李隆基登基称帝后，又给安金藏赐爵安国公，荫及子孙。安金藏死里逃生，全寿而终，也算是好人好报了。

李旦死里逃生，并保得了太子之位，这让试图诬陷李旦的来俊臣十分尴尬，处境也变得被动起来。不久后，监察御史纪履忠上书武则天，列出了来俊臣五大罪状，分别是专擅国权、谋害良善、赃贿贪浊、失义背礼和淫昏狼戾。在奏章的最后，纪履忠慷慨激昂，要求武则天务必严惩来俊臣。

这是朝中第一次有人敢如此明目张胆地和来俊臣作对，而纪履忠此举其实也是被逼无奈。

当时，来俊臣正在改建一座府邸，急需用钱。为了筹集钱财，来俊臣请求各位官员赞助，监察御史纪履忠就是被勒索者之一。绝大部分官员都不敢得罪来俊臣，一一照办，唯独纪履忠家徒四壁，吃饭都成了问题，哪里还有银子孝敬来俊臣？可不孝敬银子，早晚会被来俊臣所害。无奈之下，纪履忠决定主动出击，与来俊臣拼死一搏。

纪履忠虽是被迫上奏，可他列出的来俊臣的几项罪状都是确有实事。武则天虽有意袒护来俊臣，无奈朝中呼声太高，只得将来俊臣贬为平民。

与来俊臣同时遭贬的，还有另一位酷吏王弘义，他遭人弹劾，被武则天流放琼州。王弘义作风硬朗，杀人如麻，可他自己却吃不得一点苦。他见琼州荒凉，竟假称接到武皇的赦免诏书，偷偷逃离了琼州。可惜，王弘义的运气并不好，他刚刚渡过汉水就被侍御史胡元礼撞上。一经盘问，王弘义就露出了马脚，最终被胡元礼命人用乱棍打死。

与王弘义相比，来俊臣的运气就好得多，因为武则天不久后就将其召回，担任殿中监。在武则天看来，来俊臣虽罗织罪名，陷害忠良，可他绝对是个忠心耿耿之人。如此忠心之人，犯一些"人之常情"的小过错，又算得了什么？不过，来俊臣的好日子也快到头了，此后他仍旧麻烦不断。

第二十一章　统御天下

六道使事件

　　武承嗣陷害李旦不成，很有些落落寡欢。不过，皇嗣之位实在太具诱惑力，很快他就又活跃起来了。既然除不掉李旦，那就动手再除掉几个姓李的残渣余孽，让李旦彻底变成孤家寡人。这样，再没有人支持李旦，自己继承皇位的机会也就多了几分。

　　很快，武承嗣就想到了一个绝佳的点子。这一次，他还特地拉上了补阙李秦授。

　　补阙是垂拱年间新设立的官职，官居七品，主要负责对皇帝进行讽谏以及举荐人才。补阙官职虽不高，李秦授却做得顺风顺水，他善于揣摩别人心思，阿谀奉承，很得武承嗣的器重。这一次，他更是和武承嗣一起，在全国范围内掀起了一场血雨腥风，最终致使近四千流人惨死在酷吏刀下。

　　这就是臭名昭著的六道使事件。

　　六道使事件发生之前，李唐宗室诸王已经被杀得差不多了，但是他们的亲属及旧臣大多活着，被流放到岭南、剑南、黔中、安南等地。这些人，虽已成不了大气候，可毕竟是宗室子弟，或者是李唐旧臣，仍有很多忠心的拥护者。为了肃清这一部分人在民间的影响力，武则天绞尽脑汁，甚至下令科举考试停考《老子》一书，改为学习武则天撰写的《臣轨》。不过她清楚，仅仅这样还远远不够。

　　武承嗣是武家人，站在武姓族人的立场上，他当然很清楚姑姑的这番心思。为了帮姑姑了却这一桩心愿，武承嗣授意李秦授上书武皇，称民间流传一则谶语"代武者刘"。表面上看，这句谶语暗示将有刘姓人代替武姓执掌天下，可对此李秦授却另有解释。李秦授认为，所谓"刘"，本意为"流"，就是指被判决流放的罪犯及家眷。李秦授在奏疏中还说，自武皇登基以来，被流放在外的李唐宗室及其旧臣的族人亲属已多达数万人，这些人倘若同心协力背叛朝廷，定会成为武周社稷之害。

李秦授的这番分析，还是有几分道理的。

武周时期，因罪被流放的犯人激增，其中尤以政治犯居多。当时是封建社会，重视宗族门第，一些名门望族大多聚族而群居，这些人少则上百，多则近千。而望族中一旦有人罹罪，往往全族遭殃，受牵连的大多会被流放。所以，当时流人数目起码是诛杀者的几倍或几十倍，绝对不下万人。

不过，流人数目虽众，却根本没有谋反之力。流人因是罪犯，不仅失去了原有的名籍，更要以戴罪之身发配到官家为奴。这些流人早就没有了政治上的保障和人身自由，没日没夜从事着最卑贱、最繁重的体力劳动，要说他们聚众谋反，简直是天方夜谭。这些流人大多是一些疲夫赢老，孤儿寡母，再加平日看管极严，稍不如意就会鞭笞酷虐，官家若想要他们的性命也是轻而易举。这样一群弱者，哪还有什么能力谋反？

可是，李秦授就是凭空捏造，要在他们身上做文章。继李秦授上书后不久，武承嗣也向武则天上奏表，称岭南流人有谋逆之举，请求武皇深入调查，以绝后患。这一下，武则天内心对流人的担忧不满情绪被激发起来，当即命万国俊前往岭南调查。

万国俊曾是来俊臣手下的一员干将，来俊臣的那部《罗织经》，就有不少理论出自万国俊之手。因他能力出色，武则天于天授二年（691）提拔他为左台监察御史，常与来俊臣共同治狱。

万国俊接到圣旨后，昼夜兼程前往岭南。

当时的岭南，大致相当于今天的广东、广西、越南北部一带。唐代初年，朝廷设立岭南道，并下分广州、桂州、容州、邕州和安南五管，其中尤以广州管为重。万国俊此次前往岭南的目的地就是广州。

万国俊办案，深得来俊臣的真传。他清楚武皇此举的真正意图，一到广州便把流人全部召集起来，打算好好地展一展拳脚。可是，当三百多流

人聚集在万国俊面前时，万国俊真是失望之极。原来，这三百多流人大半都是老弱病残，其中壮年者也已瘦成了皮包骨，一副半死不活的样子。要说这三百人会谋反，谁都不会相信。

不过，这难不倒万国俊，他灵机一动，当即想出一个惨绝人寰的办法。他审也不审，而是像模像样地拿出一道诏书，称武皇下令，命所有流人自裁，以此谢罪。

武则天的确交给万国俊一道诏书，可其内容和万国俊宣读的有很大差距。武则天要求诸位流人互相检举揭发，绝对不能放过任何一个谋反者。她还鼓励谋反者向朝廷自首等。可到了万国俊这里，检举揭发以及自首都已经派不上用场了。万国俊想要的结果只有一个，那就是血淋淋的杀戮！

流人们听罢万国俊炮制的诏书，立即哭天抢地，大呼冤枉。可是，万国俊不为所动，仍旧迫令流人当场自杀。这一下子，流人们的情绪全面爆发，他们号哭声着，怒骂着，打算和万国俊做最后的抗争，局面顿时失控。

万国俊见状把脸一沉，终于动了怒。他命人把三百流人驱逐到河边，随即命官兵杀掉这些披枷带锁、手无寸铁的流人。一时间，只听得一阵阵哀嚎，一阵阵咒骂，可这些流人又如何能与全副武装的官兵抵抗？

没过多久，三百多流人悉数被杀，河水被鲜血染成红色，死尸更是像鱼一样的漂浮起来，塞满了整个河面。此等惨绝人寰的场面，古今少见！

万国俊杀完流人后，又在广州吃喝淫乐了数日，这才启程返回洛阳。回京后，他立即带着自己搜集的罪状求见武皇，称岭南流人早有不满之心，并已私下勾结一起伺机反叛。倘不是陛下派臣前往追究，恐怕事情非要闹大不可！

听了万国俊这一番奏报，武则天长长地舒了口气，挂心之事被了结让她倍觉轻松。可随后万国俊又建议，有岭南流人为鉴，其他如剑南、黔中、安南等诸道流人恐也有乱，应速派人前往审查。武则天接受了他的建议，立即派遣右翊卫兵曹参军刘光业、司刑评事王德寿、苑南面监丞鲍思恭、尚辇直长王大贞、右武威卫兵曹参军屈贞筠等五人分别到剑南、黔中、安南等诸道按察流人。

至于立下大功的万国俊，武则天则下诏将其提拔为朝散大夫、行侍御史。

有万国俊因滥杀无辜升官在先，刘光业、王德寿等人自然也不甘落后。他们抵达各道后并不审判，更不问青红皂白，直接就开始了一场以杀人为目的的比赛。其中，刘光业杀了九百多人，王德寿杀了七百多人，鲍思恭、王大贞、屈贞筠等三人则各杀五百，前前后后不到一个月的时间，竟有近四千人死在了这些酷吏的屠刀下。在这些被杀的流人当中，有一部分人甚至与武则天没有半点瓜葛，而是太宗、高宗时期被流放的罪臣亲属。

六道使屠杀流人之事很快流传开来，最终震动了全国！就连那些以告密发家的小人也抑制不住心中的愤怒，昼夜兼程前往京城揭露六道使的滥杀无辜。武则天得知此事后，震惊之余，竟也有几分欣慰。

仔细推想，这起诛杀流人事件的主谋不是别人，正是武则天。其实，她早就清楚处理流人之事中必有冤滥，可为了铲除一切可能危及武周王朝的势力，武则天愿意牺牲掉一部分人。只是武则天没有想到，这起清除异己的活动最终竟演变成了一场杀人比赛！武则天生怕激起民愤，当即为诸多流人下诏平冤，并将刘光业、王德寿、鲍思恭、王大贞、屈贞筠等五道使判处死罪，并押解到他们杀害流人的各道处斩。

至于万国俊，武则天念及他有功，本想加以袒护。无奈民怨太重，此后不久他就被查处入狱，和其他五道使一样，做了武则天的替罪羊。如此一来，朝中酷吏除了来俊臣仍旧嚣张声势外，其余大多惨死，不得善终。

就在武则天卸磨杀驴的同时，武周女皇迎来了大周王朝建立两周年的纪念日。由于长寿二年九月初一，天空中曾出现日食，魏王武承嗣率领五千人上表请求武则天加尊号为金轮圣神皇帝。九月初九，武则天在万象神宫接受这一尊号，并赦免了天下罪人。在酷吏以及诸多李唐宗室子孙纷纷倒下去的同时，武则天的皇帝之位越坐越稳了。

这里需要一提的是，在六道使事件中逃过劫难的流人也并不少，如刘易从之子刘升、裴炎的侄子裴仙先等。

裴仙先前文曾经提及，他因劝谏武皇不得干政，被武则天打了一顿板子，然后流放岭南。当年，他才十七岁。裴仙先在岭南生活过一段时间，还娶了一位夫人卢氏，生子裴愿。后来，夫人病死，裴仙先便带着儿子偷偷跑回家乡，后事发被流放北庭都护府。六道使滥杀无辜时，裴仙先率先得到消息，连忙逃往塞外，经过一番波折后才得以免死。睿宗皇帝即位

后，追赠裴炎为益州大都督，裴仙先这才敢抛头露面，最终卒于工部尚书任上，享年八十六岁。

怀义邀功

六道使事件以后，武则天对酷吏有意压制起来，就连来俊臣也没能幸免。

来俊臣被重新启用后，并不知收敛，反而沉溺于酒色，贪婪地积蓄金钱。来俊臣听说左钤卫大将军泉献诚家资千万，便向其勒索钱财。由于他提出的数目太大，泉献诚没有答应，来俊臣当即把泉献诚逮捕入狱，并在狱中将其秘密处死。

来俊臣不仅夺人钱财，还强夺别人妻妾，他的妻子就是从别人手中抢来的。这位妻子是太原王庆诜之女，和高宗皇帝的废皇后王氏同族。王氏当时已嫁给段简为妻，哪知来俊臣见王氏出身高贵，且有倾城之貌，当即生出邪念。为夺得王氏，来俊臣竟假造武则天的诏书，把王氏从段简手中抢夺过来，强纳为妻。

段简并不傻，当然知道那诏书为来俊臣伪造。可在当时，来俊臣向人索妻，若有人不给，他就诬告人家谋反，致使许多中下层官僚家破人亡。段简惧于来俊臣的淫威，只好把夫人拱手送他。

来俊臣当时可谓是妻妾成群，而其妻妾多是以这种手段从同僚手中抢夺而来。为此，他还厚颜无耻地说自己采花求色之才可比石勒。

来俊臣如此横行朝野，引起了许多朝臣的不满，尤其是中枢宰相李昭德更是对其厌恶至极。前文曾经说过，李昭德这个人作风强悍，向来不惧怕权贵，尤其讨厌小人得志之徒，曾将武承嗣的走狗王方庆杖责致死。如今来俊臣倒行逆施，以致天怒人怨，李昭德忍无可忍，当即决定向来俊臣发难。

延载元年（694）九月，李昭德上书武则天，控诉来俊臣贪淫无度，要求武皇加以严惩。武则天本想袒护，可来俊臣实在是恶名累累，只得将他贬谪为同州（今陕西大荔县一带）参军。

来俊臣被贬离京，他手下的爪牙可就慌了。在武承嗣的暗中支持下，他们接连上书弹劾李昭德，其中率先发难，并且打击力度最大的就是前鲁王府功曹参军丘愔。

丘愔官职不高，却很善于揣摩君臣之间的微妙关系。当时，武则天对李昭德极为信任，朝中诸事都愿意交由李昭德打理，久而久之，李昭德权势日盛，同朝宰相无人能比。所以，丘愔弹劾李昭德，控诉的唯一罪状就是专权，这也是除谋反外最能打动武则天的罪状之一。丘愔文笔不错，这道奏章写得引经据典、慷慨激昂，他在奏章中称李昭德的胆子比身体还大，鼻孔出的气上冲霄汉，把李昭德形容得嚣张跋扈、目中无人。不仅如此，丘愔还弹劾李昭德不能接受不同意见，打击同僚来俊臣、侯思止等人。

打击来俊臣、侯思止实在说不上是罪状。不过，李昭德的确有点恃才傲物，这一点举朝上下无人不知，就连武则天都有些难以容忍。

武则天好大喜功，希望不时有祥瑞出现，借以向天下表明她的统治合乎天意。所以，在武则天执政前后，不时有人前往京城给武皇献祥瑞。对于献瑞之人，武则天一律加官晋爵，赏赐颇丰。虽然她也清楚，这些所谓的祥瑞不过是人力所造，可既然能借此机会巩固统治，又何乐而不为？

可是，李昭德却不能容忍武皇这种瞒天过海之举。

一次，有人入京向武皇献上一块白石头，石头的中间带有些许红色。对于这些许红色，献瑞之人将其解释为石头的红心。李昭德对这类事情极为讨厌，听完他的解释更是怒气冲天，当即质问道："这块石头有一颗红心，难道别的石头都要谋反吗？"

这一问，惹得朝堂上官员都哈哈大笑了起来，武则天坐在大殿之上，也只得敷衍地笑了笑，可心里却极为尴尬。

此后不久，又有一个叫胡庆的人进京献瑞。他进献的祥瑞十分难得，竟是一只腹部写有"天子万万年"的乌龟！朝臣见到这只乌龟，心里虽都清楚是怎么回事，可为讨好武皇，连忙跪倒一片大呼道："神皇万岁万万岁！"

就在诸臣跪在地上恭贺武皇时，李昭德不仅不跪，反而朝那只乌龟走去。他走到乌龟近前，把这只乌龟把玩了半天，随即拿出小刀刮乌龟腹部的几个字。没有一会儿，五个漆字全部被刮掉。李昭德微微一笑，扬起被刮得光光的乌龟肚子给武皇和朝臣看，大声奏道："陛下，胡庆为邀功名，

已犯了欺君之罪。臣恳请陛下将其正法，以正视听！"

其实，武则天很清楚乌龟身上那几个字是怎么回事，可李昭德竟当场揭穿谎言，这让武则天十分尴尬。倘若果真依李昭德建议，严惩了这个胡庆，日后还有谁敢来献瑞？所以，武则天只称胡庆并没有坏心，将他赶出了宫门。

李昭德恃才傲物、目中无人，不仅已经引起了武则天的不满，就连朝臣对他也颇为讨厌。所以，丘愔的奏章递上去不久，又有一个名叫邓注的官员写了篇长文《石论》，用夸张影射的笔法大肆渲染李昭德专权之状。邓注的这篇《石论》并没有上呈武皇，而是在官员中间竞相传看。很快，这篇《石论》就传到了凤阁舍人逢引敏的手上。

逢引敏和武承嗣关系十分亲密，对于恃才傲物的李昭德早有不满。如今一见《石论》，当即决定上呈武皇。看罢《石论》，武则天这才下定决心，给李昭德一点颜色看看了。正好这时突厥侵犯边疆，武则天便调李昭德为行军长史，与朔方道大总管一起去征讨突厥。

武则天登基以来，边疆还算安宁。尤其自长寿元年（692）以来，吐蕃、党项等部接连有首领率人马归降。为了扩大西北疆域，武则天还曾命武威军总管王孝杰出兵吐蕃，最终收复了龟兹、于阗、疏勒、碎叶四镇，并置安西都护府于龟兹，发兵戍守。

可是，到了延载元年（674）前后，武周王朝的边疆形势急转直下，尤其是突厥一部，更是与武周王朝起了正面冲突。突厥本臣服于武周，可自突厥可汗阿史那骨笃禄去世，他的弟弟阿史那默啜篡夺政权后，突厥就时常侵扰武周边境。到了延载元年，阿史那默啜更是率领大军侵袭灵州（今宁夏灵武西南）。

武则天得到奏报，当即下令征讨突厥。值得一提的是，这次征讨突厥的统领，即朔方道大总管任命得有些匪夷所思，这个人大总管正是武则天的男宠薛怀义。

这并不是薛怀义第一次带兵出征，早在永昌元年（689），武则天就曾派薛怀义讨伐突厥。当时，薛怀义地位虽高，极尽尊荣，可谁都知道他是个男宠，是靠取悦武则天才爬到了这个位置。为了给薛怀义正名，武则天便任命其为行军大总管，带兵讨伐突厥。薛怀义大军行走数月，终于抵达突厥。可突厥是游牧民族，当时已迁徙至别处，哪里还寻得到突厥大军的踪影？薛怀义心中大喜，立即率兵凯旋而归。武则天为示表彰，当即封他为二品辅国大将军。

薛怀义被封辅国大将军后，一直以武周第一大将军自居。如今突厥来犯，他这个第一大将军义不容辞，当即主动请缨要为女皇建功立业。对于薛怀义的半斤八两，武则天心里还是清楚的。所以，武则天在任命薛怀义为朔方道大总管征讨突厥的同时，还给他安排了契苾明、曹仁师等十八位将军同行讨伐。

与契苾明、曹仁师等十八位将军比起来，李昭德虽以宰相之尊出征突厥，可在军中的地位却还比不上几位将军。再加上李昭德对薛怀义一直看不过眼，如今竟要在薛怀义手下做事，更让他怒气难平。好在，武则天又派了同平章事苏味道做了行军司马，算是陪着李昭德，也让李昭德好过一些。

延载元年的这次征讨，可比上一次的阵势大多了。出征途中，各位将军统领常常要聚集在一起商议征讨对策，常常是通宵达旦。结果，就在议事的过程中，李昭德和薛怀义有了不同意见，薛怀义当即对李昭德拳打脚踢起来。

此时的薛怀义，的确已非当初。当初，他被苏良嗣狠揍一通，只能哭哭啼啼向武则天倾诉委屈。可如今，薛怀义一跃升为堂堂辅国大将军，又有武皇宠爱，怎会把一个随军宰相放在眼里？更何况，李昭德此时已为武则天猜忌，这是众所周知的事。对于自己的处境，李昭德也很清楚。正所谓虎落平阳被犬欺，此时若反抗后果不堪设想。所以，李昭德不但没有还手，反而还向薛怀义低头认错。

李昭德低头认错，没能平息薛怀义的怒气。他当即上书武则天，称李昭德不服统帅，要求武皇严惩。武则天正愁找不到借口，顺势将李昭德贬为南宾（今广西灵山县一带）尉，不久后又被免死流窜（即死刑减轻处罚改判流放）。

李昭德被贬后不久，检校凤阁侍郎周允元与司刑少卿皇甫文上书弹劾内史豆卢钦望、同平章事韦巨源、凤阁侍郎杜景俭、凤阁侍郎苏味道、鸾台侍郎陆元方等人依附李昭德，要求武则天加以严惩。

武则天接到上书后，很有些犹豫。这其中，有几位官员很得她的赏识，尤其是内史豆卢钦望。

豆卢钦望很会做事。他见薛怀义率军出征耗费了不少国库银两，便鼓动九品以上京官每人交两个月的薪俸以补助军用。为此，他还写了一份通知让百官传阅，打算大家一起联名上奏表，主动捐俸。

豆卢钦望的"忠心"的确值得褒奖。可是，豆卢钦望等高官俸禄丰厚，交纳两月俸禄没有什么关系，低级官吏一旦上缴俸禄就无以养家。所以，此事遭到拾遗王求礼的强烈反对，他更是在朝堂上对武则天义正严词道："陛下富有天下，且军用和国用都有储备，为何还要夺取九品小官的俸禄？一旦上缴俸禄，这些官员的生活难以为继！"

王求礼此举在当时被看做是不识大体之举，相比之下，豆卢钦望一心为国的忠心却被武则天所知。

在另外几位"依附"李昭德的官员中，凤阁侍郎杜景俭，为人刚直不阿，提倡宽刑公正，和徐有功一样深受同僚敬重。另一位凤阁侍郎苏味道处事虽然有些模棱两可，甚至因此得号"苏模棱"，但是为人还算忠正。至于陆元方，一直以诚实著称，在洛阳城内颇有美名。

可是，武则天已经决心打击李昭德，自然也不能对李昭德党羽心软。她认真思虑了一番，最终将豆卢钦望贬为赵州刺史，韦巨源贬为麟州刺史，杜景俭贬为溱州刺史，苏味道贬为集州刺史，陆元方贬为绥州刺史。就这样，武则天称帝后最有利于太子李旦的宰相班子被摧毁。不过，李昭德的政治生命并未就此结束，此后不久，李昭德、来俊臣双双被召回京，两个人还将进行一场生死较量。

至于出征突厥的薛怀义，他的运气颇佳。这一次，薛怀义还未抵达突厥，突厥就望风退兵。武则天认为薛怀义有功，照例重赏了薛怀义。就这样，薛怀义一个男宠屡立"大功"，官越做越大，地位也越来越高，在朝中红得发紫。俗话有云，"满招损，谦受益"，小人物的悲剧宿命就在于此。薛怀义得势后，骄横跋扈唯我独尊，根本不懂见好就收的道理，一错再错，最终丢了性命。

火烧明堂

薛怀义从突厥凯旋归来后，被武则天加封为辅国大将军，改封鄂国、上柱国，赐帛两千匹。在当时，真可谓红极一时。渐渐地，薛怀义有些飘飘然了，他怀念军队里那一呼百应、千军万马的生活，于是大开山门，广招门徒，数日间寺内僧人竟激增至两三千人。为了让这些僧人操练武功、预习阵法，薛怀义还特地从军中请来教官。

白马寺一时人声鼎沸。

薛怀义不仅好大喜功，还很喜欢女色。不过他所喜好的女色，并非武则天。

这一年，武则天已经七十二岁。虽然经过修饰、保养，看起来要比同龄妇人年轻不少，甚至在掉了牙的牙床上，又长出两颗新牙。可是，年龄不饶人，武则天毕竟已经七十二岁，即便保养再精心，也比不得那些年轻女子。而薛怀义正值壮年，对于年轻女子哪会没有邪念？所以，薛怀义时常关注那些前来烧香请愿者，一旦发现有姿色的妇人，便将其留在禅房，任意寻欢。久而久之，对于武则天也倦怠起来，甚至很少在武则天宫中留宿。有时，武则天不得不专门派人前往白马寺召他入宫，而薛怀义往往借故推脱。

对于薛怀义的这点小心思，武则天再清楚不过。古来帝王三宫六院七十二嫔妃，武则天作为武周王朝的皇帝，当然没有必要非得粘着薛怀义一人不放。所以，武则天很快就移情御医沈南璆。沈南璆正直壮年，且相貌英俊，又很懂得些按摩之法。可以说，武则天和他日久生情，如今薛怀义不愿侍驾，她便用沈南璆打发老迈寂寞的时光。

武则天和沈南璆的情事很快就传到了薛怀义的耳朵里，薛怀义为此醋意大发。他独享武则天恩宠十年，他能允许自己怠慢这个老妇人，却不能允许她移情别恋！薛怀义的确是个男宠，可首先他也是个男人。怒火中烧的薛怀义当即离开白马寺，直闯后宫，可这回他碰壁了。

以往薛怀义进宫，门监、禁军都是一副笑容可掬的样子，可如今竟都换上了冷面孔。这些人倒也不敢呵斥薛怀义，却软中带硬地将他拦在外面。因为，御医沈南璆正在侍寝，武则天早就吩咐将一切人等拦在门外。

薛怀义此番被冷落，终于迫使他看清了面前的局势。一旦没有了武皇，他仍是洛阳城内一个小贩，即便是一个小小的巡城御史，也可以将他立毙杖下，就如拍死一只小蚂蚁。这个发现让薛怀义懊恼不已，悔不该当初冷落了武皇。不过，他毕竟独享武皇专宠十年，他有信心唤回武皇对他

的爱。

当时，明堂之北的天堂刚刚建成后不久，其内供奉的大佛也打造完毕。为了庆祝天堂和大佛落成，薛怀义决定举办一次无遮大会，以讨女皇欢心。为了使这次无遮大会规模空前，薛怀义真可谓绞尽脑汁。

薛怀义先是在一幅巨大的画布上画了一尊大佛，光佛首就有二百多尺高。这幅巨幅画像与高耸入云的天堂相对映，场面极其隆重壮丽。随后，他又在天堂前的空地上凿了一个深五丈的大坑，其内结彩为宫殿，把佛像放入坑中，然后利用机关把佛像徐徐拉出。佛像冉冉上升，就像是从地里出土升入空中一般。在千万支蜡烛的照耀下，佛像金光灿灿，立即轰动了神都。一时间，善男信女云集宫外，人头攒动，万人空巷。

平心而论，薛怀义的这次无遮大会举办得的确很成功。可是，武则天不为所动。直至曲终夜深、灯阑人散之时，武则天连看都没来看一眼。

薛怀义费尽心机竟换到这样的结果，真是愤怒不已。在他看来，自己好歹也是一个有功之臣，丢开在御榻上的辛勤耕耘不说，他曾监修富丽堂皇的万象神宫和天堂，还先后数次带兵讨伐突厥。武皇登基称帝之前，他所献上的《大云经》陈说符命，更是称武则天是弥勒佛托生，若论为大周革命造舆论，他薛怀义应推首功。可如今，武皇怎能喜新厌旧，就这样抛弃了自己？

情绪失控之下，薛怀义终于做了一件惊天动地的大事。这一次，武则天再也不能无视他的存在，甚至不得不再将目光重新放在他的身上。

无遮会的第二天晚上，薛怀义为了报复武皇薄情，一把火烧掉了刚刚落成的天堂。由于火势太过凶猛，天堂的大火最终殃及明堂。一夜之间，两座富丽堂皇的宫殿全部化为灰烬。

望着被大火烧红的天空，武则天的心紧紧地纠结在一起。她的确还爱这个男人，所以她允许这个男人胡作非为，甚至祸乱百姓。但是，在武则天心目中，任何感情都不得凌驾在权势之上，她绝对不能允许这个男人损毁她的大周王朝！

就这样，武则天第一次有了除掉薛怀义的念头。可是，每思及此，武则天总能想起薛怀义的种种温存，情感与理智的纠葛让她矛盾不已。

在这种情感的纠葛中，武则天没有立即对薛怀义下手。至于明堂失火的原因，武则天也不愿追究，只说是在天堂里干活的工匠一时疏忽，点燃了麻布佛像，最终延烧明堂。不仅如此，武则天还装出什么都没有发生过一样，又命薛怀义重造明堂和天堂。

对于再建明堂，朝臣中很有些反对意见。其中，左拾遗刘承庆更是大胆上疏，认为大火从麻布佛像烧起，后又延及明堂，可见武皇大肆修建的明堂佛像徒劳无益。所以，他恳请武皇停止修建明堂。

不过，朝堂中也有很多阿谀奉承之徒，为了讨得武皇欢心，他们不仅赞成再建明堂，而且认为明堂被烧毁也是祥瑞之兆。其中，左史张鼎认为，有大火烧到帝王居住的宫殿，可以显出大周朝的祥瑞；凤阁舍人逢引敏更是引经据典，他称弥勒佛成道时有天魔烧宫，七宝台顷刻散坏。如今明堂被毁，同样说明武皇执政深得上天认可，以火明示。

对于朝臣的诸多议论，武则天不做评价，只命薛怀义加紧施工。不仅如此，她还命人铸造象征天干地支的十二神像，每座神像高一丈有余，打算置于新明堂内。

薛怀义眼见烧了明堂，武皇仍能如此纵容自己，真是喜形于色。此后，他更加骄傲放肆起来，对于"忘恩负义"的武皇，私下里也讲了不少坏话。这些话一传十，十传百，终于传到了武则天的耳朵里。事到如今，武则天也并非不想将薛怀义除掉，况且她近来又有了新男宠沈南璆。

早在明堂大火之前，侍御史周矩曾上奏武皇，认为薛怀义在白马寺里剃度上千个壮士，此举有违法度，请求武皇下命查处。当时，武则天有意偏袒薛怀义，对周矩上书置之不理。如今，武则天有意向旧情人发难，便把这道折子找了出来做了批示，命薛怀义前往御史台配合周矩调查此事。

薛怀义接到诏书后，起初也有些担心。可很快，骄傲自负的情绪就占据了上风，使他又盲目自信起来。他快马加鞭前往御史台，直骑到台阶前才下马，下马后径直就往衙门里冲。周矩见薛怀义前来，正打算上前审问，哪知道薛怀义竟悠然自得地躺到了床上，袒着肚子一句话不说。直到被周矩逼问得急了，薛怀义才站起身来跃马而去，根本没把周矩放在眼里。

薛怀义此举，大大地伤害了周矩的自尊心。周矩当即上书武皇，严厉谴责薛怀义此举。武则天见状，只好将周矩召入宫内加以安抚道："周大人，薛怀义就是个疯和尚，不值得大人亲自审讯。不过，朕这就把他所度的僧人全部交由你，任凭你处置。大人意下如何？"

周矩大喜，不日后就带领数千官兵包围了白马寺，抄了薛怀义的老窝。至于那数千僧人，全部被周矩流放。而周矩因查办薛怀义有功，被提升为天官员外郎。

武则天这一番动作，使朝臣清楚薛怀义已被武皇所抛弃，一些正直之士更是蓄势待发，准备对薛怀义进行最后一击。可是，武则天虽已抛弃薛怀义，却不愿意将他定罪。因为一旦如此，必须得将薛怀义交由大理寺审讯。那样，薛怀义很可能会把和武皇之间的情事尽数抖搂出来，这是她不愿看到的。

为了能够偷偷地除掉薛怀义，武则天找到了太平公主。

自驸马薛绍惨死，太平公主已经变成了另外一个人。作为武皇的女儿，她似乎打从骨子里就是一个热衷权势的女人，就连血管里的血液似乎也充斥了权欲的气息。为了帮助武皇解决麻烦，太平公主秘密挑选了一百多名强壮的宫女，随后派人以武皇的名义前往白马寺，邀薛怀义当晚到后宫幽会。

薛怀义看到密信后，以为武皇已经回心转意，不禁喜出望外。当晚，薛怀义只身一人前往皇宫，原本一路畅通无阻，可走到御花园时，却突然被一群宫女拦住了。这些宫女人人手持棍杖，将薛怀义团团围住，不待薛怀义开口，上来挥棒就打。薛怀义虽身强体壮，无奈手无寸铁，又势单力孤，没多久就死在了这些宫女的乱棍之下。

没一会儿，武则天就知道了薛怀义已死的消息，大大地松了口气。她命人当夜将薛怀义的尸体护送回白马寺，在一座佛塔前当众烧化。此后，任何人不得再追究一切有关薛怀义的事情，违者严惩不贷。

薛怀义毕竟只是个男宠而已，没了他，武则天及她的武周王朝都丝毫不受影响。至于明堂和天堂的修建工作，武则天则交给了善于逢迎的姚璹。姚璹为了讨好武皇，自是尽心尽力，于次年即天册万岁二年（696）就将明堂修建完成。

这一次，明堂的规模比以前稍小一点，但华丽不减当初。武则天认为万象神宫这个名字不吉利，将其易名为通天宫。通天宫落成，武则天照例在宫内进行了大飨仪式，并改本年年号为万岁通天。

在新明堂落成后的一段时间里，武则天心情十分舒畅，屡屡在宫内外举行庆贺活动。为了祈求上苍保佑大周繁荣昌盛，并保佑她长生不老，武则天还带领文武百官前往嵩山封禅。封禅完毕，武周皇室宴饮不断，几乎是举国若狂。就在武则天醉心于觥筹宴饮之中时，武周王朝的东北边境突然传来警报，一场旷日持久的战争就此拉开了帷幕。

东北烽烟

对于嵩山，武则天一直有种无法言喻的喜爱。万岁通天元年（696）腊月初一，武则天更是率领群臣从洛阳出发，前往嵩山封禅。

这已经是武则天第七次拜谒嵩山。

腊月十一日那天，天还没亮。武则天身穿龙袍，带着文武官员、皇亲国戚一同前往嵩山顶峰的登封坛。待登上峰顶，恰好一轮红日破晓而出，众人立即跪伏在登封坛下，只见武则天一人走上登封祭坛，面向苍天三跪九拜，祈求上苍保佑大周王朝繁荣昌盛，国泰民安。大典礼成，百官齐呼万岁。为了记述这次登封中岳大典，武则天亲自作"大周升中述志文"，让太子李旦代她笔录石上，并将此石碑立于登封坛旁边。

几日后，武则天又前往少室山万羊岗设立祭坛，禅祭地神，祈求地神保佑风调雨顺，五谷丰登。为记述这一盛况，武则天命梁王武三思撰文刻在石碑上，并将此碑立在祭坛东侧。至此嵩山封禅大典完成，为纪念这一盛况，武则天传旨改嵩阳县为登封县，改阳城县为告城县，以示她封禅中岳大功告成。

武则天封禅嵩山，一来要告知天下臣民她的丰功伟绩，二来，就是希望上天保佑大周王朝国泰民安。哪知道，封禅嵩山后不到半年，武周王朝东北边境烽烟再起，契丹部众掀起了轰轰烈烈的反抗热潮。

契丹是中国东北地区的一个民族，自北魏开始，契丹部落就一直在辽河上游一带活动。唐朝初年，一部分契丹部落归附大唐，太宗皇帝于其地置归诚州，并设置了松漠都督府，由契丹部落酋长担任刺史都督，并赐姓为李。

可到了武则天万岁通天元年（696），契丹境内发生大面积的饥荒，广大百姓生活无着落。契丹时任松漠都督李尽忠和归诚州刺史孙万荣无奈，只得向营州（今辽宁锦州市）都督赵文翙求助。哪知道，赵文翙这个人刚

愎自用，他自恃是大周朝官吏，看不起契丹蛮夷，不仅不加赈给，还虐待两位契丹首领。

五月十二日，李尽忠和孙万荣起兵反抗赵文翙的暴政，带兵一举攻陷营州，杀死了赵文翙。此后，李尽忠抛弃了松漠都督的称号，自称无上可汗。

契丹生事，武则天不敢小觑。

万岁通天元年五月二十五日，也就是营州被攻陷后的第十三天，武则天命左鹰扬卫将军曹仁师、右金吾卫大将军张玄遇、左威卫大将军李多祚、司农少卿麻仁节等二十八名将领率军讨伐契丹。为了防备契丹南下，武则天又于七月十一日任命梁王武三思为榆关道安抚大使、姚璹为榆关道安抚副使，专事戒备。

讨伐契丹，并不是一件容易的事情，尤其是面对李尽忠、孙万荣这两位文武兼备、足智多谋的大统帅。可是，曹仁师、张玄遇等人却因为一次小胜就掉以轻心，最终中了李尽忠的圈套。

这一次小胜是由清边前军副总管张九节取得的。张九节当时奉命深入，恰巧遇到了孙万荣的先锋部队，一举将其击退。坐守幽州的曹仁师、张玄遇等人闻知此讯，大为欣喜。谁知，就因为曹仁师、张玄遇的欣喜，这次小胜竟成了武周大军此次行军取得的唯一一次胜利。

李尽忠、孙万荣首战受挫，尝到了失败的苦涩滋味。为了寻求对付武周军的绝佳办法，李尽忠思虑再三，决定将计就计。

李尽忠先是命驻守营州的契丹士兵对被俘的武周将士散布谣言，称契丹人民饱受饥饿之苦，就快要活不下去了，只等着向武周官军投降，以讨得一口饭吃。不久后，李尽忠又命人将这些被俘将士放了，并告诉这些将士，称契丹已经没有食物供给，又不忍心杀掉他们，所以才释放战俘。

这批战俘很快就逃回了幽州，当即告知曹仁师等诸位将军，称契丹军深为饥荒所扰，战斗力十分低下。契丹民众更是盼望着武周大军前来，以求赈给的粮食维续性命。得知这一消息，武周军队各部欢欣雀跃，争着要率先出击，以求战功。

就这样，曹仁师率军深入敌境，幻想着能将李尽忠、孙万荣等一举歼灭。哪知道，刚刚行至契丹境内，便遭到埋伏多时的契丹军伏击，曹仁师所率武周军全军覆没，将士尸体把山谷都填满了。

李尽忠虽取大捷，仍没有掉以轻心。他深思熟虑，不久后就又想出一个破解武周大军的上上之策。原来，在上一战中，李尽忠生擒了武周将领张玄遇和麻仁节，并当场缴获了部分统帅的印信。为了诱使武周大军上钩，李尽忠伪造了一封军令，胁迫张玄遇等人签上字，随即将此书送给武周军总管燕匪石、宗怀昌等人。在这封军令上，李尽忠称武周军已击败契丹叛贼，要燕匪石、宗怀昌立即率军赶往营州。

燕匪石、宗怀昌不知其中有诈，接到军令后，立即昼夜兼程前往营州，结果遭契丹军伏击，全军覆没。

至此，武则天首次派出的讨伐大军已所剩无几。

武则天得知前方惨败的消息后，十分惊慌。为了充实军队，武则天颁布诏令，全国囚犯和家奴中骁勇者，若愿意参军出击契丹，囚犯可无罪释放，家奴也可由官府出钱赎身。与此同时，武则天又任命建安王武攸宜为右武威卫大将军兼清边道行军大总管出击契丹。

武攸宜是武则天的侄子，在这危急关头，武则天首先想到的还是自己的族人。不过，这个武攸宜实在是个无能之辈，对带兵打仗更是一窍不通。武攸宜刚一到幽州，就被李尽忠狠狠地当头一棒，再不敢出城。

就在武周大军与契丹打得不可开交的时候，东突厥首领阿史那默啜又来添乱了。阿史那默啜前不久刚刚向武周请降，愿意倾心归顺。哪知道，契丹战乱一起，阿史那默啜就开始趁火打劫，于万岁通天元年九月十八日进攻凉州（今甘肃武威）。当时，凉州都督许钦明正出城视察，刚好与突然杀来的数万东突厥军撞个正着，许钦明率部力战，最终不敌被俘。

与此同时，许钦明的哥哥、龙山军讨击副使许钦寂也在崇州与契丹交战失利，兵败被俘。当时，契丹正准备围攻安东（今辽宁抚顺一带），便命许钦寂劝说安东都护裴玄珪投降。哪知道，许钦寂却在城下大呼，契丹必定会遭到上天降下的灾殃，灭亡是迟早的事情。同时，他建议裴玄珪能够组织军队严加守备，那样就能保全他忠诚的节操。契丹军原本要许钦寂劝降，哪知道他却反其道而行之，契丹军盛怒之下将许钦寂杀害。

当时，武周王朝的边境形势十分严峻，先是契丹大军压境，随后又有东突厥威胁，且数次交锋中武周军损兵折将，接连惨败。就在武则天为此困扰不已时，转机突然来了。阿史那默啜竟然主动向武则天提出和亲，并愿意率自己的部队攻打契丹。当然，阿史那默啜的和亲是有要求的，武则

天必须把居住在河西，并且已经归顺武周的突厥人交由他统治。

在当时的情势下，武则天哪还有拒绝的权利？所以，她当即把河西的突厥部落交由阿史那默啜，并派豹韬卫大将军阎知微和左卫郎将摄司宾卿田归道前往东突厥，将阿史那默啜册封为左卫大将军、迁善可汗。

此后不久，又一个天大的好消息传入洛阳——契丹军首领、无上可汗李尽忠病死了！阿史那默啜得知李尽忠去世的消息后，当即派军直捣契丹大本营松漠（今内蒙古巴林右旗一带），掳走了李尽忠、孙万荣等人妻儿。对于阿史那默啜此举，武则天十分满意，又册封阿史那默啜为颉跌利施大单于、立功报国可汗。

不过，这种大好形势并没有持续多久。这一战后，孙万荣集结了残余部队，势力很快就又发展壮大起来。为了打击武周，孙万荣派骆务整、何阿小率领前锋部队攻陷冀州，杀死了冀州刺史陆宝积，甚至还下令屠城，杀死官吏、平民数千人！随后不久，孙万荣又率部进攻瀛州，黄河以北人心震动。

值得一提的是，就在武周王朝危难之际，武则天想起了在彭泽当县令的狄仁杰，当即命他前往黄河以北的魏州做刺史。当时，魏州百姓日夜在城内修筑防御工事，狄仁杰到任后，当即命百姓回去耕地种田，并安慰百姓，一旦契丹军前来全部由他来应付。狄仁杰在当时颇有美名，百姓听到他这句话，这才安心地回到农田耕种。

魏州城虽无危险，但抗击契丹的战事并不乐观。

为了抗击契丹，武则天于万岁通天二年（697）三月任命王孝杰为清边道总管，苏宏晖为副总管，率领十七万大军迎击契丹。起初，王孝杰率领精兵曾数度将契丹击退，为了乘胜追击，王孝杰竟把契丹军逼至一处悬崖边上。契丹军无路可退，与王孝杰拼死一搏。结果，武周军情势急转直下，王孝杰不小心坠下悬崖摔死，所部将士几乎全部阵亡。

当时，武攸宜正率军驻扎在渔阳（今天津蓟县），他得知王孝杰败亡的消息后，吓得胆战心惊。孙万荣则乘胜追击，乘机攻占了幽州等地。武攸宜此后曾派遣将领进击契丹军队，可惜没能取胜。

数次交锋失利后，武则天又想起了东突厥。为此，她派阎知微、田归道出使东突厥，希望东突厥能够助她一臂之力。阎知微知道自己有求于人，待见到阿史那默啜后，不仅三跪九叩，还用嘴亲吻阿史那默啜的靴子。相比之下，田归道不卑不亢，他在阿史那默啜面前只作揖，不下跪。阿史那默啜一气之下便将田归道扣留在突厥军中。

对于武周王朝，阿史那默啜还算"友好"，他当即答应帮助武则天，与此同时也提出了更多的要求。阿史那默啜不仅要求占有河西之丰、胜、灵、夏、朔、代六州的突厥人，还要求占有单于都护府的土地。不仅如此，他还向武则天索要大量的谷种、缯帛、农器、铁。

武则天清楚，将这些东西交给阿史那默啜无异于削弱自己的势力，蓄养一个更为强大的敌人。可是，倘若不能拉拢东突厥，一旦东突厥和契丹联手，后果只能更加严重。思虑再三，武则天终于答应了阿史那默啜的条件。很快，四万斛谷种、五万段彩锦、三千农具及数万斤生铁被送达突厥，阿史那默啜还如愿得到了单于都护府的土地及数千户突厥人。

阿史那默啜得到满足后，就把田归道放了回来。田归道一抵洛阳，当即面见武皇，称阿史那默啜定会背信弃义，和亲并不可靠。其实，这些武则天都清楚，可至少目前东突厥不会和契丹联手，这样她才能集中精力对付契丹。

这一次，武则天任命右金吾卫大将军武懿宗为神兵道行军大总管，娄师德为清边道副大总管，右武威卫将军沙吒忠义为前军总管，共率领二十万大军进击契丹。

对于这次出征武则天寄予厚望，可是，武周大军仍旧在打败仗。当时，军中如程务挺、王方翼、黑齿常之等名将，杀的杀、流的流，少有真正有勇有谋的将领，军队战斗力已被大大削弱。至于武氏亲王如武懿宗、武攸宜，更是一些胆小怕事之徒。尤其是武懿宗，他率军抵达赵州时，听说契丹将领骆务整带着数千名骑兵就将抵达，立即率兵逃离了赵州。

武懿宗弃城逃跑，可便宜了孙万荣，苦了赵州城的百姓。万岁通天二年六月，孙万荣占领赵州后，丧心病狂地下令屠城。大肆屠杀手无寸铁的平民是极其残忍和无耻的事情，只有那些心如蛇蝎、丧尽天良的人才会干这种事。可是，孙万荣偏偏就做了。

正所谓"多行不义必自毙"，作恶多端的人从来都不会有好下场。距离孙万荣屠城不出一个月，他的末日就来临了。

当初，孙万荣击败王孝杰大军之后，曾在柳城西北四百里左右的地方凭借险要地势修建了一座城池。他命人把老弱妇孺、军需物资留在那里，

由妹夫乙冤羽率少量军队驻守，自己则率精兵进攻幽州。

由于后方空虚，孙万荣担心阿史那默啜会趁机偷袭，便派人联络阿史那默啜，邀请阿史那默啜跟他一同拿下幽州。结果，在孙万荣派去联络的使者中，竟有人偷偷把孙万荣后方空虚的情况告知了阿史那默啜。阿史那默啜原有意与孙万荣一起联手攻打幽州，可得知这一情况后，当即出兵攻打孙万荣在柳城修建的新城池。

阿史那默啜此举，倒不是他有意与武周亲近。就在阿史那默啜出兵攻打柳城之前，他杀了许钦寂的弟弟许钦明祭祀天神。祭祀完毕，他才率领大军前往柳城，而且不出三天就将这座新城拿下。

孙万荣当时正率军与武周大军对峙，得知老巢被端后，真是惊恐不已。奚族部落军人认为孙万荣必败无疑，率先叛变。神兵道总管杨玄基见状连忙率军从正面攻击孙万荣，奚族部落的军人则从背后夹攻。在突如其来的夹攻下，契丹悍将何阿小被生擒，孙万荣只带着几千名骑兵向东逃窜。结果，孙万荣在逃跑途中又遭到了前军总管张九节的伏击，虽侥幸逃脱，可待他逃至潞水东岸时身边只剩几个家奴。家奴见孙万荣落败至此，竟一起砍掉了他的脑袋，交给武周大军，希望以此能够将功赎罪。

随着孙万荣兵败惨死，武周朝的契丹叛乱终于平息。为庆贺此次平叛成功，武则天改年号万岁通天为神功。万岁通天二年，即为神功元年。

第二十二章　整顿吏治

武懿宗发家

俗话说乱世出英雄。李尽忠、孙万荣的叛乱就成全了很大一批野心家。这其中，就包括武则天的堂侄河内郡王武懿宗。

从史书记载来看，武家人的容貌似乎都很不错。女子的容貌自不必说，武则天姐妹将高宗皇帝迷得神魂颠倒，就连她的小外甥女都能从中分得一杯羹，可见武家女人个个有倾城之貌。更值得称道的是，武家的男人也多是数一数二的美男子。武则天的侄子武三思、武攸暨，可都是当时极为风流倜傥的人物。

不过，武则天的这个堂侄武懿宗，却没有遗传一点武家的优秀基因。据史书记载，武懿宗这个人身材十分短小，而且腰背弯曲，相貌丑陋，很为朝臣所不齿。可是他却依靠姑姑武则天的提拔，步步升官晋爵。他先是被封为河内郡王，之后又累迁济州长史、左金吾大将军，甚至被武则天任命为神兵道行军大总管，与娄师德共率大军进击契丹，俨然成了武周朝第一武将。

当然，我们不能以貌取人，不能因为他相貌丑陋，就贬低他的才能。可实际上，武懿宗这个人胸无点墨，胆小如鼠，带兵打仗时恨不得立即拱手将城池献于敌人，以求保住自己的小命。可在对待同僚时，武懿宗却又以性情残暴闻名，很善于诬陷别人。就在他出兵讨伐契丹之前，还曾在朝中罗织罪名，制造了一起臭名昭著的大冤案。

这起冤案，是由冀州刺史刘思礼引发开来的。

　　武周朝酷史横行，来俊臣等人曾炮制了大量谋反冤案，实际上，这些所谓的谋反罪名多是子虚乌有。不过，这个刘思礼真有谋反之实。他的谋反，倒不是因为心系李唐江山社稷，而是源于一个术士的胡言乱语。

　　当时的社会中，术士很受人追捧，刘思礼便决定向术士张憬藏学习相面。张憬藏看到刘思礼后，认真地给刘思礼相了面，并告知其经历冀州刺史，最终做到太师的职位。

　　太师的地位极其显赫，不是君主的辅佐大臣不能担任。可他一个小小的地方官，要成为太师简直是难如登天。唯一一条途径，就是推翻武皇的统治，另立新君！

　　刘思礼的新君并不是李唐皇室子孙，他另起炉灶最终选中了自己的老友录事参军綦连耀。为了让綦连耀确信自己就是真命天子，他称綦连耀是长了对应两角的麒麟，而耀字是由光翟组成，正说明綦连耀将要光宅（占据）整个天下。

　　綦连耀也是个地道的野心家，听刘思礼这一番解释，真是喜上眉梢，立即和"未来的太师"刘思礼一切谋划起他们的谋反大计来。

　　为了秘密勾结朝廷官员，刘思礼大肆利用自己刚刚学得的相面术。他打着相面的幌子，为别人预言富贵，等把人说得高兴的时候，然后便说："綦连耀将授命于天，您一定要依靠他才能获得富贵。"

　　刘思礼这样连哄带骗，竟然也拉拢了一些人。不过他清楚，自己距离太师之位还很远，因为首先他得成为冀州刺史，这是张憬藏的预言。为了成为冀州刺史，刘思礼煞费苦心寻找门路。或许是上天有意捉弄他，不久后还真有人向他伸出了援助之手。这个人就是大才子王勃的哥哥凤阁舍人兼知天官侍郎（吏部侍郎）王勔。

　　王勔颇负文名，与弟弟王勃、王助并称"三株树"，当时正在吏部专门负责官员选任。一次偶然的机会，他被刘思礼相了面。对于刘思礼的那番帝王言论，王勔半信半疑。他虽不想参与，但觉得帮助刘思礼也不会损失什么。此后不久，王勔就安排刘思礼做了冀州刺史。如愿成为冀州刺史后，刘思礼对自己的光辉前程更加笃信不疑。哪知道，就是帮他得到冀州刺史位置的王勔，最终将他送上了断头台。

　　当时，与王勔并称"三株树"的王助正在京城担任监察御史。王勔私下里曾把刘思礼和綦连耀谋反的事情告知过弟弟，王助对此不屑一顾。他当然不相信，一个小小冀州刺史能掀起什么风浪。不久后，他就把这件事当个玩笑，告知了好友吉顼。

吉顼当时正任明堂县尉，不仅是王助的好友，还与王助有些亲戚关系。由于工作的关系，两个人常常一同在宫内当值。万岁通天二年（697）正月的一天，王助和吉顼又一同当值，两个人闲来无事坐在一起聊天，聊着聊着，王助就把刘思礼谋反的事情告诉了吉顼。吉顼表面上不动声色，可待王助离开，他就把事情的前前后后详细记录下来。由于吉顼官职卑微势单力孤，他不敢冒险，便把这个告密的机会送给了时任合宫县尉来俊臣。

来俊臣自被李昭德弹劾，被贬为同州参军后，并没有被武承嗣和武则天所遗忘。武承嗣多次在姑姑面前为来俊臣求情，武则天不久后又下令将来俊臣从同州调到长安附近的合宫县当了一名县尉。可是，长安附近的县尉，也是一个县尉，他很难再插手朝事，为此愤恨不已。如今，吉顼竟主动找上门来，将这个千载难逢的好机会送给了他，真是喜从天降一般。来俊臣不假思索，当夜就写了一封告密信投入铜匦。

武皇阅信，大吃一惊。她就知道来俊臣是忠心的，一直为她小心地捍卫着武周政权。不过，来俊臣当时毕竟只是一个县尉，还不便插手此事，武则天就把这件谋反大案交给了河内王武懿宗。

武懿宗领了圣旨，真是喜出望外。当时，武家兄弟极力在武皇面前争宠，武皇没有把此事交给武承嗣，真让武懿宗感到有些受宠若惊。既然大权在握，武懿宗就不打算草草办完交差。既然要他办，他就要办得震动朝野，不仅要博武皇欢心，更要震慑一下满朝文武，让人们知道他武懿宗在朝中的位置！

可是，当武懿宗逮捕刘思礼，进行一番审讯后，真是大失所望。刘审礼、綦连耀等人的确有谋反企图，他们对此也供认不讳。可这谋反只是纸上谈兵，真正参与到谋反中的，根本没有几个人，而且都是一些虾兵蟹将，上不了台面！

如此难得的露脸机会，武懿宗当然不愿意这样浪费。

武懿宗审案，也已经不是一回两回了，打从天授年间开始，武则天就曾命他查办些案子。虽说没有什么大案要案，可他的刁钻狠毒并不比别的酷吏差，甚至有人说他是"周（兴）、来（俊臣）之亚"。武懿宗不仅会用

刑，也深谙《罗织经》的精髓所在。他明白，要想把此案办成大案，就得多罗织一些人。

打定主意后，武懿宗就把平时与自己不合的，不把武氏子弟放在眼里的官员等等列成一个单子。列完单子，武懿宗又仔细斟酌一番，安排了各个"案犯"的关系，这才把单子交给了刘思礼，要他按照这个黑名单招供。

刘思礼是个软骨头，刚一入狱就被吓破了胆子，对所有谋反罪状供认不讳。如今，武懿宗让他招供别人，他不敢说半个"不"字，连忙按照武懿宗的意愿，将黑名单上的官员一一拖下了水。这其中当然有帮助刘思礼做到冀州刺史的凤阁舍人王勮，他的哥哥泾州刺史王勔、弟弟监察御史王助也被牵连进来。此外，还有凤阁侍郎同平章事李元素、夏官侍郎同平章事李元亨、知天官侍郎事石抱忠、刘奇，给事中周譒等等，一共三十六家，都是当时海内名士。

刘思礼一招，武懿宗便名正言顺地把这些名士全部抓进了大牢。在大刑面前，他就不怕这些人不招。结果，这些海内名士轮番受刑，最终熬不过，悉数招供，但求速死。

很快，武懿宗就罗织罪名，将一起轰动朝野的谋反大案告知武皇请功。武则天闻讯大吃一惊，立即下令将王勮、王助、李元素、李元亨等海内名士三十六家满门灭族，其亲党则戴罪流放，前后被流放者多达一千多人。

通过刘思礼谋反一案，武懿宗在朝中大大地抖了抖威风。就在此案尘埃落定后不久，武则天更是将武懿宗派往契丹前线，平定叛乱。众所周知，武懿宗在平定契丹叛乱中，只会夹着尾巴逃跑。可待契丹叛乱一平，他却又摇身一变，趾高气扬起来。

孙万荣死后，武则天下诏派武懿宗、娄师德、狄仁杰分别前往黄河以北各地安抚百姓。武懿宗虽然清楚自己此行的目的是安抚，可他却走到哪里，杀到哪里。

契丹战乱期间，李尽忠、孙万荣曾胁迫带走很多中原百姓。待契丹战乱一平，这些百姓纷纷返回原居地。可刚刚回来，他们就遇到了河内王武懿宗。武懿宗见到敌人，他只会夹着尾巴逃，可见到百姓，他却杀得得心应手。他称这些百姓都是叛徒，竟然把他们全部剖开腹部取出胆囊。

武懿宗的暴行引起了许多人的不满，当时黄河以北的人把河内王武懿宗跟嗜杀的契丹将领何阿小相提并论，说"唯此两何，杀人最多。"可就是这样，武懿宗还觉得不过瘾。"安抚"完毕，武懿宗返回洛阳竟又上武皇上书，建议武则天把黄河以北投靠的契丹百姓全部灭族。

武懿宗的提议一出，引起了许多正直朝臣的强烈反对。其中，素以直言上谏著称的王求礼更是率先上书，认为这些投靠契丹的百姓都是手无寸铁的贫民，他们为了生存所迫跟随契丹，哪里能有什么反叛的想法？不仅如此，王求礼还狠狠地将了武懿宗一军。他在上书中指责武懿宗在战争期间，曾率领数十万大军望风而逃，致使敌人势力迅速扩张，百姓被契丹军队所奴役。如今，武懿宗又想把罪过推卸给百姓，实在是一种不忠的行为，所以恳请武皇将武懿宗杀掉，以向黄河以北的人民谢罪！

对于王求礼这一番指责，武懿宗哑口无言。

最终，武则天没有采纳武懿宗的建议，刚刚被契丹蹂躏过的人民和土地总算逃过了这一劫。当然，武则天也没有采纳王求礼的意见，将武懿宗杀掉谢罪。武懿宗毕竟是自家人，虽然他的主意有些"馊"，可武则天相信他是绝对忠诚的。对于已经成为皇帝的武则天来说，官员的忠诚，比什么都重要。

小人反目

刘思礼谋反一案，真可谓震动朝野。来俊臣作为告密者，自然也大大地出了回风头，让朝臣再不敢小觑这个合宫县尉。依朝臣推想，此案了结后，武则天必定会把来俊臣召回京城委以重任。可这一次，武则天偏偏就没了动静。

武则天没有动作，来俊臣可是又急又恼，他当然不想老死在这个小小的县尉位置上。为了趁热打铁让武皇关注自己，来俊臣灵机一动打起了吉顼的主意。

可以说，吉顼和来俊臣关系不错，否则吉顼当初也不会把告密的机会给了来俊臣。但是，在利益纠纷的关系中很难有纯粹的友情，来俊臣对吉顼就是如此。所以，来俊臣当即写了封告密信，称吉顼参与了刘思礼的谋

反，后因担心事发才向来俊臣自首。

来俊臣此举，做得够歹毒。不过，他的人生逻辑就是"宁叫我负天下人，休教天下人负我"，所以，这倒也是他的人性本色。

武则天接到告密信后，当即把案子交给武懿宗详查。

武懿宗是什么人？那可是"周来之亚"，是杀人不眨眼的魔王啊！吉顼眼见大难临头，为了自救，只得又向武则天密告了另外一件谋反案。这件谋反案内容是什么，我们不得而知。总之，吉顼在关键时刻被武则天亲自召见，见识了吉顼的忠心，不仅没有杀他，还给吉顼升了官。

至于来俊臣，虽属诬告，可他成功将武皇的目光吸引到他身上。如此忠心耿耿之人，武则天当然不能亏待，当即一道制令把来俊臣召回洛阳，官拜司仆少卿，仍到丽景门大狱审案。

来俊臣重回神都，气焰十分嚣张。可他毕竟是个贬官，刚刚回京，所以有些官员不买他的账。为示警醒，来俊臣上任没几天就又制造了一起冤案。

这起冤案的主角是来俊臣的同僚司刑府史樊惎。

樊惎是个正直之士，又血气方刚，曾因为一件案子和来俊臣争得面红耳赤，让来俊臣很下不来台。为了整治樊惎以儆效尤，来俊臣回府后立即召集几个亲党，让这些人在不同地点写同样内容的告密信，称樊惎谋反。很快，樊惎就被捕入狱，负责审理此案的就是来俊臣。没几天，樊惎冤死狱中。

樊惎有个儿子，他知道父亲是被来俊臣诬告冤死，便穿麻戴孝到皇宫前鸣冤。可是，官员们知道这是来俊臣办的案子，不仅不敢向武则天通报，连上前问问都不敢。樊惎的儿子在宫门前跪了一天一夜后，绝望地向天大叫道："苍天无眼啊！我父为官清廉正直，却被小人诬陷杀害，天下还有公道吗？"说罢，他从腰里拔出一把匕首，朝自己胸前一刀刺下，又用力往下一按，五脏六腑顿时滚了出来，满地一片鲜红。

如此凄惨的场面，就发生在武周王朝的皇宫前。可是，众人唯恐祸延己身，竟然装作没看见，脚步来去匆匆。没过多久，樊惎的儿子扑倒在地上，断了最后一口气。

安金藏曾经剖心，以向武皇表明太子李旦的清白。樊惎的儿子也想剖心，以代父亲向武皇鸣冤。可惜，他没有安金藏那样的好运，一个小小司刑府史的死，还引不起武则天的关注。

满朝上下，唯一对其略表关切的，是樊惎的好友秋官侍郎刘如璿。他见到如此血腥凄惨的一幕，站在一旁流下了两行热泪。但他不敢停留，叹了一口气就离开了。即便如此，来俊臣还是不能容忍。来俊臣当即上奏武皇，称刘如璿与樊惎是同党，应逮捕下狱，处以绞刑。后来，武则天赦免了他的死刑，只把他免官流放。

整治了樊惎和刘如璿后，来俊臣信心大作，准备向自己的仇敌李昭德发起攻击。

李昭德于延载元年（694）九月，被武则天贬为南宾尉，后又被免死流窜。就在来俊臣返京前后，李昭德也被武则天召回洛阳复官。对于来俊臣来说，李昭德是比樊惎危险数十倍的敌人，自己要想在京城立足，就必须把李昭德拿下。李昭德由于恃才傲物，还曾让秋官侍郎皇甫文备下不来台，来俊臣就和皇甫文备勾结起来，一同诬告李昭德。

最终，李昭德被打入丽景门大狱，负责审案的仍旧是来俊臣。李昭德清楚，不管自己招与不招，结果都是死。所以，当来俊臣宣读诏书，称武皇下令于秋后处斩李昭德时，他神色自若道："又不是我一个人死，请问在座诸位，哪个不死？"

说罢，哈哈大笑。

在等待处斩的日子里，李昭德在狱中过得悠然自得。每天吃饱喝足后，就掩扇而寝。来俊臣等以为李昭德是装出来的，便偷偷前去关瞧。哪知道，李昭德的嘴一张一翕，鼾声如雷，已熟睡了。

得知李昭德将死，朝中不少正直之士为之扼腕叹息。可是，来俊臣横行无道，朝士已是人人自危，上朝不敢说话，生怕祸从口出，哪里还敢多管这闲事？也曾有人私下里探访太平公主，希望太平公主施以援手。可是，太平公主知道来俊臣的为人，不到生死边缘，她可不想招惹来俊臣那个疯子。

疯狂的尽头就是毁灭的边缘。

就在来俊臣把李昭德送进大狱时，他自己的生命也快走到了尽头。这致命的一刀不是出自他的夙敌或仇家，而是他的心腹密友卫遂忠。

卫遂忠也是个酷吏。当时，来俊臣为了诬告他人，罗织罪名，曾在全国各地豢养了一批人。卫遂忠就是其中之一。卫遂忠聪明伶俐，能说会

武则天

道，很得来俊臣的赏识，引为心腹死党，私交相当不错。

这天，卫遂忠酒后前去拜访来俊臣，不巧的是来俊臣正在宴请妻子王氏族人。

太原王氏是名门望族，若不是来俊臣横刀夺爱，威逼段简交出爱妻，王氏断然不会嫁给来俊臣这等人。可如今木已成舟，王氏也只好忍气吞声，遵从来俊臣之命将族人请至来府，举办家宴。

哪知道，就在家宴进行时，卫遂忠突然来了。

王氏得闻眉头一皱。这些街头地痞，王氏看都不想看，更别提和他同席吃饭了。来俊臣明白妻子的意思，连忙命人把卫遂忠打发走。可惜，这个卫遂忠原本是个聪明人，只是此时有些醉意，竟推开家丁径直闯了进去，对着王氏就是一通乱骂。

王氏本是名门淑女，改嫁给来俊臣已是万般委屈，突然众目睽睽之下被人如此羞辱谩骂情何以堪，哭着离席而去。

来俊臣见妻子被骂，面子上很有些挂不住。顾不得什么朋友情面，命人把卫遂忠拖进院子就是一顿痛打。一顿棍棒交加，卫遂忠的酒终于醒了，知道自己闯了大祸。他痛哭流涕地向来俊臣告罪求饶，折腾了好久来俊臣才放过他。

卫遂忠侥幸捡回了一条小命，对于来俊臣真是感恩戴德。哪知道，事情远远还没有结束。几天后，卫遂忠就得到消息，来俊臣的妻子王氏不堪受辱，上吊自杀了。这下，卫遂忠可坐不住了，生怕来俊臣寻自己的晦气，那样自己这条小命朝不保夕。

这一次，卫遂忠还真多心了。

来俊臣并没有因此忌恨卫遂忠，他看上的本就是王氏的美貌和家世，其中根本没有真情实爱。所以，王氏死后没几天，他就又开始寻找新的女人。这次，他又看上了段简的侍妾。段简生性懦弱，如今来俊臣又有要求，段简也只得忍痛割爱，将美妾献给来俊臣。可见，坐拥娇妻美妾也不见得是件美事。

段简的自尊心被来俊臣一再蹂躏，他都没有一丝反抗之举。相比之下，酷吏卫遂忠还算是个有勇有谋的男人。

卫遂忠曾是来俊臣的心腹，十分清楚来俊臣的为人。他知道来俊臣早晚都会和他算账，对于来俊臣，卫遂忠不会心存幻想。卫遂忠不想成为来俊臣罗织入罪的下一个牺牲品，要改变这一局面，唯一的方法就是来俊臣死。

　　卫遂忠想要整死来俊臣，并不是一件难事。他多年在来俊臣手下做事，已经学得了来俊臣的行事手段和方法。他清楚自己势单力孤，倘若直接与来俊臣对抗，很可能反被来俊臣所害。所以，卫遂忠决定拉上武氏诸王。为此，卫遂忠还编造了一个惊天谎言，他称来俊臣正在私下里罗织罪名，意欲打击武氏诸王，尤其是魏王武承嗣！

　　说起来，武承嗣和来俊臣也算是好友。武承嗣曾假借来俊臣之手，杀了不少和自己作对的人。可正因为如此，他更清楚来俊臣的手段和为人。所以，当卫遂忠告知来俊臣将要谋害武氏诸王时，武承嗣对此深信不疑。

　　武承嗣不敢掉以轻心，立即召集武氏诸王。为了扩大阵营，他还将太平公主也拉了进来，称来俊臣想要把武氏诸王及太平公主、庐陵王李显、太子李旦一并除掉。庐陵王李显远离京师，帮不上什么忙；皇嗣李旦被囚禁东宫，也说不上话。不过，此时的太平公主已是今非昔比，由于深受母亲宠爱，她当时的势力与诸王不相上下。太平公主也是个聪明人，她不仅加入了阵营，还将南北衙禁军统领也拉下了水，称来俊臣意欲状告他们谋反。

　　武氏诸王、太平公主及南北衙禁军本不是一个阵营，彼此之间有许多矛盾。但是，在对抗来俊臣以求自保的阵线上，他们空前地团结起来。

　　要告倒来俊臣，一定要找个合适的罪名。所有人都清楚，贪污、抢夺他人妻妾等都不能扳倒来俊臣，至于罗织罪名陷害大臣又找不到有力的证据。思来想去，这些人最终决定，状告来俊臣谋反！

　　前文曾经说过，来俊臣好女色，曾自喻采花求色之才可比石勒。对此，朝廷上下文武皆知。可是，石勒不是个普通人，他不仅好女色，他还是十六国时期的后赵皇帝！更为巧合的是，这个石勒原本是个奴隶，后来从奴隶成为了将军，又从将军晋升皇帝。来俊臣拿这样一个人物做比，又打算诬告诸王、公主，将皇室子弟一网打尽，这不是谋反是什么！

　　就这样，武氏诸王、太平公主及南北衙禁军团结一致，蓄势待发，准备向来俊臣发起致命一击！

兔死狗烹

来俊臣是个很精明的人，他在朝廷上下布置了众多眼线。朝中一旦出现风吹草动，都逃不过来俊臣的眼睛。可这一次，就在武氏诸王、太平公主等秘密铲除来俊臣时，来俊臣却蒙在鼓里，没得到一点风声。

这天，武则天下了早朝，照例在紫宸殿批阅文书奏折。内侍突然来报，称太平公主及魏王武承嗣等十几位王爷求见，武则天连忙宣见。

不一会儿，魏王武承嗣和太平公主带着一帮人进了大殿，随即跪在地上，磕头如捣蒜，求武皇救命。

"救命？这话从何说起？"武则天摸不着头脑。

太平公主看了看母亲，哽咽着说道："母皇有所不知，来俊臣正私下罗织罪名，企图将皇室子孙一网打尽。儿等性命朝不保夕，这才前来向皇上求救！"

"说什么笑话，来俊臣怎会做这等荒唐事！"武则天十分信任来俊臣，当然不信这些话。

"皇上，来俊臣狼子野心，意图篡夺大周政权。置皇室子孙于死地，就是他谋反篡权的第一步！"

"太平，不要血口喷人。你们这样说，可有证据？"武则天仍有意袒护。

"皇上，此事千真万确。来俊臣的心腹卫遂忠已将此事告发了。"武承嗣往前匍匐两步，哭告道。

就这样，武则天宣卫遂忠晋见。卫遂忠三拜九叩，随即才开口对武皇讲述了事情的来龙去脉。他称，来俊臣早有谋反之心，意图通过陷害诸王使武皇后继乏人，最终再盗取国权。

对于卫遂忠，武则天心里十分反感。因为武则天实在太清楚来俊臣的为人，他可能狠毒而狂妄，可他一直对自己忠心耿耿。说他谋逆夺位，真是匪夷所思。所以，武则天一副怀疑的口吻质问卫遂忠道："这么说来，来俊臣也是你的主人。你状告主人，难道不觉得有不妥？"

卫遂忠想不到武则天竟然问出这种话。好在，他脑子灵光，当即回答道："皇上，此事涉及诸亲王及太平公主安危，更涉及大周王朝社稷。小人虽一介草民，怎能坐视不管？"

这话说得倒也在理。武则天见状也不好反驳，只得命内史王及善审查来俊臣一案。

王及善是洛州邯郸人，早在十四岁时就被授以朝散大夫，袭爵邢国公。垂拱年间，他被转益州大都督府长史，由于已年逾八十告老还乡。直到契丹叛乱后，他又被武则天重新启用，并提拔为内史。

王及善并没什么才能，任宰相期间作出的唯一规定就是各部门官员不许骑驴上班。为此，他派人终日驱逐，有时还要亲自参加。朝中官员认为他身为宰相，却执迷于如此琐碎婆妈的事情，实在有失体统，便给他取了个绰号"驱驴宰相"，可谓刻薄至极。

其实，王及善并非如此不堪。他才能虽平庸，可清正廉洁，守道安贫，还算是一个正直之士。也正因为如此，武则天决意将来俊臣谋反案交由王及善。她相信，以王及善的正直，定不会扭曲黑白，还来俊臣一个清白。

可是，一切出乎武则天所料。

王及善才能虽有限，可对于酷吏一直十分反感。所以，他接到圣旨后，立即着手查办。在武氏诸王以及太平公主的帮助下，他很快就查明了来俊臣"谋反"之实，并上奏武皇，称来俊臣意图陷害诸武和太平公主，阴谋篡国是真，依法应处以极刑。

这个结果，是武则天不愿看到的。自始至终，她都相信来俊臣是清白的，因为他的忠诚，远远超过任何一位皇室子孙。所以，武则天将王及善召入宫中，要求他适当减刑，留来俊臣一条活路。

哪知道，王及善当即反对。"陛下，来俊臣凶狡不轨，阴谋篡国。若不诛杀，恐怕会动摇朝廷根基，灾祸从此就会开始啊！"

武则天没料到王及善会如此坚决，便淡然道："那好，容朕再斟酌斟酌。"

武则天这一斟酌，就是三天。三天来，朝中官员接连上书武皇，要求武皇严惩来俊臣。越是这样，武则天越是犹豫。朝臣如此齐心协力陷害对武则天忠贞不渝的来俊臣，这让她感受到了一丝不安。

就在这时，当年因刘审礼一案与来俊臣结下仇怨的吉顼出马了。

　　这也怪不得吉顼。吉顼原本是把来俊臣当好友的，哪知道来俊臣倒打一把，反要将吉顼置于死地。要不是吉顼聪明，恐怕早已成了刀下冤鬼。而如今，吉顼凭着自己的"出色"表现，已经在朝中站稳脚跟。正所谓有仇不报非君子，更何况，吉顼若错失良机，让来俊臣留下性命，他早晚都会东山再起。

　　为了夺来俊臣的性命，吉顼主动进宫，试图向武皇进谏。

　　对于吉顼，武则天虽有好感，可仍有几分不信任。他虽然同样善于揣摩武皇的心思，可在武则天心里，总不及来俊臣对自己那般死心塌地。不过，武则天碰到什么犹豫不决的事，都愿意征求吉顼的意见，因为吉顼是个绝顶聪明人。

　　"来俊臣的案子，朝臣有很多议论吧？"武则天明知故问。

　　"陛下真是眼观六路，耳听八方。关于来俊臣一事，臣也听得许多传闻，朝臣不解，对于来俊臣这样的叛贼，陛下为何不加严惩？"

　　武则天听罢，重重地叹了口气道："俊臣有功于国，朕实在不忍诛杀功臣。"

　　吉顼听罢，认为时机已到，当即跪倒在地大声说道："陛下何出此言？来俊臣陷害忠良，阴谋篡权，实乃国贼，怎能称之为功臣？如今，朝廷上下对其怨声载道，陛下若不杀他不足以平民愤！"

　　武则天听了这番话，沉默了许久。最终，她淡淡地开口说了句："知道了。"

　　来俊臣此时已经站到了所有朝臣的对立面。因为一个来俊臣而开罪这么多朝臣，武则天不敢，也不能。

　　万岁通天二年六月初三，武则天终于下令将来俊臣斩首。与来俊臣同日赴死的，还有下狱待死的李昭德。这两个争斗无休的夙敌，竟被安排在同一天斩首，真是上天有意捉弄人。

　　行刑当日，成千上万的百姓赶到法场，他们要亲眼看着来俊臣被斩首，以泄心头之恨。当来俊臣被押赴至刑场后，围观群众不约而同地发出了怒涛般的吼声。可是，当他们看到同样口中含枚的死囚李昭德时，又忍不住留下几行热泪。

　　最终，来俊臣、李昭德同时被斩首。

　　围观群众时而高呼，时而悲号，情绪纠结中，人们的情绪失了控，他们像发了疯般推开刑吏，争先恐后地扑向来俊臣的尸体。他们愤怒地撕扯着来俊臣的四肢，有的人甚至连皮带肉地张口就咬，刑吏见状吓得呆了，竟没有一人敢上前阻拦。没一会儿，来俊臣的五脏六腑都被掏了出来，整个尸体变成了一摊肉泥。

而李昭德，安详地躺在一旁。他似乎已经看到了这样的结局，并对此心满意足。

来俊臣的死状很快就传到了武则天的耳朵里，让她大吃一惊。武则天万万没有想到，百姓对来俊臣的憎恨竟已到了如此地步。为了和来俊臣划清界限，向天下人表明立场，武则天连忙写下《暴来俊臣罪状制》，列举了来俊臣诸多罪状，并将来俊臣上下全族诛杀。

来俊臣死后，一桩桩冤案慢慢浮出水面。与此同时，那具矗立在皇宫前的铜匦，也渐渐地失去了效用。朝廷一下子变得平静了，再没有了什么告密，也再没有了所谓的谋反。

对此，武则天十分不解。她不明白，为什么来俊臣活着时，朝臣总是互相检举、揭发，经常有大臣犯罪。可来俊臣一死，却没有贪污及谋反的人了。这难道都是来俊臣的过错？

这个问题很不好回答。虽然每个人都知道是怎么回事，可要把这话讲出来还很有难度。最终，还是兵部侍郎姚元崇捅破了这层窗户纸。

他告知武皇，来俊臣办案只是揣摩武皇的心思。案子办成怎样，也都是看武皇的意愿。姚元崇还以身家姓命担保与武皇打了个赌。他说，谁也不想谋反，真正谋反的王室与官员，是所谓"官逼官反"。其实，这一切都是武皇自己逼出来的。假若陛下不去逼他们，不任用来俊臣这种人，谁都不会造反。

姚元崇说的是大实话，武则天听得明白。所以，武则天不仅没有怪罪姚元崇，反而赐给他一千两白银，并在一年后将姚元崇任命为宰相。

此后，武则天再也没有重用过酷吏，而是逐步平反以往的冤狱。

武则天的酷吏政治始于嗣圣元年（684）的"飞骑案"，结束与万岁通天二年（697）来俊臣被杀。前前后后，持续了十五年。这十五年中，要以垂拱年间武则天临朝称制时期和武周开国天授年间为最。

酷吏的兴起和衰亡，其实都是武则天一手操控的。那些酷吏，不过是武则天的走狗，是武则天打击政敌、铲除异己的工具。来俊臣纵然聪明绝

顶，机关算尽，也不过是武则天的一枚棋子而已。哪怕他对武则天再忠贞不贰；死心塌地，也仍免不了兔死狗烹的悲惨下场。

李显归京

自天册万岁元年（695）薛怀义死后，武周王朝经历了很多波折。处理完繁重的政务后，武则天时常觉得孤独寂寞，想要有人陪伴在身边。女皇有了需要，自然就有人为其解决问题。这个时候，张昌宗、张易之兄弟先后入宫了。

张昌宗和张易之是世家子弟，是太宗高宗两朝宰相张行成的族孙。说起来，张昌宗原是太平公主的男宠，他精通音律，白皙秀美，很被太平公主宠爱。太平公主眼见母亲落落寡欢，便忍痛割爱将张昌宗送给了母亲。而武则天对张昌宗一见倾心，立即封他为云麾将军、行左千牛中郎将，不数日又进拜为银青光禄大夫，配给侍从。银青光禄大夫为皇帝近臣，从三品，这在当时可是极尽殊荣。

张昌宗得宠后，又向武则天推荐他的五哥张易之。当时，张易之以门荫承袭了尚乘奉御，他同样容貌俊美，精通音律，武则天当即封他为司卫少卿。司卫少卿为从四品官职，主要掌管军器仪仗、帐幕之类。

此后，张昌宗、张易之兄弟整日陪侍在武则天左右，随武皇早朝听政。朝罢，两人便在后宫陪侍武皇，在朝中红极一时。由于两人专宠日盛，朝臣甚至不敢称呼二人姓名，因为张昌宗排行第六，张易之排行第五，便以五郎、六郎相称。

魏王武承嗣生就是个阿谀奉承之人，见二张得势，便又坐不住了。他想尽各种方法讨好二张，希望他们兄弟俩能在姑姑面前美言几句，好让自己坐上梦寐以求的皇嗣之位。同样梦想能够成为皇嗣的，还有梁王武三思，而且这武三思讨好人的手段，要比武承嗣高明得多。

武则天当时已经七十四岁。每个年老之人，在内心中都渴求长生登仙之术，尤其是那些拥有天下的帝王。武则天也不例外。武则天很羡慕传说中的周灵王太子姬晋，人称王子乔。这位王子乔擅吹笙作凤鸣，可惜的是十七岁就去世。但是，世人都认为他并非早逝，而是登了天界。传说，王子乔去世后三十年，曾骑白鹤现于缑氏山，人称"升仙太子"。

由于仰慕之深，武则天后来于圣历二年（699）还为这位升仙太子题写碑文，即著名的《升仙太子碑》。

如今，这块"升仙太子碑"还立在河南省偃师市府店缑氏山之巅。碑额"升仙太子之碑"六字，武则天专门以"飞白体"书就，笔画中丝丝露白，为唐代少见的飞白体题额。至于碑文，武则天以行书和草书相间，笔法婉约流畅，意态纵横。最后，碑文上下款和碑阴的《游仙篇》杂言诗、题名等，武则天命唐代著名书法家薛稷、钟绍京分别书就。历代书法爱好者都视"升仙太子碑"为书法艺术珍品。这是题外话。

武则天如此钟爱王子乔，武三思就愿意拿王子乔做文章。为了讨好姑姑和张昌宗，武三思称张昌宗之美，已非凡世所能有，所以认为张昌宗乃王子乔转世。这个说法让张昌宗大受启发，他当即按照王子乔的样子打扮，果真貌若神仙中人。武则天看在眼里，喜在心里，此后对张昌宗更是百般疼爱怜惜。

对于武三思的这一番吹捧，张昌宗是十分领情的。不过，张昌宗、张易之兄弟对于到底投靠武三思，还是武承嗣，一时间还拿不定主意。犹豫不决中，两个人征询了吉顼的意见。

吉顼因表现出色，当时已被武则天提拔为宰相。他很聪明，见张昌宗和张易之兄弟红极一时，便主动投靠，和二张关系很不错。如今，二张就武氏兄弟的问题征求他的意见，他真是喜出望外。

原来，平定契丹战乱后，吉顼为和武懿宗争功，在武则天面前和武懿宗吵得面红耳赤，深被武氏诸王所厌恶。吉顼清楚，一旦武氏子弟成了皇嗣，自己的好日子便告结束，甚至可能小命不保。所以，他装出一副担忧的样子对二张道："五郎、六郎切勿发怒，请容我说句实话。你们得宠如此，并不是靠德行取得的，天下人因此对你们颇多非议。这种时候，你们若不有大功于天下，将来要如何保全？可如今，你们竟然要为武氏兄弟做事，这真令我难过啊！"

张昌宗听了这话，真是又怕又急，带着哭腔对吉顼道："吉中丞，恕我兄弟二人无知，请您给我们指一条明路吧！"

吉顼借机劝道："如今，天下人无不挂念李唐江山，希望能够匡扶李唐王朝。所以，你们大可向武皇劝谏，请皇上召庐陵王回京。这样，你们可算是为

李唐江山立下头等大功，不仅可以免祸，还可得以长保富贵啊!"

张氏兄弟听罢，认为吉顼的话很有道理，立即打消了投靠武承嗣、武三思的念头。不仅如此，他们两兄弟还时常在武则天面前为庐陵王李显说好话，希望武则天能够召李显回京。

皇位继承问题，是关乎皇朝命运的大事。对于男性皇帝来说，这个问题虽然难，却也相对容易解决，只要按照老祖宗的规矩"立嫡以长，父死子继"，就没有什么问题。可到了武则天这里，这个问题就相当棘手了——因为她是个女人。

对于立嗣问题，武则天已经困扰多年。可是，无论怎样考虑，都无法周全。倘若立侄儿为嗣，就如早年李昭德所劝谏的那样，侄子再亲，也没有儿子亲。一旦侄儿继位，自己的亲生儿女恐怕性命难保。更何况，她对自己的几个侄儿太熟悉了，知道他们不是做帝王的料。可是，若立儿子为皇嗣，一旦自己百年，武周王朝便得改姓李，自己苦心经营的武周王朝就会毁于一旦。

这的确是个难解的问题。正因为如此，武则天多年思索，都无法找到两全其美的解决之法。如今，二张兄弟突然提出应立李氏子孙为嗣，并主张接庐陵王李显回京。武则天吃惊之余，倒也被迫怀想起自己那命运多舛的儿子。

人都是血肉之躯，武则天虽一生理性刚强，有时候做事也难免会感情用事。更何况，此时的武则天已是七十多岁的老妇人，在经历几十年的政治斗争后，她已经身心疲惫，对于自己仅有的两个儿子，自然也会生出几许怜惜之情。

很快，武则天的这点心思被武承嗣和武三思得知了。武三思见状，连忙命亲密好友接连上书武皇，希望武皇能够立武氏子弟为嗣;至于武承嗣，更是跑到姑姑面前直言不讳，据理力争。他称，自古以来还从未有天子立异姓子弟为皇嗣的，希望武皇三思，万万不可把江山拱手送给外姓人。

武承嗣的话的确有道理，这一点武则天再清楚不过。武则天甚至知道，朝中大臣之所以支持自己称帝，也是因为自己是李家儿媳，早晚都会还政李家，而不是传位于武氏。这样，一旦两个儿子继承皇位，他们仍旧可以做李唐的朝臣。

这下子，武则天就又开始犹豫起来了。她本是个理智的女人，为了皇后之位能残杀亲女；为了皇帝之位，更是残杀了章怀太子李贤父子三人。可如今，她老了，老人的心思往往会变得柔软一些。辗转反侧之时，武则天做了一个奇怪的梦，她梦中一只鹦鹉两翼皆断，情境十分凄惨。

对于这个怪梦，武则天左思右想不得其解，便向狄仁杰请教。

狄仁杰是个聪明人，他向来拥护李唐皇室子孙，当即借题发挥，将鹦鹉的"鹉"，喻为武则天的"武"；鹦鹉断了翅膀，则喻为武则天的两个儿子。至于梦境的寓意，狄仁杰则解释为，只有武皇立两个儿子为皇嗣，武皇才可以安享晚年，武氏一族也才能够振翅高飞。狄仁杰还趁机恳请武则天，将庐陵王李显召回洛阳。

武则天听罢，感慨万千，终于打消了立侄子为皇嗣的念头。

圣历元年（698）三月初九，武则天假称庐陵王李显有病，下诏命职方员外郎徐彦伯接庐陵王及其妻、子返京。

这一年距李显被废已有十四年。在这漫长的十四年里，李显战战兢兢，常常在夜里被噩梦惊醒。尤其是武则天称帝前后，常有人打着"匡复庐陵王"等旗号造反，更是把李显往死路里推。那些日子，每听到有京城的使者前来，李显都会间歇性精神失常，试图自尽。所幸的是，韦氏一直陪伴在丈夫身边，与丈夫相依为命，在房陵度过了他们生命中最灰暗的一段日子。

李显从没有想过母亲会赦免他，所以当他见到徐彦伯后，以为自己死期已到。哪承想，徐彦伯却给他带来了一个天大的好消息，武皇竟然下诏让他返京！徐彦伯一副喜出望外的样子，絮絮叨叨地给李显透露了很多京城的消息——李唐子孙的出头之日到了。

三月二十八日，庐陵王李显带着些恐惧，也怀着些希望抵达洛阳。武则天望着十数年未见的儿子，心底泛起了层层涟漪。她把儿子在宫中安置下来，封户待遇一如以往。至于李显，更是小心翼翼侍奉母亲，不敢有半点违逆之举。

朝中大臣得知李显归京，无不欢欣鼓舞。就连太子李旦，内心里也是愉悦的。虽然他清楚，哥哥的返京就意味着自己太子之位的终结。

李旦一生几度沉浮，几多生死。为了保全自己和儿女的身家性命，他一直不敢和母亲作对，哪怕明知母亲毒杀了他的刘、窦二妃，他也不发一言。如今，他眼见母亲迎回了哥哥李显，朝中匡复庐陵王的呼声也很高，

便很知趣地上书武皇，请求把太子之位让给哥哥李显。

李旦提出的让位之请，正中武则天下怀。

圣历元年（698）九月十五日，武则天下诏立庐陵王李显为太子，李旦仍封相王。

就在李显成为太子之前的一个月，武承嗣自知称帝无望悲愤交加，竟然病倒了。武承嗣原本身体就不很好，当初太平公主拒绝嫁给武承嗣，就是以他身体有恙做借口。想不到，这武承嗣还真就是一个短命鬼。八月十一日，武承嗣在自己的魏王府内抑郁而终。

庐陵王李显归京，二张兄弟，以及为二张出谋划策的吉顼可算立下了大功。不过，功臣吉顼的下场并不乐观。当初，他为和武懿宗争功，曾对武懿宗怒目而视，而且还声色俱厉地加以贬损。武则天眼见吉顼如此张狂地贬损武家人，心中已有不满。不久后，武姓诸王又怨恨他依附太子，便揭发他弟弟假冒官吏的事。武则天顺水推舟，将他贬出了京城。

吉顼当然不甘心就此被贬，临行前一再恳请见武皇一面，武则天照例接见了他。吉顼见到武皇后，立即扑倒在地，痛哭流涕道："陛下，臣此次出京，恐怕再没有见到陛下的机会了。只是臣心中有一事牵挂，一定得向陛下讲明。"

"有什么事情，你坐下来慢慢讲吧。"武则天声音十分平淡。

"陛下，皇族和外戚若能各守本分，则天下安定。可现在，您已立了太子，外戚仍旧当王。臣以为此举实在不妥，陛下您这是驱使他们以后相互争斗，双方都不得安生啊！"

武则天听罢，默默地说道："事已至此，朕也是无可奈何。"

吉顼见武皇一副不为所动的样子，只得依依不舍地离开了京城，有生之年再没能返京。睿宗李旦复位后，念及吉顼有功，下诏追赠其为左御史台大夫。

吉顼是个很复杂的人物，在《旧唐书》中，他是以"酷吏"形象出现的，在《新唐书》中，他又与裴炎、刘祎之合传，成了与武皇有密切关系，但依然心存李唐的忠臣。不过，这位于李唐皇室有功的"忠臣"，又的确是个酷吏，再大的功劳也不能掩盖其满手血腥的事实。

吉顼的一席话，虽没能重新博得武皇的好感，可却在武皇的心里投下了一粒石子。此后，武则天一直担心儿子即位之后，会对武氏族人实施打击。思虑再三，武则天煞费苦心地命太子与武氏诸王在明堂立誓，保证彼此相扶，共保帝业。当然，武则天也清楚此举有些自欺欺人，但无奈之下也只能如此。在武皇的精心策划下，武氏与李氏家族至少在表面上做到了亲密和睦，这样就够了。

第二十三章　女皇暮年

武氏和亲

万岁通天元年（696），帮助武周平定契丹叛乱的突厥可汗阿史那默啜曾对武则天提出"和亲"请求。虽然这次和亲，阿史那默啜很有些趁火打劫，但是武则天还是答应了下来。一年后，契丹战事逐渐平定，武则天一心考虑立嗣的事情，就将和亲一事暂时放了下来。

圣历元年（698）初，阿史那默啜再提和亲一事，打算将女儿嫁于"唐"，建立姻亲。武则天听到这个要求，有些犹豫了。

按照以往和亲的惯例，都是中原皇帝把女儿嫁出去，可这一次却得让儿子入赘。这在武则天看来，是十分不妥的，有损自己王朝的尊严。更何况她仅仅有两个儿子，一旦被小人利用，可不是闹着玩的。

不过，阿史那默啜势力强大，武则天也不想自找麻烦。儿子当然是不给的，可要在皇族中找个像样的小伙子，倒也不难。

思来想去，武则天想到了自己的侄孙淮阳王武延秀。武延秀的母亲出身低微，因为家人犯罪没入官府为奴，后因美貌被武承嗣纳为妾。武延秀姿容秀美，年少风流，选这样一个美男子送与阿史那默啜，武则天料想阿史那默啜会欣然同意。

圣历元年（698）六月，武则天命豹韬卫大将军阎知微、右武卫侍郎将杨齐庄为使者，带着黄金万两、帛万匹为聘礼，送武延秀前往突厥。

对于武则天这一安排，凤阁舍人（中书舍人）张柬之十分不满。

张柬之是襄州襄阳（今湖北襄樊襄阳）人。他出生于唐高祖武德年间，入仕虽早，可熬了大半辈子仍是个小小的青城县丞。直到永昌元年（690），武皇开制举广纳人才，六十多岁的张柬之以贤良科第一的成绩擢拜监察御史，后迁为凤阁舍人。

张柬之涉猎经史，尤精三礼，他认为命武延秀"入赘"突厥并不可取。所以，当即上书武则天，称自古以来没有中原亲王娶夷狄女人为妻的，希望武则天罢此和亲之举。武则天哪里肯听，不久后就将张柬之外放为合州刺史，后转为蜀州刺史。

就这样，武周王朝的和亲队伍浩浩荡荡地往突厥国而去，于圣历元年八月抵达黑沙（今阴山北方）。众人都以为，这会是皆大欢喜的一件好事，哪知道阿史那默啜一见武延秀就不干了。

阿史那默啜告诉阎知微，自己的女儿必须嫁给大唐的李姓皇子，不要那姓武的小子！随后，他又称突厥世代蒙受大唐恩惠，如今李姓皇室被杀得只剩两子，他要率军辅佐他们重掌大权。

阿史那默啜说干就干，当即把武延秀、右武卫侍郎将杨齐庄，还有随同出行的监察御史裴怀古等人扣留，至于阎知微，由于和阿史那默啜一向很亲近，被其任命为南面可汗用来统治"唐"廷。随后，他还命人写了宣战书送给武则天，其中罗列了"唐"廷的五项"罪状"：第一，称武则天送给他们的谷种是蒸过的，种不出庄稼；第二，称武则天送给他们的金银器物质量很差；第三，称武则天送给他们的绸缎又稀又薄；第四，称武则天没收了他赏赐给阎知微等人的官服；第五，称武则天让小门小户的武氏冒充皇子迎亲。在最后，阿史那默啜扬言要夺取黄河以北的地盘，讨回公道。

战书即下，阿史那默啜当即派兵进攻靖难、平狄、清夷等地驻军。

不久后，武则天就收到了阿史那默啜的战书。她一见大怒，立即调兵遣将前往征讨。

值得一提的是，在这次参与征讨突厥的将领中，有一位是薛仁贵的儿子，名叫薛讷。

薛仁贵自大非川一战惨败后，被贬为平民。后开耀元年（681），因东突厥不断侵扰唐北境，高宗皇帝又再次起用薛仁贵讨伐。当时，薛仁贵已经六十八岁高龄，可他神勇不减当年，斩首东突厥兵士一万多，俘虏三万多。为此，高宗皇帝重重封赏了他。

薛仁贵于永淳二年（683）病逝，享年七十岁。高宗皇帝念其功勋，追赠他为左骁卫大将军，幽州都督。

薛仁贵死后，他的儿子也颇受朝廷眷顾，多在朝中为官。薛讷初仕城门郎，后迁任京城长安附近畿县兰田县令。薛讷任县令期间，曾与来俊臣生怨。当时，有一位兰田富商倪氏因追还私债上告御史台，而御史中丞正是当时著名酷吏来俊臣。来俊臣接受了倪氏贿赂，判以兰田义仓粟数千斛偿还他。

判决文书下达至薛讷处后，薛讷却并不执行。薛讷认为义仓是用来防备水旱灾害，用以储备粮食的。绝对不能绝众人之命，以偿还一家的债务。就这样，薛讷将判决文书退还，拒不付给倪氏仓粟。

在当时，来俊臣屡起大狱，薛讷这样做是需要极大勇气的。所幸的是，来俊臣还没来得及寻薛讷的不是，就被武则天处死。这件事就这样不了了之了。

薛讷为人正直，在当时朝中颇有些名声。如今突厥来犯，武则天不由得想起数次打败突厥，使突厥人闻风丧胆的薛仁贵。所以，特地起用薛讷为左威卫将军、安东道经略使。

临行前，武则天亲自在宫中召见薛讷。薛讷一心匡复李唐皇室，对新太子庐陵王李显也是忠心耿耿。他见到武则天后，当即对武皇讲了一番意味深长的话。他称，这次突厥来犯打着匡复李唐皇室的幌子，所以他要武皇坚定决心立庐陵王为嗣，并让太子在百官面前听政和谒见皇上。这样突厥大军出师无名，自会惨败，而他，即便战死疆场也会心安。

武则天采纳了薛讷的建议，当即命太子李显为河北道元帅，又命狄仁杰为行军副元帅，帮助太子征讨。百姓得知太子出任统帅，欢欣鼓舞，短短几天内就招募了十数万兵马，同心协力抗击突厥。当然，这次皇子挂帅和往常一样，李显并未披挂上阵，真正负责指挥的是副元帅狄仁杰。

面对声势浩大的武周大军，阿史那默啜选择了撤退。游牧民族擅长游击作战，他当然没有必要硬碰硬。他杀掉了在赵州、定州抓获的一万多俘虏，放掉了阎知微等人，随即撤回黑沙。至于淮阳王武延秀，阿史那默啜仍旧扣留不还，直到长安四年（704）突厥才遣返武延秀返回中原。武延秀虽没能做成突厥驸马，后来却成了李显和韦氏最为宠爱的女儿安乐公主的第二任驸马。安乐公主的驸马原为武三思的儿子武崇训，武崇训死后，安乐公主移情于漂亮的武延秀。

经过此次侵"唐"，阿史那默啜声威大震，"唐"境西北的少数民族部落几乎全部投靠了他。武则天对阿史那默啜真是恨到了极点。可是，突厥的势头实在太盛，武则天不想节外生枝，便命狄仁杰撤军。

就在武则天的一腔怒火无处发泄时，阎知微竟然回到了洛阳。武则天真是气红了眼睛，当即命人将其凌迟处死，就连剩下的骨头也被挫碎。即便如此，武则天还觉不够，又把阎知微父族、母族、妻族三族全部处死。其中有些人从来没见过阎知微，甚至有人在此事发生前，根本不知道有阎知微这个人。

相比之下，跟随阎知微入突厥的监察御史裴怀古，反而因此升了高官。

当时，阿史那默啜也想让裴怀古当官，却被其严词拒绝。阿史那默啜大怒，当即把裴怀古囚禁起来，准备处死。裴怀古福大命大，竟然逃了出来，一路不敢停歇直至晋阳。抵达晋阳时，武周的征讨大军从此路过，由于他瘦弱憔悴被人误以为是间谍，差点砍下他的脑袋邀功。巧的是，军中有人认得裴怀古，当初他被人诬陷，是裴怀古为他查清平反，所以即便裴怀古憔悴不堪，他仍认得这位恩人。

就这样，裴怀古得以保全，返回京城。武则天得知此事后，十分敬佩裴怀古的节气，将他擢升为祠部员外郎。

至于薛仁贵的儿子薛纳，武则天擢升其为幽州都督、安东都护，后又改任并州长史，兼左卫大将军。幽州和并州都是军事重镇，薛纳长期在那里任职，战功显赫。

武周与契丹、突厥连年战争期间，与西南吐蕃的争斗也并未停止。

吐蕃的军事将领噶尔·钦陵要求武则天从安西四镇撤军，并要求把西突厥的土地送给吐蕃。对于这一要求，武则天当然不会答应，可她又害怕拒绝会惹恼吐蕃。就在这时，右武卫胄曹参军郭元振提出一个离间之计。他首先建议武皇告知吐蕃，称安西四镇及西突厥的土地对武周本没用处，之所以驻军是为了牵制吐蕃，使其不能集中精力侵犯武周。所以，吐蕃真的不想东侵，就把吐谷浑各部落和青海的土地归还武周，这样武则天就可以交出西突厥的土地。

这样一来，吐蕃无法反驳，事情也只好不了了之。

与此同时，武则天还采纳了郭元振的建议，派出使者向吐蕃和亲。

原来，吐蕃赞普和百姓一直渴望能于"唐"廷和亲，一旦和亲成功，军事将领噶尔·钦陵的独裁局面也会被打破，他手中的权力势必受到影响。正因为如此，噶尔·钦陵十分反感与"唐"廷和亲。可他若拒绝和亲，吐蕃上下都会怨恨他，而心向"唐"廷。钦陵一旦被孤立，再想和"唐"廷抗衡就很难了。

一切正如郭元振所料，钦陵果真坚持不与"唐"廷和亲。没过多久，吐蕃国内就发生内乱，吐蕃赞普为了加强君权，率军攻打权重一时的噶尔家族。噶尔·钦陵兵败自杀，他的弟弟噶尔·赞婆则向武周投降。

经此内乱后，吐蕃国力大为削弱，主动依附"唐"廷。圣历二年（699）四月，武则天派熟悉吐蕃事务的娄师德为天兵军副大总管，负责招抚吐蕃的一切事宜。同年八月，娄师德卒于任上，享年七十岁。

娄师德是武周朝名相之一。他一生为官清廉，且有丰富的行政、军事和屯田经验，为统御大唐边疆起到了十分重要的作用。娄师德虽位极人臣，却宽厚容人，深沉有度量。有一次，他的弟弟被擢升为代州都督，出发前娄师德对弟弟嘱咐，称娄家兄弟无德无能却位居高位，定会招人嫉妒，要弟弟一定要宽厚谦卑。弟弟安慰哥哥，称有人吐唾沫到他脸上，他会默默擦掉，绝对不会争吵。哪知道，娄师德当即反驳道："那人向你吐唾沫，是因为对你不满。你若擦它，就是触犯他。唾液不擦自己也会干，你不如笑着来承受它。"

这便是唾面自干的史话。

正因为娄师德如此宽厚容人，即便在酷吏横行时，他也不被酷吏周兴和来俊臣等人所忌。无论在朝内还是军中，他都游刃有余，一直保全功名和身份地位。娄师德去世后，武则天念及他的显赫功勋，追赠其为凉州（今甘肃武威）都督，谥曰"贞"。

随着吐蕃请降，武周王朝西域尽平。此后不久，武则天下诏，将东起高丽，南至真腊，西至波斯、吐蕃及坚昆都督府，北至契丹、西突厥，并为入蕃，以外为绝域。此后，武周边疆虽烟尘不绝，但大规模的战事未再发生。此为后话。

控鹤风流

自张昌宗、张易之兄弟入宫后，武则天的生活滋润了起来。无论是宫苑游幸，还是宴饮娱乐，她都要二张随行。私下里，她和二张之间更是任意说笑逗乐，虽已七十高龄，却觉得又年轻了几十岁。

需要一提的是，武则天年事已高，对于男女之事已不大在乎，多将二张当作私养的宠物般喜爱。加之"二张"又能歌善舞，风流倜傥，这喜爱自然又多了几分。当时，张昌宗已任银青光禄大夫，这是个再妥当不过的任职。相比之下，张易之的司卫少卿，就显得有些不妥。武则天认为，应该给他一个更合适的官职，不仅能够名正言顺地留在宫中，又不会为官事所羁绊。

思虑再三，武则天创设了控鹤府，以张易之为控鹤府监，主要用于曲宴供奉。取名为"控鹤"，还有一些讲究。因为鹤是道家成仙飞升时所乘之鸟，是脱尽世虑、远离名缰利锁、悠闲自在、清高雅洁的象征。再加上张易之长相脱俗，出为控鹤府监，实属合适。

控鹤府内聚集了很多轻薄文人，如左台中丞吉顼、殿中监田归道、夏官侍郎李迥秀、凤阁舍人薛稷等。这些人每天聚集在一起，陪武皇饮酒、开筵、赌博，这控鹤府果真成了神仙洞府般逍遥自在的所在。有一部分轻薄人羡慕控鹤府内的神仙日子，想要入控鹤府为官，便向武皇毛遂自荐：上舍奉御柳模自称容貌俊美，可比六郎；左监门卫长史侯祥，称自己的阳道壮伟要胜过薛怀义……如此等等。控鹤府内丑闻比比皆是，可武则天并不在意，她反而醉心于这样的日子。

圣历二年，七十六岁的武则天竟又生出重眉。七十六岁高龄生出重眉，实属罕见。

为了掩人耳目，武则天也让控鹤府做点实质性的工作。她召集宋之问、阎朝隐、李峤、张说、刘知几等二十六位文人学士，在控鹤府编纂《三教珠英》，由张昌宗、李峤为修书使。《三教珠英》主要讲述孔子、释迦牟尼和老子"儒释道"三家的名言，其中也收录了三教中的名篇精华，是一部综儒、释、道诸名家理论，且分类汇编的大型文献，对研究三教有

些价值。

起初，正谏大夫员半千也为控鹤府供奉。正谏大夫是专门为皇帝提意见的职官。员半千在控鹤府内任职不久，就发现这个控鹤府其实是个陪武皇取乐的衙门，其中任此职者又多是轻薄少年。员半千不屑与之为伍，便上书武则天，请求武则天取消控鹤府。

对于员半千的上书，武则天颇为恼火。当时，武则天十分钟情于控鹤府，所以她不仅没有采纳员半千的建议，反而贬他为水部司郎。

继员半千上书后不久，又有官员接连上书武皇，请求武皇取消控鹤府，其中要以朱敬则为代表。

朱敬则原任右补阙，因弹劾来俊臣滥用刑法被武则天赏识，被提拔为正谏大夫兼修国史。朱敬则为人刚直不阿，他见控鹤府闹得满城风雨，实在不成体统，当即上书武皇，把控鹤府内的一桩桩丑闻抖落出来，要求武皇立即取消控鹤府。

武则天见到奏章，脸上很有些挂不住。但她毕竟是一朝君主，不仅没有因此大发雷霆，反而重赏了朱敬则，并遵照朱敬则的意愿，将臭名昭著的柳模、史侯祥赶出了控鹤府。

不过，自朱敬则上书劝谏后，武则天也意识到控鹤府丑声外泄，认为应该适当加以弥补。于是，她将控鹤府改名为"奉宸府"，仍命张易之为奉宸府监，对于二张的宠幸也没有减少半分。

朝中官员见女皇如此宠幸二张兄弟，便如同以前巴结薛怀义一样，争先恐后地为二张兄弟牵马执鞭，像哈巴狗一样摇尾乞怜。二张兄弟受他们追捧，渐渐地也骄恣狂妄起来。

张昌宗、张易之有个弟弟名叫张昌仪，时任洛阳令。由于二张兄弟受宠，张昌仪的门庭前也热闹起来，时常有人前去贿赂求官。一天，张昌仪前去早朝，走到半路遇到一个想要求官的人。这个人拦住张昌仪的马，塞给他五十两黄金和一张状子（即简历）。由于匆忙，张昌仪没记住他的样子，只知道他姓薛。

张昌仪既收了人家钱财，自然得为人家办事。朝罢，他当即骑马前往吏部，把状子交给天官侍郎（吏部侍郎）张锡，命他赐给那姓薛的一个官。哪知道，张锡疏忽大意，竟弄丢了那张状子。无奈之下，他跑去问张昌仪那人的姓名和样子。张昌仪一听火冒三丈，开口便骂："就见那么一面，我怎能记得他样子？只要是姓薛的，你直接给批个官就是了！"

张昌仪这么一发火，张锡再不敢辩驳，灰溜溜地退了出来。回到衙门，他找出登记求官而又姓薛的人，数一数竟然有六十多人。无奈之下，他只得将这些人一一注册授官。

对于二张兄弟的恃宠骄横，凤阁舍人宋璟十分不满。他为人秉性刚直，强硬不屈，为了侮辱张易之，竟当面称张易之为"夫人"。张易之哪里受过这等侮辱，便央求武则天严惩宋璟。可是，武则天不为所动。

不久后，曾主审来俊臣一案，并坚决要求武则天诛杀来俊臣的王及善也上书武皇，他认为二张兄弟无人臣之礼，实在有失体统。这一次，武则天仍旧没有怪罪王及善，反而还升了他的官。不过，武则天对他明升暗降，不再让他多管闲事。

此后，朝臣知晓了武则天的心思，对于武皇宠幸二张之事也只好视而不见。有二张随侍在侧，再加上朝中大事归于平静，武则天迎来了称帝后最为欢欣愉悦的一段日子。闲暇之余，她带着二张及诸武侄孙、太平公主、太子李显及相王李旦到处游幸。虽然岁数一年老过一年，但由于精神焕发，身体似乎也硬朗了许多。

圣历三年（公元700年，后改元久视，即为久视元年）四月，武则天又起驾前往三阳宫避暑。

三阳宫位于洛阳南面的嵩阳，距离东都大约一百六十里。武则天十分喜爱嵩阳境内的石淙河，武三思为了讨好武则天，便在这里修建了三阳宫。三阳宫的御苑东西长二十里，池亭奇巧，削峦起观，璇宫瑶台，极为壮观，很受武则天喜爱。

石淙河就在三阳宫旁边。河水清澈见底，河中间还有一个面积约五千平方米左右的水潭，潭中间有一块大石独出水面，高约五米，石顶宽约十余平方米。这块大石平整如案，站在石顶眺望，周遭景色壮丽秀美，使人有在画中之感。

武则天十分喜欢这块巨石，便在这块大石上宴请群臣。席间，武则天兴之所至，还亲自做成《宴石淙诗》。诗曰：

三山石洞光玄箓，玉峤金峦镇紫微。均露均霜标胜壤，交风交雨列皇畿。万仞高岩藏日色，千寻幽涧浴云衣。且驻欢筵尝仁智，雕鞍薄晚杂尘飞。

在这首诗中，武则天大肆夸赞了嵩山奇景，并寓情于景，托物言志，抒发了自己实现政治抱负的愉悦心情。这一年，已经是武则天登上皇帝宝座的第十年。在这十年里，武则天经历了各种明争暗斗，如今已经稳稳握牢了皇权，政权也基本上稳定下来。看到国家繁荣昌盛，社会安定团结，武则天的喜悦心情是不言而喻的。

武则天吟罢，李显、李旦、武三思、狄仁杰、苏味道、姚元崇等人也纷纷应制而作，其中太子李显诗曰：

三阳本是标灵纪，二室由来独擅名。霞衣霞锦千般状，云峰云岫百重生。水炫珠光遇泉客，岩悬石镜厌山精。永愿乾坤符睿算，长居膝下属欢情。

李显性格懦弱、胆小，能力很一般。从他的这首诗作来看，他的作诗水平也好不到哪里去，境界也是平平。不过，最后一句"永愿乾坤符睿算，长居膝下属欢情"却将李显战战兢兢，不敢有所作为的心境淋漓尽致地表现出来。

此次石淙宴饮共得诗十七首。武则天为示留念，命薛曜将这十七首诗刻于石淙涧北的岸壁，还命张易之为宴会写序，刻在石淙涧的南壁。

这一年，武则天已经七十七岁，年事已高，身体自比不得从前。所以，经此一番劳顿，武则天又病了。自圣历元年（698）开始，武则天的身体状况就一直不很乐观，虽经悉心调理却不见康复。当时，道士胡超以善炼丹闻名，武则天便请其为自己炼丹。

五月初五，胡超的丹药炼制完成。这种药不是道家的丹石，而是以许多中草药精心配制而成。所以，武则天服用后，身体稍稍康复，为此她下令改元久视，并去掉以前的天册金轮大圣尊号，大赦天下。

胡超的丹药使武则天愈发崇拜起道教来。

久视元年七夕佳节，武则天又让道士胡超替她到嵩山谢神，并在封禅台的北面投下一个除罪金简。投简是一个道教仪式，人们希望通过投简去病免灾。武则天由于年事已高，身体有恙，便以此祷告天地神灵为自己除罪。

武则天的除罪金简上刻有以下铭文：

大周国主武曌好乐真道长生神仙，谨诣中岳嵩高山门，投金简一通，乞三官九府，除武曌罪名。

太发庚子七月甲申朔七日甲寅小使臣胡超稽首再拜谨奏

武则天的金简投下一千多年后，被登封县唐庄乡农民屈西怀在嵩山北侧放羊时发现。这块金简长 36.3 厘米、宽 8.2 厘米，是迄今为止发现的为数极少的与武则天直接有关的历史文物之一，有着极为重要的历史参考价值，堪称稀世珍宝。

醋海生波

众所周知，洛阳是一个花城，一直以牡丹名扬天下。但在唐宋以前，莲花才是洛阳的"花王"。河洛地区是莲花的原生地，汉魏的洛阳，莲花一直是最为重要的观赏植物。每当莲花盛开的六月，前往洛阳观看荷花的人总是摩肩接踵，万人空巷。

武则天大病初愈后，正值洛阳莲花盛开之际。这一日，武则天便带着二张及诸位近臣前去赏莲。众臣眼见莲花，自然大肆夸赞。这时，不知是哪一位突然想起要拍拍张昌宗的马屁，便对武则天及张昌宗道："六郎容貌俊秀，可真像眼前这艳丽夺目的莲花啊！"

张昌宗一听，自然是喜上眉梢，于是大家纷纷称赞六郎俊美如莲花。正在大家此起彼伏称赞之时，宰相杨再思突然表示了反对意见："你们都说六郎似莲花，依我看非也！"

杨再思这一句话，可令众人吃惊，张昌宗更是怒目而视。哪知道，杨再思淡然一笑，对张昌宗道："依我看，六郎粉妆玉琢，清香四溢，哪里是六郎似莲花，明明是莲花似六郎啊！"

这么主次一颠倒，称赞的水平可就发生了天翻地覆的变化。张昌宗立即转怒为喜，对杨再思报以欣赏的一笑。

杨再思这个人，还真是名如其人。他总是在别人思考的基础上，经过"再思"，把拍马屁做到炉火纯青的地步。一句"莲花似六郎"，就这样成了历史上的一个典故。

杨再思虽善逢迎拍马，但是张昌宗的美貌也的确名不虚传。不仅武则天为其神魂颠倒，就连她的近侍上官婉儿也不禁为其心动。

上官婉儿陪侍武则天多年，并于圣历元年（698）开始，帮助武则天

处理百司奏表，参决政务。可以说，上官婉儿虽没有宰相之名，但有宰相之权。由于婉儿日日随侍武则天身边，自然也就与张昌宗常常见面。日子一久，婉儿渐渐为张昌宗的美貌多情所动。

至于张昌宗，对婉儿也早有好感。当时，武则天已经是七十多岁的老妇人，相比之下，上官婉儿三十出头，容貌秀丽，才气过人，自然更能打动张昌宗的心。

两人有情有义，私下里常常眉目传情，你侬我侬。

这天，武则天又在控鹤府与二张等人饮酒作诗，诗名在外的上官婉儿自然出席。酒桌上，张昌宗与上官婉儿的目光时常交集在一起，两人以为这些小动作不会别人发现。哪知道，武则天虽已是七十多岁的妇人，却是眼明耳聪，且醋意不减。武则天发现张昌宗与婉儿偷偷调情后，当即命人将这二人拿下。

七十多岁的女皇，仍旧怀有一颗嫉妒的妇人心，这是张昌宗始料未及的。他连忙泪眼婆娑地跪在地上向武则天认错。对于六郎，武则天又恨又爱，见他这样一副样子，她的心渐渐软了下来，哪里还舍得处置？可是，他与上官婉儿如此张狂，武则天也不能坐视不管。

尤其是上官婉儿。

上官婉儿的确有才情，可若不是武则天如此提拔重用，她也不过就是个宫婢，怎会有今天？可这奴婢竟敢有非分之想，和自己的男人动手动脚，这是武则天无法忍受的。为了给上官婉儿一点颜色，武则天下令对其处以黥刑，即在面上刺青。

婉儿得知消息后哀哭不止。女人都爱美，更何况是生活在宫廷中的女人。可是，她的哀嚎和乞求都于事无补。最终，婉儿被反绑了手脚，刺青师在她美丽光洁的前额留下一个永久的记号，一个丑陋和耻辱的象征。

施刑后，上官婉儿求见武皇。她跪在武则天脚下，哭成了泪人一样，乞求武皇的原谅。看着上官婉儿那哀哭不止的样了，看着她前额那丑陋的刺青，武则天的心终于软了下来。就这样，上官婉儿重新回到了武则天身边。

此后，婉儿的前额就有了一块青色的伤疤。婉儿爱美，她不想自己就成为一个有瑕疵的女人。为了掩饰这块伤疤，她将错就错，将一块金银箔制成的梅花贴在刺青上，粉饰为"红与黑"的"红梅妆"。粉白的面容，点缀一朵小小的红梅，反倒衬得婉儿格外妩媚妖娆。不久后，婉儿的"红梅妆"竟在宫内流行起来，宫女争相效仿。而婉儿，依旧是诸多宫女中最为耀眼的美女。

不过，再漂亮的妆容，也无法掩饰婉儿受伤的内心。自被施黥刑后，婉儿忽然变得成熟了。她开始思考自己的未来，开始想要安身立命。由于长期陪侍在武则天身边耳濡目染，再加上她本身的过人资质，婉儿也已经深谙权谋之道。而她想要夺权的第一步，也是投靠男人。她最初选中的男人，是武则天的侄子武三思。

对于武皇的那些侄孙，上官婉儿起初连正眼瞧都不肯瞧一眼。她一直认为这些武氏子嗣都是些蝇营狗苟的无能之辈，是令人不齿的势利小人。尤其是武三思，上官婉儿甚至还清楚地记得他第一次为薛怀义牵马时，是怎样一副卑微的神情。

可是，自从婉儿被武皇施以黥刑，而张昌宗弃自己于不顾后，上官婉儿极度渴望找到一个可以依赖的人。

就这样，她想到了武三思。在当时武氏侄孙中，武三思是最具前途的一位。

武三思对于上官婉儿垂涎已久，但却不是因为她的美貌。试想一下，上官婉儿即便再美貌，也已是三十多岁的妇人。在当时，三十岁的妇人已是明日黄花。所以，武三思真正看重的，是婉儿的才情，是婉儿行使的宰相之权。有这样一个情人整日陪侍在武皇面前为自己美言，何愁不节节高升？

所以，武三思一直寻找机会对婉儿献媚，而婉儿顺势就接纳了他。

不过，武三思毕竟是武氏族人。以上官婉儿的资质，她清楚武氏族人的天下是靠不住的。所以，不久后婉儿就又选中了另一座靠山——太子李显。

李显虽说胆小如鼠，是个地地道道的窝囊废，可他毕竟是太子，是目前唯一合法的皇位继承人。投靠太子，总比投靠其他人可靠得多。至于李显和他的妃子韦氏，同样看中了婉儿手中的权力。双方一拍即合，就这样，婉儿带着妖艳的"红梅妆"，含情脉脉地倒在了李显怀里。

这一步，婉儿的选择是正确的。后来，李显登基称帝，将婉儿纳为三品婕妤，不久后又升为二品昭容，而且专掌诏令。这等殊荣，可不是每个

女子都能获得的。

然而，上官婉儿虽然一生才华横溢，也曾一度享尽荣华与权力，可她仍旧是个悲剧人物。她的一生，不停地仰人鼻息，曲意逢迎皇上、皇后甚至是公主，甚至还要礼让情人。后来，为了讨好韦后，婉儿就曾将老情人武三思献于韦后。这其中的甘苦，恐怕只有她自己知道。

可即便如此，她的美貌，她的才情，她的逢迎，都没能使她逃脱厄运，最终成了皇权争斗的牺牲品。这是后话。

国老仁杰

唐朝能称为宰相的官职很多，左右仆射及门下、尚书、中书三省的长官，都可以称为宰相，即同中书门下三品。所以，唐朝的宰相数量总体上要超过其他朝代，譬如太宗皇帝在位二十三年，宰相就任用了二十五位。不过，这个数字和武则天比起来，实在就是小巫见大巫了。武则天不仅在三品官员中任用了大量宰相，并首次创立了"同平章事"宰相，即从四品官员中选拔出来的"准"宰相。

据史料记载，武则天统治期间，前前后后共任命了七十三位宰相。武则天任用宰相的数量，是历代帝王之最。

武则天同时任命多位宰相组成中枢，主要是为了避免权力过分集中，并可以使宰相之间互相制约。一旦出现问题，罢免几位宰相也不会影响大局。这样，宰相工作起来有压力，工作也会更加小心谨慎。

武则天执政期间，宰相任免如家常便饭，尤其是在她改朝换代前后。但是，到了武则天晚年，朝中政局相对稳定，她的宰相班子也进入了相对稳定的时期，其中主要有狄仁杰、姚元崇、苏味道、李峤、陆元芳等人，也有武家族人武三思、武攸宁。这些宰相都经历过许多政治风浪，处理政事的能力也比较强。对于这几位宰相，武则天也非常了解，使用起来也能得心应手。

姚元崇为人正直敢言，且头脑清晰，办事周密；苏味道办事不大讲原则，而且温顺老实，有"苏模棱"之称，但是，苏味道为官多年，很有处理朝政的经验；陆元方为人清肃而严谨，武则天曾以不相干的事向他求问主意，却被陆元方直接回绝。

对于这几位宰相，武则天深知他们的为人，即便他们有忤逆之举，武则天也不会加罪。至于两位武氏侄孙，武则天把他们纳入宰相群体中，主要用来获得朝中信息，并以牵制其他宰相。

不过，在这些宰相之中，最为武则天所器重的就是狄仁杰。

一次，狄仁杰入宫向武则天奏事，恰巧武则天正在与张昌宗赌博。武则天一见到狄仁杰，便微笑着要他与张昌宗一起玩一局。狄仁杰悉听尊便，当即坐下和张昌宗赌起来。就在这时，武则天突然发问道："都已经开局了，还不知你二人赌些什么。"

狄仁杰恍有所悟，看了看张昌宗身上的裘衣，便要张昌宗以此做注。

张昌宗一听可不干了。原来，他这件裘衣是南海郡进献的集翠裘，珍丽异常。所以，他忙问狄仁杰，他用什么下注。

"我？我就用自己身上的紫袍下注。"狄仁杰指了指自己身上的衣服。

武则天听罢哈哈大笑道："国老，昌宗那件可是集翠裘，此裘价钱超过千金，你那件紫袍怎能和它对等？"

武则天原以为狄仁杰会换一件东西来赌，哪知道狄仁杰起身对武则天道："陛下，臣身上这件紫袍，乃大臣朝见奏对之衣；昌宗身上那件裘衣，虽然贵重也不过是嬖幸宠遇之服。两件相对，我还不太甘愿呢！"

狄仁杰此话一出，武则天无言以对。至于张昌宗，他更是面赧神沮，结果连连败北。最终，狄仁杰当着武则天的面夺了张昌宗的裘衣，张昌宗眼见裘衣被夺真是一脸尴尬沮丧。

夺罢裘衣，狄仁杰这才向武则天秉奏朝事，随即告辞离去。

狄仁杰离开后不久，就有内侍来报。称狄仁杰走到宫门口时，竟将那件集翠裘赐给一个家奴。武则天听闻此事，沉思良久。

狄仁杰公正无私，又不失于智慧、持重和权谋，他还很善于发现人才。在其任职期间，前前后后向武则天推荐了数十个人才，其中绝大多数都成为当时的名臣。武则天认为他有识人的眼光，更是时常请他推荐人才。

有一次，武则天又想要狄仁杰推荐人才。狄仁杰听罢，便询问武皇道："陛下，这次您想要个什么样的人才？"

"我想要个能做宰相的。"

武
则
天

狄仁杰听罢微微一笑，开口道："陛下，臣不是已经给您推荐了张柬
之吗？"

张柬之前文曾经提及。他因为反对武则天送淮阳王武延秀前往突厥和
亲，被武则天贬为蜀州刺史。狄仁杰认为张柬之年纪虽老，但是办事干
练，是个宰相的人选。此前，狄仁杰曾将他推荐给武则天，可武则天只将
他提拔为洛州司马。

"张柬之不是已经做了洛州司马了吗？"对于张柬之，武则天似乎提不
起多少兴趣。

"陛下，当初臣向您推荐的，就是宰相人选，不是让他当司马啊！"

武则天见狄仁杰执意推荐张柬之，也不好拒绝，勉强对狄仁杰道：
"那好吧，我就先让他做秋官侍郎（刑部侍郎），看看他到底有什么作为。"

狄仁杰听罢，点了点头，这才告辞离去。

此后不久，武则天就提拔张柬之为秋官侍郎。多年后，果真又任命其
为宰相。

对于狄仁杰，武则天始终是信服的，因为狄仁杰对她，有着十分重要
的意义。狄仁杰出将入相，定夺大事，稳若盘石。在武则天眼中，再棘手
的事到狄仁杰手里马上就会迎刃而解，是他帮助自己稳稳镇住了她的武周
天下。不仅如此，狄仁杰对于武则天个人，也有许多意义。武则天再坚
强，再理智，也是一个女人。她对狄仁杰的重用，不仅仅因为他的才干，
同时也因为被狄仁杰的人格魅力所吸引。一个正气、刚毅、睿智的男人，
对于任何女人，尤其是聪明女人，往往都有着巨大的吸引力。

武则天一生敬重的男人不多，太宗皇帝当然要算作一个，再其次就属
狄仁杰了。为了表示对狄仁杰的敬重，武则天甚至以"国老"相称。每次
早朝，武则天总不许狄仁杰跪拜，并笑称狄仁杰一跪，她的身子就会痛。
狄仁杰同武则天一起出游，武则天甚至还让太子为其牵马。

对于狄仁杰的劝谏，武则天也一直从善如流。即便是狄仁杰面引廷
争，当众表示异议，武则天也常常会"屈意从之"。

久视元年（700）四月，武则天正在三阳宫避暑时，有外国僧人邀请
武皇前去观看埋葬舍利。武则天允准，命驾随行。狄仁杰闻讯后，当即阻
止，认为这是僧人借助武皇扬名气。况且山路难行，他担忧武皇安危，希
望武皇放弃此次出行。起初，武则天还犹豫不决。结果走到半路，武则天

突然宣布返回三阳宫，称要"以成吾直臣之气"。

武则天对狄仁杰如此爱戴，狄仁杰对武皇的感情，也与其他宰相有别。他佩服一个女人有如此权谋，竟然能够登上皇位统御天下。他更感激武则天对其敬重有加，给予他无上的荣耀。这对君臣之谊不仅在当时，即便在千年之后，也被人们津津乐道。

不过，狄仁杰已经年老。因为年老而且有病，狄仁杰数次告老还乡，都被武则天拒绝。为了减轻国老的政事压力，武则天特地吩咐众官，如果不是军国大事，不许劳烦国老。可即便如此，狄仁杰的病还是越来越重，虽经御医百般调治，始终没有成效。

久视元年（700）九月，狄仁杰病逝，享年七十一岁。武则天闻讯大呼"朝堂空矣"，随即痛哭出声。为了使狄仁杰死后尽享哀荣，武则天追封狄仁杰为梁国公，并宣布废朝三日。此后，武则天每每遇到不能决断的朝事，总是叹息着说："上天为何那么早就夺走了我的国老？"足见其对狄仁杰倚重之深。

狄仁杰去世后，有关他断案的故事流传很广。流传至今，狄仁杰已经成了一个"神探"，殊不知狄仁杰的过人之处远不止这些。狄仁杰耿直无私，执法如山，而且他不畏权势，即便是在高宗皇帝和武则天面前，他也不卑不亢，坚持原则。宋太宗赵匡胤还曾拿狄仁杰作为正面教材，认为武则天虽刑罚多枉，却始终不杀狄仁杰，就是因为狄仁杰的不畏权贵、公正无私。

狄仁杰的死，对武则天的打击的确很大。不过，朝堂也并未像武则天所说的那样"空矣"。狄仁杰去世后一个月，武则天就又提拔文昌右丞韦安石为鸾台侍郎同平章事。

韦安石是一个办事认真、非常讲原则的人，刚刚被提拔为宰相后不久，他就做了一件让朝臣大惊失色的险事。

那天，韦安石奉命参加禁中侍宴。为了活跃气氛，张易之请几个商人入席，教大家做一些博术输赢的游戏。在当时，商人地位很低，是不被允许出入皇宫的。可是，大臣们对此敢怒不敢言，只有韦安石大声对武则天表示反对意见："陛下，商人竟然进入皇宫做博术游戏，实在有辱皇室尊严！"

武则天听罢一愣，还未等她做出反应，韦安石就已经命左右把几个商

人驱逐出席了。

在座的朝臣生怕韦安石此举惹恼了武皇，一个个大惊失色。不过，武则天不仅没有怪罪他，反而因为他直言敢谏奖赏了他。当时，宰相陆元方也在座，散席后他不禁对左右感慨道："韦安石才是真宰相，非我辈所能及啊！"

不过，真宰相也需遇明君。倘若没有武则天的知人善任，容人纳谏，不仅韦安石难以保全，恐怕狄仁杰也不会得此善终。正是因为武则天的从谏如流，才最终成就了一代君臣相得的佳话。

第二十四章　强弩之末

惊弓之鸟

久视二年（701）正月初一，武则天在洛阳宫内大宴群臣，度过了一个热闹的春节。值得一提的是，武则天已于久视元年十月十日下诏，停止使用周历，仍旧以一月为正月。正月初三，有人称成州（今甘肃成县）出现大佛的足迹。武则天以为此为祥瑞，立即下诏改元大足。

自此次献瑞后，武周王朝再度掀起了一轮献瑞热潮，就连宰相苏味道都要带头献瑞。

原来，这一年三月下了场大雪，苏味道便打算带领百官入宫朝贺。殿中侍御史王求礼得知此事后，不仅加以阻拦，还反唇相讥道："三月下雪为瑞雪，那么腊月打雷是不是就是瑞雷？"

苏味道听罢愣了一下，却也不理他，仍旧带着百官入宫朝贺。

武则天见百官朝贺，自是大喜。哪知道，王求礼不仅不祝贺，反而将苏味道等狠狠地骂了一顿。

"陛下，今年春天春和日暖，草木茂盛，如今突降寒雪，实乃灾祸，怎能诬称是祥瑞？臣以为，那些入宫朝贺者都是谄谀之人，还请陛下严惩！"

苏味道等人被王求礼这么一骂，真是气急败坏，当即和他争执起来。武则天见一班大臣在殿下争得你死我活，自感没趣，立即宣布退朝。

此次献瑞不成，并没有打消人们的献瑞热情。不久后，就有人向武皇献上了一只三只脚的牛。

苏味道见状，自是一番恭贺。结果，又被王求礼坏了好事。他慷慨激昂地上书武皇，认为事物反常必是凶兆。这头牛为三只脚，说明朝廷三公（宰相）不得其人，三光（日、月、星），三才（天、地、人）不得其正，不仅不是祥瑞，反而是凶兆。

武则天认为王求礼的这番话有几分道理，此次献瑞也就此作罢。

对于处处和武则天作对的王求礼，武则天虽没有寻他麻烦，可也一直没有加以重用。王求礼一生为官，最终也不过官终御史。毕竟，武则天晚年十分热衷祥瑞，和那个数次戳穿献瑞谎言的李昭德相比，王求礼的下场还算不错。

大足元年初的献瑞热潮一过，又发生了一件让武则天颇为不悦的事情。武邑平民苏安恒竟然往铜匦中投了封奏疏，请求武则天还政，并要抑武兴唐。在这封奏疏中，苏安恒称武皇年事已高，可国事繁重，不利于圣体的安泰。相比之下，太子年富力强，所以他建议武皇禅位于太子，自己安享天年。另外，他还请求武皇将二十多位李姓皇孙全部裂土封王，至于武氏诸王则应全部降为公侯，任其闲居。

苏安恒作为一介平民，竟然敢向武则天提出这样的要求，令朝中大臣为他捏了一把汗。

武则天见到奏疏后，勃然大怒。武则天当然知道苏安恒所说的都是忠言，可要她禅位给太子，又谈何容易？当初，她为了得到这个位置，不惜诛杀了成千上万的人，甚至不惜杀了自己的儿孙，如今怎能轻易拱手让人？从皇帝退居为太后，期间的落差太大。所以，要武则天禅位，简直就是天方夜谭。

至于将武氏诸王全部降为公侯，武则天同样不能接受。她好不容易打出了一片武姓江山，倘若连武姓封王都不行，她辛辛苦苦半辈子意义何在？所以，要她把武氏诸王被赶出朝廷，是绝无可能的事情。

看罢这封奏疏，武则天的第一反应，就是要把这个苏安恒杀掉。不过，这一想法很快就被她抑制住了。此时的武则天，已经成了一个老谋深算的君主，怎会为了此等小事乱了分寸？所以，武则天不仅没有怪罪，反而还在洛阳宫内召见了他，并吩咐赐食，再三抚慰后才将他遣还本乡。

当然，对于苏安恒提出的要求，武则天一样都不打算照做。

经历了苏安恒一事，朝臣说话做事都开始小心翼翼起来，生怕一不小心说错话，让武皇误以为自己有意逼武皇禅位。对于平民，武则天可以表现得很客气，可对于官员，她绝对不会如此仁慈宽厚，尤其是太子集团的官员。

武则天虽于圣历元年（698）将李显立为太子，但是，只要她在位一天，就不会真正接纳李显及他的东宫僚属。所以，武则天不让李显临朝视事，甚至不准他跨出东宫一步。对此，太子李显都顺从接受。十四年前，自己曾因一言而痛失皇位，如今怎能不牢记教训！不过，李显当然也记得是谁将自己从皇位上拉下来，是谁让自己过了十余年囚徒生活。他从内心里怨恨母亲，无论表面上如何顺从，内心里却永远无法和母亲亲近。

对此，这对母子都是清清楚楚的。经历了十多年的风风雨雨，这对母亲俨然已经成为一对天敌。只不过一方表现强势，另一方忍而不发而已。就在这对母子之间的关系一触即发之时，皇孙李重润、永泰公主及驸马的一些私语，为李显惹来了大祸。

当时，由于武则天极度宠幸二张，引起了朝中上下许多人的不满。李显惧怕母亲的淫威，自然能够容忍。可是，他能容忍，并不代表他的子女也能够对此视而不见。其中，邵王李重润和他的妹妹永泰郡主、妹夫魏王武延基就看不惯二张的言行，常在一起谈论二张兄弟。

李重润，即为李重照，是李显和韦氏的长子，为避武则天的讳改称"润"。重润出生时，李显还是太子，高宗皇帝也还健在。因为这个皇孙的诞生，高宗皇帝大为欣喜，甚至大赦天下，改元永淳。不仅如此，高宗还将重润立为皇太孙，意欲府置官属。不过，随着高宗驾崩，李显被废，李重润的日子也不好过了。

至于永泰郡主，则是李显的第七个女儿，也是由韦氏所出。永泰郡主十五岁时嫁给了武承嗣的儿子武延基，当时武延基二十岁。武承嗣虽然与李氏家族有过节，但是武延基与永泰郡主却情好甚笃。这一年，他和永泰郡主结婚才两年。

这几个人年纪不大，自也有些年少轻狂。在他们眼中，二张靠着脸蛋吃饭，应该有点自知之明，安安生生地专门服侍女皇。可是，他们偏偏张狂，竟然插手朝事，真是大不赦之罪。

或许是告密的遗风仍在。总之，这三个人的私语竟然传到了二张兄弟的耳朵里。

张易之和张昌宗十分恼火,连忙将此事告知武则天,并且添油加醋,称李显有篡位谋反之意。不仅如此,他们还牵强附会,认为之前上书的苏安恒,乃是李显买通用来为自己登基造势。

对于李显,武则天本就严加防范,如今有二张这一番话语,她也发起怒来,当即命李显进宫。李显进宫后,武则天劈头盖脸一顿指责。等她骂得够了,才称"养子不教父之过",将李重润、永泰郡主夫妇交由李显处置。

李显被母亲一顿痛骂,不由得想起二哥李贤被母亲灭门的惨状。为了保全其余家人的性命,李显只得咬紧牙关,命儿子李重润、女婿武延基自尽。韦氏得知消息后,哭着哀求丈夫饶儿子一命。李显听罢,却只淡淡地说,他们要是不死,我们一家都得死。

听了这话,韦氏瘫软在地上,再也说不出一句话。

就这样,李重润和武延基自缢身亡。这一天是大足元年九月初三,李重润年仅十九岁,武延基也不过二十二岁。

至于永泰郡主,李显本也想一并处置。无奈,永泰郡主当时已经怀有七个月身孕。她央求父亲,希望父亲宽限些时日,等孩子出生后她再自尽。这样的要求,李显又怎能不应?肚子里的孩子可是他的孙儿啊!

于是,永泰郡主被关进囚室。

永泰郡主眼见着丈夫和哥哥被缢身亡,悲伤异常。当天夜里,她就因动了胎气导致早产。她在囚室里拼命地哭叫着用力,想要用力把孩子生产下来。哪知道,她偏偏难产。一个十七岁的女子,加之体格瘦弱,想要生下孩子哪有那么容易?再加上她是罪臣,无人敢上前帮助。就这样,她一个人在血泊中孤零零地呻吟惨叫了一整天后,带着她的孩子一起追随着亡夫而去。

她难产而死的日子,离其兄长和丈夫被杀的日子,前后仅相差一天。

李显和韦氏本以为,只要自己的子女能与武氏联姻,就能重新得到武则天的垂青,不让储位之争重演。为此,李显不仅将永泰郡主嫁给了武延基,还将自己另外一个女儿安乐郡主嫁给了武三思的儿子武崇训。可惜的是,这一番联姻的苦心,也终没能挽救李显一家的危难局势。

儿子和女婿的死,已经足够李显伤心了。待他看到女儿惨死的一幕后,更是为此伤感自责,至死都念念不忘。数年后,李显再度登基称帝。

为了祭奠自己的这一双儿女，他特地追封李重润为"懿德太子"，追封永泰郡主为"永泰公主"，并且将他们的坟墓尊称为"陵"，规格与帝王等同。由于李重润生前未曾婚配，李显更是煞费苦心，为儿子聘国子监丞裴粹亡女为冥婚，与李重润合葬。李显对儿女的良苦用心可见一斑。

事到如今，已相隔千年。可是，当我们阅读这段历史时，似乎仍能看到，李显作为父亲那哀伤惨痛的心情。

二张弄权

公元 701 年，武则天曾先后使用了三个年号。初为久视二年，正月初三即改元大足。到了十月二十二日，武则天又因返回了多年未归的长安，又下诏改元长安。

武则天返回长安，特地命太子李显和相王李旦随行护驾，并加封李旦为左右羽林大将军，这是当时北衙禁军的最高统帅，主要任务是守卫皇宫。

武则天率皇子返回长安，在当时可是一件大事。

长安是李唐皇朝的中心，皇族势力和门阀影响很大。当初，武则天为了能够改唐为周，培植属于自己的新兴政治力量，这才另建神都洛阳。武则天执政时期，洛阳的地位已经远远取代了长安，成为武周的政治中心。如今，武则天竟然亲自带着两个皇子返回长安，回到了李唐王朝的龙兴之地。这一行动的寓意已经十分明显，她就想要在这里将江山社稷交付李显，完成政权的交接。

女皇返回长安时，距皇孙重润之死仅一月有余。

连丧三个孩子的李显受不了这样的打击，已经卧床不起。可是，母亲之令他不敢不从，只好强打精神跟着母亲一路奔波回到了长安。

望着久违的长安城，李显感慨万千。这李唐王朝本就该是他的，可他如今已经四十多岁，仍被迫屈膝在母亲淫威之下，甚至违心地逼死自己的儿女。

每每想到此事，李显都会憎恶二张兄弟。虽然，张易之、张昌宗曾是他的恩人，他能够重登太子之位，就有这二人的功劳。可是，谁叫他们不

知收敛，竟逼死了自己的一双儿女？有错如此，再大的功劳也会被抵消。

二张兄弟逼死重润和永泰郡主一事，不仅极大地刺激了太子李显，也让其他宗室子弟噤若寒蝉。相王李旦、太平公主得知此事后，也不禁担心起自己的处境来。

按理说，太平公主和张昌宗有旧情，又是武家的儿媳，本不应担心自己的处境。可是，太平公主在政治上一直是李家的拥护者。如今，二张兄弟嚣张到如此地步，她自然也不敢小觑。所以，她当即找到了四哥李旦，兄妹俩认为当前应以讨好二张兄弟为主，便决定上表奏请武皇册封张昌宗为王。

这对兄妹自然不会忘记哥哥李显。为了调和哥哥与二张之间的紧张气氛，兄妹俩要哥哥一同上表请立张昌宗为王。李显得知弟妹来意，大发雷霆。二张逼死了他一双儿女，他怎能再上表请立张昌宗为王？可没过多久，李显的脑子陡然转醒过来，明白了弟弟妹妹的一片心意。

长安二年（702）八月二十三日，太子李显、相王李旦、太平公主三人联名上表，向武皇建议请立张昌宗为王。他们在奏章中称，张昌宗忠义在心，嫉恶如仇；侍奉圣上，矢志不移。所以，他们请封张昌宗为王，以从天下人之望！

武则天见到奏章，当然明白这是怎么回事，立即回绝了这三人的请求。

李显见母亲回绝，心下大喜。他嫉妒憎恶张昌宗、张易之兄弟，联名上书只是迫不得已，能被母亲拒绝，自是天大的好事。哪知道，太平公主和李旦却要求再度上书，以表诚意。李显无奈，只得又于二十七日再和弟妹联名上书，要求武则天封张昌宗为王。

这一次，武则天再没有回绝。她淡淡地对自己的儿女说道："立昌宗为王，实在有些不妥。不过，既然你们提了，朕也不好寒了你们的心。这样吧，朕就封昌宗为邺国公，你们几个意下如何？"

邺国公乃国公，位在亲王和郡王之下。李显等人当然也不想张昌宗真的成了和自己平起平坐的亲王。所以，这个结果也算皆大欢喜。

就这样，张昌宗摇身一变就成了邺国公。

武则天素不喜欢长安，返回长安后，她的身体每况愈下。到了冬天，她的身子更加病弱起来，稍感风寒便病情加重，咳嗽不止，甚至不敢轻易走出寝宫。武则天也曾召集御医诊治，什么贵重的药品都用过，但是总不见疗效。

由于病重，武则天无法料理朝事，时时陪侍在侧的二张兄弟权势日甚。尤其是张昌宗，自他被封为邺国公后，朝中宰相都得礼让他三分。

自狄仁杰病故后，武周朝的宰相阵营实力大减。其中，如苏味道、李峤、陈元方等人，才能都不及狄仁杰。只有鸾台侍郎韦安石、奉宸监丞郭元振两人还比较忠直干练。不过，郭元振由于熟悉吐蕃事务，不久后就被外调，出任凉州都督，专门负责抵御吐蕃。

郭元振离京后不久，另一位正直之士被召返京。这个人就是肃政中丞魏元忠。

魏元忠在政坛也是历经艰险。长寿元年（692），他因来俊臣陷害被贬为涪陵令。来俊臣被杀后，武则天又将其召回京城授为肃政中丞。圣历初年，由于突厥来犯，狄仁杰出为副统帅讨伐突厥。后战事平定，武则天将狄仁杰调入京师，把魏元忠派为萧关道大总管，代替了狄仁杰之位。

魏元忠为人正直，治军也很有些方法，虽然阿史那默啜强硬奸滑，却始终未能在他手中讨到半点便宜。如今边境无事，武则天便将魏元忠调回朝中复任旧职肃政中丞，兼任检校洛州长史。不久后，武则天就又提拔魏元忠做了平章事宰相。

魏元忠向来不畏权贵，刚刚回到京城不久，就与二张兄弟生出了间隙。

这桩事情，还得从张昌宗的弟弟张昌仪说起。前文曾经说过，自二张受宠后，他的几个兄弟也身价倍增，一个个干起了卖官鬻爵的买卖。时任洛阳令的张昌仪，曾因为收受一个薛姓人的贿赂，竟然命天官侍郎张锡将六十多位薛姓人注册授官。这个张昌仪不仅卖官鬻爵，他仗着兄弟受宠，一贯耀武扬威。当时，洛阳令需要前往州府述职，张昌仪每次都是径直闯入，没有半点礼仪可言。这天，张昌仪又在州府内横冲直撞，偏巧被魏元忠碰到了。魏元忠十分厌恶张氏兄弟，他强忍怒火，不动声色，将张昌仪叫出府衙，让他按规矩在庭院里等着。

其实，魏元忠此举也不算过火。可是，张昌仪却自认受了天大的委屈，当即到弟弟面前搬弄是非，二张与魏元忠就此结下仇怨。

魏元忠的确没把二张兄弟放在眼里。就在这件事发生后不久，张易之

的家奴在集市上闹事，朝中官员无人敢管，魏元忠却当即差人将其捉拿归案，并杖责致死。二张兄弟闻讯真是恼羞成怒，此后数次在武则天面前谗毁魏元忠。可是魏元忠为人正直，武则天心中有数。

二张兄弟见扳不倒魏元忠，便决定充实自己的势力，打算将担任岐州刺史的弟弟张昌期调入京城。二张兄弟把朝中上下的官职从上捋到下，最终盯上了雍州长史一职。

雍州长史是西京的最高行政长官，主管京畿事务，不仅是个肥缺，且意义非凡。所以，二张兄弟极力怂恿武则天，恳请武皇任命弟弟张昌期为雍州长史。

当时，雍州长史已由薛季昶担任。

薛季昶是绛州龙门（今山西河津县）人，早在武则天称帝初期，他就因为上书议政得到武则天赏识，被破格提拔为监察御史，后迁给事中。契丹叛乱后，薛季昶又出任河北道按察使，任职期间惩处了谎报军情的夏官郎中（兵部郎中）侯昧虚，还有贪残的藁城（今河北藁城县西南）县尉吴泽。

这一系列举措，使薛季昶声名大振。由于其才能突出，武则天于久视元年（700）将其擢升为雍州长史。薛季昶在雍州长史任职期间，敢于惩治豪强，可以说是历任雍州长史的佼佼者。所以，若要以张昌期代替薛季昶，武则天还真有些拿不定主意。

这天，武则天把几位宰相召入寝宫商谈朝事。谈罢，武则天便就雍州长史一职，要求诸位宰相举荐人才。

朝臣早就得知二张兄弟盯上了雍州长史这个肥缺，哪里还敢妄自推荐？可是，魏元忠却不畏惧，他当即开口对武则天道："陛下，臣以为当今朝臣之中，没有人能够替代薛季昶。"

魏元忠这番话，也正是武则天的想法。可是，武则天此时已有私心，只好打开天窗说亮话："薛季昶担任雍州长史已经很长时间了，朕打算给他另外安排职务。诸位爱卿以为，岐州刺史张昌期怎么样？"

武则天已经把话说道这份儿上，宰相们再不好沉默，当即附和道："恭喜陛下，张昌期的确是最为合适的人选！"

哪知道，就在君臣为此称道之时，魏元忠却大声反对："陛下，张昌期不能胜任！"

"元忠，你因何断定张昌期不能胜任？"武则天耐着性子询问。

魏元忠不假思索地回答说："陛下，张昌期年纪太轻，且不熟悉行政事务。张昌期在出任岐州刺史期间，岐州百姓四处逃亡，如今治下已没有多少百姓。雍州是京畿重地，事务众多，只有薛季昶能够胜任，假若换了张昌期，后果不堪设想啊！"

魏元忠所言句句在理。武则天当然也不想拿自己的国事开玩笑，当即点头称是。此事就这样不了了之。

魏元忠一而再再而三地搅乱张氏兄弟的好事，让二张兄弟忍无可忍。气急败坏之余，二张也终于认真思索如何铲除这个仇敌了。不久后，他们就设计了一个看似完美的圈套，使魏元忠陷入了巨大的危机之中……

魏元忠临难

长安三年（703），武则天迈入了八十岁的门槛。

八十岁的武则天，身体一日不如一日。张昌宗、张易之兄弟看在眼里，急在心上。他们倒不是担心武皇安危，他们只怕武皇一旦离世，在朝中权势日盛的魏元忠会与他们为难。所以，两兄弟暗中撺掇，试图诬陷谋害魏元忠。

九月，二张兄弟设计谋划的这一出戏终于上场。

那是一个阴天，武则天对什么都提不起兴致，慵懒地躺在床上，寝宫内外一片静寂。张昌宗和张易之认为时机恰好，便告知武皇一个惊天秘密：魏元忠和司礼丞高戬有谋逆之心。

关于高戬，历史上记载不多。他和魏元忠并没有什么交情，官职也不高。不过，高戬却是太平公主的新男宠。他仗着有太平公主撑腰，嚣张跋扈，时常训责属下张同休，而张同休正是张昌宗的哥哥。

张昌宗、张易之兄弟也很讨厌高戬。高戬其人风流倜傥，口甜如蜜，常常向武则天大肆献媚。不仅如此，他还常常与二张兄弟唇枪舌剑，互相讥讽，使二张丢了许多脸面。所以，二张兄弟决定拉上高戬陪着魏元忠。

武则天听到张昌宗所言，心里一惊，可当即又缓和下来。对于魏元忠，武则天十分信任器重，说他谋反，武则天还真不相信。所以，她只淡

淡地对张昌宗、张易之道:"五郎、六郎,可有证据?可不许随意诬陷。"

"皇上,臣怎会随意诬陷他人?昨日,臣亲耳听到他们私下里谈论,说皇帝您已年老,还是侍奉太子更长久些。臣听闻这一席话十分气愤,当即上前反驳,哪知道被魏元忠一顿痛骂。"

张昌宗的这一番话,火候和角度把握得十分精准。

魏元忠当时不仅是平章事宰相,还兼职出任检校太子左庶子,也就是东宫属臣。魏元忠其人虽然忠于武皇,可他更拥护太子李显,拥护李唐皇室。而武则天,眼下最为痛恨的就是宠臣弃她而去转事太子,这一刀可谓正中要害。

武则天原本半躺在床上,听了这些话,慢慢悠悠坐起来,问道:"此话可是真的?"

"千真万确,臣等怎敢在陛下面前说谎话?"张昌宗和张易之连声说道。

"哎……"武则天重重地叹了口气,过了半天才说道:"朕倚重元忠,虽数度流配,朕都不加责怪,又数度把他召回朝堂,委以重任。元忠怎能辜负了朕如此用心?"

张昌宗听了这话,知道武皇对自己所言之事笃信无疑,连忙在一旁撺掇:"皇上,您赶快下旨把魏元忠、高戬抓起来吧。事不宜迟,迟则生变啊!"

武则天听罢,点了点头,当即下旨将魏元忠、高戬逮捕入狱。

魏元忠和高戬一入狱,周遭的大臣可都慌了。他们虽有心搭救,却又不明其中实情,连忙四下里打听起来。关键时刻,还是太平公主帮了大忙。

高戬入狱后,他的家仆立即跑去太平公主府,请太平公主设法搭救。太平公主得知是二张陷害,气就不打一处来,当即前往皇宫,请母亲说个明白。哪知道,武则天一见到太平,就明白她所来何事,直接问道:"怎么,你的皇兄和大臣们要你来求情?"

太平公主是何等聪明之人,一听这话连忙就改了主意。看来,要想救出高戬,须走迂回才行。她看了看武则天身边的张昌宗、张易之兄弟微微一笑,又对武则天说道:"陛下何出此言?正所谓'法网恢恢,疏而不漏',只要有大逆不道的言行,任谁也跑不掉。只是,朝臣对此颇有些非议。陛下若能让他们当堂对质，不仅可以让事情大白于天下，更能警示众朝臣，一举两得，陛下以为如何？"

太平公主所言句句在理。

"这倒不失为一个好办法，你们兄弟认为如何？"武则天说完，看了看张昌宗、张易之，二张吓得身体一抖。他们没有想到，太平公主竟会想到对质这一出。还是张易之年长，经验也比张昌宗多些，连忙大声应承道："陛下，臣愿意和魏元忠对质，揭穿那个卑鄙小人的真面目！"

"好，明天早朝，就在殿中，让你和魏元忠对质。"

张氏兄弟答应对质，实属无奈。所以，待太平公主出了宫，这哥俩连忙找机会退了出去，认真思索解救之法。思来想去，这两人想到了一个好主意，那就是请凤阁舍人张说做伪证。

凤阁舍人即中书舍人，是魏元忠的直接下属，由张说出头作证是最有说服力的。

张说是个才华横溢的读书人，特别擅长写诗赋文，是武则天临朝称制以来开制举录取的第一位状元。武则天十分欣赏他的才华，给予他极高的礼遇，一向被视为武皇的嫡系人马。张说还是《三教珠英》的编撰人员之一，平日和二张多有应酬唱和，为人机巧诡变，算不得传统意义上的正人君子。

所以，当二张兄弟亲自出面，要他帮忙扳倒魏元忠时，张说立即动摇了。一来，他不敢得罪二张兄弟；二来，二张兄弟对他许诺，一旦扳倒魏元忠，就让他接替魏元忠出任宰相。张说经不起威逼利诱，违心地答应下来。

就这样，张昌宗、张易之安排好这一切，就等着明日上朝，将魏元忠置于死地。让二张兄弟没想到的是，朝中上下有太多官员关心魏元忠的安危。他们正默默关注着二张兄弟的一举一动，他们突然造访张府，自也没能逃出朝臣的眼睛。所以，二张兄弟离开张府后不久，就有大臣接连不断前往张说府上，问个究竟。

第一个前来的，是同为凤阁舍人的宋璟。宋璟深知张说为人，对其十二万个不放心。所以，他也不问二张所来何事，只是语重深长地对张说说了这样一番话："张兄，人活一世，属名义至重，鬼神难欺，万万不可党附奸邪以求苟免。即使因为得罪二张，获罪流放，张兄声名也会流传天

下，岂非胜过一时的蝇头小利？"

宋璟和张说同为儒士，对儒家的立身处世哲学怀有十分强烈的热情。所以，宋璟很清楚张说最看重的是什么，流芳百世是绝大多数儒士平生最大心愿。宋璟这一番话，无疑比空谈大道理更具说服力。

张说听罢，陷入了沉默之中。为了打消他的顾虑，宋璟连忙在他耳边补上一句："万一事有不测，我也会叩阁力争，与张兄患难与共！"

宋璟这句话，给张说吃了一粒定心丸。

宋璟离开后，殿中侍御史张廷珪、左史刘知几也纷纷前来拜访张说。这几个人无一不是提醒张说，此事事关大节，要他万不可玷污青史，累及子孙。其中，左史刘知几更是威胁张说，一旦他做伪证，作为史官的他定会将这段丑事昭告天下！

这么多人轮番前来做张说的工作，张说不能不为其所动。

张说和二张的确有些交往，但并非李峤、阎朝隐那样一心依附二张，更多的只是畏于其权势而已。二张之所以放弃李峤、阎朝隐，偏偏找到张说作证，不仅因为他是魏元忠属下，同时也因为他们关系不亲密，他的供词也更易取信于人。

但是，二张机关算尽，最终仍旧是失算。

张说是一个十分复杂的人。他的确不是正人君子，但也不是奸邪小人；他不想得罪二张，可也不想与二张同流合污；他虽渴望官运亨通，可也同样在乎气节名声。而且，张说是个极其聪明的人。张说清楚，二张兄弟虽权倾朝野，可他们的富贵依附于武皇，一旦武皇西去，他们的下场可想而知。自己若帮助他们陷害魏元忠，自然会被视为二张一党，受尽天下人唾骂。日后二张倒台，他的前程也会毁于一旦。

所以，张说找到了自己该走的路，虽然前路崎岖，可他已经坚定了信心，因为这是他唯一的出路。而二张兄弟对此，仍旧一无所知。

第二天，武则天召集了李显、李旦和各位宰相，在朝堂上听取魏元忠、高戬二人与张昌宗对质。魏元忠当时已经六十多岁。在酷吏横行的年代，他屡遭陷害，几历生死，甚至在临刑前被特赦释放。这位老人什么事情没经历过？怎么会怕二张这两个毛头小子？所以，他据理力争，对于二张的诬陷一一辩白，二张始终无法占到一点便宜。

就在争执没有结果时，张昌宗突然亮出王牌，对武则天道："陛下，魏元忠的确说过这句话。陛下倘若不信，可以召唤凤阁舍人张说。当时张说也在场，可以为证！"

听到这话，魏元忠突然意识到情势不妙。一件子虚乌有之事，竟然有了证人。可见张说已经被二张收买，一举置自己于死地！

殿外，张说已经等候多时。他听闻皇帝召见，深深地吸一口气，终于迈步走进了殿堂。魏元忠见到张说真是气急败坏，大声斥责道："张说，难道你也要与张昌宗一起罗织罪名陷害我吗！"

张说看了看魏元忠，反唇相讥："魏元忠，你身为宰相，怎么也说出这等陋巷小人的言语！"

张昌宗站在一旁，不想张说多费口舌，连忙催促他赶快作证。哪知道张说倒打一耙，指着张昌宗对武则天道："陛下，您都看到了吧？在陛下眼前，他尚且敢这样威逼臣，更何况在朝外？现在，臣当着诸位朝臣的面，不敢不把实情告知陛下。臣并没有听过魏元忠说出谋逆的言语，只是张昌宗威逼我，让我为他作伪证罢了！"

张说话音一落，魏元忠及朝臣都大大地松了口气。相比之下，张易之和张昌宗兄弟却如遭到晴天霹雳，吓得腿都软了。可是，箭在弦上不得不发，张易之只得将计就计，指着张说道："陛下，张说与魏元忠是共同谋反！"

武则天看着这戏剧性的一幕，心情变得烦躁起来。

"哦？他们怎么又是共同谋反了？"

"陛下，张说曾经说魏元忠是当今的伊尹和周公。伊尹流放了太甲，周公作了周朝的摄政王，这不是想谋反又是什么？"张易之指着张说的鼻子说道。

张说听罢哈哈大笑，随即一本正经地回答："陛下，易之兄弟真是小人之辈，只听过伊、周一些零星琐事，却不知道伊、周为人之道！当日，魏元忠初登相位，臣的确前往道贺，并勉励他以伊尹、周公为己任。伊尹辅商汤，周公辅成王，他们皆事君至忠，古今敬仰。陛下任用宰相，不让他们效法伊尹和周公，还要让他们效法谁？"

张说满腹经纶，要跟他咬文嚼字，二张哪里能占到便宜？反倒还被张说狠狠地讥笑了一番。朝臣听罢，也都掩口而笑，二张窘得无地自容。

张说见状，越发慷慨激昂地对武皇说道："陛下，臣也清楚，今日依

第二十四章　强弩之末

附了张昌宗便可擢升为相，一旦依附魏元忠立即就会被族灭！可是，青天在上，臣畏惧元忠冤魂不灭，实在不敢妄奏诬告啊！"

话说到这份儿上，二张兄弟再想狡辩都已无用。

可是，一切并没有想象的那样简单。武则天精明，看着朝堂上发生的这一幕，她很容易就能猜出事情的前因后果。二张既能主动拉出张说，定是得到张说认可同意。可是，张说翻脸比翻书还快，这种反复无常的小人，有什么脸面站在朝堂上大谈仁义礼信！

更何况，武则天宠幸二张。二张诬陷忠良有错在先，可朝臣一边倒地声讨二张，力挺太子僚属魏元忠，这让武则天反感，并因此生出恐惧之心。她老了，她越发感觉时局不被自己所控。太子，以及他的东宫僚属咄咄逼人，难道就这么容不得她这位老人？

这让武则天悲从中来，悲愤之中，武则天狠狠地对张说甩出这么一句话："张说，你这个反复小人，出尔反尔，也该一起治罪！"

就这样，武则天不容他人辩解，当即命人将张说和魏元忠投入大狱。魏元忠谋反一案就这样陷入了僵局中。

再起风云

张说入狱，朝臣可都为他捏了一把汗。因为负责审讯他的不是别人，正是河内王武懿宗。武懿宗杀人不眨眼，在罗织罪名、使用酷刑上毫不逊色于来俊臣、周兴，张说在他手里可真是凶多吉少。

哪知道，武懿宗虽以暴戾闻名，却也不是个傻子。他见女皇已八十多岁的高龄，浑身是病，朝不保夕，在皇位上也呆不了多久了。如今，诸多宰相群臣力保魏元忠，忠于李唐皇室，武懿宗虽是武家人，可也要为自己的将来着想，自不会为难张说。所以，武懿宗也像模像样地升了堂，见没什么可问，便把案子往上一推了事。

于此同时，朝臣也纷纷上书，为魏元忠求情。

曾经劝谏武皇少纳男宠收敛私生活的朱敬则首先进言。当时，朱敬则已被武则天提拔为宰相。他在奏疏中慷慨激昂，称魏元忠为人忠正，张说所坐无名，武皇若无故治这二人罪名，不仅会伤了朝臣之心，更会让天下人失望！

朱敬则之后，曾要求武皇传位太子的平民苏安恒也再度上书。他本非朝官，说话更无顾忌，直指张氏兄弟豺狼成性，陷害忠良，祸乱朝纲。他还告知武皇，自从魏元忠下狱，长安城内群情汹汹，指责陛下委任奸佞，斥逐贤良。倘若陛下此次刑罚不当，百姓必定举结义兵以清君侧，武周天下必将大乱！最后，苏安恒要求武皇杀掉二张，实在不舍，也应夺其荣宠，剪其羽翼。

武则天看罢奏疏，龙颜大怒。苏安恒这哪里是上书，明明就是威胁！二张看到奏疏后，更是气急败坏，要杀苏安恒。幸亏有朱敬则和凤阁舍人桓彦范等人多方保护，苏安恒才得以幸免。而且，苏安恒毕竟是平民，武则天也不想杀一个爱国心切的平民，给人落下话柄。就这样，武则天不再追究。

魏元忠和高戬一案，被武则天拖了许久。她虽清楚魏元忠和高戬没有谋反之心，但他们的确过于忠实李唐皇室。武则天当时最为担心的，就是大臣们纠结在一起，为了拥护太子李显，逼自己退位。自从魏元忠入狱后，朝臣接连上书，且群情激昂，就更增加了武则天的这种担忧。

为了警示群臣，武则天只好拿魏元忠开刀了。她下诏将魏元忠贬为高要县（今广东高要县）尉，将张说、高戬流放岭南。

殿中侍御史王晙得知这一处理结果后十分不满，当即决定上书为魏元忠申辩。宋璟得知后，连忙加以劝阻。在他看来，魏元忠性命已经保全，王晙再去招惹武皇不悦，定会受到牵连。哪知道，王晙不仅没有放弃，反而大义凛然地说："魏公忠正无二却受到不公正的处罚，我是激于正义才决意为其申辩，即使因此颠沛流离，我也在所不惜！"

王晙的一席话使宋璟非常惭愧。

不过，武则天不会因为王晙一封奏疏改变初衷。不久后，魏元忠启程南下前往高要。对于垂暮之年的魏元忠来说，这已经是他第四次踏上外放之路。

出发前，魏元忠前往皇宫向武则天辞行。

经历了这一番牢狱之灾，魏元忠双鬓已染白霜。看着尽显老态的魏元忠，武则天有些心软，忙令近侍给魏元忠赐座看茶。武则天如此款待，让魏元忠有些受宠若惊，他毕竟已是被贬之臣。魏元忠也不喝茶，他抬眼看

了看武皇，满怀深情地说了这样一番话："陛下，臣年纪大了，这次前去岭南多半会死在那里。日后，陛下一定会有想起我的时候。"

武则天虽然老了，可脑袋仍旧灵光。她知道魏元忠话里有话，便开口问："元忠，你这最后一句话有何寓意？"

当时张易之、张昌宗都在武则天身旁侍奉，魏元忠看了看二张兄弟，指着二张对武则天道："陛下眼前这两个小儿，最终将成为祸乱的根由啊！"

张昌宗、张易之兄弟听罢，连忙跪在武则天面前，呼天抢地、捶胸顿足地声称魏元忠冤枉了他们。武则天看了看跪在脚边的二张兄弟，又看了看魏元忠，挥了挥手道："元忠，你且退下吧！"

魏元忠听罢，只向武皇拱一拱手，转身离去。望着魏元忠的身影，武则天的心里很不是滋味。武则天当然清楚魏元忠的为人，他忠直能干，足可倚重。也正因为如此，她始终怀疑他与太子李显有谋。所以，在对待魏元忠这件事情上，武则天锱铢必较，绝对不允许自己心软。

对于武皇的这一心理，张昌宗、张易之十分清楚。不久后，他们就利用武皇的猜疑心，在魏元忠一案上做文章，又在朝中掀起一场轩然大波。

原来，魏元忠临行前，太子仆崔贞慎等八人在郊外为他钱行。太子仆是个四品官，但是并没有实权，只在东宫掌管太子车马仪仗。崔贞慎和魏元忠平时交情不错，他对魏元忠被贬离京十分痛心，便带着几个东宫同僚一同送行。

很快，这件事就被张昌宗、张易之兄弟得知了。他们没能置魏元忠于死地，对此一直耿耿于怀。倘若日后女皇驾崩，这魏元忠定会东山再起，到时候可就没他们好果子吃了。所以，这两人决定再次出击。这一次，他们变换了方式，以平民"柴明"的名义，写了封告密信投入到铜匦之中。密信中称，崔贞慎等八人与魏元忠谋反，此次郊区送行，正是在一起商讨谋反大计。

武则天接到密信，当即起了疑心。太子仆带领东宫同僚给魏元忠送行，这两者之间的关系一直让武则天不能放心。武则天连忙下诏将崔贞慎等八人逮捕入狱，交由监察御史马怀素审理。

倘若说，武则天对于魏元忠还有几许怜惜之心，她对崔贞慎等人真是试图赶尽杀绝了。虽然她知道没有谋反一事，也希望能够借这个案子，打击一下太子李显以及他的东宫僚属，让那些正跃跃欲试，试图恢复李唐江山的大臣们清醒一下。毕竟，在当时太子李显的呼声太高了。

崔贞慎谋反案一出，就成了朝中最为敏感的话题。大臣们不敢插言，生怕不小心演变成"教唆太子对抗皇帝"。至于太子李显和相王李旦，更是大气不敢出，一直保持缄默。

周遭人都不敢说话，武则天就可以明目张胆地要求马怀素按照自己的意图办事了。她特地嘱咐马怀素，称此案铁证如山，只要随便问几句话就可以奏报结果。不仅如此，武则天还派了人去监督审理，并再三催促马怀素尽快结案。

只可惜，马怀素虽领会了武皇的意图，却并不依照武皇的意愿办事。他认为此案必须找到原告"柴明"，让"柴明"与被告对质，这样才能真相大白。

武则天得知此事后，把马怀素叫到跟前，怒声质问道："马怀素，谋反情形'柴明'已经在信中说得一清二楚，又何须对质？你只需要根据案情判案就可以了，根本没有必要去找原告！"

"陛下，事关重大，找不到原告，臣实在不敢结案。"马怀素老老实实回答。

武皇听罢不禁大怒道："马怀素，你是不是想包庇叛逆？"

听了这话，马怀素的身体轻轻一抖。可随即，他又挺起胸膛，不卑不亢地反驳武皇道："陛下，臣实在不敢包庇叛逆。但是，魏元忠以宰相的身份遭贬，崔贞慎等友人前往饯行，这本是再平常不过的事情。倘若臣以此诬陷他们谋反，良心难安啊！更何况，魏元忠罪不至死，陛下怎能反而杀掉为他送行的人？倘若陛下一定要杀这些人，您掌握着生杀大权，自己决断也就行了。可您若要臣审理此案，臣只能如实上奏！"

马怀素句句在理，武则天无言以辩，只能越发凌厉地质问："这么说来，你是要维护罪犯到底了？"

"恕臣愚昧，臣实在没发现他们有什么罪过。"马怀素神态谦恭，言语仍是不卑不亢。

话已经说到这个地步，武则天实在无可奈何。朝中上下都在关注此案，倘若武则天动作过火，真可能引起动乱。就这样，武则天下诏将崔贞慎等人无罪释放。

魏元忠谋反一案，就此尘埃落定。经此一案，朝臣与二张之间的矛盾

完全暴露出来。

　　武则天年事已高，二张兄弟即将失去唯一靠山。可是，他们却接二连三得罪朝中大臣，把自己完全孤立起来。虽然，张氏兄弟仍旧嚣张跋扈了好一阵子，可连他们自己都知道，自己的好日子就快要到头了。今朝有酒今朝醉，活得一天算一天吧……

第二十五章　无字丰碑

张柬之入相

长安三年（703）十月，就在魏元忠被贬后不久，武则天带着群臣返回了神都洛阳。为了讨好武则天，武三思又上书，建议毁掉三阳宫，用三阳宫的材料在寿安县（今河南宜阳县）的万安山建造兴泰宫。

三阳宫建造了不到四年，要就此毁掉另建新宫实在可惜。左拾遗卢藏用得知此事后，立即上书劝谏。哪知道，武则天不为所动，仍旧命武三思修建兴泰宫。

武则天的晚年生活的确奢侈铺张，耗费了巨大的人力财力。此事也一直为后世的史学家所诟病。不仅如此，武则天甚至还打算再向全国的和尚、尼姑征税，在洛城以北建造大佛像。

监察御史张廷得知此事后，上书谏阻。张廷在奏疏中称，当前国家治理，应首先考虑边境防务，增加国库储备，使百姓得以休养生息。从佛教教义方面来看，则应当以拯救众生苦难为任，万不可追求繁复的形式，给百姓增加负担，这样有违教义。最后，他恳请武皇能够体察民情，执行佛祖的旨意，不要因人废言。

这一次，武则天接受了张廷的劝谏，停止了修建大佛像的工程。不仅如此，她还亲自召见张廷，对其一番褒奖重赏。

总体来说，晚年的武则天仍旧是一个善于纳谏的君主。可是，武则天在二张兄弟的事情上，却总是一意孤行，几乎不接受任何反对意见。自返回洛阳后，二张兄弟又活跃了起来，就连他们的几个兄弟也接连被提拔。

张昌期虽没能得到雍州长史，也已经调任汴州刺史；张昌仪则从洛阳令一跃而成为司府少卿、尚方少监；张同休则为司礼少卿。这些官职，都位居三品、四品，都是朝中显贵。有了张昌宗、张易之撑腰，张氏兄弟一个比一个恃宠骄横，大把大把地捞取金钱，并挥霍无度。

看着二张兄弟，人们很清楚，他们的好日子就快要结束了。

这天，不知道是谁在张昌仪府门上写了几个字：一日丝能作几日络？表面上看，这句话的意思是一天的丝做不了几天的络。但仔细玩味一番，这"丝"就是"死"的谐音，"络"是"乐"的谐音。所以，这句"一日丝能作几日络"的真正含义应该是：马上就死了，还能快乐几天？

这是有人讽刺张氏兄弟，他们已经到了山穷水尽之时，好日子不会长久了。

张昌仪看到这句话后，怒火中烧。可追查半天找不到人，只得命人把字迹擦去，并吩咐夜里好好守卫。可是，无论他增加多少人手防备，天一大亮，这行大字总会神奇地出现在他家府门上。

来回折腾了五六次，张昌仪也不擦了，直接在那句话下写了四个字"一日亦足！"他要告诉那写字之人，自己有一天过一天，这样的好日子能过上一天，他就已经很满意了！及时行乐的心态，真是跃然纸上了。

这一回，那人就再也不写。而张氏兄弟的好日子，果真就要到头了。

长安四年（704）七月十二日，张氏兄弟中的张同休、张昌期、张昌仪三人因贪赃被捕入狱。武则天得知后，派御史台负责审理。第二天，武则天又颁布诏书，认为张易之、张昌宗专行赏罚，独揽威权，应当与张同休等人并案审理。武则天此举，不过想要做做样子罢了。一部分朝臣清楚武皇的心思，也愿意配合武皇演上一出戏。

七月十八日，御史台官员深入调查了五天，由司刑正贾敬言代表上奏，查实张昌宗曾强行收买民田，应当向他征收黄铜二十斤。铜是铸钱的主要原料，罚铜的实质就是罚款。对于这个处理意见，武则天十分满意，当即应允。

看着武则天和贾敬言这么一唱一和，朝中正直之士心怀不满。几天后，御史大夫李承嘉、中丞桓彦范等纷纷上书，认为张氏兄弟贪赃数目多达四千多缗，张昌宗按律应当免职。缗是一个度量单位，用以表示成串的铜钱，每串为一千文。

张昌宗当然不愿意轻易丢官，连忙跪在武皇面前为自己申辩，称自己为国家立过功。现在虽然弟兄有罪，可罪过也还不至于被免官。

武则天当然不想免了张昌宗的官，便问周围几位宰相道："张昌宗为国家立过什么功？"

要说张昌宗于国有功，还真有些难度。不过，再难的题目也难不倒善于逢迎的杨再思。他不仅会逢迎拍马，也更懂得揣摩皇帝的心思。他清楚武则天不会为难张昌宗，当即开口为张昌宗开脱道："陛下，张昌宗炼制仙丹，皇上服用后身体康复，再也没有比这更大的功劳了！"

这的确是个最佳答案。对于这个答案，哪个大臣都不敢说什么。武皇年岁已大，最最关心的就是身体健康。在这件事情上和皇上过不去，可是会涉及身家性命的大事。就这样，武则天赦免了张昌宗，并让他官复原职。

杨再思的一句话，起到了扭转乾坤的关键作用，张昌宗自然很领情。不过，杨再思此举也得罪了不少朝臣。不久后，左补阙戴令言写了一篇《两脚狐赋》，讥讽杨再思是两条腿的狐狸。这篇《两脚狐赋》在朝臣中间流传极广，后来竟传到杨再思手里。杨再思恼羞成怒，立即将戴令言外放为长社（今河南省许昌）县令。

其实，这也怪不得戴令言，就连武则天都认为此举有些欲盖弥彰。所以，不久后她又将张同休贬为岐山丞，将张昌仪贬为博望丞，希望以此能平息大臣们对二张兄弟的不满。可是，朝臣对二张的愤怒已经难以遏制，就在张昌宗贪赃案尚未结案之际，宰相韦安石又上表弹劾张易之的罪状。武则天无奈，只得命韦安石及另一位宰相唐休璟一同审问张易之。

韦安石和唐休璟都兼任东宫属官，韦安石为太子左庶子，唐休璟为太子右庶子，这两个人对张易之十分憎恶，当即开列数条罪状，要求武则天加以严惩。武则天不想和两位宰相起冲突，又找不到理由为张易之开脱，便将韦安石外派到扬州去做长史，又任命唐休璟为幽营都督、安东都护，把他支到东北去。

唐休璟清楚武皇意图。临行前，他特向太子辞行，提醒太子要提防二张，称二张必将生乱。李显当然心有防备，可他却不敢做出任何举动。毕竟，他的处境十分危险，武则天当时最防备的就是他。

就这样，朝臣针对二张进行的声讨行动仅仅持续了半个多月就有了结

果。张氏兄弟仍然逍遥法外，仅有两个兄弟被贬外放而已。相比之下，反对二张的朝臣阵营却损失了韦安石、唐休璟两名宰相，可谓得不偿失。不仅如此，同年九月，宰相兼相王府长史姚元崇也被外派为灵武道行军大总管，外派原因也是因为他得罪了二张兄弟。

对于姚元崇，武则天内心里还是十分敬重的。她清楚，宰相接二连三离京，会使朝廷中枢出现空缺。所以，姚元崇临行前被武则天宣入宫中，要他推荐能够胜任宰相职位的人。这一次，姚元崇推荐了曾经被狄仁杰赏识的张柬之。

对于张柬之，武则天仍旧提不起兴趣，认为命他担任秋官侍郎已经足够。对此，姚元崇提出反对意见，他告知武皇，称张柬之沉稳厚重，又有智谋，能决策大事。况且，张柬之年纪也大了，还请武皇尽快任用。对此，武则天仍拿不定主意。她思忖了一番，便命姚元崇退下了。

就这样，姚元崇继魏元忠、韦安石、唐休璟三位宰相之后，启程离京。

朝中重臣接二连三被调离外地，且都是名臣良将，惹得天下议论纷纷，朝中也是人心惶惶。人们对二张的不满越来越强烈，怒火甚至延及到武则天身上。为了平息人们的怒火，告知天下她早晚都将归政李唐，武则天打算返回李唐的龙兴之地长安。可是，她还尚未起程，就又病倒了。

此次病魔来势汹汹，似乎比以往几次大病更加厉害。武则天已经八十一岁，由于年老，她的抵抗力越来越弱，整个身体仿佛已只剩下一具风干的躯壳。病重期间，武则天只得躺在长生殿内养病，命张易之和张昌宗二人在身旁侍奉。这时，朝臣想要见武则天一面，都是难上加难。

这天，天官侍郎（吏部侍郎）崔玄暐恳请面见武皇，终于得到武皇允许。

崔玄暐是当时朝中少数几位被武则天敬重的朝臣之一。崔玄暐在任天官侍郎期间，由于生性耿直，得罪了不少人，后被人诬陷贬为文昌左丞。不过没多久，武则天就又让崔玄暐官复原职，并用赞赏的语气说道："自玄暐被贬以来，我听说吏部所属官员都在设斋庆贺，看来这是准备放手贪污舞弊了。所以，我赶紧让你官复原职，有你掌管吏部，我也就放心了！"

从这段话可以看出武则天对崔玄暐的欣赏和认同。所以，当崔玄暐请求面见武皇时，武则天同意了。

崔玄晖知道面见武皇之难，也倍加珍惜这次机会。他生怕二张趁机摄取朝政，秉奏完国事后，便建议由太子李显和相王李旦侍奉武皇汤药。皇宫重地，事关重大，他建议武则天不要让异姓人随意出入。言外之意，就是希望武则天屏退二张兄弟。

武则天对此，只是微微一笑，随后淡淡地说："玄晖，朕首先得感激你的厚意，关于此事朕会慎重考虑。倘若没什么事，你且退下吧！"

崔玄晖听罢，也不好多说，只好退下。

对于崔玄晖等人的心思，二张兄弟再清楚不过了。他们当然也知道自己的处境，一旦武皇驾崩，朝臣定不会让他们好过。万般无奈之下，他们只好结党营私，准备做最后一击。

不久后，朝廷内外出现了二张谋反的传闻，不断有人写匿名信或者将匿名信张贴于通衢闹市，称张易之兄弟阴谋反叛。对此，武则天充耳不闻。她已经无心再去改变什么，只希望能安静愉快地度过余生。武则天虽不追究，二张兄弟却坐不住了。为了预测情势，占问吉凶，张昌宗找到了术士李弘泰，请他为自己占卜相面。占卜的结果令张昌宗十分满意，李弘泰说张昌宗有天子之相，并劝他到定州建造佛寺，张昌宗依言照办，并加快了阴谋反叛的步伐。

就在朝廷局势岌岌可危之时，长安四年十月二十二日，八十岁的张柬之终于入阁拜相。

张柬之这次入相，距离国老狄仁杰极力举荐整整三年。如果不是武则天将魏元忠、韦安石、唐休璟、姚元崇等多位能臣良相外放为官，致使朝堂空虚的话，张柬之很可能还是没机会入阁拜相。

张柬之和武则天似乎生就是一对天敌。武则天就是不喜欢张柬之，不认可张柬之。然而，张柬之还是做了宰相。张柬之被武则天冷落多年，他对武则天也没有多少好感。而且，张柬之精通儒家义理，尤好三礼，极为看重上下尊卑君臣人伦秩序，对于武则天妻夺夫权、母夺子位的做法十分不满，一直伺机匡复李唐社稷江山。

张柬之回京后，就暗中团结一切可以团结的人物。如今，他又成功拜相，号召力自然就更大了一些。不久后，朝中官员有不少都投到张柬之麾下，其中有宰相崔玄晖、御史中丞宋璟、司刑少卿桓彦范、御史中丞袁恕己等。这些人团结在一起，逐渐成为倒张的核心人物。更可怕的是，这些

人不仅倒张,同样也倒武。

距离武周王朝结束的日子,似乎已经不远了……

宫廷暗涌

长安四年十一月,神都洛阳下了罕见的暴雨和大雪。天气突变,武则天的病情也再度恶化。宰相多次请求面见武皇,可月余来都没获批准。等待武皇裁决的公文愈来愈多,整个朝廷有如失去船长掌舵的船。可是,武则天仍把持着朝政,一直没有让太子李显摄政的意思。

武则天不理政,太子不摄政,陪侍在武则天身边的二张兄弟充当了皇帝和宰相之间的传声筒,许多政令甚至都是二张兄弟擅自下达。宰相对此虽有异议,可无法见到武皇,任何想法都无法传达。

朝局至此,宰相及重要官员有了一致看法:一定要设法使二张离开武皇身边,立即斩杀。可要调离并诛杀二张,必须有一个合理的理由。欲加之罪,何患无辞?很快,这个理由就被他们找到了。

原来,张昌宗命李弘泰看相一事,虽做得十分机密,仍旧偷偷流传开来。十二月二十日,得知此事的杨元嗣上奏武皇,告发了此事。

这一次指控远非匿名信可比,不但有人证,而且性质非同小可。武则天病重之中,也只得强打精神,通过宦官命凤阁侍郎鸾台平章事韦承庆、司刑卿崔神庆及御史中丞宋璟共同审理此案。

韦承庆、崔神庆是不敢得罪张氏兄弟的,他们调查之后奏报武皇,称张昌宗在看相不久后,就把李弘泰的话奏报陛下。按照法律,张昌宗有自首行为,可以免除刑罚。至于李弘泰,他妖言惑众,应该依法处置。

张昌宗的确把此事告知了武则天。不过,不是在看相后,而是杨元嗣告发此事后。张昌宗见事情败露,跪在武则天面前痛哭流涕,信誓旦旦称李弘泰妖言惑众,他绝对没有谋反之心。

武则天对于张昌宗、张易之兄弟已经到了严重溺爱的地步。所以,她原谅了张昌宗。如今,韦承庆、崔神庆认为张昌宗可以免除刑罚,正合武则天心意。可就在此时,宋璟和大理丞封全桢却坚决提出了反对意见。因为张昌宗已经非常受宠,他请人看相本身,就是一件有图谋的事情。李弘泰说他为张昌宗占卜到了有皇帝气象的《乾》卦，张昌宗应当立即将李弘泰治罪，而不是偷偷隐匿！所以，张昌宗终究还是包藏祸心，依照法律应该斩首抄家。

武则天当然舍不得将张昌宗斩首抄家。所以，她留着宋璟和封全祯的奏章不批示。宋璟见状，就又接连上书，要求武则天严惩二张兄弟。对此，武则天仍旧一再拖延，称还需要进一步收集证据。为了不让宋璟盯住二张兄弟不放，武则天故伎重演，先是派宋璟前往扬州办案，随后又派宋璟查办幽州都督屈突仲翔贪赃案，最后又让宋璟陪同李峤前往西南巡视。

武则天的这些伎俩，宋璟心知肚明。所以，宋璟对此统统不予执行。违抗君主命令，自然得有恰当的理由。对此，宋璟也一一做出解释。首先，州县的长官有罪，品级高的由侍御史审理，品级低的由监察御史审理，不是军国大事，御史中丞是不应该出去办案的。所以，对于武则天的前两个派遣，宋璟表示拒绝。至于去甘肃、四川一带巡视，宋璟认为当地没有变乱，没有必要前往巡视。

就在宋璟和武则天坚决做抗争的同时，朝中官员也多站在宋璟一边。司刑少卿桓彦范、天官侍郎崔玄暐也接连上书，请求武则天严惩二张。武则天万般无奈，只好答应让张昌宗到左台（即御史台）接受调查。可是，还不待宋璟正式审问张昌宗，武则天又下了一道诏书，特赦了张昌宗。

宋璟见状，大呼后悔，他后悔没有首先将张昌宗的脑袋打碎！

此后，无论有谁要求严惩二张兄弟，武则天都不做任何反应，只是默默地采取包庇的态度。

武则天倘若在以往祖护二张，朝臣或许不会如此慌张。可当时，武则天病入膏肓，在此临近皇权移交的关键时刻，出现一丁点差错都可能会酿成大乱。所以，那些一心匡复李唐社稷的大臣们，更加迫切地想要除掉二张，匡复李唐社稷，这是他们心照不宣的共识。既然通过正当手段无法除掉二张，朝臣也只得寻找其他途径了。

就这样，一直在暗中图谋的张柬之浮出了水面。对二张的憎恨，对朝政的失望，对时局的忧虑，最终使他们战胜了对武皇的恐惧，铲除二张的行动，已经逐步转变为试图逼迫武则天交权的政变行动……

张柬之自入相以来，对于朝臣和二张之间的争执，从不插一言，不表示任何意见。表面上看，他和二张兄弟的关系过得去，可实际上，他才是

二张兄弟真正的敌人。他不仅是二张的敌人，更是武则天的敌人。对于匡复李唐皇室，张柬之一直怀着极度的热情。如今，女皇病重，正是逼她交权的最佳时机。

张柬之表面上安安稳稳，暗地里已经做了许多工作。

当时，驻守洛阳的军队分为北衙禁军与南衙禁军。北衙禁军以左右羽林军为主，主要负责守卫皇宫，直接受皇帝统辖，武将主事，宰相不得参与。相王李旦早年曾担任左右羽林大将军，不过，当时他已经被调任为左右卫大将军。左右卫大将军是南衙禁军的最高统帅，主要负责保卫京城安全。由相王李旦掌管南衙禁军的调控权，张柬之认为南衙无虞，便着手拉拢北衙禁军。

首先，张柬之提拔杨元琰为右羽林将军，掌握部分禁军。杨元琰和张柬之是前后任的荆州长史，当初两人交接工作时，曾经一同泛舟于长江之中。当小船漂到江心时，两个人不约而同谈到了武则天改唐为周之举，杨元琰慷慨激昂，大有匡复李唐社稷的志向。

张柬之没有忘记那一幕，待杨元琰入京后，张柬之为其接风洗尘，席间他问杨元琰道："元琰，你可还记得当初我们在江上说的那一番话？如今，我授予你这个职务，并不是没有理由的。"

杨元琰心领神会，微微一笑回答道："张兄请放心，元琰没有一天忘记过。"

张柬之听了这话，稍稍放了些心。不过，仅有一个杨元琰还不够，张柬之很快就又找到了掌北门宿卫的右羽林大将军李多祚。

李多祚的祖先为靺鞨酋长，而他是在中原出生，高宗时代曾跟随裴行俭出征西域，在军中威望颇高。武则天对李多祚一直不薄，但是他一直感念着高宗皇帝的知遇之恩。张柬之见到李多祚后，并不谈政变一事，只是问李多祚道："将军如今真可谓是富贵双全。但是，不知将军可知，今日富贵是谁所赐？"

李多祚当然明白张柬之的话中含义，不禁起身流泪道："老夫南征北讨，乃是受先皇知遇之恩。老夫有今日富贵，全是拜先皇所赐！"

这个答案正合张柬之心意，他连忙又问："将军既受先皇之恩，如今先皇的儿子庐陵王显为二张兄弟所危，将军为何不报先皇恩德？"

李多祥这时已是伤心不已，忙回答道："张大人，老夫久有此心，只是未得其便。大人如今贵为朝廷宰相，若大人有意，老夫一定赴汤蹈火、万死不辞!"

就这样，张柬之又成功地争取到了李多祚，成功的机会自然又大了一些。在他们的一再活动下，坚决反对二张的桓彦范、敬晖、李湛也相继出任为左右羽林将。

自武则天执政以来，北衙禁军的地位日益重要。嗣圣元年（684），武则天就是借助北衙羽林军废黜了中宗皇帝李显。可是，对于羽林军内如此大规模的调动，武则天竟然没有察觉。倒是二张兄弟为此生出疑虑。为了遮二张耳目，张柬之把镇守长安的二张一党武攸宜调回洛阳，出任右羽林大将军，换取二张安心。

可是，一个武攸宜并不能改变局势，此时军权已经牢牢掌握在张柬之手中。有了军权，张柬之的胆子自然又大了，连忙将曾经担任宰相的灵武道大总管姚元崇调回到洛阳，并把将发动兵变的事情告诉了姚元崇。

姚元崇很支持张柬之的行动，但认为要发动政变，还应该告知太子李显，这样才能名正言顺。当时，太子李显为了照顾武皇汤药，被允许在玄武门留宿。张柬之便让担任羽林将军的桓彦范和敬晖晋见李显，把发动兵变的计划说给李显听。李显心下大惊，可几十年的落魄皇子他已经做够了，思虑一番仍旧表示同意。

此次政变，参与其中的还有两个重要的女人，就是太平公主和上官婉儿。

对于张柬之等人的一系列动作，武则天没能发现，却逃不过太平公主的视线。以太平公主敏锐的政治判断力，她很清楚站在哪一方对自己有好处，她虽是武家的媳妇，可更是李家的女儿。所以，当张柬之找到她，希望她能够在宫内安插内应，以助其发动政变时，太平公主欣然答应。

不仅如此，太平公主还联络了另外一个重要人物，就是上官婉儿。

上官婉儿陪侍武皇多年，对于武则天还是有感情的。但是，上官婉儿不是个感情用事的人，她清楚此时的武皇已经气息奄奄，威风不在，她必须为自己寻找新的出路。那么，投靠太子李显一派，就是顺理成章的选择。而且，她自因张昌宗被施黥刑后，一直和太子李显暗中交往，关系非比寻常。

所以，她和太平公主一拍即合，立即控制了宫内的大部分宫女，作为

内应。

就这样，一场逼宫计划已经成熟，而病重中的武则天对此一无所知。在病痛中，一向精明敏锐的武则天似乎耗尽了她的全部精力，再也无能兼顾其他。虽然，她仍旧勉力处理奏章，但她接触到的，只怕都是大臣们包装过滤后的信息。就这样，她牢牢掌控数十年的帝国，竟在这短短三四个月内陷落。

如今想来，也觉可惜，也更可叹。武则天不过一时疲乏，已然风云变色乾坤倒错。由此也可以想见，武则天数十年的政治生活，该是何等惊心动魄？那不是一年两年，甚至不是十年、二十年，而是她漫长的一生。一生沉迷于政治生活中，武则天想必也累了，的确也该歇歇了。就这样，她打了个盹，于是一切烟消云散……

神龙政变

新年伊始，武则天下令大赦天下，改元神龙。

这一年，她已经八十二岁，病情仍旧没有好转。年龄越大，病情越重，对于生命的渴望也就越发强烈起来。神龙元年正月初九，武则天再次宣布禁屠令，又命宰相崔玄暐为特使，由法门寺迎佛骨舍利入洛阳，以此祈福长生。

为了弥补曾经的过失，缓和与大臣之间的关系，武则天还下诏，凡是文明元年（684）获罪之人，只要不是徐敬业扬州之乱或李唐宗室起兵的主谋魁首，全部赦免罪行。这一次，是武则天掌权以来规模最大的平反活动。武则天本以为，此举可以成为她新一年的执政的开端。可是此时此刻，针对她的罗网已经布置停当，正在悄悄收拢。

神龙元年（705）正月二十二日，神龙政变爆发。

率先出击的是相王李旦，他负责率领南衙诸卫，控制京畿。为了控制南衙，李旦派手下大将袁恕己包围了政事堂。政事堂是宰相议事的场所，平时也有宰相值班。这天值班的宰相正是亲附二张的韦承庆和房融，两人措手不及，束手就擒。随后，袁恕己封锁消息，切断了宫城与皇城之间的联系。

就在李旦派人包围政事堂的同时，张柬之、崔玄暐、李多祚等人已率北衙禁军前往攻占皇宫；与此同时，李湛、王同皎率军前往东宫迎接太子李显。

就在张柬之以为万事俱备之时，大军却在玄武门受了阻。负责守卫玄武门的是殿中监田归道，他见张柬之带兵前来当即闭门抵抗。玄武门是通往禁宫的必经之路，得之者生，失之者死。张柬之手下兵将虽多，但要攻破玄武门并非易事。更重要的是，政变时间紧迫，万一田归道派人去通知武则天或者二张，后果不堪设想！

这一下，张柬之可急了。他一边指挥将士攻城，一边派人火速前往东宫查探情况。原来，田归道虽抵抗张柬之，可他本人也非二张一党，反而衷心拥护太子李显登基称帝。所以，倘若李显现身，田归道自会下城投降。

而李显，迟迟没能出现。

李显迟迟没能现身，是有原因的。他望着前来迎接他的李湛、王同皎，清楚政变逼宫是真，反而临阵退缩了。他担心政变失败，全家上下都将被诛，即便政变成功，他也将背负不孝的骂名。所以，李显决意做个逃兵。政变成功，他坐享其成，即便失败，又与他何干？

可是，箭在弦上不得不发！

王同皎是太子李显的女婿，他见岳父如此，慨然劝谏："先帝将江山社稷托付殿下，不料横遭幽废，至今已有二十三年！如今，北衙、南衙禁军同心协力，诛杀奸佞，愿助殿下匡复李氏社稷，殿下此时怎能退缩不前？"

道理李显当然懂得，只是他实在害怕。他明知自己临阵退缩很不仗义，可就是推三阻四不肯出门。被逼急了，他竟然甩出这样一句话："二张兄弟的确该杀，可是上体欠安，此时逼宫会使圣上受到惊吓？我看，还是从长计议吧！"

从长计议？政变已经发动，如何还能从长计议？王同皎听到这话，真是悲愤不已。他当即跪在地上，厉声对岳父道："殿下，如今正是危急时刻，能否保住先祖基业，成败与否就在此一举。一旦错过时机，臣等身死事小，殿下他日有何颜面见高祖太宗于地下？难道殿下果真愿意眼睁睁看着李唐江山断送小人之手？"

王同皎这话，李显再清楚不过。可他，仍旧打定主意做逃兵。

眼看时间一点一滴地流逝，站在旁边的李湛着急了，他阴沉着脸对李显道："殿下，我们不顾家族安危，豁出命来维护殿下。殿下若是临阵退缩，这不是要我们去死吗！"

听了这话，李显的身子轻轻一抖。这一次，他真害怕了。将士们进也是死，退也是死，处于绝境中的他们有什么事做不出来？

王同皎发现了李显内心的恐惧，连忙开口道："好吧，既然殿下决意如此，我等不能强求。只是，劳烦殿下出门跟将士们说一声，我们可开不了这个口！"

这一回，李显终于明白自己的处境了。倘若退缩，单单这些将士就足以要了他的小命。就这样，他顺从地上了马，在众人的簇拥下直奔玄武门。李显抵达玄武门的时候，张柬之正与田归道对峙。田归道本忠于太子，如今见太子亲自出马，当即打开宫门迎太子人马进入。

宫门一开，羽林将士们像潮水一般涌入皇宫。二张兄弟听得响动，才意识到情势不妙。可是，一切都已经晚了，羽林军已将二张寝宫围得水泄不通。张昌宗和张易之不愿束手就擒，忙对周围将士喝道："诸位将士，太子勾结张柬之谋反，勤王之师马上就到。诸位且将逆贼拦住，待我禀明皇上，来日必重重有赏！"

二张兄弟这番话说得好听，可众人都清楚他的底细。所以还不待张柬之号令，羽林军已经蜂拥而上，立即诛杀了张昌宗、张易之。

杀掉了二张，张柬之又带领羽林军直奔长生殿。殿前侍卫见张柬之来势汹汹，又有太子殿下随行，连忙让开一边。

张柬之顺利地带兵闯进了武则天的寝宫。

武则天听到外面人声嘈杂，料想不好，便竭力支撑起身子，向外问道："何人胆敢在殿内喧哗？"

话音一落，张柬之等人就已经拥兵到了武则天病榻前。

听见武则天这声责问，李显已吓得浑身颤抖，面色灰白，嘴里喃喃自语，不知在说些什么。其他人虽未如太子这般不堪，却也个个紧张得失了方寸。相比之下，张柬之还算镇静，他大声回禀道："陛下，张易之、张昌宗谋反，臣等奉太子令入宫诛杀二逆。为恐事情泄露，事先没有通知陛下，还请陛下恕罪。"

"已杀了他二人？"武则天心里一惊，可仍装出一副高高在上的样子。

"已经杀掉了。"

"哦……"武则天长叹了口气。她看了看张柬之，又把目光放在儿子李显身上，略带威严地对李显道："显儿，既然已经杀了，你怎么还不带他们回东宫？"

李显仍旧沉默。他低着头，似乎要把头埋进胸前。虽然低着头，他仍能觉察到母亲的目光，那目光似无数银针从他身上刺过。

紧急关头，还是张柬之帮助李显解围，他以硬对硬大声道："陛下，太子不可再返东宫！高宗皇帝驾崩之时，太子、相王都年轻识浅，不能堪当重任，武皇以母后之尊摄朝政，使天下升平，百姓安乐，陛下因此登基称帝。可如今，太子已年过五旬，老臣以为陛下当传位太子，上顺天心，下孚民望。"

武则天看到张柬之拥兵闯入长生殿，就知道会是这样的局面。二张兄弟身亡，已足够让她伤心，可就连她手中的权力也将不保，人间至痛骤然全聚于此，仓促之间让武则天有些无法应付。

可是，武则天忍而不发。

武则天不理会张柬之，仍旧把目光投向不知所措的太子李显。

"显儿，你现在就要继位？"

"陛下，儿臣不敢……"李显再不敢沉默，慌忙回答。

"哎……"武则天重重地叹了口气，随即开口道："朕年事已高，这皇位早晚都是你的。怪只怪他人从中挑拨，贪图拥立之功，竟让你做出此等谋逆之事。"

"儿臣不敢，还望陛下恕罪！"李显听罢连忙跪了下来，向武则天哭饶。

武则天看了看儿子，再没有多说什么话。她又四下打量起这些参与政变的大臣来。众人被她这么细细端详，倒觉得尴尬。武则天毕竟是一国之君，张柬之等人虽以武力逼宫，却也不敢对她做出什么大不敬的事情，一时之间倒不知如何是好。正在僵持之际，武则天先开口了。她看着宰相崔玄暐，淡淡地道："玄暐，其他人做宰相，都是由人举荐。唯独你，是我一手提拔上来的，可你居然也在这里。"

崔玄暐到底有些经验，他当即回答道："我这么做，正是报陛下的大

恩大德。"

武则天一怔，看着他一脸坦然的样子，她再也说不出什么。

随即，武则天又看到了站在人群中的李湛，深深地吸了一口气。

这个李湛不是旁人，正是武则天早年宠臣李义府的儿子。武则天对他十分看重，特地调入京城为官。

"李湛，真没想到你也在这里，难道你也是杀昌宗的将领？我对你父子不薄，你怎能做出这等事情？"

武则天的声音十分平静，不见一丝愤怒。对于自己的举动，李湛从来没有后悔过。但是，望着武则天那张平静的脸，李湛心中也涌起一丝苦涩。他别过脸去，再也不敢和武则天对视。

武则天见状，口中直说："罢罢！"

事已至此，夫复何言？武则天慢慢躺倒在病榻上，闭上眼睛，再也不说一句话。

张柬之见状，连忙命令李湛看守武则天，一面纵兵捕杀二张余党，张昌期、张同休、张昌仪等皆被斩，和二张一并枭首示众。亲附二张的宰相韦承庆、房融及司礼卿崔神庆等都被牵连下狱。

至此，二张余党已被铲除一空。接下来，最重要的事情，就是逼武则天交权了。为此，张柬之又请出了太平公主，让太平公主奉劝武皇传位给太子李显。

其实，即便没有太平公主的这一番工作，武则天仍旧会乖乖交出政权。天下大势如此，她一个病重的老妇人哪里还有力挽狂澜的能力？不过，她仍觉遗憾，因为这种交权方式已经损害了她的尊严，她苦心经营了一辈子的尊严。

神龙元年正月二十四日，武则天传位于太子李显，结束了她十五年的帝王生涯。二十五日，李显正式登基，成了武周王朝的第二位国君。登基当天，李显下诏封相王为安国相王，拜太尉、同凤阁鸾台三品，封太平公主为镇国太平公主。李姓皇族子孙皆酌量叙官。

李显这个武周朝国君并没有做几天。二月四日，李显诏告天下，正式恢复了大唐国号，各州各县的官府也都撤下武周朝的赤色旗，重新换上大唐的黄色大旗。

人未亡，政已废。

武则天就这样默默看着自己苦心经营的武周王朝在顷刻间土崩瓦解。这对于一个八十多岁的老人来说，实在是个巨大的打击。虽然这一切，早已在她预料之中，打从她确立以李显为太子时，就已经预见了如此后果。只是，眼睁睁地看着一切上演，于她实在是有些残忍。可这一切，她已经无力更改了。

由于此次政变发生于神龙元年，所以被称为神龙政变。政变后，张柬之被封为汉阳王、敬晖被封为平阳王、桓彦范被封为扶阳王、袁恕己被封为南阳王、崔玄暐被封为博陵王，时称"五王"。所以，这次政变又被称为"五王政变"。

无字丰碑

长生殿为唐代帝王寝宫，中宗李显已经登基称帝，武则天作为逊帝自然得迁居别宫。最终，李显为母亲选择了上阳宫。

上阳宫位于洛阳宫城之西，故又被称为西宫。上阳宫南临洛水，北接禁苑，登高临深，可尽览东都满城春色。上阳宫的正殿为观风殿，又有仙居院、丽春台等建筑，藻饰华丽，极尽奢华。当年，高宗皇帝东幸洛阳时，常与武则天在上阳宫观风殿听政。

不过，风景再美，装饰再绮丽，对于如今的武则天来说，也不过是个冰冷的囚笼罢了。她不仅不能和臣子见面，连迈出宫门的机会都没有。中宗李显还做了一个更为巧妙的安排，命参与政变的李湛率军看管武则天。

对于这一切安排，武则天只能默默接受。

神龙元年正月二十六日，武则天正式徙居上阳宫。一朝天子一朝臣，诸官员欢天喜地、喜笑颜开地看着武则天移居偏宫。武则天作为逊帝，已经失去了一切，她被至亲抛弃，更被病痛折磨。而等待着她的，又是暗淡的囚居生涯，唯有死亡才能结束。所以，神龙政变后的一段日子里，武则天迅速衰老，似乎骤然间老了整整十年。

迁居上阳宫那天，宰相姚元崇见到了老态龙钟的武皇，不禁泪流满面。姚元崇是个重情义之人，他的潸然热泪，是武则天冰冷生活中的唯一安慰。

看着姚元崇泪流满面的样子，张柬之十分不悦，他皱着眉头道："今天，岂是你哭泣掉泪的时候？这种时候掉眼泪，我担心你会招致灾祸啊！"

姚元崇听罢，重重地叹了口气道："姚元崇侍奉旧主日久，以后再也不能相见，怎能不觉悲伤？当日，我追随太子诛杀奸逆，是出于人臣之义。今天，我洒泪惜别旧君，同样是出于人臣之义。就算会因此获罪，我也心甘情愿。"

一切正如张柬之所料。不久后，李显得知了此事，当即将姚元崇贬为亳州（今安徽亳县）刺史。姚元崇没有表示任何异议，当即收拾妥当离开京城。

从李显迅速贬黜姚元崇之举，可见李显对母亲的提防及怨恨之心。不过，为了向天下人表示自己仍是个孝顺儿子，李显仍旧坚持每十天来探望武则天一次，并像模像样地给母亲上了尊号"则天大圣皇帝"。睿宗皇帝在位期间，武则天曾自称"圣母神皇"。十五年之后，一国二主的现象再度出现。只不过，这一次被软禁的君主换成了武则天。

被囚禁中的武则天，已经看透一切。

神龙政变之时，她身患重病，可李显、李旦及太平公主根本没有顾及她的感受，带兵逼宫。所以，无论李显想出什么法子作秀，也不过是做给天下百姓看的。至于武则天自己，她早就清楚，权势永远都会重于亲情。

真正让武则天有些放不下的，是上官婉儿。政变开始后，武则天在长生殿内没有得到一点消息，自是上官婉儿做了一番安排。李显登基称帝后不久，就将婉儿封为三品婕妤，而且专掌诏令。可见，婉儿和李显关系不一般。想到这里，武则天佩服婉儿是个聪明的人，投靠了明君。可是，武则天越是想清楚这些事，就愈发地怜悯起婉儿来。投身于政治漩涡，总要为此付出代价。

当然，无论如何，一切都已经和武则天无关。她生命垂危，权势尽失，爱恨情仇于她已经没有任何意义。武周的一页已经揭过，台上的主角早已经换了别人。

十一月二十六日，武则天驾崩上阳宫，享年八十二岁。

在上阳宫内三百多个日日夜夜，让武则天看清了许多事。虽然，在她生命的尽头，她的周遭是凄冷的、残酷的。可她却固执地从中找到了自己的归处。

临终前，武则天留下了一份遗诏。她要求死后去帝号，称则天大圣皇后，以皇后身份归葬乾陵。另外，她还要求赦免王皇后、萧淑妃、褚遂良、韩瑗的亲戚子孙，并要求恢复武三思所减实封。

要求去除帝号，武则天的心里是释然的。

临终前，她终于放弃了自己用一生不懈追求的东西，重新以人妻人母的身份留载于史册上。正因为如此，武则天建立的武周王朝并非伪朝，李唐从未中断，武则天既不是篡夺李唐天下的谋逆者，也不是失势亡国的大周皇帝。她，仍旧是尊贵的则天皇后，只不过曾帮儿子执掌过一段时间的江山社稷。

母子相承，周唐一体，就此成为有唐一代的官方正论。

至于恢复武三思所减实封，表明武则天对于时局仍旧了如指掌。她虽不过问政事，可对于诸武和五王之间的斗法，以及中宗皇帝对双方的打压，都看得清清楚楚。临终一道遗制，成功地将矛盾三方带回政治中心。就这样，她在不经意间，促成了一场宫闱大戏的上演。

中宗皇帝李显是个十足的庸人。这样一个庸人当了皇帝，其朝政的废弛当然就可想而知了。他在神龙政变后共做了五年复辟皇帝，这五年内，他内受制于韦后及女儿安乐公主，外挟于武三思及其党羽。这五年中，朝事基本上都被韦后和武三思把持。

在武三思和韦后的谮毁下，带头发动"五王政变"的张柬之等五人全部被贬官。其中，张柬之在新州忧愤病死，崔玄暐在岭南病死，至于敬晖、桓彦范和袁恕己三人，在赴任途中被李显派人杀害。

李多祚是神龙政变的军事支柱，政变成功后，李显封其为辽阳郡王。不过，他这个辽阳郡王并没有做多久。神龙三年（707），李多祚见韦后、武三思乱政，又拥太子李重俊发动政变，再度率军进攻皇宫，武三思及其亲党十余人被杀。中宗李显和韦后逃上玄武门楼，侥幸保得性命。最终，李多祚战败被杀。

至此，发动神龙政变的核心人物，差不多都被李显杀死，成为君权观念下的悲剧人物。

张柬之等人死后，处于中宗李显掌控下的李唐政权再次失控，新的政变、新的叛乱又开始在长安城内酝酿。

这些政变与叛乱，一直与几个女人密切相关，分别是上官婉儿、太平

第二十五章 无字丰碑

429

公主，以及韦皇后和安乐公主母女。这几个女人均以武则天为榜样，热衷于权势争夺，最终遭临淄王李隆基忌恨，没有一人得到善终。

710年，因韦后与安乐公主乱政，李隆基率羽林军发动兵变，不仅杀掉了韦后与安乐公主母女，上官婉儿也在乱军之中惨死。这一年，上官婉儿四十七岁。

这次政变，太平公主帮了李隆基的大忙。可是，她的好日子也没持续多久。仅仅三年后，李隆基就因太平公主试图夺权，将其赐死家中。此后，李唐政局中的脂粉气终告结束，男人当政的历史车轮又步入正轨。

值得一提的，还有几位青史留名的大臣。

第一个，就是被武则天贬黜的宰相魏元忠。神龙政变后，魏元忠被李显召还返京，被任命为中书令。不过，再度拜相的魏元忠性情大变，从此随波逐流，不再直言。神龙四年，魏元忠因牵涉到节愍太子李重俊起兵一事，被贬为思州（今贵州凤冈、务川一带）尉，行至涪陵病逝，享年七十有余。

另外，还有两位在玄宗朝被重用的名相，即姚元崇和宋璟。

姚元崇为武皇掉泪遭贬，直到睿宗皇帝即位后，他又再度为相。玄宗皇帝李隆基称帝后，仍任用姚元崇为相。为避开元年号，更名姚崇。姚元崇一生多有建树，是唐代名相之一，死于开元九年（721），享年七十二岁。

至于宋璟，他一生刚正不阿，神龙初年被武三思排挤出京，检校贝州刺史。开元年间，他与姚元崇同为宰相，《唐书》宰相传称二人为"姚宋"。宋璟死于开元二十五年（737），享年七十五岁。

姚元崇和宋璟对于玄宗皇帝李隆基意义非凡，在他们的辅佐下，李隆基励精图治，使得天下大治，开创了"开元盛世"的光辉局面。

在太宗皇帝的"贞观之治"，以及玄宗皇帝的"开元盛世"之间，武则天的作用是非同寻常的。武则天参政和执政期间，社会经济得到快速发展，加强了中央集权的封建统治，维护和巩固了多民族的封建国家的统一。唐王朝历时不到三个世纪，武则天从当皇后起就开始参决朝政，到其称帝执政，她前后参与朝政约五十年，为促成盛唐的繁荣局面作出了重要贡献。

神龙二年（706）五月十八日，武则天归葬乾陵，长随高宗于冥宫。

中宗皇帝遵循母亲遗愿，拟母亲谥号为"则天大圣皇后"。就这样，武则天以一个女人、妻子的身份，永远地长眠在高宗皇帝身边。后人习惯称她为"武则天"，其实"则天"只是她的谥号，并不是她的名字。

自秦汉以来，帝王将相无不希望死后能树碑立传。高宗皇帝入葬时，武则天为歌颂其功德，在陵前为其立了一块巨大的石碑，即述圣碑。这块石碑上，刻有武则天亲自为高宗皇帝撰写的五千余字的碑文，黑漆碑面，字填金粉，光彩照人。

相比之下，武则天的述圣碑上却并无一字，这是武则天的遗愿。

武则天的述圣碑上虽无一字，可历史终将记取，神州大地上曾经出现过一位真正的女皇。实至而名归，无人可以否认。

至于功过，留待后人评说。

国家图书馆出版社简介

国家图书馆出版社,原名书目文献出版社,1979 年成立。1996 年更名为北京图书馆出版社,2008 年改为现名。

本社是文化部主管、国家图书馆主办的中央级出版社。2009 年 8 月新闻出版总署首次经营性图书出版单位等级评估定为一级出版社,并授予"全国百佳出版单位"称号。

建社三十年来,依托国家图书馆的丰富馆藏,并与各图书馆密切合作,形成了两大专业出版特色:一是编辑出版图书馆学和信息管理科学著译作,出版各种书目索引等中文工具书。二是整理影印中文古籍等各种稀见历史文献;此外还编辑出版各种文史著作和传统文化普及读物。

国家图书馆出版社设有社长总编办公室、财务部、营销策划部、古籍影印编辑室、图书馆学情报学编辑室、综合编辑室、文史编辑室、中华再造善本编辑室、发行部、储运部等部门。